应用型高等院校会计系列教材

# 内部控制理论与实务

主编 徐立文 副主编 邢春玉
主审 韩传模

南开大学出版社
天津

图书在版编目(CIP)数据

内部控制理论与实务/徐立文主编.—天津:南开大学出版社,2015.10(2017.7重印)
应用型高等院校会计系列教材
ISBN 978-7-310-04826-7

Ⅰ.①内… Ⅱ.①徐… Ⅲ.①企业内部管理-高等学校—教材 Ⅳ.①F270

中国版本图书馆CIP数据核字(2015)第134731号

## 版权所有 侵权必究

南开大学出版社出版发行
出版人:刘立松
地址:天津市南开区卫津路94号 邮政编码:300071
营销部电话:(022)23508339 23500755
营销部传真:(022)23508542 邮购部电话:(022)23502200
\*
天津市蓟县宏图印务有限公司印刷
全国各地新华书店经销
\*
2015年10月第1版 2017年7月第2次印刷
230×170毫米 16开本 25.25印张 2插页 451千字
定价:53.00元

如遇图书印装质量问题,请与本社营销部联系调换,电话:(022)23507125

# 内容提要

内部控制是提高企业经营管理水平和风险防范能力、促进企业可持续发展、维护社会主义市场经济秩序和社会公众利益的重要工具。本书旨在阐述必要的基本理论的基础上,提高学生的实际应用能力,同时便于学生理解和自学。

全书既全面介绍了内部控制基本规范,并在此基础上结合企业业务介绍了各业务的具体内部控制。其中,前三章结合中美内部控制研究,介绍了内部控制的起源与发展、概念、目标、框架体系和要素等内容;后续章节依据《企业内部控制配套指引》,详细介绍了10项具体业务活动的内部控制。全书穿插案例和练习题帮助读者学习巩固知识。

# 前　言

随着我国改革开放不断深化，使得我国深入参与到国际分工中，市场经济得到全面发展，融入到了经济全球化浪潮之中。市场经济的发展以及与世界经济广泛的联系，使得我国企业所面临的经济环境日益复杂，不得不面临更多的风险因素。企业原有的风险管理意识、风险管理方法已难以应对当前复杂的内外风险，如何防范这些风险逐步受到企业的重视。因此，对作为防范风险重要措施之一的内部控制的关注程度，被提到了空前高度。

为了更好地指导企业建立健全内部控制制度，提高企业经营管理水平和风险防范能力，促进企业可持续发展，维护社会主义市场经济秩序和社会公众利益，根据《中华人民共和国公司法》《中华人民共和国证券法》《中华人民共和国会计法》和其他有关法律法规，财政部、证监会、审计署、银监会、保监会等五部委在2008年6月28日联合发布了《企业内部控制基本规范》，从整体上完善了企业内部控制框架。为了让基本规范得到贯彻执行，让企业能更好地利用基本规范指导具体经营活动，五部委在2010年4月26日又联合发布了《企业内部控制配套指引》，包括18项《企业内部控制应用指引》《企业内部控制评价指引》和《企业内部控制审计指引》，并要求在境内外同时上市的公司自2011年1月1日起首先实行基本规范和配套指引；要求在上海证券交易所、深圳证券交易所主板上市的公司自2012年1月1日起实行基本规范和配套指引，择机推广至中小板和创业板上市公司；同时，鼓励非上市大中企业提前实行。

内部控制在企业管理中的地位、国家五部委的要求，都使得内部控制成为现代化管理人才所必备的知识。为了让财经类学生适应此变化、完善其知识结构，我们编写了本教材。本教材编写宗旨是为适合独立院校会计、财务管理、审计类专业本科生使用，在传授学生专业知识的同时，提高学生的实际应用能力。为此，本教材的特点是基本理论阐述求够不求多，同时便于学生理解和自学。

在内容上，本教材以我国《中华人民共和国公司法》《中华人民共和国证券法》《中华人民共和国会计法》和其他有关法律法规为基础，以财政部、证监会、审计署、银监会、保监会等五部委联合发布的《企业内部控制基本规范》、18

项《企业内部控制应用指引》《企业内部控制评价指引》和《企业内部控制审计指引》等配套指引为框架，以内部控制实施实际案例为引导，进行了组织编写。

第一章、第二章、第三章结合美国COSO内部控制整合框架和我国《企业内部控制基本规范》，介绍了内部控制的起源与发展、概念、目标、框架体系和要素等主要内容；后续第四章至第十章依据《企业内部控制应用指引》和《企业内部控制评价指引》，对具体业务活动的内部控制进行了详细介绍，包括资金运动、采购业务、资产管理、销售业务、研究与开发、工程项目、担保业务、业务外包、财务报告、内部控制评价等内容。本教材既全面介绍了内部控制基本规范，又在此基础上结合企业业务介绍了各业务的具体内部控制。

在形式上，本教材开篇明义，首先介绍本章地位、学习目标和主要内容；然后在介绍理论基础上引入大量案例，即利用开篇案例、篇中案例和篇后案例穿插理论学习，以开篇案例为引导、以篇中案例为学习工具、以篇后案例为回顾，并在每节和每章结束辅以练习题，帮助读者学习、复习。

本书可作为独立院校会计、财务管理、审计类专业本科生教育的教材，也可作为内部控制初学者自学教材，对经济学、管理学等领域人员具有一定参考价值，也可用于企业管理人员参考读物。

全书由韩传模教授主审，徐立文为主编、邢春玉为副主编。其中，第一、二、三、四章由邢春玉执笔，其余各章由徐立文执笔。全书由徐立文总纂、修改。本书编写过程中，得到了相关师生和南开大学出版社的大力支持，他们给出了极具价值的意见和建议；在编写时，我们也总结、借鉴了多部内部控制专业书籍，在此对他们一并表示感谢。

由于编者水平有限，加之资料有限、时间仓促，书中难免有不妥之处和错误之处，衷心希望广大读者不吝指正，以便于日后修订。

编者<br>2014年12月

# 目 录

第一章 总 论 ·········································································· 1
　第一节 内部控制起源与发展 ················································ 2
　　一、内部控制的起源 ······················································· 2
　　二、内部控制的发展历程 ················································ 2
　【课堂测试 1-1】 ······························································ 10
　第二节 我国内部控制的发展 ··············································· 10
　　一、我国内部控制法规的发展 ········································· 10
　　二、我国企业内部控制规范的框架体系 ···························· 18
　【课堂测试 1-2】 ······························································ 19

第二章 内部控制基础 ···························································· 29
　第一节 内部控制的定义 ······················································ 30
　　一、内部控制是一种全员控制 ········································· 30
　　二、内部控制是一种全面控制 ········································· 30
　　三、内部控制是一种全程控制 ········································· 31
　【课堂测试 2-1】 ······························································ 32
　第二节 内部控制的目标 ······················································ 33
　　一、经营管理合法合规目标 ············································ 33
　　二、资产安全目标 ························································· 33
　　三、财务报告及相关信息真实完整目标 ··························· 35
　　四、提高经营的效率和效果目标 ····································· 35
　　五、促进企业实现发展战略目标 ····································· 36
　　六、内部控制目标之间的关系 ········································· 36
　【课堂测试 2-2】 ······························································ 37
　第三节 内部控制的原则与局限性 ········································ 37
　　一、内部控制的原则 ······················································ 37
　　二、内部控制的局限性 ··················································· 42

【课堂测试2-3】 …………………………………………………… 44
第三章　内部控制构成要素 ………………………………………… 52
　第一节　内部环境 ……………………………………………… 53
　　一、内部环境的含义 ………………………………………… 53
　　二、内部环境的构成要素 …………………………………… 53
　【课堂测试3-1】 …………………………………………………… 66
　第二节　风险评估 ……………………………………………… 66
　　一、目标设定 ………………………………………………… 66
　　二、风险识别 ………………………………………………… 69
　　三、风险分析 ………………………………………………… 74
　　四、风险应对 ………………………………………………… 79
　【课堂测试3-2】 …………………………………………………… 84
　第三节　控制活动 ……………………………………………… 85
　　一、不相容职务分离控制 …………………………………… 85
　　二、授权审批控制 …………………………………………… 86
　　三、会计系统控制 …………………………………………… 89
　　四、财产保护控制 …………………………………………… 91
　　五、预算控制 ………………………………………………… 92
　　六、运营分析控制 …………………………………………… 94
　　七、合同控制 ………………………………………………… 95
　【课堂测试3-3】 …………………………………………………… 97
　第四节　信息与沟通 …………………………………………… 97
　　一、信息与沟通的主要风险点及控制措施 ………………… 97
　【课堂测试3-4】 …………………………………………………… 101
　第五节　内部监督 ……………………………………………… 101
　　一、内部监督的机构及职责 ………………………………… 101
　　二、内部监督的程序 ………………………………………… 104
　　三、内部监督的办法 ………………………………………… 105
　【课堂测试3-5】 …………………………………………………… 108
第四章　资金活动 …………………………………………………… 116
　第一节　资金活动概述 ………………………………………… 117
　　一、资金活动内部控制的总体要求 ………………………… 117
　　二、资金活动的主要内容 …………………………………… 118

　　　　三、资金活动的主要风险 …………………………………………… 118
　　　　四、资金业务控制目标 …………………………………………… 119
　　　【课堂测试 4-1】 ………………………………………………………… 121
　　第二节　资金活动的内部控制 ………………………………………… 121
　　　　一、筹资活动 ……………………………………………………… 121
　　　　二、投资活动 ……………………………………………………… 124
　　　　三、资金营运活动 ………………………………………………… 126
　　　【课堂测试 4-2】 ………………………………………………………… 128
第五章　采购业务 …………………………………………………………… 137
　　第一节　采购控制的内容 ……………………………………………… 138
　　　　一、采购业务概述 ………………………………………………… 138
　　　　二、采购业务的事前控制 ………………………………………… 139
　　　　三、采购业务的事中控制 ………………………………………… 143
　　　　四、采购业务的事后控制 ………………………………………… 149
　　　【课堂测试 5-1】 ………………………………………………………… 150
　　第二节　采购控制的流程 ……………………………………………… 151
　　　　一、采购的业务目标以及风险分类 ……………………………… 151
　　　　二、采购业务的具体流程 ………………………………………… 151
　　　　三、采购业务内部控制应遵循的原则 …………………………… 156
　　　　四、采购流程漏洞可造成的风险 ………………………………… 157
　　　　五、风险应对措施 ………………………………………………… 158
　　　【课堂测试 5-2】 ………………………………………………………… 161
　　第三节　采购控制的关键点 …………………………………………… 162
　　　　一、传统的采购控制关键点 ……………………………………… 162
　　　　二、新兴的采购控制关键点 ……………………………………… 171
　　　　三、采购业务控制中应注意的其他问题 ………………………… 171
　　　【课堂测试 5-3】 ………………………………………………………… 173
第六章　资产管理 …………………………………………………………… 182
　　第一节　存货控制 ……………………………………………………… 183
　　　　一、存货控制的内容 ……………………………………………… 183
　　　　二、存货控制的流程 ……………………………………………… 188
　　　　三、存货控制关键点 ……………………………………………… 188
　　　【课堂测试 6-1】 ………………………………………………………… 195

第二节　固定资产控制 ································· 196
　　　一、固定资产控制的内容 ··························· 196
　　　二、固定资产基本业务流程 ························· 205
　　　三、固定资产控制关键点 ··························· 206
　　　【课堂测试 6-2】 ································· 215
　　第三节　无形资产控制 ································· 216
　　　一、无形资产控制的内容 ··························· 217
　　　二、无形资产控制的流程 ··························· 221
　　　三、无形资产控制关键点 ··························· 222
　　　【课堂测试 6-3】 ································· 227

第七章　销售业务 ········································· 239
　　第一节　销售控制的内容 ······························· 240
　　　一、销售业务概述 ································· 240
　　　二、销售控制的具体内容 ··························· 240
　　　三、销售与收款监督检查 ··························· 243
　　　【课堂测试 7-1】 ································· 244
　　第二节　销售控制的流程 ······························· 244
　　　【课堂测试 7-2】 ································· 246
　　第三节　销售控制关键点 ······························· 246
　　　一、梳理风险与对应的关键控制 ····················· 246
　　　二、职责分工与授权审批 ··························· 248
　　　三、接受订单控制 ································· 248
　　　四、开单发货控制点 ······························· 249
　　　五、收款内部控制点 ······························· 252
　　　六、投诉退货控制点 ······························· 255
　　　【课堂测试 7-3】 ································· 258

第八章　其他活动控制 ····································· 268
　　第一节　其他活动及其内部控制概述 ····················· 269
　　　一、研究与开发 ··································· 269
　　　二、工程项目 ····································· 269
　　　三、担保 ········································· 270
　　　四、业务外包 ····································· 270
　　　【课堂测试 8-1】 ································· 271

第二节 研究与开发 ····················································· 271
　一、研究与开发控制的内容 ········································· 272
　二、研究与开发控制的流程 ········································· 276
　三、研究与开发控制关键点 ········································· 277
　【课堂测试8-2】··················································· 282
第三节 工程项目 ····················································· 282
　一、工程项目控制的内容 ··········································· 282
　二、工程项目控制的流程 ··········································· 292
　三、工程项目控制关键点 ··········································· 292
　【课堂测试8-3】··················································· 303
第四节 担保业务 ····················································· 303
　一、担保控制的内容 ··············································· 303
　二、担保控制的流程 ··············································· 307
　三、担保控制关键点 ··············································· 307
　【课堂测试8-4】··················································· 315
第五节 业务外包 ····················································· 316
　一、业务外包控制的内容 ··········································· 316
　二、业务外包控制的流程 ··········································· 319
　三、业务外包控制关键点 ··········································· 319
　【课题测试8-5】··················································· 323

第九章 财务报告 ······················································· 334
第一节 财务报告控制的内容 ··········································· 335
　一、财务报告概述 ················································· 335
　二、财务报告编制环节的控制 ······································· 336
　二、财务报告的对外提供 ··········································· 337
　三、财务报告的分析利用控制 ······································· 338
　【课堂测试9-1】··················································· 338
第二节 财务报告控制的流程 ··········································· 339
　【课堂测试9-2】··················································· 339
第三节 财务报告控制关键点 ··········································· 339
　一、职责分工与权限范围环节 ······································· 343
　二、明确规范对账、调账、差错更正、结账等流程 ····················· 344
　三、明确起草财报、校验、编制说明书、审核批准、报送等流程·345

　　　　四、财务报告的对外提供流程应当符合有关规定……………… 345
　　　【课堂测试 9-3】…………………………………………………… 348
第十章　内部控制评价……………………………………………………… 357
　第一节　内部控制评价概述……………………………………………… 358
　　　　一、内部控制评价的定义………………………………………… 358
　　　　二、内部控制评价的内容………………………………………… 358
　　　　三、内部控制评价的原则与方法………………………………… 365
　　　【课堂练习 10-1】…………………………………………………… 368
　第二节　内部控制评价的组织与实施…………………………………… 368
　　　　一、内部控制评价的责任主体及其职责………………………… 369
　　　　二、内部控制评价的具体组织实施主体及其职责……………… 369
　　　　三、其他相关部门及其职责……………………………………… 370
　　　【课堂练习 10-2】…………………………………………………… 371
　第三节　内部控制缺陷的认定…………………………………………… 371
　　　　一、内部控制缺陷的定义和种类………………………………… 371
　　　　二、内部控制缺陷的认定标准…………………………………… 372
　　　　三、内部控制缺陷的认定步骤…………………………………… 373
　　　【课堂练习 10-3】…………………………………………………… 374
　第四节　内部控制评价工作底稿与报告………………………………… 375
　　　　一、内部控制评价底稿…………………………………………… 375
　　　　二、内部控制评价报告…………………………………………… 376
　　　【课堂练习 10-4】…………………………………………………… 378
参考文献……………………………………………………………………… 390

# 第一章　总　论

**【学习目标】**通过本章的学习,掌握内部控制的产生与发展历经的几个阶段,以及每一阶段的特点。掌握内部控制整合框架阶段所具有的进步性和现实意义,了解我国内部控制相关法规的发展历程,掌握我国新颁布的《企业内部控制基本规范》的框架体系。

> **开篇案例**
>
> **中航油新加坡公司巨亏事件**
>
> 　　2004年12月初,中航油被曝出因从事投机行为造成5.54亿美元的巨额亏损,全球的财经媒体为之震惊。
>
> 　　中航油是经我国政府批准于2003年开始从事油品套期保值业务的,以后擅自扩大了业务范围,从事石油衍生品期权交易。相比较套期保值业务,衍生品期权交易风险极大,且不易控制。不论是中航油内部,还是中航油集团,在内部控制和风险管理上都暴露出重大缺陷。根据中航油内部规定,损失20万美元以上的交易,要提交公司风险管理委员会评估;累计损失超过35万美元的交易,必须得到总裁同意才能继续;任何将导致50万美元以上损失的交易,将自动平仓。多达5亿多美元的损失,中航油才向集团报告,而且中航油总裁陈久霖同时也是中航油集团的副总经理,中航油经过批准的套期保值业务是中航油集团给其授权的,中航油集团事先并没有发现问题。
>
> 　　可以肯定,中航油事件的根本原因在于其内部控制缺陷。那么什么是内部控制?内部控制在企业的生存和发展中具有什么样的作用?下面我们先来了解内部控制的产生与发展,内部控制的现实意义以及我国现有内部控制规范体系的构成。
>
> 　　案例来源:方红星,池国华.内部控制[M].大连:东北财经大学出版社,2011.

## 第一节 内部控制起源与发展

内部控制是组织运营和管理活动发展到一定阶段的产物，是科学管理的必然要求。内部控制理论与实践的发展大体上经历了内部牵制、内部控制系统、内部控制结构、内部控制整合框架等四个不同的阶段，并已初步呈现向企业风险管理整合框架演变的趋势。

### 一、内部控制的起源

内部控制的起源悠久，自从有了人类的群体活动和组织之后，就产生了对组织的成员及其活动进行控制的需要。内部控制最早可以追溯到公元前3600年至公元前3200年的苏美尔文化时期。古埃及、古波斯、古希腊、古罗马和古代中国也都有原始内部牵制制度的雏形。原始的内部牵制制度最早是为部落、城邦、庄园、国家服务的。中世纪资本主义生产关系萌芽，商业组织开始出现，内部牵制进入企业领域，开启了一个广阔的发展空间。

### 二、内部控制的发展历程

（一）内部牵制阶段

20世纪以前，社会生产力还相对落后，大规模商品生产尚不发达。内部牵制是适应这一阶段的时代背景而产生的。内部控制主要表现为对会计账目和会计工作实行岗位分离和相互牵制，使任何一个部门或人员都不能独立地控制会计账目，并且使两个或两个以上的部门和人员能够对会计账目实现交叉检查或交叉控制。其目的主要是保证财产物资安全和会计记录真实。

内部牵制机制的提出主要是基于两个设想：其一，两个或两个以上人员或部门无意识地犯同样错误的概率远小于一个人或部门；其二，两个或两个以上人员或部门有意识地串通舞弊的可能性要远低于一个人或部门。因此，内部牵制强调分权和制衡，以抑制由于权力集中而引发的错误或舞弊行为。

根据《柯勒会计辞典》的解释，内部牵制是指"以提供有效的组织和经营，并防止错误和其他非法业务发生的业务流程设计。其主要特点是以任何个人或部门不能单独控制任何一项或一部分业务权力的方式进行组织上的责任分工，每项业务通过正常发挥其他个人或部门的功能进行交叉检查或交叉控制"。由此可见，内部牵制的基本思路是分工和牵制。

内部牵制机能主要包括：分权牵制、实物牵制、机械牵制和簿记牵制。

分权牵制也叫职责分离，是指通过分工和制衡，由不同的部门和人员来完成不同的业务环节，以达到牵制的目的。例如，会计中约定俗成的"钱（出纳）账（记账）分设、管钱不管账"等。显然，分权程度越高，牵制效果就越好。但是，分权也要把握适当的度，以免影响效率。一般而言，对于那些不相容职务，即如果不分离可能导致错误或舞弊的职务（如业务的审批与执行，业务的处理与复核等），要求予以分离。

实物牵制也叫实物负责制，是指将财产物资的保管责任落实到特定的部门和人员头上，以达到保护这些财产物资安全完整的目的。例如，现金出纳必须对库存现金的短少承担责任，仓库保管人员必须对库存物资承担责任等。通过落实实物保管责任，并辅之以清查盘点、账实核对、考核奖惩等措施，对于相关财产物资的安全完整能起到良好的保障作用。

机械牵制也叫技术牵制，是指借助专门的技术手段来进行的牵制。例如，对于库存现金，借助保险柜密码这一技术手段来防止失窃；对于需要特定授权方能进入的信息系统界面，通过口令和密码等技术手段来防止非法进入等。机械牵制一般可以与特定的授权结合运用。

簿记牵制也叫会计系统牵制，是指通过簿记内在的控制职能而实现的牵制。复式簿记体系对于所有的业务和事项，都要以原始凭证为基础，进行序时和分类的记录，这就在账证、账账、账表、账实之间形成了严密的钩稽核对关系，因而可以用它们来实施对业务事项、财产物资等的有效控制。

尽管随着经济社会的发展，内部控制日益超越内部牵制的范畴，但内部牵制的基本理念在内部控制中仍然发挥着重要作用。正如《柯勒会计辞典》所言，"设计有效的内部牵制以使每项业务能完整正确地经过规定的处理程序，而在这规定的处理程序中，内部牵制机制永远是一个不可缺少的组成部分"。这一阶段的不足之处，在于人们还没有意识到内部控制的整体性，只强调内部牵制机能的简单运用，还不够系统和完善。

（二）内部控制系统阶段

内部控制系统阶段从时间上看大致为20世纪40年代至80年代。适应这一时期资本主义经济快速发展、所有权与经营权进一步分离的特点，在注册会计师行业的推动下，内部控制由早期的内部牵制逐渐演变为涉及组织结构、岗位职责、人员素质、业务处理程序和内部审计等比较严密的内部控制系统。在这一阶段，建立健全内部控制系统开始上升为法律要求；同时，适应注册会计师评价单位内部控制状况的需要，一些国家开始将内部控制划分为内部会计控制和内部管理控制。其中，内部会计控制主要是针对会计记录系统和相关的资产保护实施的控制，内部管理控制主要是针对经济决策、交易授权和组织规划等实施的控制。

以美国为例，1949年，美国注册会计师协会（以下简称"AICPA"）所属的审计程序委员会发表了一份题为《内部控制：系统协调的要素及其对管理部门和独立公共会计师的重要性》的特别报告，首次正式提出了内部控制的权威性定义，即"内部控制包括组织机构的设计和企业内部采取的所有协调方法和措施，旨在保护资产、检查会计信息的准确性和可靠性，提高经营效率，促进既定管理政策的贯彻执行"，这就形成了内部控制系统思想。这一定义强调内部控制系统不局限于会计与财务部门相关的控制方面，还包括预算控制、成本控制、定期报告、统计分析和内部审计等。

但是由于注册会计师认为该定义的含义过于宽泛，因此，AICPA于1953年在其颁布的第19号审计程序公告《审计程序说明》中，对内部控制定义做了正式修正，并将内部控制按照其特点分为会计控制和管理控制两部分，前者在于保护企业资产、检查会计数据的准确性和可靠性；后者在于提高经营效率、促使有关人员遵守既定的管理方针。这种划分是为了规范内部控制检查和评价的范围，目的在于缩小注册会计师的责任范围。

1958年，出于注册会计师测试与财务报表有关的内部控制的需要，AICPA审计程序委员会又发布了第29号审计程序公告《独立审计人员评价内部控制的范围》，也将内部控制分为内部会计控制和内部管理控制两类，其中前者涉及财产安全和会计记录的准确性、可靠性有直接联系的所有方法和程序，如授权与批准控制、从事财物记录与审核的职务及从事经营与财产保管的职务实行分离控制、实物控制和内部审计等。后者主要是与贯彻管理方针和提高经营效率有关的所有方法和程序，一般与财务会计只是间接相关，如统计分析、时间动作研究、业绩报告、员工培训、质量控制等。1963年10月，美国会计师协会审计程序委员会（CPA）在《审计程序公告第33号——审计准则与程序（汇编）》中强调，独立审计师应主要检查会计控制。1972年11月，《审计程序公告第54号——审计师对内部控制的研究与评价》，对管理控制和会计控制的定义进行了修订和充实。

1972年11月，审计准则执行委员会（ASB）发布《审计准则公告第1号——审计准则和程序汇编》，将内部控制一分为二，使得注册会计师在研究和评价企业内部控制制度的基础上来确定实质性测试的范围和方式成为可能。由此内部控制进入"制度二分法"或"二要素"阶段。这一阶段的内部控制正式被纳入制度体系之中，同时管理控制成为内部控制的一个重要组成部分。

(三) 内部控制结构阶段

进入 20 世纪 80 年代，资本主义发展的黄金阶段以及随后到来的滞胀促使西方国家对内部控制的研究进一步深化，人们对内部控制的研究重点逐步从一般含义向具体内容深化。在实践中注册会计师发现很难确切区分内部会计控制和内部管理控制，而且后者对前者其实有很大影响，无法在审计时完全忽略。于是，1988 年 CICPA 发布《审计准则公告第 55 号》(SAS.55)，并规定从 1990 年 1 月起取代 1972 年发布的《审计准则公告第 1 号》。这个公告首次以"内部控制结构"的概念代替"内部控制系统"，明确"企业内部控制结构包括为提供取得企业特定目标的合理保证而建立的各种政策和程序"。该公告认为，内部控制结构由下列三个要素组成：

1. 控制环境

控制环境是指对建立、加强或削弱特定政策与程序的效率有重大影响的各种因素，包括：管理层的理念和经营风格；组织结构；董事会及其所属委员会，特别是审计委员会发挥的职能；职权和责任的分配；管理层监控和检查工作时所使用的控制方法，包括经营计划、预算、预测、利润计划、责任会计和内部审计；人力资源政策与实务等。

2. 会计系统

会计系统是指为确认、归类、分析、登记和编报各项经济业务，明确资产与负债的经营责任而规定的各种方法，包括鉴定和登记一切合法的经济业务；对各项经济业务及时和适当地分类，作为编制财务报表的依据；将各项经济业务按照适当的货币价值计价，以便列入财务报表；确定经济业务发生的日期，以便按照会计期间进行记录；在财务报表中恰当地表述经济业务及对有关的内容进行揭示。

3. 控制程序

控制程序是指企业为保证目标的实现而建立的政策和程序，如经济业务和事项的适当授权；明确人员的职责分工，如指派不同的人员分别承担业务批准、业务记录和财产保管的职责，以防止有关人员利用正常经济业务图谋不轨和隐匿各种错弊；账簿和凭证的设置、记录与使用，以保证经济业务活动得到正确的记载，如出库凭证应事先编号，以便控制发货业务；资产及记录的限制接触，如接触电脑程序和档案资料要经过批准；已经登记的业务及其记录与复核，如常规的账面复核，存款、借款调节表的编制，账面的核对等。

内部控制结构阶段对于内部控制发展的贡献主要体现在两个方面：其一，

首次将控制环境纳入内部控制的范畴。因为人们在管理实践中逐渐认识到控制环境不应该是内部控制的外部因素,而应该作为内部控制的一个组成部分来考虑,尤其是董事会、管理层及其他员工对内部控制的态度和行为,是充分有效的内部控制体系得以建立和运行的基础和有力保障。其二,不再区分会计控制和管理控制,而统一以要素来表述。因为人们发现内部会计控制和管理控制在实践中是相互联系、难以分割的。

可见,这一阶段的内部控制融会计控制和管理控制于一体,从"系统二分法"阶段步入了"结构三要素"阶段。这是内部控制发展史上的一次重要改变。

（四）内部控制——整合框架阶段

COSO（Committee of Sponsoring Organizations）是反欺诈财务报告全国委员会的发起组织委员会的简称,1992年9月,它发布了著名的《内部控制——整合框架》（Internal Control-Integrated Framework）,并于1994年进行了修订。该报告是内部控制发展历程中的一座重要里程碑,它对内部控制的发展所做出的最重要贡献在于它对内部控制下了一个迄今为止最为权威的定义,"内部控制是由主体的董事会、管理层和其他员工实施的,旨在为经营的效率和有效性、财务报告的可靠性、遵循适用的法律法规等目标的实现提供合理保证的过程"。

这个定义反映了一些基本概念:第一,内部控制是一个过程,它是实现目标的手段,而不是目标本身;第二,内部控制是由人员来实施的,它并不仅仅是政策手册和表格,还涉及组织中各个层级人员的活动;第三,内部控制只能为主体目标的实现提供合理保证,而不是绝对保证;第四,内部控制被用来实现一个或多个彼此独立又相互交叉的类别的目标,内部控制目标包括经营目标、财务报告目标和合规目标,而财务报告的可靠性并不是内部控制唯一的目标,换言之,内部控制不等于会计控制。《内部控制——整合框架》中规定的内部控制目标见表1-1。

表1-1 《内部控制——整合框架》中规定的内部控制目标

| 经营目标 | 与主体资源利用的有效性与效率有关 |
| --- | --- |
| 财务报告目标 | 与编制可靠的公开财务报表有关 |
| 合规目标 | 与主体对适用的法律和法规的遵循有关 |

此外,COSO报告还明确了内部控制的内容,即内部控制包括五个相互独立而又相互联系的构成要素:控制环境、风险评估、控制活动、信息与沟通和监控。目标和构成要素之间有着直接的关系,目标是主体努力争取实现的东西,构成要素则代表着要实现这些目标需要什么;每个构成要素都"贯穿"并适用

于所有三类目标,所有五个构成要素与每一类目标都有关联;内部控制与整个主体相关,或与它的某一组成部分(子公司、分部或其他业务单元,或者职能,或者诸如购买、生产、营销等其他活动)相关。

1. 控制环境

控制环境主要指主体内部的文化、价值观、组织结构、管理理念和经营风格等。这些因素是内部控制的基础,将对内部控制的运行和效果产生广泛而深远的影响。具体来说,包括员工的诚信和道德价值观、胜任能力、管理层的理念和经营风格、董事会及审计委员会、组织机构、权责划分、人力资源政策与实务等。

2. 风险评估

风险评估是指识别和分析与实现目标相关的风险,并采取相应的措施加以控制。这一过程包括风险识别和风险分析两个部分。通常,企业的风险主要来自于外部环境和内部条件的变化。其中,风险识别包括对外部因素(如技术发展、竞争、经济变化)和内部因素(如员工素质、公司活动性质、信息系统处理的特点)进行检查。风险分析则涉及估计风险的重大程度、风险发生的可能性、如何控制风险等。

3. 控制活动

控制活动是指主体对所确认的风险采取必要的措施,以保证其目标得以实现的政策和程序。一般来说,与内部控制相关的控制活动包括职责分离、实物控制、信息处理控制、业绩评价等。其中,职责分离是指为了防止单个员工舞弊或隐藏不正当行为而进行的职责划分。一般来说,应该分离的职责有:业务授权与业务执行、业务执行与业务记录、业务记录与业务复核等。实物控制指对企业的具体实物所进行的控制行为,如针对现金、存货、固定资产、有价证券等所进行的控制。信息处理控制可分为两类:一般控制和应用控制。一般控制通常与信息系统的设计和管理有关;应用控制则与个别数据在信息系统中处理的方式有关。业绩评价是指将实际业绩与业绩标准进行比较,以便确定业绩的完成程度和质量。

4. 信息与沟通

信息与沟通是指为了使管理层和员工能执行其职责,企业各个部门及员工之间必须沟通与交流相关的信息。这些信息既有外部的信息,也有内部的信息。通常而言,信息与沟通包括确认记录有效的经济业务、采用恰当的货币价值计量、在财务报告中恰当披露。沟通的目的主要是让员工了解其职责,了解其在工作中如何与他人相联系,如何向上级报告例外情况。沟通的方式一般有政策手册、财务报告手册、备查簿，以及口头交流或管理示例等。

5. 内部监控

监控是指评价内部控制的设计与执行情况，包括日常的监控活动和专项评价等。监控活动通常是由内部审计、财务会计、人力资源等部门执行。通过定期或不定期地对内部控制的设计与执行情况进行检查和评估，与有关人员就内部控制有效与否进行交流，并提出改进意见，以保证内部控制随着环境的变化而不断改进。

由于COSO报告提出的内部控制理论和体系集内部控制理论和实践发展之大成，因此，在业内备受推崇，已经成为世界通行的内部控制权威标准，被国际和各国审计准则制定机构、银行监管机构和其他方面所采纳。1995年12月，美国注册会计师协会审计准则委员会（ASB）发布SAS.78"财务报表审计中对内部控制的考虑：对SAS.55的修正"，全面采纳COSO的内部控制框架。2002年美国国会通过的《萨班斯—奥克斯利法案》第404条款（SOX 404）及相关规则采用的也是这个框架。

（五）ERM框架阶段

自COSO报告于1992年发布以后，《内部控制——整合框架》已经被世界上许多企业所采用，但理论界和实务界也纷纷对该框架提出改进建议，认为其对风险强调不够，使得内部控制无法与企业风险管理相结合。2001年，COSO开展了一个项目，委托普华永道开发一个对于管理层评价和改进他们所在组织的企业风险管理简便易行的框架。正是在开发这个框架的期间，2001年12月美国最大能源公司之一的安然公司，突然申请破产保护，此后上市公司和证券市场丑闻不断，特别是2002年6月的世界通信公司会计丑闻，"彻底打击了投资者对资本市场的信心"。美国国会和政府加速制定和采用新的法律以试图改变这一局面。在这一背景下，2002年7月美国总统小布什签署出台了《2002年公众公司会计改革和投资者保护法案》，该法案是由参议院银行委员会主席萨班斯和众议院金融服务委员会主席奥克斯利联合提出，又被称作《萨班斯—奥克斯利法案》。该法案是继美国《1933年证券法》《1934年证券交易法》以来又一部具有里程碑意义的法律。《萨班斯—奥克斯利法案》强调了公司内部控制的重要性，从管理层、内部审计及外部审计等几个层面对公司内部控制做了具体规定，并设置了问责机制和相应的惩罚措施，成为继20世纪30年代美国经济危机以来，政府制定的涉及范围最广、处罚措施最严厉的公司法律。

2004年9月，COSO发布了《企业风险管理——整合框架》(Enterprise Risk Management-Integrated Framework，简称ERM框架）。该框架指出，"全面风险

管理是一个过程，它由一个主体的董事会、管理层和其他人员实施，应用于战略制定并贯穿于企业之中，旨在识别可能影响主体的潜在事项、管理风险，以使其在该主体的风险容量之内，并为主体目标的实现提供合理保证"。这一阶段的显著特点是将内部控制上升至全面风险管理的高度来认识。

基于这一认识，COSO 提出了战略目标、运营目标、报告目标和合规目标等四类目标，并指出风险管理包括八个相互关联的构成要素：内部环境、目标设定、事项识别、风险评估、风险应对、控制活动、信息与沟通以及监控。根据 COSO 的这份研究报告，内部控制的目标、要素与组织层级之间形成了一个相互作用、紧密相连的有机统一体系；同时，对内部控制要素的进一步细分和充实，使内部控制与风险管理融合的更加紧密。企业风险管理框架如图 1-1 所示。

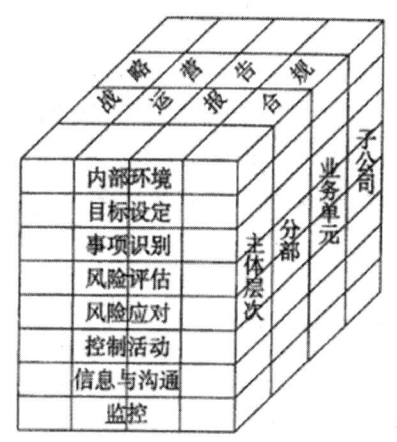

**图 1-1 企业风险管理框架**

相对《内部控制——整合框架》，ERM 框架的创新在于：

第一，从目标上看，ERM 框架不仅涵盖了内部控制框架中的运营、财务报告和合规三个目标，而且还新提出了一个更具管理意义和管理层次的战略管理目标，同时还扩大了报告的范畴。ERM 框架指出，企业风险管理应贯穿于战略目标的制定、分解和执行过程，从而为战略目标的实现提供合理保证。报告范畴的扩大表现在内部控制框架中的财务报告目标只与公开披露的财务报表的可靠性相关，而企业风险管理框架中的财务报告范围有很大的扩展，覆盖了企业编制的所有报告。

第二，从内容上看，框架除了包括内部控制整合框架中的五个要素外，还增加了目标制定、风险识别和风险应对三个管理要素。目标制定、风险识别、风险评估与风险应对四个要素环环相扣，共同构成了风险管理的完整过程。此外，对原有要素也进行了深化和拓展，如引入了风险偏好和风险文化，将原有的"控制环境"改为"内部环境"。

第三，从概念上看，ERM框架提出了两个新概念——风险偏好和风险容忍度。风险偏好是指企业在实现其目标过程中愿意接受风险的数量。企业的风险偏好与企业的战略目标直接相关，企业在制定战略时，应考虑将该战略的既定收益与企业的管理层风险偏好结合起来。风险容忍度是指在企业目标实现过程中对差异的可接受程度，是企业在风险偏好的基础上设定的在目标实现过程中对差异的可接受程度和可容忍限度。

第四，从观念上看，ERM框架提出了一个新的观念——风险组合观。企业风险管理要求企业管理层以风险组合的观念看待风险，对相关的风险进行识别并采取措施使企业所承担的风险在风险偏好的范围内。对企业每个单位而言，其风险可能在该单位的风险容忍度范围内，但从企业总体来看，总风险可能超过企业总体的风险偏好范围。因此，应从企业整体的角度评估风险。

需要说明的是，《企业风险管理——整合框架》虽然较晚于《内部控制——整合框架》产生，但是它并不是要完全替代后者。

## 【课堂测试 1-1】

思考并回答以下问题：
1. 你是如何认识内部控制的？
2. 内部控制的发展分别经历了哪几个阶段？
3. 内部控制结构由哪几个因素构成的？
4. 试论述内部控制体系框架的几种观点。
5. COSO报告的构成要素包括哪些？

# 第二节 我国内部控制的发展

## 一、我国内部控制法规的发展

2008年5月22日，财政部会同证监会、审计署、银监会、保监会出台《企业内部控制基本规范》。2010年4月15日，财政部会同证监会、审计署、银监会、保监会又发布了《企业内部控制应用指引第1号——组织架构》等18项应用指引、《企业内部控制评价指引》和《企业内部控制审计指引》。内部控制基本规范和配套指引的发布,标志着我国内部控制规范体系的形成,是我国内部控制制度发展的里程碑。

我国内部控制制度建设并非一日之功,在改革开放的 30 余年中,我国的内部控制法规建设经历了不同的阶段,走过了新兴经济体独有的内部控制法规建设历程。

(一)我国内部控制法规的起步阶段

改革开放初期,我国经历了内部控制的缺失时期。在以"放权让利"为重点的改革中,企业经营自主性空前提高。改革释放出巨大的生产力,使政府和企业将注意力集中在调动职工积极性和企业利润的增长上,管理层没有进行企业内部控制的意识,也无暇制定内部控制制度。

我国对内部控制规定的起步始于 1985 年 1 月颁布的《中华人民共和国会计法》。其中规定:"会计机构内部应当建立稽核制度。出纳人员不得兼管稽核、会计档案保管和收入、费用、债权债务账目的登记工作。"1985 年《会计法》对会计稽核所做的规定,是我国首次在法律文件上对内部牵制提出的明确要求。

随着改革的深入和我国经济的迅猛发展,企业会计工作已经脱离了计划经济时代的模式。为适应企业会计工作的需要,加强会计基础工作,建立规范的会计工作秩序,1996 年 6 月,财政部颁发了《会计基础工作规范》,对会计基础工作的管理、会计机构和会计人员、会计人员职业道德、会计核算、会计监督、单位内部会计管理制度建设等问题做出了全面规范。其中对会计监督的要求,可以算作是我国企业早期的内部控制。

1996 年 12 月,中国注册会计师协会发布了第二批《中国注册会计师独立审计准则》,其中《独立审计准则第 8 号——错误与舞弊》要求被审计单位建立健全内部控制,《独立审计具体准则第 9 号——内部控制与审计风险》对内部控制的定义和内容都有具体规定,并要求注册会计师从制度基础审计的角度审查企业的内部控制,进行企业内部控制评价。《独立审计实务公告第 2 号——管理建议书》中指出"注册会计师对审计过程中发现的内部控制重大缺陷应当告知被审计单位管理层,必要时,可出具管理建议书"。《中国注册会计师独立审计准则》中有关内部控制的描述和要求,既是注册会计师执业基准的一部分,又是对企业内部控制工作的推动,这种间接的推动力,提高了我国企业对内部控制的关注程度,促进了我国企业内部控制制度的初步建设。

1997 年 5 月,我国专门针对内部控制的第一个行政规定出台,中国人民银行颁布了《加强金融机构内部控制的指导原则》,其中要求金融机构建立健全有效的内部控制运行机制。金融机构的内部控制指导原则先于非金融行业的内部控制要求出台,向金融机构发出了这样的信号:我国对金融机构内部控制的要求要高于对非金融企业的要求。该指导原则对于金融机构内部控制的建设意义重大,为我国金融机构的内部控制制度建设和发展奠定了基础。

(二)亚洲金融危机影响下我国内部控制法规的发展

1997年6月,亚洲金融危机爆发,泰国、菲律宾、马来西亚、印尼、韩国、日本、俄罗斯等国家和我国香港地区金融业陆续遭受重创,欧美各国的股市和汇市也产生大幅波动,直到1999年,金融危机波及的各国和地区才逐渐摆脱困境。在亚洲金融危机中,国际金融市场游资对经济的干扰、泰国等国银行体系不健全、政府外汇政策不利和外债的不合理结构成为众矢之的,但人们也更清晰地认识到,除政府经济政策失误外,在金融危机中各国市场的基本构成单元——企业,在危机中不堪一击,相继破产,使各国经济大伤元气。创新企业制度,减少企业的破产倒闭和兼并,使企业的稳定性增强,进而带动经济增长和社会稳定,成为亚洲金融危机后各国企业监管努力的新方向。

在亚洲金融危机的背景下,我国借鉴亚洲各国在金融危机中的经验教训,积极推进企业管理制度改革和会计监督制度建设。

1999年10月新修订的《会计法》颁布,该法在第二十七条中明确提出:"各单位应当建立健全本单位内部会计监督制度,单位内部会计监督制度应当符合下列要求:记账人员与经济业务事项和会计事项的审批人员、经办人员、财物保管人员的职责权限应当明确,并相互分离、相互制约;重大对外投资、资产处置、资金调度和财产清查的范围、期限和组织程序应当明确;对会计资料定期进行内部审计的办法和程序应当明确"。《会计法》将会计监督写入法律当中,在我国内部控制制度建设历程中是一个重大的突破。

1999年6月,证监会发布的《关于上市公司做好各项资产减值准备等有关事项的通知》指出:"上市公司建立健全有关提取坏账准备、短期投资跌价准备、存货跌价准备和长期投资减值准备等各项资产减值准备和损失处理的内部控制制度。公司应本着审慎经营、有效防范化解资产损失风险的原则责成相关部门拟订内部控制制度……监事会对内部控制制度制定和执行情况进行监督……证券监管部门将对上市公司内部控制制度的建立健全和执行情况,以及董事会和监事会履行相关职责情况进行重点检查"。该通知对资产减值的内部控制做出了要求,在一定程度上起到了防范企业资产损失风险的作用。

2000年4月证监会发布了《关于加强期货经纪公司内部控制的指导原则》,该原则对期货经纪公司内部控制的目标和原则、具体要求以及监督等方面做出了指导，以清理期货经纪公司中内部控制的薄弱环节。

2000年11月证监会发布了《公开发行证券公司信息披露编报规则》，其中《公开发行证券公司信息披露编报规则第7号——商业银行年度报告内容与格式特别规定》和《公开发行证券公司信息披露编报规则第8号——证券公司年度报告内容与格式特别规定》，要求公开发行证券的商业银行、保险公司、证券公司建立健全内部控制制度，并在招股说明书正文中说明内部控制制度的完整性、合理性和有效性，同时，要求注册会计师对被审计者的内部控制制度及风险管理的"三性"进行评价和报告（若会计师事务所认为"三性"存在明显缺陷，董事会应做出说明，同时监事会要表示明确意见）。2001年证监会发布了《公开发行证券公司信息披露的内容与格式准则第2号——年度报告的内容与格式（修订稿）》要求监事会对公司（一般上市公司）是否建立了完善的内部控制制度发表独立意见，若监事会认为内部控制制度完善，则可免于披露。自此，内部控制成为了企业信息披露的一部分，尽管在这一系列规则中，并未强制要求上市公司在所有情况下披露内部控制信息，但内部控制信息在企业信息披露中的地位已不再仅是会计监督和会计控制的信息，而是成为了与企业风险管理完善程度相关的一个标志。

2001年1月替代1996年《中华人民共和国国家审计基本准则》的新审计基本准则发布实施，其中第二十二条规定："审计组实施审计时，应当深入调查了解被审计单位的情况，对其内部控制制度进行测试，以进一步确定审计重点和审计方法。必要时，可以按照规定及时修改审计方案"。新审计基本准则从原独立审计准则中要求注册会计师从制度基础审计的角度审查企业的内部控制、对企业内部控制评价发展到对内部控制制度进行测试，外部审计对企业内部控制制度的测试成为了审计的"作业准则"。

2001年1月，证监会发布了《证券公司内部控制指引》，要求所有的证券公司建立和完善内部控制机制和内部控制制度。该指引是对《加强金融机构内部控制的指导原则》的补充，对证券公司建立健全内部控制制度有着重大意义。

2001年6月，财政部发布了《内部会计控制——基本规范（试行）》和《内部会计控制基本规范——货币资金（试行）》。2002年12月，财政部发布了《内部会计控制规范——采购与付款（试行）》和《内部会计控制规范——销售与收款（试行）》。之后相继发布《内部会计控制规范——担保（征求意见稿）》《内部会计控制规范——成本费用（征求意见稿）》。2003年10月，财政部发布了《内部会计控制——工程项目（试行）》。这些规定明确了单位建立和完善内部会计控制体系的基本框架和要求，以及货币资金、销售与收款和工程项目等业务内部控制的要求。内部会计控制的一系列试行规范虽然以会计控制规范的形式出台，但是其所涉及的内容已不是仅仅局限在会计领域，而是对采购、生产、销售、投资等诸多方面内部控制的规范，它们为未来我国内部控制规范体系的形成提供了参考。

2002年2月中国注册会计师协会发布了《内部控制审核指导意见》，该意见对内部控制审核进行了界定，并界定了被审核单位和注册会计师的责任，明确了内部控制审核业务的工作要求。

2002年9月，中国人民银行颁布了长达一百四十二条的《商业银行内部控制指引》，其中对商业银行内部控制的各方面做出了规定，将《加强金融机构内部控制的指导原则》中的内部控制原则加以简化，要求"商业银行内部控制应该贯彻全面、审慎、有效、独立的原则"。该指引替代了《加强金融机构内部控制的指导原则》，成为商业银行制定内部控制制度的"基本手册"。

2002年12月，证监会发布了《证券投资基金管理公司企业内部控制指导意见》。该意见对证券投资基金管理公司建立科学合理、控制严密、运行高效的内部控制体系，制定完善的内部控制制度提供了指导，保证了证券投资基金管理公司诚信、合法、有效的经营，保障了大多数基金持有人的利益。

2003年证监会发布了《关于加强证券公司营业部内部控制若干措施的意见》，并修订了《证券公司内部控制指引》，对我国证券公司内部控制制度进行了进一步的规范。

2004年12月，中国人民银行发布《商业银行内部控制评价试行办法》，以指导商业银行的内部控制评价。其中第八条提出：商业银行内部控制评价应从充分性、合规性、有效性和适宜性四个方面来进行。该办法是对《商业银行内部控制指引》的补充，使我国商业银行内部控制制度体系更加完整。

（三）SOX法案推动下的我国内部控制法规建设

在SOX法案的推动下，我国的内部控制制度建设的步伐明显加快，相关的法规和文告密集出台，并且逐渐形成了内部控制制度的组织配套和保障机制。

2004年底和2005年6月，国务院领导就强化我国企业内部控制问题做出重要批示，要求"由财政部牵头，联合有关部委，积极研究制定一套完整公认的企业内部控制指引"。2005年10月，国务院批转了证监会发布的《关于提高上市公司质量意见》，要求上市公司对内部控制制度的完整性、合理性及其实施的有效性进行定期检查和评估，同时要通过外部审计对公司的内部控制制度以及公司的自我评估报告进行核实评价，并披露相关信息。

2006年1月，保监会发布了《寿险公司内部控制评价办法（试行）》，并在附件中提供了《寿险公司内部控制评估表——法人机构》和《寿险公司内部控制评估表——分支机构》。在此评价办法中，对寿险公司的内部控制评价做出了详尽的要求，并对内部控制缺陷做出了定义。2006年2月，财政部发布的《中国注册会计师审计准则第1211号——了解被审计单位及其环境并评估重大错报风险》中，对内部控制的内涵和要素做出了详细的说明。2006年5月，证监会发布的《首次公开发行股票并上市管理办法》规定："发行人的内部控制在所有重大方面是有效的，并由注册会计师出具了无保留结论的内部控制鉴证报告"。

2006年6月，上海证券交易所发布了《上海证券交易所上市公司内部控制指引》，2006年9月，深圳证券交易所发布了《深圳证券交易所上市公司内部控制指引》，两项指引对上市公司内部控制的框架、专项风险内部控制、内部控制工作的检查监督、信息披露等多项内容进行了界定，对上市公司保证企业内部控制制度的完整性、合理性和有效性进行了规定。

2006年6月，国务院国资委发布《中央企业全面风险管理指引》。对中央企业开展全面风险管理工作的目标、原则、流程、组织体系、风险评估、风险管理策略、风险管理解决方案、监督与改进以及风险管理文化和风险管理信息系统等方面进行了指导，并对企业对此指引的实施提出了明确要求。同时，证监会出台了《证券公司融资融券业务试点内部控制指引》，对融资融券业务管理、各类费率的公示、担保物和平仓、技术系统、客户资产安全、监控和信息档案等方面的内部控制进行了指导。

2006年7月，受国务院委托，财政部牵头，由财政部、国资委、证监会、审计署、银监会和保监会联合发起成立了企业内部控制标准委员会，秘书处设在财政部会计司，旨在研究制定"具有统一性、公认性和科学性的企业内部控制规范体系"。在监管部门、大中型企业、行业组织和科研院所等机构领导和专家的积极参与和大力支持下，我国企业内部控制标准体系的机制保障和组织配套形成了。

---

**篇中案例**

**内控成本和效益平衡的典范：中国人寿的"舍得"论**

国际金融危机让很多企业在风险管理上交了"学费"。后危机时代，企业可谓是"一朝被蛇咬"，不得不增强了风险意识。

借鉴国际国内诸多航母级企业的经验，强化内控建设似乎是制胜法宝。虽然昂贵的内控建设成本让企业有些望而却步，但谁也不想再摸黑航行，到已经触礁了才发现冰山原来在水面以下。

舍：内控到底有多贵？

中国人寿的回答是："贵！我们为此投入很大！"位居全球上市寿险公司市值榜首的"世界500强"企业，都对内控的价格直言不菲，这让我们难免心生好奇。贵在哪里？"高标准，严要求，自然价要高。"这是记者采访过后的总结。用中国人寿副总裁刘家德的话说："要建'百年老店'，要树百年基业，就必须按照最高的标准、最严的要求建设内控。没有制度的有效保障，我们很难达到目标。"内控建设的基调定下了，投入就成了必然。但对于 SOX 404 遵循的高投入还是让他们感到吃惊。

陌生的 SOX 404 近乎苛刻的要求、前无古人的摸索，迫使他们不得不去聘请经验丰富的外部专家提供咨询和培训，抽调骨干人员组建团队；不得不为了进行有效的流程梳理和设置关键控制点，投入大量的人力成本、差旅费、培训费等，这些可以计量的成本，加上大量难以量化的投入一起，让公司上下经历了一次内控的"洗礼"。他们借此契机对公司的规章制度、实务规范、关键风险控制点进行了系统梳理，进一步理顺了公司的流程。2007年，中国人寿的 SOX 404 遵循工作获得美国证监会等外部监管机构、外部审计师的全面认可。

中国人寿发现，对内控的投入很可能是一笔不错的"投资"。

经过了"高投入"的 SOX 404 遵循项目阶段，此时的内控建设其实才仅仅走出了合规性的第一步。从控制范围上讲，也才仅仅覆盖了对财务报告公允性的控制。于是，对内控的进一步"投资"开始了，此时的目标已经不再是简单的合规，而是全面的质量控制。

自2008年起，中国人寿便已开始遵循《企业内部控制基本规范》，并对外出具 A 股项下的内控自我评估报告，这为他们进一步贯彻执行更为细致而深入的《企业内部控制配套指引》提供了良好的平台和基础。

经过了初期密集的高投入后，此时的内控实施成本开始变得稳定和可控。当然还有一些后续的或有支出。例如，随着内控建设的价值性追求，公司会加强内控体系的信息化建设，因此大量的研发支出、系统、设备等硬件支出将渐渐浮出水面。

得：投入之后，效益何在？

商场上，讲求效益。内部管理也一样，不能让钱白白打了水漂。

内控到底能否带来效益？中国人寿的回答是："当然能！赔本的买卖谁会做？""当初的 SOX 404 遵循工作虽然很艰难，我们也进行了大量的投入，但是我们作为第一家在美上市的中国金融企业，除了要出色地完成合规工作，维护国家形象并得到美国市场的认可,还肩负着'老大哥'的责任。我们要为后来的中国企业蹚开路子、积累经验。"中国人寿监事会监事长夏智华说。

事实证明,经过此番 SOX 404 条款遵循"洗礼"的中国人寿获得了各方一致认可、积累了宝贵经验,更重要的是通过这一工作,内控和风险管理理念的种子在企业得以生根发芽。

除了这些具有外部性的收益外,对内的效益其实是更加明显的。

"从中国人寿自身来看,通过近 6 年的内控体系建设,除了进一步确保了财务报告的公允性,更进一步提升了公司的经营管理水平。中国人寿通过这些年来的内控工作,逐渐形成了全员参与的内控文化,进一步提升了制度执行力和公司经营管理水平,提升了公司的品牌形象。"中国人寿内控与风险管理部总经理马占义说。

案例来源:于丽. 舍得之间话内控[J]. 中国会计报,2010(7).

(四)金融危机至今我国内部控制法规的完善

2007 年爆发的全球金融危机在 2008 年愈演愈烈,但我国并未因世界经济局势的动荡和企业业绩的波动放慢完善企业内部控制制度体系的步伐。

2008 年 5 月,财政部等五部委联合发布了《企业内部控制基本规范》,要求 2009 年 7 月 1 日起在上市公司范围内施行,并且鼓励非上市的大中型企业也执行基本规范。规范要求:"执行本规范的上市公司,应当对本公司内部控制的有效性进行自我评价,披露年度自我评价报告,并可聘请具有证券、期货业务资格的会计师事务所对内部控制的有效性进行审计。"该基本规范既融合了国外相关内部控制制度的经验,又结合了我国的实际,具有我国自身的特色,标志着我国内部控制制度的建设迈上了新的台阶。

2010 年 4 月 15 日,财政部等五部委出台了《企业内部控制应用指引第 1 号——组织架构》等 18 项应用指引、《企业内部控制评价指引》和《企业内部控制审计指引》,要求 2011 年 1 月 1 日起在境内外同时上市的公司实行,在上海证券交易所、深圳证券交易所主板上市公司 2012 年 1 月 1 日起施行,并择机在中小板和创业板上市公司施行,同时也鼓励非上市大中型企业提前执行。18 项应用指引不仅包括了有关业务活动控制的实务指南,而且增加了对内部环境、风险评估、信息沟通、内部监督等控制要素的操作性指引,涵盖了企业的组织架构、发展战略、人力资源、社会责任、企业文化等方面的内部控制,规范了企业的资金活动、采购业务、资产管理、销售业务、工程项目、担保业务、业务外包、合同管理等具体业务中内部控制的应用,还指导了企业进行财务报告、内部信息传递和信息系统等方面的内部控制行为。《企业内部控制评价指引》对企业内部控制评价的内容、程序、内部控制缺陷的认定和内部控制评价报告都进行了清晰的阐述，对企业内部控制评价提供了详尽的依据。《企业内部控制审计指引》对注册会计师执行企业内部控制审计业务进行了规范，并给出了内部控制审计报告的参考格式，使我国注册会计师对企业内部控制进行审计时有章可循。《企业内部控制应用指引》《企业内部控制评价指引》和《企业内部控制审计指引》的发布标志着我国的内部控制规范体系已基本建成。

**二、我国企业内部控制规范的框架体系**

2008年5月22日，财政部会同证监会、审计署、银监会、保监会出台《企业内部控制基本规范》（以下简称"基本规范"）。2010年4月15日，财政部会同证监会、审计署、银监会、保监会又发布了《企业内部控制应用指引第1号——组织架构》等18项应用指引、《企业内部控制评价指引》和《企业内部控制审计指引》（以下简称"配套指引"）。内部控制基本规范和配套指引的发布，标志着我国内部控制规范体系的形成，是我国内部控制制度发展的里程碑。

在我国企业内部控制规范框架体系中，基本规范是内部控制体系的最高层次，起统驭作用；应用指引是对企业按照内部控制原则和内部控制五要素建立健全本企业内部控制所提供的指引，在配套指引乃至整个内部控制规范体系中占据主体地位；企业内部控制评价指引是为企业管理层对本企业内部控制有效性进行自我评价提供的指引；企业内部控制审计指引是注册会计师和会计师事务所执行内部控制审计业务的执业准则。三者之间既相互独立，又相互联系，形成一个有机整体。

（一）企业内部控制基本规范

基本规范是内部控制体系的最高层次，起统驭作用。它描述了建立与实施内部控制体系必须建立的框架结构，规定了内部控制的定义、目标、原则、要素等基本要求，是制定应用指引、评价指引、审计指引和企业内部控制制度的基本依据。

基本规范共七章五十条，分为总则、内部环境、风险评估、控制活动、信息与沟通、内部监督和附则。

基本规范主要明确了内部控制的目标、原则和要素。内部控制目标规定了五个方面，即合理保证企业经营管理合法合规，资产安全，财务报告及相关信息真实完整，提高经营效率和效果，促进企业实现发展战略。《基本规范》第四条规定了企业建立与实施内部控制的五项原则：一是全面性原则；二是重要性原则；三是制衡性原则；四是适应性原则；五是成本效益原则。《基本规范》第五条规定了内部控制的五要素，即内部环境、风险评估、控制活动、信息与沟通和内部监督。

（二）企业内部控制应用指引

企业内部控制应用指引由三大类组成：即内部环境类指引、控制业务类指引、控制手段类指引。这三类指引基本涵盖了企业资金流、实物流、人力流和信息流等各项业务和事项。

内部环境是企业实施内部控制的基础，支配着企业全体员工的内控意识，影响着全体员工实施控制活动和履行控制责任的态度、认识和行为，因此，内部环境类指引具有基础性地位，它们是构成企业的基本条件，对企业的经营与发展起到不可或缺的决定性作用。内部环境应用指引包括组织架构、发展战略、人力资源、社会责任和企业文化等指引。

控制业务类应用指引是对各项具体业务活动实施的控制，此类指引包括资金活动、采购业务、资产管理、销售业务、研究与开发、工程项目、担保业务、业务外包、财务报告等指引。

控制手段类应用指引偏重于"工具"性质，往往涉及企业整体业务或管理，此类指引有四项，包括全面预算、合同管理、内部信息传递和信息系统等指引。

（三）企业内部控制评价指引

内部控制评价是指企业董事会或类似权力机构对内部控制有效性进行全面评价、形成评价结论、出具评价报告的过程。在企业内部控制实务中，内部控制评价是极为重要的一环，它与日常监督共同构成了对内部控制制度本身的控制。内部控制评价指引主要内容包括：实施内部控制评价应遵循的原则、内部控制评价的内容、内部控制评价的程序、内部控制评价缺陷的认定以及内部控制评价报告。

（四）企业内部控制审计指引

内部控制审计是指会计师事务所接受委托，对特定基准日内部控制设计与运行的有效性进行审计。它是企业内部控制规范体系实施中引入的强制性要求，既有利于促进企业健全内部控制体系，又能增强企业财务报告的可靠性。审计指引主要内容包括：审计责任划分、审计范围、整合审计、计划审计工作、实施审计工作、评价控制缺陷、出具审计报告以及记录审计工作。

【课堂测试 1-2】

思考并回答以下问题：

1. 我国内部控制的发展历程。
2. 我国内部控制规范的框架体系。

**本章小结**

  本章主要是从内部控制的产生与发展历经的几个阶段出发，详细介绍了内部牵制阶段、内部控制系统阶段和内部控制结构制度阶段三个阶段的发展及其特点，并总体上概括了内部控制体系的框架，分别描述了 COSO 报告、ERM 框架和萨班斯—奥克斯利法案，便于我们分析和理解内部控制体系框架的联系与区别。另外，本章也重点论述了我国的内部控制的发展，从法规建设和框架体系的构架两方面入手，按照先后顺序，详细介绍了我国内部控制法规的起步阶段、亚洲金融危机影响下我国内部控制法规的发展、SOX 法案推动下的我国内部控制法规建设和金融危机至今我国内部控制法规的完善，通过了解内部控制在我国的发展历程，有助于我们内部控制框架体系的构建，并明确指出，在我国企业内部控制规范框架体系中，基本规范是内部控制体系的最高层次，起统驭作用；应用指引在配套指引乃至整个内部控制规范体系中占据主体地位；而企业内部控制审计指引是注册会计师和会计师事务所执行内部控制审计业务的执业准则。三者之间既相互独立，又相互联系，形成一个有机整体。总之，通过第一章的学习，我们能很好地从总体上了解和掌握内部控制的历史和发展轨迹，有助于我们对内部控制学课程的理解和掌握。

---

**篇后案例**

**双汇的瘦肉精事件**

  2011 年 3 月 15 日，据央视曝光，尽管双汇宣称"十八道检验、十八个放心"，但按照双汇公司的规定，十八道检验并不包括"瘦肉精"检查，尿检等检测程序也形同虚设。此前，河南孟州等地添加"瘦肉精"养殖的有毒生猪顺利卖到双汇集团旗下公司。该公司市场部负责产品质量投诉及媒体宣传的工作人员则向记者回应说，原料在入场前都会经过官方检验，央视所曝的"瘦肉精"事件，公司正在进行调查核实。

  与此同时，农业部第一时间责成河南、江苏农牧部门严肃查办，严格整改，切实加强监管，并立即派出督查组赶赴河南督导查处工作。农业部还表示，将在彻查的基础上，责成有关地方和部门对相关责任人员进行严肃处理，并随后向社会公布结果。

  受此影响，15 日下午，双汇旗下上市公司双汇发展跌停，并宣布停牌。

17日晚间，双汇集团在此发表公开声明：要求涉事子公司召回在市场上流通的产品，并在政府有关部门的监管下进行处理。据了解，截止到3月17日，已经控制涉案人员14人，其中养猪场负责人7人，生猪经纪人6人，济源双汇采购员1人。对于双汇发展的投资者来说，不幸只是刚刚开始，复盘后的双汇发展更是连续两天跌停。

瞬时间，双汇被推到风口浪尖上。作为国内规模最大的肉制品企业，"瘦肉精"事件令双汇声誉大受影响。继三鹿之后，又一国内重量级公司面临着空前的危机。

要求：

请结合案例，试分析我们可以从该案例中得出什么结论？并阐释内部控制的概念和现实意义。

案例来源：池国华，樊子君. 内部控制习题与案例（第二版）[M]. 大连：东北财经大学出版社，2014.

**核心概念**

内部控制（internal control）

COSO（committee of sponsoring organizations）

萨班斯—奥克斯利法案（sarbanes-oxley act）

ERM框架（enterprise risk management-integrated framework）

**思考题**

1. 内部控制的产生与发展历经几个阶段？每一阶段都有什么特点？
2. 《企业风险管理——整合框架》与《内部控制——整合框架》相比具有哪些进步？
3. 我国新颁布的《企业内部控制基本规范》的基本框架与具体内容。
4. 简要概括我国企业内部控制规范的框架体系。

**练习题**

**（一）单项选择题**

1. 内部控制结构阶段又称三要素阶段，其中不包括（　）要素。

　　A. 控制环境　　　　　　　　B. 风险评估

　　C. 会计系统　　　　　　　　D. 控制程序

2. COSO著名的《内部控制——整合框架》是在（　）发布的，该报告是内部控制发展历程中的一座重要里程碑。

A. 20 世纪 80 年代 　　　　　　B. 1992 年
C. 2002 年 　　　　　　　　　　D. 2004 年

3.（　）是指主题对所确认的风险采取必要的措施，以保证其目标得以实现的政策和程序。

A. 控制环境 　　　　　　　　　B. 风险评估
C. 控制活动 　　　　　　　　　D. 信息与沟通

4. 2002 年美国国会通过的《萨班斯—奥克斯利法案》第 404 条款（SOX 404）及相关规划采用的是（　）。

A. 内部控制体系

B. 内部控制结构

C. 内部控制整合框架

D. 企业风险管理整合框架

5. 相对《内部控制——整合框架》，ERM 框架的创新之处不包括（　）。

A. 新提出了一个更具管理意义和管理层次的战略管理目标，同时还扩大了报告的范畴

B. 新增加了目标制定、风险识别和风险应对三个管理要素

C. 提出了两个新概念——风险偏好和风险容忍度

D. 对内部控制做了权威的定义

6. 不属于企业风险管理整合框架八要素的是（　）。

A. 控制环境

B. 事项识别

C. 控制活动

D. 监控

7. 在 COSO 内部控制框架中，控制活动的类别可分为（　）。

A. 经营、财务报告及合规三个类别

B. 经营、信息及合规三个类别

C. 信息、财务报告及监察三个类别

D. 经营、信息及监察三个类别

8. 在 COSO 内部控制框架中，属于其他内部因素根基的是（　）。

A. 信息与沟通

B. 监察

C. 控制环境

D. 控制活动

9. 代表了成熟阶段的研究成果，堪称内部控制发展史上里程碑的是（  ）。
 A. 美国注册会计师协会的《企业准则公告第 55 号》
 B. 英国《综合守则》
 C. COSO 委员会的《内部控制——整合框架》
 D. 特恩布尔委员会的特恩布尔报告

10. 内部控制的现实意义不包括（  ）。
 A. 实施内部控制有助于提升企业管理水平
 B. 实施内部控制有助于降低企业的经营成本
 C. 实施内部控制有助于提高企业的风险防御能力
 D. 实施内部控制有助于维护社会公众的利益

11. 关于我国企业内部控制规范的框架体系，下列说法错误的是（  ）。
 A. 我国目前内部控制规范框架是由基本规范、应用指引、评价指引和审计指引四部分组成的
 B. 内部控制应用指引是内部控制体系的最高层次，起统驭作用
 C. 内部控制评价指引是为企业管理层对本企业内部控制有效性进行自我评价提供的指引
 D. 内部控制审计指引是注册会计师和会计师事务所执行内部控制审计业务的执业准则

12. 关于企业内部控制应用指引，下列说法错误的是（  ）。
 A. 内部控制应用指引由三大类组成，即内部环境类指引、控制业务类指引、控制手段类指引
 B. 内部环境是企业实施内部控制的基础，包括人力资源、社会责任和企业文化等
 C. 控制业务类应用指引是对各项具体业务活动实施的控制，此类指引包括资金活动、采购业务、资产管理
 D. 控制手段类应用指引偏重于"工具"性质，往往涉及企业整体业务或管理，此类指引包括担保业务、业务外包

13. 基于我国内部控制法则的发展，下列说法不正确的是（  ）。
 A. 1985 年《会计法》对会计稽核所做出的规定，是我国首次在法律文件上对内部牵制提出的明确要求
 B. 2001 年 1 月，证监会发布了《证券公司内部控制指引》，要求所有的证券公司建立和完善内部控制机制和内部控制制度

C. 2005年10月，国务院批转了证监会发布的《关于提高上市公司质量意见》，要求上市公司对内部控制制度的完善性、合理性及其实施的有效性进行定期检查和评估

D. 2010年出台的应用指引、评估指引和审计指引要求在上海证券交易所、深圳证券交易所主板上市的公司于2011年1月1日起施行

14. 依据《企业风险管理——整合框架》的内容，下面有关内部控制的说法中错误的是（　　）。

A. 内部控制的思想是以风险为导向的控制

B. 内部控制是控制的一个过程，这个过程需要全员的参与，包括董事会、管理层、监事会都需要参与进来，但不包括员工

C. 内部控制是一种管理，是对风险的管理

D. 内部控制是一种合理保证

15. 下列关于内部控制特征的论述，不正确的是（　　）。

A. 内部可控制是一个不断发展、完善的过程，随着企业经营管理的新情况适时改进

B. 内部控制由组织中各个阶层的人员共同实施

C. 内部控制从形式上表现为一套相互监督、相互制约、彼此联系的控制方法、措施和程序

D. 制定了严格的内部控制制度，就能确保一个企业必定成功

**（二）多项选择题**

1. 有关内部控制的历史演进，下列说法正确的是（　　）。

A. 内部控制理论与实践的发展大体上经历了内部牵制、内部控制结构、内部控制整合框架等四个不同的阶段，并已初步呈现向企业风险管理整合框架演变的趋势

B. 内部控制的第二阶段为内部控制系统阶段，该阶段将内部控制一分为二，由此内部控制进入"制度二分法"或"二要素"阶段

C. 1992年9月，COSO发布了著名的《内部控制——整合框架》提出了一个概念、三个目标和五个要素

D.《企业风险管理——整合框架》晚于《内部控制——整合框架》产生。目前已经替代了后者

E. 风险管理整合框架阶段的显著变化是将内部控制上升至全面风险管理的高度来认识

2. 下列属于内部控制整合框架构成要素的是（ ）。

A. 控制环境

B. 风险评估

C. 控制活动

D. 信息与沟通

E. 监控

3. 下列属于内部控制整合框架中提出的目标是（ ）。

A. 战略目标

B. 经营目标

C. 报告目标

D. 合规目标

E. 发展目标

4. 相对《内部控制——整合框架》，ERM 框架的创新在于（ ）。

A. 新提出了一个更具管理意义和管理层次的战略管理目标,同时还扩大了报告的范畴

B. 增添了目标制度、风险识别和风险应对三个管理要素

C. 对内部控制提出了一个迄今为止最为权威的定义

D. 提出了两个新概念——风险偏好和风险容忍度

E. 提出了一个新的观念——风险组合观

5. 我国内部控制法则的发展所经历的阶段有（ ）。

A. 我国内部控制法则的起步阶段

B. 改革开放内部控制的发展阶段

C. 亚洲金融危机影响下我国内部控制法规的发展

D. SOX 法案推动下的我国内部控制法规建设

E. 金融危机和后危机时代我国内部控制法规的完善

6. 关于我国内部控制法规发展和完善正确的是（ ）。

A. 2001 年 1 月，证监会发布了《证券公司内部控制指引》，要求所有的证券公司建立和完善内部控制机制和内部控制制度

B. 2003 年 10 月，财政部发布了《内部会计控制——工程项目（试行）》。这些规定明确了单位建立和完善内部会计控制体系的基本框架和要求

C. 2006 年 5 月，在《首次公开发行股票并上市管理办法》中规定："发行人的内部控制在所有重大方面是有效的，并由注册会计师出具了无保留结论的内部控制鉴定报告"

D. 2008年5月，财政部等五部委联合发布了《企业内部控制基本规范》，要求2009年7月1日起在上市公司范围内施行，并且鼓励非上市的大中型企业也执行基本规范

E. 2010年4月15日，财政部等五部委出台了《企业内部控制应用指引第1号——组织架构》第18项应用指引、《企业内部控制评价指引》和《企业内部控制审计指引》

7. 属于《企业内部控制基本规范》第四条规定的企业建立与实施内部控制的原则有（　　）。

A. 全面性原则

B. 重要性原则

C. 成本效益原则

D. 适应性原则

E. 制衡性原则

8. 中国内部控制标准体系包括（　　）。

A. 企业内部控制应用指引

B. 企业内部控制评价指引

C. 企业内部控制监督指引

D. 企业内部控制基本规范

E. 企业内部控制审计指引

9. 2004年9月，COSO根据萨班斯法案要求，颁布企业风险管理整合框架，COSO框架的构成要素包括（　　）。

A. 内部环境、目标设定

B. 事项识别、风险评估

C. 风险应对、控制活动

D. 信息与沟通、监控

E. 控制环境、监督

10. 以下对内部控制的理解错误的是（　　）。

A. 内部控制对上市公司来说是必需的

B. 内部控制就是单纯的内部会计控制

C. 内部控制就是内部牵制

D. 内部控制并不是越严格越好

E. 内部控制制定后，可以一成不变

## （三）判断题

1. 内部控制系统阶段是内部控制发展的第一阶段。（  ）
2. 根据《柯勒会计辞典》的解释，内部控制的基本思路是分工和牵制。（  ）
3. 内部控制二要素阶段是内部控制结构阶段。（  ）
4. 内部控制整合框架阶段中明确了内部控制的三个目标和五个构成要素，这五个要素分别为内部环境、风险评估、控制活动、信息与沟通以及监督。（  ）
5. 风险偏好和风险容忍度是在内部控制整合框架中提出来的。（  ）
6. 合规目标是在《企业风险管理——整合框架》新提出来的内部控制目标。（  ）
7. 内部控制的现实意义是有助于企业提升自身管理水平、提高风险防御能力、维护社会公众利益，最终服务于企业价值创造的终极目标。（  ）
8. 我国内部控制规定起步的标志是1985年1月颁布的《中华人民共和国会计法》。（  ）
9. 2010年4月15日，财政部等5部委出台了内部控制应用指引、评价指引和审计指引，要求2011年1月1日起在境内外同时上市的公司实行，在上、深交所主板上市公司2012年1月1日起施行。（  ）
10. 目前我国企业内部控制规范的框架体系是由《企业内部控制基本规范》《企业内部控制评价指引》和《企业内部控制审计指引》组成的。（  ）
11. 基本规范第五条规定了内部控制的五要素，即内部环境、风险评估、控制活动、信息与沟通和内部监督。（  ）
12. 应用指引是对企业按照内部控制原则和内部控制五要素建立健全本企业内部控制所提供的指引，在配套指引乃至整个内部控制规范体系中占主体地位。（  ）
13. 组织架构、发展战略、人力资源属于内部环境应用指引内容，而合同管理、内部信息传递和信息系统属于控制业务类应用指引。（  ）
14. 内部控制评价指引主要内容包括：实施内部控制评价应遵循的原则、内部控制评价的内容、内部控制评价的程序、内部控制缺陷的认定以及内部控制评价报告。（  ）
15. 内部控制应用指引、评价指引和审计指引之间即相互独立，又相互联系，形成一个有机整体。（  ）

## （四）简答题

1. 请简述内部控制理论的产生与发展历经的阶段，并指出每一阶段的特点。

2.《企业风险管理——整合框架》与《内部控制——整合框架》相比具有哪些进步?

3. 我国新颁布的《企业内部控制基本规范》的基本框架与具体内容。

4. 简要概括我国企业内部控制规范的框架体系。

5. 你毕业后被一家上市企业聘用。这家上市企业的发展速度很快,但是你发现该企业的内部控制系统有待提高和完善。你应该如何从内部控制理论角度出发劝说你的经理意识到提升企业的内部控制体系的重要性。

6. 你认为内部控制产生和发展的动因是什么?你认为未来内部控制发展的方向应是什么,并说明理由。

# 第二章 内部控制基础

【学习目标】通过本章的学习，了解内部控制定义的变迁，理解内部控制的定义，了解内部控制全员性，了解内部控制的全员控制与董事会在内部控制的实施过程中领导作用之间的关系，理解内部控制的全面性，理解内部控制的全程性，理解内部控制的目标及其相互之间的关系，熟悉内部控制需要遵循的原则，理解内部控制的局限性。

---

**开篇案例**

### 中石化比较完整的"家规家法"

美国《财富》杂志日前公布2013年度世界五百强公司排名，中国石化名列第四位，彰显着中国石化作为一家大型跨国石油企业综合实力的持续性上升，更凝聚着十余年来中国石化内控建设背后的无数艰辛。

2002年7月，美国出台"SOX法案"，所有想在美国资本市场淘金的上市公司都必须建立内控制度并保证其有效运行，且须在发布的年度报告中对内控制度的设计有效性和运行有效性进行评估。中国石化别无选择，管理层决定以此为契机，全面推行内部控制制度建设，遵照相关法律法规的要求和公司经营管理的实际情况，同时借鉴美国的COSO内部控制框架，围绕公司发展战略和合规目标、资产安全目标、财务报告目标、经营效果效率目标，从内部环境、风险评估、控制活动、信息与沟通、内部监督等方面，全面梳理公司各项业务和重大事项，编制《内部控制手册》；同时要求所属分（子）公司根据总部编制的内控手册，结合实际制定本单位的实施细则，形成具有中国石化特色的两级内部控制制度体系。

案例来源：杨雪. 中国石化的"家规家法"[J]. 中国会计报，2010（7）.

## 第一节 内部控制的定义

我国对于内部控制的定义几经变迁，从 21 世纪初财政部颁布的《内部会计控制规范——基本规范（试行）》和《内部会计控制规范——货币资金（试行）》等一系列具体规范，到上交所和深交所分别发布的《上海证券交易所内部控制指引》和《深圳证券交易所内部控制指引》，直到内部控制规范体系的基本形成。我国对于内部控制的定义也经历了由无到有、范围逐步扩大、科学严谨性逐步提升的发展过程。最早的内部控制定义仅仅局限于会计控制，而现在的内部控制则是完整的内部控制概念。根据《企业内部控制基本规范》的解释，"内部控制是由企业董事会、监事会、经理层和全体员工实施的、旨在实现控制目标的过程"。对于这一定义，可从以下几个方面进行理解。

### 一、内部控制是一种全员控制

内部控制是一种全员控制，即内部控制强调全员参与，人人有责。企业的各级管理层和全体员工都应当树立现代管理理念，强化风险意识，以主人翁的姿态积极参与内部控制的建立与实施，并主动承担相应的责任，而不是被动地遵守内部控制的相关规定。

值得注意的是，内部控制的"全员控制"与董事会、监事会和经理层在内部控制的建设和实施过程中的领导作用并不矛盾，领导者与普通员工仅仅是分工不同、承担的权责大小不同，但都是内部控制的参与主体。具体而言，董事会负责内部控制的建立健全和有效实施，并直接影响内部控制的要素之一内部环境这一控制基础。而监事会对董事会建立和实施内部控制进行监督；经理层负责组织领导企业内部控制的日常运行，在内部控制中承担重要责任。企业所有员工都应在实现内部控制中承担相应职责并发挥积极作用。企业应当在董事会下设立审计委员会、负责审查企业内部控制、监督内部控制的有效实施和内部控制自我评价情况。这就形成了从董事会到全体员工全员参与的内部控制，克服了长期以来我国企业内部控制建设滞后、相关各方执行时权责不清，从管理层到员工缺乏企业内部控制的责任与动力的问题。

### 二、内部控制是一种全面控制

内部控制是一种全面控制，是指内部控制的覆盖范围要足够广泛，涵盖企业所有的业务和事项，包含每个层级和环节，而且还要体现多重控制目标的要求。内部控制本质上是对风险的管理与控制，所谓风险即偏离控制目标的可能性。《企业内部控制基本规范》规定，内部控制的目标是合理保证企业经营管理合法合规、资产安全、财务报告及相关信息真实完整，提高经营效率和效果，促进企业实现发展战略。企业设计的内部控制活动和流程要充分防范和控制任何影响以上五个目标实现的风险，而不能仅仅局限于财务报告风险，并为以上目标的实现提供合理保证。也就是说，内部控制不仅仅是一种防弊纠错的机制，而且还是一种经营管理方法、战略实施工具，是一种为多目标的实现而进行的全面控制。

应当说明的是，内部控制只能为控制目标的实现提供"合理保证"，而不是"绝对保证"，这是因为企业目标的实现除了受制于企业自身限制外，还会受到外部环境的影响，而内部控制无法作用于外部环境；而且，内部控制本身也存在一定的局限性，使得其不可能为企业控制目标的实现提供"绝对保证"。内部控制的局限性将在本章第三节进行介绍。

### 三、内部控制是一种全程控制

内部控制是一种全程控制，是一个完整的内部控制体系。从时间顺序上看，包括事前控制、事中控制和事后控制，从内容上看包含制度设计、制度执行与监督评价。以上三个环节环环相扣，逐步递进，彼此配合，共同构成了一个完整的内部控制体系。

内部控制的全程控制通常以流程为主要手段，包含流程的设计、执行和监督评价，但又不仅仅局限于流程。流程本身即包含着过程控制的思想，流程的设计是前提和基础，流程的实施是核心，对流程的监督是关键。流程设计的合理性往往会直接影响到整个内部控制工作的效率和效果。因此，企业要有效地实现全程控制，就必须优化与整合企业内部控制流程；企业进行的流程再造，也是基于全面控制和以提高运行效率为目的的。如果说内部控制的全面控制是从横向角度为企业实现控制目标搭起了一道无形的网，那么内部控制的全程控制则是从纵向角度为企业防范和管理风险架起了一面牢固的墙。

### 篇中案例 2-1
### 宝钢公司销售业务内部控制流程

宝钢股份（股票代码：600019）销售管理的一大特点是高度的信息化管理，产品销售信息由公司 9672 产品销售子系统（以下简称"9672 系统"）自动生成，系统已实现从产品价格库生成、登记客户需求、签订合同、运输发货、财务评审和结算、产品质量异议处理管理等全过程控制。其主要流程有以下四个基本环节：

（1）处理订单。对用户填写的订货卡片，宝钢国际各贸易公司输入9672系统的草约付款清单，销售部组织生产厂和制造部等，对品种、规格、价格等进行技术评审，并负责生产能力和运输方式评审。如评审通过，由销售业务人员在订货卡片或草约付款清单上签字或盖章确认，送交财务评审，由财务人员对付款草约的结算方式、货款金额、票据安全性等进行审核，确认收款依据。

（2）签订合同。销售业务人员按评审通过的内容，打印正式合同，经供需双方确认签字后，合同生效；销售部将合同信息通过9672系统下发给制造部，并根据合同的交货期和生产计划编制原则进行排产；制造部依据生产计划及交货期及时安排调整生产计划，确保合同按时完成。

（3）发货。销售部根据制造部的"准发信息"和合同规定的运输方式，向运输部提交成品厂内转库计划；运输部据以编制厂内装船、装车作业计划，核对实物，按规定要求装车（船），与承运方办理实物交接和出库提货手续；销售部收到成品装运出厂信息，负责配齐码单、质量保证书和运单三单，与用户进行产品最终交付。

（4）财务结算。财务人员根据接收到的三单信息，开具增值税发票，进行销售结算，确认销售收入，核销预售款或进行收款。

案例来源：谢中新. 谈宝钢销售与收款环节的内部控制[J]. 中国内部审计，2004（6）.

以上是从不同角度对内部控制的理解。内部控制的定义在内部控制概念框架中处于基础地位，是内部控制目标、原则、要素推演的理论依据和逻辑起点，也是企业设计和执行内部控制的最基本的要求。只有真正做到了全员控制、全面控制和全程控制，内部控制的设计才不会出现盲点，内部控制的执行才会合理有效，内部控制的作用才能真正发挥。

【课堂测试2-1】

思考并回答以下问题：

1. 怎样理解内部控制是一种全面控制？
2. 内部控制的全程控制可以从哪些方面理解？

## 第二节 内部控制的目标

目标是主体在一定时间内期望达到的成果。内部控制的目标即企业希望通过内部控制的设计和实施来达到企业某一方面的改善,主要表现为业绩的提高、财务报告信息质量的提高、违规行为发生率的降低等。确立控制目标并逐层分解目标是控制的开始,内部控制的所有方法、程序和措施无一不是围绕着目标而展开;如果没有了目标,内部控制就会失去方向。

我国《企业内部控制基本规范》规定,内部控制的目标是合理保证企业经营管理合法合规、资产安全、财务报告及相关信息真实完整,提高经营效率和效果,促进企业实现发展战略。上述目标是一个完整的内部控制目标体系不可或缺的组成部分,然而,由于所处的控制层级不同,各个目标在整个目标体系中的地位和作用也存在着差异。

### 一、经营管理合法合规目标

经营管理合法合规目标是指内部控制要合理保证企业在国家法律和法规允许的范围内开展经营活动,严禁违法经营。企业的终极目标是生存、发展和获利,但是如果企业盲目追求利润、无视国家法律法规,必将为其违法行为付出巨大的代价。一旦被罚以重金或者被吊销营业执照,那么其失去的不仅仅是利润,而是持续经营的基础。因此,经营管理合法合规是企业生存和发展的客观前提,是内部控制的基础性目标,是实现其他内控目标的保证。

内部控制作为存在于企业内部的一种制度安排,可以将法律法规的内在要求嵌入到内部控制活动和业务流程之中,从最基础的业务活动上将违法违规的风险降低到最小限度,从而合理保证企业经营管理活动的合法性与合规性。

### 二、资产安全目标

资产安全目标主要是为了防止资产流失。保护资产的安全与完整是企业开展经营活动的物质前提。资产安全目标有两个层次:一是确保资产在使用价值上的完整性,主要是指防止货币资金和实物资产被挪用、转移、侵占、盗窃以及对无形资产控制权的旁落。二是确保资产在价值量上的完整性,主要是防止资产被低价出售,损害企业利益;同时要充分提高资产使用率、提升资产管理水平。为了保障内部控制、实现资产安全目标,首先必须建立资产的记录、保管和盘点制度,确保记录、保管与盘点岗位的相互分离,并明确职责和权限范围。

内部控制的基本思想在于制衡,因为有了制衡,两个人同时犯同一错误的概率大大减少,从而加大了不法分子实施犯罪计划、进行贪污舞弊行为的难度,从而保护企业的资产不被非法侵蚀或占用,保障企业正常经营活动的顺利开展。

## 篇中案例 2-2
### 娃哈哈与达能品牌之争

2007年,娃哈哈集团在与法国达能公司合作的过程中,由于合同条款存在问题,双方围绕"娃哈哈"商标所有权归属问题争执不下,目前已分别向国内外相关机构提起纠纷仲裁,娃哈哈还向媒体声称"可能向达能提起50亿欧元的反诉讼"。这场备受关注的商标争夺战、企业并购战一时陷入迷局。

"娃哈哈"是目前中国最知名和最具竞争力的饮料品牌之一。娃哈哈集团老总宗庆后在接受媒体采访时说:"娃哈哈的主要竞争对手是可口可乐、百事可乐、康师傅和统一,除了这些跨国公司外,娃哈哈在境内可以说已经没有对手。"正是娃哈哈在中国商界神话般的威望,吸引了国际强势品牌企业的关注。

1996年,娃哈哈集团与法国达能公司、香港百富勤公司共同成立合资企业,其中娃哈哈集团占49%的股份,另两家外资企业共同拥有51%的股份。然而没有想到的是,达能不久便收购了百富勤公司的股份,一跃成为中国娃哈哈集团的控股股东。当时,达能公司就提出将"娃哈哈"商标转让给其所控制的公司,但遭到国家工商行政管理总局商标局的拒绝。后来,双方签订商标权使用合同,规定"不应许可除娃哈哈与达能建立的合资公司以外的任何其他方使用商标",这也就是说,法国达能公司通过合资的方式,控制了"娃哈哈"商标。以此为筹码,达能要求强行收购娃哈哈集团其他非合资公司。

达能与娃哈哈集团之争,是我国引进外资中的典型争端,其中有许多经验和教训值得汲取。一个成功品牌往往是任何有形资产所不能比拟的,商标既是企业的标志和根基,也是企业战胜对手、争夺市场、开辟财源的强大武器。中国企业在寻求外资合作的时候,为了扩大在合资企业所占份额,往往将无形资产评估后作价出资,这样做看起来可以获得短期收益,但是却将辛苦培育起来的知名品牌或者驰名商标捆绑在合资企业上,一旦合资企业经营出现问题,或者合资企业股权发生变化,那么中方企业的知名品牌或者驰名商标便难以保全。因此,我们不仅要警示国内知名品牌谨防外资控股陷阱,

> 更亟须进一步完善引进外资的条款,通过立法限制外资恶意并购,防止企业控制权旁落。
>
> 案例来源:《知识产权报》评论员. 娃哈哈与达能品牌之争值得玩味[J]. 知识产权报,2007(7).

### 三、财务报告及相关信息真实完整目标

财务报告及相关信息的真实完整目标是指内部控制要合理保证企业提供了真实可靠的财务信息及其他信息。内部控制的重要控制活动之一是对信息系统的控制,尤其是对财务报告的控制。财务报告及相关信息反映了企业的经营业绩,以及企业的价值增值过程。财务报告反映了企业的过去和现状,并可预测企业的未来发展,是投资者进行投资决策、债权人进行信贷决策、管理者进行管理决策和宏观经济调控部门进行政策决策的重要依据。因此,财务报告目标是经营目标的成果反映。此外,财务报表及相关信息的真实披露还可以将企业诚信、负责的形象公之于众,有利于市场地位的稳固与提升以及企业未来价值的增长。从这点来看,报告目标的实现程度又在一定程度上影响经营目标的实现程度。

要确保财务报告及相关信息真实完整,一方面应按照企业会计准则的有关会计制度如实地核算经济业务、编制财务报告,满足会计信息的一般质量要求;另一方面则应通过内部控制制度的设计,包括不相容职务分离控制制度、授权审批控制制度、日常信息核对制度、惩罚制度等,来防止提供虚假会计信息,抑制虚假交易的发生。

### 四、提高经营的效率和效果目标

提高经营的效率和效果是内部控制要达到的最直接也是最根本的目标。企业存在的根本目的在于获利,而企业能否获利往往直接取决于经营的效率和效果如何。企业所有的管理理念、制度和方法都应该围绕着提高经营的效率和效果来设计、运行并进行适时的调整,内部控制制度也不例外。内部控制的核心思想是相互制衡,而实现手段则是一系列详尽而复杂的流程,这似乎与提高效率的目标相悖,实则不然。内部控制是科学化的管理方法和业务流程,其本质是对于风险的管理和控制,它可以将对风险的防范落实到每个细节和环节当中,真正地做到防微杜渐,使企业可以在低风险的环境中稳健经营。而忽视内部控制的经营管理,貌似效率很高,实则处于高风险的经营环境,一旦不利事项发生,轻则对企业产生重创,重则导致企业灭亡。

一个良好的内部控制可以从以下四个方面来提高企业的经营效率和效果：一是组织精简、权责划分明确，各部门之间、工作环节之间要密切配合，协调一致，充分发挥资源潜力，充分有效地使用资源，提高经营绩效；二是优化与整合内部控制业务流程，避免出现控制点的交叉和冗余，也要防止出现内控盲点，要设计最优的内控流程并严格执行，最大限度地提高执行效率；三是建立良好的信息和沟通体系，可以使会计信息以及其他方面的重要经济管理信息快速地在企业内部各个管理层次和业务系统之间有效流动，提高管理层的经济决策和反应的效率；四是建立有效的内部考核机制，对经济效率的优劣进行准确考核，可以实行企业对部门考核，部门对员工考核的二级考核机制，并将考核结果落实到奖惩机制中去，对部门和员工起到激励和促进的作用，提高工作的效率和效果。

### 五、促进企业实现发展战略目标

促进企业实现发展战略是内部控制的最高目标，也是终极目标。战略与企业目标相关联并且支持其实现的基础，是管理者为实现企业价值最大化的根本目标而针对环境做出的一种反应和选择。如果说提高经营的效率和效果是从短期利益的角度定位的内部控制目标，那么促进企业实现发展战略则是从长远利益出发的内部控制目标。因此，战略目标是总括性的长远目标，而经营目标则是战略目标的短期化与具体化，内部控制要促进企业实现发展战略，必须立足于经营目标，着力于经营效率和效果的提高。只有这样，才能提高企业核心竞争力，促进实现发展战略。

要实现这一目标，首先应由公司董事会或总经理办公会议制定总体战略目标，并通过股东代表大会表决通过，战略目标的制定要充分考虑外部环境和内部条件的变化，根据相应的变化进行适时的调整，确保战略目标在风险容忍度之内；其次就是将战略目标按阶段和内容划分为具体的经营目标，确保各项经营活动围绕战略目标开展；再次就是依据既定的目标实施资源分配，使组织、人员、流程与基础结构相协调，以便促成成功的战略实施；最后是将目标作为主体从事活动的可计量的基准，围绕目标的实现程度和实现水平实行绩效考核。

### 六、内部控制目标之间的关系

内部控制的五个目标不是彼此孤立的，而是相互联系、共同构成了一个完整的内部控制目标体系。其中，战略目标是最高目标，是与企业使命相联系的终极目标；经营目标是战略目标的细化、分解与落实，是战略目标的短期化与具体化，是内部控制的核心目标；资产目标是实现经营目标的物质前提；报告目标是经营目标的成果体现与反映；合规目标是实现经营目标的有效保证。内部控制的五个目标的关系如图 2-1 所示。

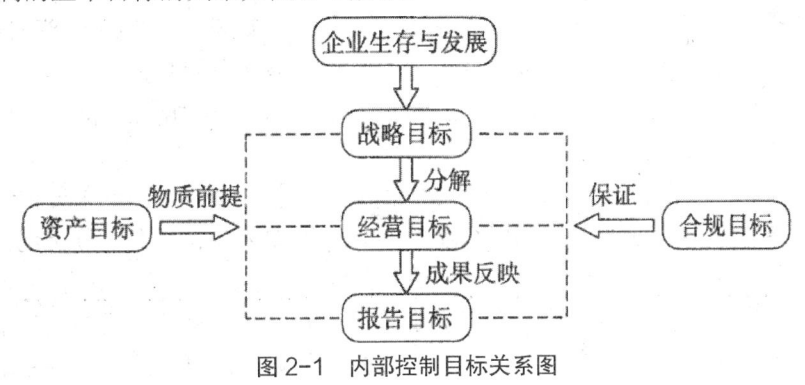

图 2-1 内部控制目标关系图

【课堂测试 2-2】

思考并回答以下问题：
1. 内部控制的目标有哪些？
2. 如何确保财务报告及其相关信息真实完整？
3. 良好的内部控制如何提高企业的经营效率和效果？

## 第三节 内部控制的原则与局限性

### 一、内部控制的原则

所谓原则是指处理问题的准绳和规则。要使内部控制达到既定目标，即内部控制有效，就必须在内部控制的建立和实施过程中遵循一定的原则。建立和实施内部控制必须遵循以下原则。

（一）全面性原则

全面性原则即内部控制应当贯穿决策、执行和监督全过程，覆盖企业及其所属单位的各种业务和事项。内部控制的建立在层次上应该涵盖企业董事会、管理层全体和员工，在对象上应该覆盖各项业务和管理活动，在流程上应该渗透到决策、执行、监督、反馈等各个环节，避免内部控制出现空白和漏洞。总之，内部控制应该是全程控制、全员控制和全面控制。

## （二）重要性原则

内部控制的重要性原则即内部控制应当在兼顾全面的基础上突出重点，针对重要业务和事项、高风险领域和环节采取更为严格的控制措施，确保不存在重大缺陷。基于企业的资源有限的客观事实，企业在设计内部控制制度时不应平均使用资源，而应该寻找关键控制点，并对关键控制点投入更多的人力、物力和财力进行重点关注，即要"突出重点，兼顾一般"，着力防范对企业产生"伤筋动骨"的重大风险。

目前，中央在国企推行"三重一大"制度正是重要性原则的充分体现。所谓"三重一大"，是指"重大决策、重大事项、重要人事任免及大额资金使用"。《企业内部控制应用指引第 1 号——组织架构》第五条也对此做出了规定。

所谓重大决策事项，主要包括企业贯彻执行党和国家的路线方针政策、法律法规和上级重要决定的重大措施，企业发展战略、破产、改制、兼并重组、资产调整、产权转让、对外投资、利益调配、机构调整等方面的重大决策，企业党的建设和安全稳定的重大决策，以及其他重大决策事项。

所谓重大项目安排事项，是指对企业资产规模、资本结构、盈利能力以及生产装备、技术状况等产生重要影响项目的设立和安排。主要包括年度投资计划，融资、担保项目，期权、期货等金融衍生业务，重要设备和技术引进，采购大宗物资和购买服务，重大工程建设项目，以及其他重大项目安排事项。

所谓重要人事任免事项，是指企业直接管理的领导人员以及其他经营管理人员的职务调整事项。主要包括企业中层以上经营管理人员和下属企业、单位领导班子成员的任免、聘用、解除聘用和后备人选的确定，向控股和参股企业委派股东代表，推荐董事会、监事会成员和经理、财务负责人，以及其他重要人事任免事项。

所谓大额度资金运作事项，是指超过由企业或者履行国有资产出资人职责的机构所规定的企业领导人员有权调动、使用的资金限额的资金调动和使用。主要包括年度预算内大额度资金调动和使用，超预算的资金调动和使用，对外大额捐赠、赞助，以及其他大额度资金运作事项。

"三重一大"事项应坚持集体决策原则。任何个人不得单独进行决策或者擅自改变集体决策意见。企业应当健全议事规则，明确"三重一大"事项的决策规则和程序，完善群众参与、专家咨询和集体决策相结合的决策机制。国有企业党委（党组）、董事会、未设董事会的经理班子等决策机构要依据各自的职责、权限和议事规则，集体讨论决定"三重一大"事项，防止个人或少数人专断。要坚持务实高效，保证决策的科学性；充分发扬民主，广泛听取意见，保证决策的民主性；遵守国家法律法规和有关政策，保证决策合法合规。

（三）制衡性原则

内部控制的制衡性原则要求内部控制应当在治理结构、机构设置及权责分配、业务流程等方面形成相互制约、相互监督，同时兼顾运营效率。相互制衡是建立和实施内部控制的核心理念，更多地体现为不相容机构、岗位或人员的相互分离和制约。无论是在企业决策、执行环节还是在监督环节，如果不能做到不相容职务的相互分离与制约，那么就会造成滥用职权或串通舞弊，导致内部控制的实效，给企业经营发展带来重大隐患。

---

**篇中案例 2-3**

### 三九的噩梦

三九集团曾一度拥有超过 200 亿元总资产、3 家上市公司和 400 余家子公司，涉足药业、农业、房地产、食品、汽车、旅游等产业。不过今日，三九集团已经风光不再。

三九集团的前身是深圳南方制药厂，由赵新先于 1985 年创办。1991 年南方制药厂脱离广州第一军医大学，转投解放军总后勤部，成立三九实业总公司。三九实业总公司在 1992 年和 1994 年分别引进泰国正大集团和美国、香港等六家股东的投资，注册资本增长至近 15 亿元，三九实业总公司也正式更名为三九集团，一跃成为国内最大的药业集团。1998 年末，在中央"军企脱钩"的大背景下，三九集团脱离总后，转而挂靠国家经贸委，并在 2002 年机构改革后最终由国务院国资委管理。

从 2003 年起，三九集团陷入债务危机，多达 21 家债权银行开始集中追讨债务并纷纷起诉。据估计，至 2005 年三九集团深圳本地债权银行货款已从 98 亿元升至 107 亿元，而遍布全国的三九集团子公司和关联公司的贷款和货款担保余额约在 60 亿元至 70 亿元之间，两者合计约为 180 亿元。2005 年 4 月 28 日，三九集团将旗下上市公司三九发展卖给了浙江民营企业鼎立建设集团，同一天，三九医药将"三九系"另一家上市公司三九生化卖给了山西另一家民营企业振兴集团，标志着"三九系"历史的结束。2005 年 12 月 23 日，赵新先被批准逮捕，更使三九集团问题引人瞩目。

三九集团如何从市场宠儿、国有企业集团明星变成众多债权人的众矢之的、面临重组的？其原因是多方面的，包括盲目采用承担债务式扩张导致资金链断裂、过度的银行贷款和担保、公司治理不完善……但内部控制缺失，才是导致三九集团逐渐陷入困境的重要原因。

> 自从赵新先创建三九集团以来,他一直集董事长、总裁、监事会主席和党委书记于一身,大权独揽,缺乏制衡,无人监督。个人权力的无限膨胀使得三九集团管理层权力制衡机制全然失效。
>
> 案例来源:方红星,池国华. 内部控制[M]. 大连:东北财经大学出版社,2011.

### (四)适应性原则

适应性原则的思想是基于"权变"理论,所谓权变,是指权宜应变。权变理论认为,在管理中要依据环境和内外条件随机应变,灵活地采取相应的、适当的管理方法,不存在一成不变的、普遍适用的"最好的"管理理论和方法,也不存在普遍不适用的"不好的"管理理论和方法。根据权变理论,建立内部控制制度不可能一劳永逸,而应当与其经营规模、业务范围、竞争状况和风险水平等相适应,并随着情况的变化及时加以调整。在当今日益激烈的市场竞争环境中,经营风险更具复杂性和多变性。企业应当根据内外部环境的变化,适时地对内部控制加以调整和完善,防止出现"道高一尺,魔高一丈"的现象。

> **篇中案例 2-4**
>
> ### 法国兴业银行的遗憾
>
> 2008年1月24日,法国兴业银行曝出世界金融史上最大的违规操作丑闻,权证市场交易员杰罗姆·凯维埃尔(Jerome Kerviel)以欺诈手段从事期货买卖,其违规头寸高达500亿欧元(约合735亿美元),至1月23日强行平仓止,造成兴业银行的直接损失近49亿欧元(约合71亿美元)。
>
> 2000年,23岁的凯维埃尔进入法国兴业银行。随后5年,他一直在银行内部不同的中台部门工作。所谓"中台部门"就是管理交易员的机构,这个工作机会让他得以深入了解法兴集团内部处理和风险控制的程序以及步骤。2005年,他成为银行风险套利部门的交易员。从此,杰罗姆像蚂蚁一样,开始构筑他的"期货投机帝国"。
>
> 正是因为法国兴业银行具有享誉全球的风险控制系统,凯维埃尔的欺诈性交易在系统中触发了多达75次警报,但是大部分预警并没有按风险控制程序得到全面、准确、可信的查证,否则要绕过多达6重风险管理程序的监控几乎是不可能。
>
> 可能也正是因为法国兴业银行具有享誉全球的风险控制系统,所以当出现异常现象时,风险监控部门依然沉浸在过去风险控制优秀的辉煌历史中,

对超乎寻常的高收益、高额现金流和高额佣金都没有要求凯维埃尔提供详细的交易信息并进行深入分析；对欧洲期货交易所的询问函没有及时了解并回复；甚至在凯维埃尔对监控部门发现的问题做出不一致的解释时，也没有做出任何反应；凯维埃尔的越权回复也得到了监控部门的默认等。事后可以看到，无论是哪一次预警还是哪一次异常，只要能及时进行深入了解和分析，都会及早暴露问题，减少风险损失，比如即使是最基本的休假制度，凯维埃尔也曾一年四次以其他理由拒绝休假。

从本案例可以看出，有效的内部控制制度确实可以发挥其风险预警的作用，但倘若内部控制系统已经向企业发出了风险信号，但未得到处理和应对，这样的内部控制制度与不设无异，根本起不到预警风险、防范与控制风险的作用。法国兴业银行具有享誉全球的风险控制系统，但仍因风险控制不当导致巨额损失，不禁令人扼腕叹息！

案例来源：摘自互联网 http://finance.sina.com.cn/focus/xingyebian

### （五）成本效益原则

内部控制的成本主要有以下三方面的内容：内部控制的设计成本，包括自行设计和外包设计成本；内部控制的实施成本，包括评价和监督人员的工资、实施内部控制因降低了效率带来的机会成本以及将内部控制制度嵌入到信息系统后的信息系统的运行和维护成本；内部控制的鉴证成本，一般是聘请注册会计师实施内部控制审计的鉴证费用。

成本效益原则要求实施内部控制应当权衡成本与预期效益，以适当的成本实现有效控制。成本效益原则有两个要义：一是努力降低内部控制的成本，即在保证内部控制制度有效性的前提下，尽量精简机构和人员，改进控制方法和手段，减少过于繁琐的程序和手续，避免重复劳动，提高工作效率，节约成本；二是合理确定内部控制带来的经济利益，实施内部控制的效益并非不可计量，只是这种效益往往具有滞后性，当期效益并不明显。为了做大做强企业，企业一定要杜绝"短视行为"，立足长远，充分考虑内部控制带来的未来收益并与成本进行对比，运用科学、合理的方法，有目的、有重点地选择控制点，实现有效控制。

值得说明的是，内部控制的建立和实施要符合成本效益原则，也是内部控制对目标的保证程度不是绝对保证、而是合理保证的重要原因之一。

## 二、内部控制的局限性

内部控制制度在保证企业经营管理合法合规、资产安全、财务报告及相关信息真实完整,提高经营效率和效果,促进企业实现发展战略方面具有一定的作用,但内部控制仅仅为以上目标的实现提供合理保证,而不是绝对保证,原因就在于内部控制本身具有一定的局限性。正是内部控制固有的局限性,所以设计再完美的内部控制也不能完全保证企业不出任何问题。一般而言,内部控制的局限性可以概括为以下三个方面。

(一)越权操作

内部控制制度的重要实施手段之一是授权批准控制,授权批准控制使处于不同组织层级的人员和部门拥有大小不等的业务处理和决定权限,但是当内部人控制的威力超过内部控制制度本身的力量时,越权操作就成为了可能。一旦发生越权操作,内部控制分工制衡的基本思想将不能再发挥作用,内部控制制度也就形同虚设了。

越权操作的危害极大,不仅打乱了正常的工作秩序和工作流程,而且还会为徇私舞弊、违法违规创造一定的条件。如果越权操作行为发生在基层,往往会引发资产流失、挪用公款等案件;如果发生在高层,则往往形成"内部人控制",筹资权、投资权、人事权等重大事项的决策权都掌握在公司的经营者手中,股东很难对其行为进行有效的监督。由于权利过分集中,经理人发生逆向选择和道德风险的可能性就较高,这就导致了国有资产流失问题严重、会计信息严重失真、短视行为泛滥等问题,不利于企业的长远发展。

---

**篇中案例 2-5**

### 英国巴林银行倒闭案

巴林银行(Barings Bank)创建于 1763 年,由于经营灵活变通、富于创新,巴林银行很快就在国际金融领域获得了巨大的成功。20 世纪初,巴林银行荣幸地获得了一个特殊客户:英国王室。由于巴林银行的卓越贡献,巴林家族先后获得了五个世袭的爵位。这一世界纪录奠定了巴林银行显赫地位的基础。

尽管是一家老牌银行,但巴林银行一直都在积极进取,在 20 世纪初进一步拓展了公司财务业务,获利甚丰。90 年代开始向海外发展,在新兴市场开展广泛的投资活动,仅 1994 年就先后在中国、印度、巴基斯坦、南非等地开设办事处,业务网络点主要在亚洲及拉美新兴国家和地区。截至 1993 年底,巴林银行的全部资产总额为59亿英镑，1994年税前利润高达15亿美元。其核心资本在全球1 000家大银行中排名第489位。

然而，这一具有233年历史、在全球范围内掌控270多亿英镑资产的巴林银行，竟毁于一个年龄只有28岁的毛头小子尼克·里森（Nick Leeson）之手。里森未经授权在新加坡国际货币交易所（SIMEX）从事东京证券交易所日经225股票指数期货合约交易失败，致使巴林银行产生了高达6亿英镑的亏损，这一数字远远超出了该行的资本总额（3.5亿英镑）。

1992年新加坡巴林银行期货公司开始进行金融期货交易不久，前台首席交易员（而且是后台结算主管）里森即开立了"88888"账户。开户表格上注明此账户是"新加坡巴林期货公司的误差账户"，只能用于冲销错账，但里森却用这个账户进行交易，而且成了里森赔钱的"隐藏所"。里森通过指使后台结算操作人员在每天交易结束后和第二天交易开始前，在"88888"账户与巴林银行的其他交易账户之间做假账进行调整。通过假账调整，里森反映在总行其他交易账户上的交易始终是盈利的，而把亏损掩盖在"88888"账户上。

自1994年下半年起，里森认为日经指数将上涨，逐渐买入日经225指数期货，不料1995年：1月17日关西大地震后，日本股市反复下跌，里森的投资损失惨重。为弥补亏损，里森一再加大投资，以期翻本。2月23日日经指数急剧下挫，里森终于意识到，他已回天无力，无法弥补损失，于是便偕妻子仓促外逃。次日，巴林银行因被追交保证金，才发现里森期货交易账面损失约4亿至4.5亿英镑，约合6亿至7亿美元，已接近巴林银行集团本身的资本和储备之和。

1995年2月26日，英国中央银行英格兰银行宣布：巴林银行不得继续从事交易活动并应申请资产清理。10天后，这家拥有233年历史的银行以1英镑的象征性价格被荷兰国际集团收购。这意味着巴林银行的彻底倒闭。

千里之堤，毁于蚁穴，看似不起眼的一个漏洞却导致了一个百年老店的垮台。像巴林银行这种享誉世界的老牌银行，不可能不建立内部控制制度，但问题却在于越权操作无人问津，毁掉了内部控制制度形成的"天罗地网"。

案例来源：龚杰，方时雄.企业内部控制——理论、方法与案例[M].杭州：浙江大学出版社，2005.

（二）合谋串通

内部控制制度源于内部牵制的理念：因为相互有了制衡，在经办一项交易或事项时，两个或两个以上人员或部门无意识地犯同样错误的概率要大大小于一个人或部门；两个或两个以上人员或部门有意识地合伙舞弊的可能性大大低于一个人或部门。正是基于这样的思想，才有了不相容岗位分离制度、轮岗制度和强制休假制度等。而串通的结果则完全破坏了内部牵制的设想，削弱了制度的约束力，使内部控制制度无效。

合谋串通的动机通常是为了侵吞公司财产，合谋串通的方式有两人串通和多人串通，多人串通的危害极大，往往会形成造假一条龙，不易识别，对公司、股东以及外界的利益相关者带来巨大的损失。

（三）成本限制

根据成本效益原则，内部控制的设计和运行是要花费代价的，企业应当充分权衡实施内部控制带来的潜在收益与成本，运用科学、合理的方法，有目的、有重点地选择控制点，实现有效控制。也就是说，内部控制的实施受制于成本与效益的权衡。内部控制的根本目标在于服务于企业价值创造，如果设计和执行一项控制带来的收益不能弥补其所耗费的成本，就应该放弃该项控制。成本效益原则的存在使内部控制始终围绕着控制目标展开，但同时也制约了内部控制制度难以达到尽善尽美，因此，企业实施内部控制应当量力而行，突出重点，兼顾一般，在符合成本效益的范围内开展并改进。

【课堂测试2-3】

思考并回答以下问题：
1. 内部控制的原则有哪些？
2. 阐述内部控制的局限性。

**本章小结**

本章主要介绍了内部控制的定义、内部控制的目标、内部控制的原则和局限性。从基本理论出发，详细阐述了内部控制的概念及其理解，从内部控制是一种全员控制、全面控制和全程控制三个方面入手来理解内部控制的概念，并提出内部控制目标的五个要点：经营管理合法合规的目标、资产安全目标、财务报告及其相关信息真实完整目标、提高经营的效率和效果目标以及促进企业实现发展战略目标。内部控制的五个目标不是彼此孤立的，而是相互联系、共同构成了一个完整的内部控制目标体系。其中，战略目标是最高目标，是与企业使命相联系的终极目标；经营目标是战略目标的细化、分解与落实，是战略目标的短期化与具体化，是内部控制的核心目标；资产安全目标是实现经营目标的物质前提；报告目标是经营目标的成果体现与反映；合规目标是实现经营目标的有效保证。最后，本章提出了内部控制的五条原则和局限性。总之，本章为我们很好地掌握内部控制相关理念提供了基础，也为下一章内部控制要素的提出做好了铺垫。

> **篇后案例**
>
> **锦化化工集团内控缺失导致国有资产被侵占**
>
> 38岁的程某是锦化化工集团氯碱股份有限公司聚醚分厂八万吨环氧丙烷车间工段长。程某在任职期间，发现在对本厂丙烯（环氧丙烷原料）回收装置的尾气排放进行控制后，可使丙烯消耗降低，进而提高环氧丙烷产量，产生超过公司计划的"余量"。为此，程某曾问过企业有关负责人："我们超额完成生产计划，能不能多发点奖金？"得到的回答是："我没有这个权利。"这就造成了一种局面：一方面，职工超额完成产量的积极性得不到鼓励；另一方面，节能回收装置长期得不到有效利用，大量的环氧丙烷随着尾气排放消耗掉。于是，程某就从生产的源头开始，买通了车间主任、段长、班长，为其提供货源；对计量人员、门卫施以小恩小惠，用空车票充当重车票出厂；买通监控人员，删除监控录像。这样，自2002年3月到2006年1月间，以程某为首的犯罪团伙先后作案100余起，共盗窃本单位环氧丙烷和聚醚3500余吨，价值3900多万元。他们根据每名成员在作案中所起的作用分赃。每人每次所得少则数千元，最高达到15万元。可见，程某等人的合谋串通行为形成"侵占国有资产一条龙"，破坏了内部控制交叉控制的功能，内部控制制度形同虚设。
>
> 试分析：
> （1）内部控制的局限性可以概括为几个方面？
> （2）该案例中体现了内部控制的哪方面局限性，请结合案例加以解释。
>
> 案例来源：池国华，樊子君. 内部控制习题与案例（第二版）[M]. 大连：东北财经大学出版社，2014.

**核心概念**

内部控制（internal control）　　　全面性原则（comprehensiveness）
重要性原则（materiality）　　　　　制衡性原则（balance）
适应性原则（adaptability）　　　　　成本效益原则（cost-benefit）

**思考题**

1. 内部控制的全员控制与董事会、监事会和经理层在内部控制的建设和实施过程中的领导作用矛盾吗？为什么？
2. 阐述资产安全目标的层次。
3. 阐述内部控制目标之间的关系。
4. 阐述何为"三重一大"？

**练习题**

**（一）单项选择题**

1. 对内部控制是一种全员控制理解错误的是（    ）。
   A. 内部控制强调全员参与，人人有责。
   B. 企业的各级管理层和全体员工都应当树立现代化管理理念,强化风险意识。
   C. 以主人翁的姿态积极参与内部控制的建立与实施,并主动承担相应的责任
   D. 被动地遵守内部控制的相关规定

2. 下列选项中不属于内部控制参与主体的是（    ）。
   A. 企业董事会
   B. 企业监事会
   C. 政府对企业进行审计的审计人员
   D. 企业全体员工

3. 关于内部控制只能为控制目标的实现提供"合理保证"，而不是"绝对保证"的理解错误的是（    ）。
   A. 内部控制对控制目标的实现作用不大
   B. 企业目标的实现除了受制于企业自身限制外,还会受到外部环境的影响
   C. 内部控制无法作用于外部环境
   D. 内部控制本身也存在一定的局限性

4. 内部控制是一种全程控制，从时间顺序上来看不包括（    ）。
   A. 事前控制
   B. 制度设计、制度执行与监督评价
   C. 事中控制
   D. 事后控制

5. 在下列内部控制目标中，属于企业获利的基础，同时也是持续经营基础的是（　　）。

   A. 资产安全目标

   B. 提高经营的效率和效果目标

   C. 经营管理合法合规目标

   D. 促进企业实现发展战略目标

6. 企业开展经营活动的物质前提是（　　）。

   A. 财务报告及相关信息真实完整

   B. 保护资产的安全与完整

   C. 企业发展战略的制定

   D. 提高经营的效率和效果

7. 内部控制要达到的最直接也是最根本的目标是（　　）。

   A. 资产安全目标

   B. 财务报告及相关信息真实完整目标

   C. 提高经营的效率和效果目标

   D. 促进企业实现发展战略目标

8. 内部控制的最高目标，也是终极目标是（　　）。

   A. 资产安全目标

   B. 财务报告及相关信息真实完整目标

   C. 提高经营的效率和效果目标

   D. 促进企业实现发展战略目标

9. 在下列原则中，强调内部控制应当贯穿决策、执行和监督全过程，覆盖企业及其所属单位的各种业务和事项的是（　　）。

   A. 全面性原则

   B. 重要性原则

   C. 制衡性原则

   D. 成本效益原则

10. 中央在国企推行"三重一大"制度中的"三重"不包括（　　）。

    A. 重大决策

    B. 重大政策变更

    C. 重大事项

    D. 重要人事任免

11. 内部控制适应性原则的理论依据是（　　）。

　　A. 最优化理论

　　B. 行为科学理论

　　C. 需要层次理论

　　D. 权变理论

12. 内部环境是企业实施内部控制的基础，在内部环境的诸多方面中，重中之重的是（　　）。

　　A. 治理结构

　　B. 机构设置及权责分配

　　C. 内部审计

　　D. 人力资源政策

13. 在下列内部控制要素中，被称为对内部控制的控制，是实施内部控制的重要保证的是（　　）。

　　A. 内部环境

　　B. 内部监督

　　C. 控制活动

　　D. 风险评估

14. 在内部控制五要素之间的关系中，处于一个承上启下、沟通内外的关键地位的要素是（　　）。

　　A. 内部环境

　　B. 内部监督

　　C. 控制活动

　　D. 信息与沟通

15. 内部控制仅仅为目标的实现提供合理保证，而不是绝对保证，原因就在于（　　）。

　　A. 内容控制人员的执行不力

　　B. 内部控制的目标制定不合理

　　C. 内部控制本身具有一定的局限性

　　D. 内部控制制度有待完善

### （二）多项选择题

1. 关于内部控制的定义说法正确的是（　　）。

　　A. 内部控制是一种全员控制

　　B. 内部控制是一种全面控制

C. 内部控制是一种全程控制

D. 内部控制是由董事会实施的

E. 内部控制是由除了员工以外的管理层实施的

2. 内部控制的参与主体包括（　　）。

A. 董事会　　　　　　B. 监事会

C. 经理层　　　　　　D. 全体员工

E. 普通员工

3. 内部控制的目标有（　　）。

A. 经营管理合法合规目标

B. 资产安全目标

C. 财务报告及相关信息真实完整目标

D. 提高经营的效率和效果目标

E. 促进企业实现发展战略目标

4. 资产安全目标包括（　　）。

A. 确保资产在外形上的完整性

B. 确保资产在使用价值上的完整性

C. 确保资产在价值量上的完整性

D. 确保资产在价值上的完整性

E. 确保资产在数量上的完整性

5. 要确保财务报告及相关信息真实完整应该做到（　　）。

A. 按照企业会计准则的有关会计制度如实地核算经济业务

B. 不相容职务分离

C. 防止资产流失

D. 日常信息核对

E. 惩罚制度

6. 内部控制的原则包括（　　）。

A. 全面性原则　　　　　　B. 重要性原则

C. 制衡性原则　　　　　　D. 适应性原则

E. 成本效益原则

7. 内部控制的成本主要体现（　　）。

A. 内部控制的设计成本　　B. 内部控制的时间成本

C. 内部控制的实施成本　　D. 内部控制的鉴证成本

E. 内部控制的计量成本

8. 成本效益原则的要义包括（　　）。
   A. 努力降低内部控制的成本
   B. 在管理中要依据环境和内外条件随机应变
   C. 合理确定内部控制带来的经济效益
   D. 内部控制过程中的相互制约、相互监督
   E. 在兼顾全面的基础上突出重点

9. 内部控制的要素包括（　　）。
   A. 内部环境　　　　　　B. 风险评估
   C. 控制活动　　　　　　D. 信息与沟通
   E. 内部监督

10. 内部控制的局限性可以概括为（　　）。
    A. 管理人员徇私舞弊　　B. 越权操作
    C. 合谋串通　　　　　　D. 成本限制
    E. 外部审计人员审计不力

（三）判断题

1. 内部控制是由企业董事会、监事会、经理层实施的，和普通员工没有关系。（　　）

2. 内部控制的"全员控制"与董事会、监事会和经理层在内部控制的建设和实施过程中的领导作用是矛盾的。（　　）

3. 内部控制的覆盖范围广泛，涵盖企业所有的业务和事项，包含每个层级和环节。（　　）

4. 内部控制从时间顺序上看，包括事前和事后控制。（　　）

5. 经营管理合法合规不仅仅是获利的基础，也是企业持续经营基础。（　　）

6. 内部控制的目标是彼此孤立的，并没有实质的联系。（　　）

7. 提高经营的效率和效果目标是内部控制的最高目标，也是终极目标。（　　）

8. 内部控制应当兼顾全面体现原则，所以在实际工作中不需要突出重点。（　　）

9. 在内部控制的五个要素中，内部监督在最高部，这表示内部监督是针对内部控制其他要素的，是自上而下的单向检查，是对内部控制的质量进行评价的过程。（　　）

10. 内部控制在促进企业实现发展战略方面具有一定的作用，但是内部控制仅为目标的实现提供合理保证，而不是绝对的保证。（　　）

## （四）简答题

1. 如何理解内部控制的定义？
2. 内部控制的目标分为几个层次？各个目标之间的关系如何？
3. 企业建立于与实现内部控制应把握哪些原则？全面性原则、重要性原则与成本效益原则具有怎样的内在联系？
4. 简述"三重一大"制度。
5. 在实施内部控制时可能会发生越权操作的作为，简述越权操作的危害。

## （五）案例分析

某集团公司从以下几个方面保证内部控制的全面性、重要性和客观性。

在自我评价方面，各个职能部门负责日常监督，对业务按月测试和监控，并将结果反馈内部控制部门，以保证全面评价为内部控制部门提供重点监控的基础。

针对高风险领域增加评价力度和频度，开展专项自评，加强自评工作的专业纵向指导。

年末评价时，要求根据所属单位的业务性质和收入、资产占比较大原则，确定需要评价的业务流程和控制点，填测试底稿。

在保持客观性方面，制定了完整的内部控制评价体系，建立了领导机构和组织体系，操作程序和规范，保证组织有章、程序科学、评价有依、记录规范。

设定了评价方式，有明确的评价结果记录格式，并加以固化，保证填制规范，记录清晰完整。

公司以独立于内部控制部门的审计部门每年开展巡查工作，抽查各下属单位评价工作的组织、实施和记录情况。审计人员和参加巡查人员在评价前参加内部控制评价培训，学习内部控制知识、业务流程、检查方法等内容。

另外，董事会审计委员会每季度听取内部控制方面的汇报（常与审计工作一起汇报），并强调和督促在内部控制评价工作中坚持客观性。

要求：

（1）内部控制的原则有哪些？并加以解释。
（2）该案例中体现了内部控制的哪些原则？并加以简要说明。

# 第三章 内部控制构成要素

【学习目标】通过本章的学习，了解内部控制的五大要素，并分别对该五大要素进行透彻的分析，了解内部环境的含义及其构成要素（组织架构、发展战略、人力资源、社会责任、企业文化）；了解风险识别的概念和内容，理解风险识别过程，掌握风险识别方法；掌握控制活动的定义及一般需要分离的六种不相容职务，掌握授权审批控制的基本原则及相关的控制活动流程；掌握内部信息传递各环节的主要风险点及其控制措施，掌握沟通的渠道与方式；了解内部监督的意义和基本要求，掌握内部监督体系的构成及其各机构的职责，掌握内部监督的程序和方法；最后，熟悉内部控制五要素之间的关系，系统掌握并更好地应用到实际控制领域中。

---

**开篇案例**

### 沃尔玛的成功与其内部环境

沃尔玛从一家不起眼的小店发展成为当今世界上最大的零售企业，必定有其独特的经营之道。沃尔玛的成功，与其具有良好的内部环境有着密切关系，具体表现在以下方面：

第一，诚信的原则和道德价值观。沃尔玛的企业道德价值观可归纳为"我为人人，人人为我"。如站在顾客角度提出"天天平价""三米微笑""200%满意"等原则。

第二，以人为本激发成员的荣誉感和责任心。沃尔玛将员工称为"合伙人"，他们是沃尔玛最宝贵的资源。沃尔玛最好、最有创造力的想法通常来自店内员工，不少总经理都从事过送货员、收银员这样的普通工作。

第三，管理哲学和经营风格。沃尔玛的采购、管理等都采取了最低成本的策略，如向制造商直接采购并与制造商谈判以获得尽可能低的采购价格。

第四，组织结构。沃尔玛每家分店由一位经理和两位助理经营管理，他们又领导着36位商品部门经理。每位地区经理负责约12家分店，地区经理又向区域副总裁汇报工作。每位区域副总裁下辖3至4位地区经理。区域副

> 总裁向公司执行副总裁汇报工作。这一管理结构简单、精炼、有效。沃尔玛采取"店中有店"的方法,将责任和职权下授给第一线的工作人员,给每位管理者都留下了充分发挥其能力的空间。
> 案例来源:摘自互联网,http://www.cccses.org/self_define/doc_detail.php?username=qywhyjh2&id=708559&page=1.

# 第一节 内部环境

## 一、内部环境的含义

内部环境是企业实施内部控制的基础,一般包括组织架构、发展战略、人力资源、社会责任、企业文化等。内部环境的构成要素、内容及作用详见表3-1。

表3-1 内部环境构成要素、内容及作用

| 内部环境要素 | 主要内容 | 作用 |
| --- | --- | --- |
| 组织架构 | 董事会、监事会、经理层和企业内部各层级机构设置、职责权限、人员编制、工作程序和相关要求的制度安排 | 保障性作用 |
| 发展战略 | 企业在对现实状况和未来趋势进行综合分析和科学预测的基础上,制定并实施的中长期发展目标与战略规划 | 基础性作用 |
| 人力资源 | 企业组织生产经营活动而录(任)用的各种人员,包括董事、监事、高级管理人员和一般员工 | 基础性作用 |
| 社会责任 | 企业在经营发展过程中应当履行的社会职责和义务,主要包括安全生产、产品质量(含服务)、环境保护、资源节约、促进就业、员工权益保护等 | 基础性作用 |
| 企业文化 | 企业在生产经营实践中逐步形成的价值观、经营理念和企业精神,以及在此基础上形成的行为规范 | 关键性作用 |

## 二、内部环境的构成要素

(一)组织架构

1. 组织架构的概述

根据《企业内部控制应用指引第1号——组织架构》的定义,组织架构是指企业按照国家有关法律、法规、股东(大)会决议、企业章程,结合本企业实际情况，明确董事会、监事会、经理层和企业内部各层级机构设置、职责权限、人员编制、工作程序和相关要求的制度安排。一个企业的组织架构存在缺失或缺陷，其他一切生产、经营、管理活动都会受到影响。

组织架构分为治理结构和内部机构两个层面。

2. 组织架构控制关键点

（1）治理结构主要风险点分析

组织架构设计中的主要风险，仍然从治理结构和内部机构两个角度进行分析。从治理结构层面看，主要风险在于：治理结构形同虚设，缺乏科学决策、良性运行机制和执行力，可能导致企业经营失败，难以实现发展战略。具体而言，组织架构设计中的风险点主要存在于以下十种情况：

①股东（大）会是否规范而有效地召开，股东是否可以通过股东（大）会行使自己的权利。

②企业与控股股东是否在资产、财务、人员方面实现相互独立，企业与控股股东的关联交易是否贯彻平等、公开、自愿的原则。

③对与控股股东相关的信息是否根据规定及时完整地披露。

④企业是否对中小股东权益采取了必要的保护措施，使中小股东能够和大股东同等条件参加股东（大）会，获得与大股东一致的信息，并行使相应的权利。

⑤董事会是否独立于经理层和大股东，董事会及其审计委员会中是否有适当数量的独立董事存在且能有效发挥作用。

⑥董事对于自身的权利和责任是否有明确的认知，并且有足够的知识、经验和时间来勤勉、诚信、尽责地履行职责。

⑦董事会是否能够保证企业建立并实施有效的内部控制，审批企业发展战略和重大决策并定期检查、评价其执行情况，明确设立企业可接受的风险承受度，并督促经理层对内部控制有效性进行监督和评价。

⑧监事会的构成是否能够保证其独立性，监事能力是否与相关领域相匹配。

⑨监事会是否能够规范而有效地运行，监督董事会、经理层正确地履行职责并纠正损害企业利益的行为。

⑩对经理层的权力是否存在必要的监督和约束机制。

（2）治理结构的设计

治理结构包括股东（大）会、董事会、监事会和经理层。企业应当根据国家有关法律、法规的规定，按照决策机构、执行机构和监督机构相互独立、权责明确、相互制衡的原则，明确董事会、监事会和经理层的职责权限、任职条件、议事规则和工作程序等。

上市公司是公众公司,具有重大的公众利益,因而必须对投资者和社会公众负责。上市公司治理结构的设计,应当充分反映"公众性"特点。具体而言,上市公司治理结构设计应重点关注以下三个方面。

第一,独立董事制度的设立。上市公司董事会应当设立独立董事。独立董事不得在上市公司担任除独立董事外的其他任何职务。独立董事对上市公司及全体股东负有诚信与勤勉等义务。

第二,董事会专业委员会的设置。上市公司董事会应当根据治理需要,按照股东(大)会的有关决议设立战略决策、审计、提名、薪酬与考核等专门委员会。其中,战略决策委员会主要负责制定公司长期发展战略,监督、核实公司重大投资决策等;提名委员会主要负责拟订公司董事和高级管理人员的选拔标准和程序,搜寻人选,进行选择并提出建设;审计委员会主要负责审查公司内控制度及重大关联交易,审核公司财务信息及其披露,负责内、外部审计的沟通、监督和核查工作;薪酬委员会主要负责制定公司董事及经理人员的考核标准并进行考核,负责制定、审查公司董事及经理人员的薪酬政策与方案,其质量是公司战略成功的重要决定因素。其中,审计委员会、薪酬与考核委员会中独立董事应当占多数并担任负责人,审计委员会中至少还应有一名独立董事是会计专业人士。

董事会专业委员会中的审计委员会,对内部控制的建立健全和有效实施发挥着尤为重要的作用。审计委员会对经理层提供的财务报告和内部控制评价报告进行监督。审计委员会成员应当具备独立性、专业性、道德性。

第三,设立董事会秘书。董事会秘书为上市公司的高级管理人员,直接对董事会负责,并由董事长提名,董事会负责任免。

董事会秘书是一个重要的角色,负责上市公司股东(大)会和董事会会议的筹备、文件保管以及公司股东资料的管理,办理信息披露事务等事宜。

(3)内部机构的设计

内部机构的设计是组织架构设计的关键环节。企业内部各级员工必须获得相应的授权,才能实施决策或执行业务,严禁越权办理。按照授权对象和形式的不同,授权分为常规授权和特别授权。常规授权一般针对企业日常经营管理过程中发生的程序性和重复性工作,可以在由企业正式颁布的岗(职)位说明书中予以明确,或通过制定专门的权限指引予以明确。特别授权一般是由董事会给经理层或经理层给内部机构及其员工授予处理某一突发事件(如法律纠纷)、做出某项重大决策、代替上级处理日常工作的临时性权力。

（4）对子公司的管控

企业拥有子公司的，应当建立科学的投资管控制度，通过合法有效的形式履行出资人职责、维护出资人权益，重点关注子公司特别是异地、境外子公司的发展战略、年度财务预决算、重大投融资、重大担保、大额资金使用、主要资产处置、重要人事任免、内部控制体系建设等重要事项。

另外，企业应当定期对组织架构设计与运行的效率和效果进行全面评估，发现组织架构设计与运行中存在缺陷的，应当进行优化调整。需要注意的是，企业组织架构调整应当充分听取董事、监事、高级管理人员和其他员工的意见，按照规定的权限和程序进行决策审批。

（二）发展战略

1. 发展战略的概述

根据《企业内部控制应用指引第 2 号——发展战略》的定义，发展战略是企业在对现实状况和未来趋势进行综合分析和科学预测的基础上，制定并实施的中长期发展目标与战略规划。战略的失败是企业最彻底的失败，它甚至会导致企业的消亡。

企业制定与实施发展战略至少应当关注下列风险：

（1）缺乏明确的发展战略或发展战略实施不到位，可能导致企业盲目发展，难以形成竞争优势，丧失发展机遇和动力。

（2）发展战略过于激进，脱离企业实际能力或偏离主业，可能导致企业过度扩张，甚至经营失败。

（3）发展战略因主观原因频繁变动，可能导致资源浪费，甚至会危及企业的生存和持续发展。

2. 发展战略控制关键点

（1）建立和健全发展战略制定机构

企业要在人力资源配置、组织机构设置等方面为发展战略提供必要的保证。一般而言，企业可以通过设立战略委员会，或指定相关机构负责发展战略管理工作，履行相应职责。

战略委员会的主要职责是对公司的长期发展规划、经营目标、发展方针进行研究并提出建议，对公司所涉及的产品战略、市场战略、营销战略、研发战略、人才战略等经营战略进行研究并提出建议，对公司重大战略性投资、融资方案进行研究并提出建议，对公司重大资本运作、资产经营项目进行研究并提出建议等。

战略委员会对董事会负责，委员包括董事长和其他董事，委员应当具有较强的综合素质和实践经验。战略委员会主席应当由董事长担任。

（2）分析评价影响发展战略的因素

影响企业发展战略的因素主要包括以下方面：

第一，企业经营环境变化的风险。企业外部环境发生了很大变化，顾客、市场、竞争规则、竞争性质都逐渐变得激烈复杂。一般来讲，企业外部环境主要有三个变化：一是顾客在变化，现在随着生活水平的提高，经济的发展，顾客对企业产品的要求越来越高；二是竞争在变化，即竞争频率在加快，竞争的规则在改变；三是变化本身在变化，即变化的内容在变化，变化的周期在缩短，变化的突然性在增强。

第二，科学技术发展的风险。科学技术的飞速发展以及电子商务的出现，使得市场营销的某些原理受到严峻挑战。伊拉克战争展示了新的世界军事格局，现代的竞争已经从机械化的时代转向数字化、信息化的时代。核心是制信息权、制空权、精准打击、光电隐形、超级武器、新概念武器等成为军事科学技术竞争的焦点。科学技术发展如此快速，企业制定战略的风险就大大提高了。

第三，走向国际化的风险。企业走向国际化，更需要有战略的指导，更需要注意战略的风险。

第四，企业内部发展的风险。企业外部环境发生很大变化，企业的战略也应该进行调整，因为大部分企业的战略是在过去比较老的观念下制定的，企业必须建立新的观念。新的观念必须符合当前世界经济一体化、全球信息化的形势，这样才会有新的思路，才会有新的战略，才会给企业带来比较好的效益。

第五，资本运营的风险。资本运营的风险加大，使得企业的兼并、收购、控股、参股等资本扩张需要有好的战略，否则会把自己拖垮。

以上是对影响企业发展战略的因素分析，但在这五个影响因素当中，企业经营环境变化的风险和企业内部发展的风险是关键因素，所以只有对企业所处的外部环境和拥有的内部资源展开深度分析，才能制定出科学合理的发展战略。

（3）制定科学的发展战略

发展战略可以分为发展目标和战略规划两个层次。发展目标是企业发展战略的核心和基本内容，表明企业在未来一段时期内所要努力的方向和所要达到的水平。战略规划是为了实现发展目标而制定的具体规划，表明企业在每个发展阶段的具体目标、工作任务和实施路径是什么。

①制定发展目标

企业发展目标是指导企业生产经营活动的准绳。在制定企业发展目标过程中，应当重点关注以下主要内容：

第一，发展目标应当突出主业。在编制发展目标时应突出主业，只有集中精力做强主业，才能增强企业核心竞争力，才能在行业发展、产业发展中发挥引领和带头作用。

第二，发展目标不能过于激进，不能盲目追逐市场热点，不能脱离企业实际。

第三，发展目标不能过于保守，否则会丧失发展机遇和动力。

第四，发展目标应当组织多方面的专家和有关人员进行研究论证。

②编制战略规划

发展目标确定后，就要考虑使用何种手段、采取何种措施、运用何种方法来达到目标，即编制战略规划。战略规划应当明确企业发展的阶段和发展程度，制定每个发展阶段的具体目标和工作任务以及达到发展目标必经的实施路径等。

③严格审议和批准发展战略

发展战略拟订后，应当按照规定的权限和程序对发展战略方案进行审议和批准。审议战略委员会提交的发展战略建议方案，是董事会的重要职责。在审议过程中，董事会应着力关注发展战略的全局性、长期性和可行性，具体包括：第一，发展战略是否符合国家行业发展规划和产业政策；第二，发展战略是否符合国家经济结构战略性调整方向；第三，发展战略是否突出主业，有助于提升企业核心竞争力；第四，发展战略是否具有可操作性；第五，发展战略是否客观全面地对未来商业机会和风险进行分析预测；第六，发展战略是否有相应的人力、财务、信息等资源保障等。董事会在审议中如果发现发展战略方案存在重大缺陷问题，应当责成战略委员会对建议方案进行调整。

企业发展战略方案经董事会审议通过后，应当报经股东（大）会批准后付诸实施。

（4）发展战略的实施

科学制定发展战略是一个复杂的过程，实施发展战略更是一个系统工程。企业只有重视和加强发展战略的实施，在所有相关目标领域全力推进，才有可能将发展战略描绘的蓝图转变为现实。为此，企业应当加强对发展战略实施的统一领导，制定详细的年度工作计划，通过编制全面预算，将年度目标进行分解、落实，确保企业发展目标的实现。此外，还要加强对发展战略的宣传培训，通过组织结构调整、人员安排、薪酬调整、财务安排、管理变革等配套措施，保证发展战略的顺利实施。

### (三) 人力资源

1. 人力资源的概述

根据《企业内部控制应用指引第 3 号——人力资源》的定义，人力资源是指企业组织生产经营活动而录（任）用的各种人员，包括董事、监事、高级管理人员和一般员工，其本质是企业组织中各种人员所具有的脑力和体力的总和。

人力资源由高管人员，专业技术人员，一般员工组成。

高管人员包括决策层和执行层。企业董事会成员和董事长构成企业的决策层，是决定企业发展战略的关键管理人员。决策层团队应具有战略眼光，具备国内、国际形势和宏观政策的分析判断能力，对同行业、本企业的优势具有很强的认知度。执行层通常又被称为经理层，应当树立"执行力"这一重要理念。

核心技术是企业赖以生存与发展的关键所在。专业技术人员是企业核心技术的创造者和维护者。

一般员工是企业人力资源的主体。

人力资源管理一般包括引进、开发、使用和退出四个方面。

2. 人力资源控制关键点

（1）高管人员引进和开发控制制度设计

①高管人员的准入方面

第一，企业要拟订高管人员引进计划，并提交董事会；第二，对拟任人员要进行任前考察，对其价值观、战略思维、企业家精神、综合素质和能力进行全局性评估，判断其创新、决策、管理和承担风险的能力；第三，董事会要对高管人员的引进进行审议，关注高管人员的引进是否符合企业发展战略，是否符合企业当前和长远需要，是否有明确的岗位设定和能力要求，是否设定了公平、公正、公开的引进方式；第四，推行任前公示制度，广泛听取意见。

②高管人员的任用方面

第一，实行高管人员任职试用期制度；第二，实行高管人员任职亲属回避制度；第三，实行高管人员系统培训制度。企业对高管人员的开发要注重激励和约束相结合，创造良好的创业干事环境，让高管人员的聪明才智充分显现，真正成为企业的核心领导者。

（2）高管人员的使用与退出制度设计

企业高级管理人员所产生的风险，除了人性的弱点所引发的道德风险外，还有企业制度本身存在缺陷引发的风险。对企业高级管理人员缺乏有效的激励与约束，使得他能有机会利用手中掌握的权力，谋求个人利益，做出危害企业的事情。

在个人要素方面，主要防范的是高级管理人员的道德风险和能力风险。例如从心理素质、知识水平、个人能力、身体素质等方面入手，探寻高级管理人员是否具备领导企业的能力和素质，是否会因为个人知识能力问题引发人事风险。

在制度要素方面，主要评估制度设计上缺陷，评估企业在产权制度、治理结构、组织结构、管理制度等方面是否科学，是否能够有效地调动企业高级管理者的工作热情，有效监督约束他们的行为，以避免因缺乏有效激励和监督约束而导致高级管理人员心态失衡、有机可乘、产生风险。

企业对高管人员的管控，还可通过实施人力资源管理审计、离任审计、经济责任审计等来实现。

另外，企业高管人员（尤其是第一责任人）离职前，应当根据有关法律、法规的规定进行工作交接或离任审计。

（3）技术人员引进和开发控制制度设计

该阶段的控制措施主要有：树立尊重知识，尊重人才的企业文化；建立合理的人才团队，形成人才队伍梯队；建立良好的专业人才激励约束机制等。

（4）技术人员的使用与退出制度设计

对于掌握或涉及产品技术、市场、管理等方面的关键技术、知识产权、商业秘密或国家机密工作岗位上的员工，企业要按照国家有关法律、法规并结合企业实际情况，建立健全相关规章制度，加强日常管理，并与退出的技术人员约定相关保密责任和竞业限制期限，防止其泄露企业的核心技术、商业秘密和国家机密等。

（5）一般员工引进和开发控制制度设计

一般人员的流动性大，招聘的一般人员数量较多，所处岗位的物质待遇相对较低。因此，在企业内部要弘扬和确立尊重知识、尊重人才的文化氛围；重视岗位练兵和现场管理工作，鼓励基层员工钻研业务，开展现场管理和挖潜活动，树立"工人专家"的典型；客观开展岗位评价工作，更重要的是，打通不同级别岗位之间的晋升通道，在员工和岗位之间形成科学有序的良性流动机制。

（6）一般员工的使用与退出制度设计

对于一般员工，一方面，要建立符合企业发展战略的薪酬制度与激励制度，激发劳动者的工作积极性。另一方面，要建立科学合理的人才晋升机制，对于具备足够忠诚度和业务能力的员工，向其提供走向管理层的机会。一般员工退出企业时，企业要向其支付与其劳动价值相匹配的薪酬，尤其是对于需要辞退的员工，还要给予充分的理由，避免不必要的法律诉讼风险。

> **篇中案例 3-1**
>
> **控制有余，沟通不足**
>
> 　　2010 年让富士康受万人瞩目，不是因为它骄人的业绩，而是因为富士康员工接二连三的跳楼事件。究竟是什么原因导致一系列悲剧的发生呢？在富士康，底层的员工工作单一，每天长时间重复一项劳动，实行军事化管理，没有与人交流的机会。而富士康的保安基本上均是退伍军人，保安负责保护公司的财产和技术机密，这赋予了保安相当大的权力，这也导致了屡次保安打人事件的发生。在薪酬方面，员工的工作压力与得到的报酬不成正比。富士康还被曝出逃避缴纳员工公积金。
>
> 　　本案例中，富士康失败的人力资源政策导致了一系列悲剧的发生，给公司带来了巨大的损失，特别是公司声誉方面。富士康案例给我们的启示是：
>
> 　　（1）企业应制定与公司发展战略相应的人力资源发展规划。富士康的管理模式是典型的重视伙伴，不重视伙计。一个良好的企业应该制定良好的人力资源发展规划，将全部员工视为一个整体，否则任何一部分出问题都会给企业带来巨大的损失。
>
> 　　（2）企业应当重视人力资源的开发工作。一个有良好声誉和发展前景的公司，在建立员工培训长效机制、尊重人才和关心员工职业发展方面往往有突出的表现。富士康对底层员工的"不重视"（认为其替代性强），易造成员工没有归属感，也会造成员工的高流动性，增加了公司每年的招聘成本。
>
> 　　（3）应重视领导与员工、员工与员工之间的沟通。富士康实行的是军事化的管理，底层员工的不满不能及时传达给上级，而且同一宿舍内的人员往往是来自不同部门，他们之间缺乏共同语言，缺少一个联系的纽带，这就会使员工的压力无法得到排解。公司应该完善上下级和员工间的沟通机制，及时传达问题并及时处理。
>
> 　　案例来源：方红星，池国华．内部控制[M]．大连：东北财经大学出版社，2011．

（四）社会责任

1. 社会责任的概述

近年来，企业社会责任越来越成为社会关注的焦点。修订后的《公司法》也首次将"公司承担社会责任"写入法律条文中。

（1）企业社会责任的定义

根据《企业内部控制应用指引第 4 号——社会责任》的规定，企业社会责任，是指企业在经营发展过程中应当履行的社会职责和义务，主要包括安全生产、产品质量（含服务）、环境保护、资源节约、促进就业、员工权益保护等。

（2）企业履行社会责任应关注的风险

企业至少应当关注在履行社会责任方面的下列风险：

①安全生产措施不到位，责任不落实，可能导致企业发生安全事故。

②产品质量低劣，侵害消费者利益，可能导致企业巨额赔偿、形象受损，甚至破产。

③环境保护投入不足，资源耗费大，造成环境污染或资源枯竭，可能导致企业巨额赔偿、缺乏发展后劲，甚至停业。

④促进就业和员工权益保护的力度不够，可能导致员工积极性受挫，影响企业发展和社会稳定。

2. 社会责任控制关键点

（1）企业高管人员应给予充分重视

企业高管人员尤其是"一把手"的支持和承诺是企业社会责任管理体系的关键所在，对体系的建立、运行和保持具有十分重要的意义。企业高管人员应当重视履行社会责任，切实做到经济效益与社会效益、短期利益与长远利益、自身发展与社会发展相互协调，实现企业与员工、企业与社会、企业与环境的健康和谐发展。

企业应该积极解决企业负责人无视社会责任的问题，既要在遴选、任命环节严格把关，更应依赖于民主监督、法律制裁，将问题消灭于萌芽期。

（2）应建立或完善履行社会责任的体制和运行机制

企业要把履行社会责任融入企业发展战略，落实到生产经营的各个环节，明确归属管理部门，建立健全预算安排，逐步建立和完善企业社会责任统计指标和考核体系，为企业履行社会责任提供坚实的基础与保障。

（3）应建立责任危机处理机制

近年来，一系列与人民生活息息相关的企业逃避社会责任事件不断曝光，不少企业相继陷入社会信誉危机。面对危机，有的企业化险为夷，而有的则轰然坍塌。化解危机的关键在于企业有无合理的责任危机处理机制。

企业首先应该建立危机处理责任制度，对于影响企业外部形象和自身发展的突发事件，要在第一时间及时处理，把损失降低到最低程度；对于可能对公众信心、消费者选择产生重大影响的事件，应由单位负责人在媒体上予以说明并致歉；企业内部应保持畅通的沟通渠道，将平时的小问题及时反映、沟通并解决，避免形成大问题。

(4) 应建立良好的企业社会责任报告制度

发布社会责任报告，是企业履行社会责任的重要组成部分，可使企业由外向内地深入审视企业与社会的互动关系，全面提高企业服务能力和水平，提高企业的品牌形象和价值。

社会责任报告制度的建立和社会责任报告的披露反映了企业社会责任意识的强弱以及社会责任履行情况的好坏。如果企业不披露社会责任报告或者披露时避重就轻、隐瞒真相，那么往往意味着该企业对社会责任的履行不到位，可能在与社会、环境的关系处理上存在重大风险。企业应当建立并完善社会责任报告制度，按照国家规定的社会责任报告披露要求，选择充分、恰当的指标，对本企业社会责任制度的建设情况和社会责任的履行情况进行披露，并明确相关责任人的责任。

(5) 应着力防范安全生产风险

安全生产要求最大限度地减少劳动者由工伤和职业病所带来的风险，保障劳动者在生产过程中的生命安全和身体健康。在我国，由于企业安全生产的意识非常淡薄，众多生产经营单位的生产安全条件差、安全技术装备陈旧落后、安全投入严重不足、企业负责人和从业人员安全执业素质低、安全管理混乱等原因，致使我国安全生产事故频发。

(6) 应有效控制产品质量风险

企业产品质量的优劣，事关消费者的身体健康和安全，保证产品质量是企业履行社会责任的一个重要方面。但企业的"逐利"行为常常成了企业发展的第一要务，忽视消费者权益的情况时有发生。企业如何忠实地履行对产品质量的承诺，真正尊重与维护消费者的权利，是一个企业最基本的道德准则和最重要的社会责任。

控制产品质量风险的主要措施有：建立健全产品质量标准体系，严格质量控制和检验制度，加强产品售后服务等。

(7) 应切实降低环境保护与资源节约风险

企业在控制环境保护和资源节约风险方面的控制措施包括：
①转变发展方式，实现清洁生产和循环经济。
②依靠科技进步和技术创新，着力开发利用可再生资源。
③建立环境保护和资源节约监测考核体系等。

(8) 应切实规避促进就业与员工权益保护风险

企业在促进就业与保护员工合法权益方面的风险控制措施有：提供公平的就业机会；加强对应聘人员的审查；建立完善科学的员工培训和晋升机制；建

立科学合理的员工薪酬增长机制；维护员工的身心健康。

（9）应格外关注慈善事业风险

《企业内部控制应用指引第 4 号——社会责任》第二十一条规定，"企业应当积极履行社会公益方面的责任和义务，关心帮助社会弱势群体，支持慈善事业"。大力推动企业支持社会慈善爱心活动，对于组织调动社会资源、调节贫富差距、缓解社会矛盾、促进社会公平、构建和谐社会具有重要而深远的意义。慈善事业风险的影响主要在于对企业形象负面影响的风险和捐款过度给企业带来的现金短缺风险。

（五）企业文化

1. 企业文化的概述

（1）企业文化的定义

按照《企业内部控制应用指引第 5 号——企业文化》的定义，企业文化是指企业在生产经营实践中逐步形成的价值观、经营理念和企业精神，以及在此基础上形成的行为规范的总称。

（2）企业文化建设应关注的风险

加强企业文化建设至少应当关注下列风险：

①缺乏积极向上的企业文化，可能导致员工丧失对企业的信心和认同感，使企业缺乏凝聚力和竞争力。

②缺乏开拓创新、团队协作和风险意识，可能导致企业发展目标难以实现，影响可持续发展。

③缺乏诚实守信的经营理念，可能导致舞弊事件的发生，造成企业损失，影响企业的信誉。

④忽视企业间的文化差异和理念冲突，可能导致并购重组失败。

2. 企业文化控制关键点

如何打造优秀的企业文化？按照《企业内部控制应用指引第 5 号——企业文化》的要求，企业应关注以下方面。

（1）塑造企业核心价值观

核心价值观是企业在经营过程中坚持不懈、努力使全体员工都必须信奉的信条，体现了企业核心团队的精神，往往也是企业家身体力行并坚守的理念。

核心价值观是企业的灵魂，会渗透到企业行为的各个方面。核心价值观的作用机制为：核心价值观—企业的理念、原则—企业制度—员工的行为。企业文化建设应该以塑造企业核心价值观为主导。企业应当根据发展战略和实际情况，总结优良传统，挖掘文化底蕴，提炼核心价值，确定文化建设的目标和内容，形成企业文化规范，使其构成员工行为守则的重要组成部分。企业的管理者和员工应该始终重视核心价值观的培育、维护、延续和创新。

（2）打造以主业为核心的品牌

打造以主业为核心的品牌，是企业文化建设的重要内容。品牌通常是指能够给企业带来溢价、产生增值的一种无形的资产，其载体是用来和其他竞争者的产品或服务相区分的名称、术语、象征、记号或者设计及其组合。品牌之所以能够增值，主要来自于消费者脑海中形成的关于其载体的印象。品牌价值的核心是信誉，品牌管理的核心是对企业信誉的管理。

（3）充分体现以人为本的理念

"以人为本"是企业文化建设应当信守的重要原则。什么是企业？企业的"企"字，是上"人"下"止"，就是告诉人们，企业无人则止，企业无人不足以兴业。所以，一个企业经营的好坏关键看企业能不能聚人，能不能人尽其才，能不能才尽其用。有灵魂的企业，可以通过核心价值观、企业文化，使每个人充分发挥自己的才能。

（4）强化企业文化建设中的领导责任

《企业内部控制应用指引第5号——企业文化》第七条指出："董事、监事、经理和其他高级管理人员应当在企业文化建设中发挥主导和模范作用，以自身的优秀品格和脚踏实地的工作作风，带动影响整个团队，共同营造积极向上的企业文化环境。"同时，企业应当促进文化建设在内部各层级的有效沟通，加强企业文化的宣传贯彻，确保全体员工共同遵守企业文化。

（5）高度重视并购重组中的文化整合

企业并购，应当特别注重文化整合。要在组织架构设计环节考虑文化整合因素。如果企业并购采用的是吸收合并方式，则必然会遇到各种参与并购企业员工"合并"工作的情况。为防止文化冲突，既要在治理结构层面上强调融合，又要在内部机构设置层级上体现"一家人"的思想，务必防止出现吸收合并方员工与被吸收合并方员工"分拨"的现象。

（6）推进文化创新

没有创新，企业文化建设就没有活力，就无法结出有生命力的硕果。企业文化建设不是静止和一成不变的，必须与时俱进，适应形势变化。为此，企业应当建立企业文化评估制度，明确评估的内容、程序和方法，落实评估责任制，避免企业文化建设流于形式。

**【课堂测试 3-1】**

思考并回答以下问题:
1. 简述企业文化的定义及风险点。
2. 内部环境构成要素、内容和作用分别是什么?
3. 简述企业履行社会责任时应关注的风险问题。

## 第二节　风险评估

### 一、目标设定

#### (一) 目标设定的含义

目标设定是企业在识别和分析实现目标的风险并采取行动来管理风险之前,采取恰当的程序去设定目标,确保所选定的目标支持和切合企业的发展使命,并且与企业的风险承受能力相一致。

《企业内部控制基本规范》第三章第二十条规定,企业应当根据设定的控制目标,全面系统持续地收集相关信息,结合实际情况,及时进行风险评估。由此可见,目标设定是企业风险评估的起点,是风险识别、风险分析和风险应对的前提。

#### (二) 战略目标的设定

1. 战略目标的内容

战略目标是企业使命和功能的具体化,一方面有关企业生存的各个部门都需要设定目标。另一方面,目标也取决于个别企业的不同战略。尽管企业战略目标是多元化的,但各个企业需要制定目标的内容却是近似相同的。通常要从以下几个方面来考虑:

(1) 盈利能力。用销售利润、利润率、投资收益率、每股平均收益等来反映、表明企业希望达到的经济目标。

(2) 市场。用市场占有率、销售额或销售量来反映,表明企业希望达到的市场占有率或在竞争中达到的地位。

(3) 生产率。最大限度地提高产品数量和质量,用投入产出比率或单位产品成本来表示。

(4) 产品。用产品线或产品的销售额和盈利能力、开发新产品的完成期来表示。

（5）资金。用资本构成、新增普通股、现金流量、流动资本、回收期来表示。

（6）研究与开发。对研究、开发新产品，提供新型服务内容的认知及措施，用花费的货币量或完成的项目来表示。

（7）组织。主要指职工积极性的发挥，对职工进行激励、报酬鼓励等措施。

（8）人力资源。用缺勤率、迟到率、人员流动率、培训人数或即将实施的培训计划数来表示。

（9）社会责任。用活动的类型、服务的天数或财政资助来反映，注意企业对社会产生的影响。

需要注意的是，一个企业不一定在以上所有领域都规定目标，并且，战略目标也并不局限于以上九个方面。

2. 战略目标设定的方法

企业在设定战略目标时，有四个思考的维度：企业过去和现在已经达成的目标；所在行业的平均水平；所在行业的最优水平或标杆业绩；依据使命和愿景，企业应该达到的水平。

在具体设定战略目标时，以下一些常用的方法和技术可供参考：

（1）时间序列分析法

时间序列是按时间顺序排列的一组数字序列。时间序列分析就是利用这组数列，进行统计规律分析，构造出拟合这个时间序列的最佳数学模型，然后利用该模型进行未来预测。时间序列分析具体包括简单平均法、移动平均法和加权平均法。其中，编制时间序列是动态分析的基础，主要目的在于了解过去的活动过程，评价当前的经营状况，从而设定未来的战略目标。

（2）相关分析法

相关分析也称回归分析，是测定经济现象之间相关关系的规律性，并据以进行预测、设定战略目标的程式化分析方法。相关分析法在研究现象之间的相互依存关系、预测现象的发展变化和发展趋势时，起着重要的作用，其应用范围广泛，特别适合长期预测。

（3）盈亏平衡分析法

在企业经营活动中，各种不确定因素（如投资、成本、销售量、产品价格、项目寿命期等）的变化，会影响投资方案的经济效果，当这些因素的变化达到某一临界值时，就会影响方案的取舍。盈亏平衡分析法，又称保本点分析法，或量本利分析法，是根据产品的业务量、成本、利润之间相互制约关系的综合分析，预测利润、控制成本、判断经营状况。

在企业经营实践中，尽管企业的性质、业务、产品的品种千差万别，但业务量（产量或销量）、成本、利润等参数，却是共同的、本质的。盈亏平衡分析法的好处在于，撇开十分复杂的企业经济活动的外在形态，从内在的、基本的数量关系入手，粗略地估计利润数量。由此，不仅抓住了主要矛盾，而且使问题变得非常简明。对于多元化、多品种的企业来说，如何使用盈亏平衡分析，需要做一些技术性的处理。比如，需要先把企业的管理费合理分摊到每个品种上，然后再对每个品种分别做盈亏平衡分析。

（4）决策矩阵法、决策树法

决策矩阵法以矩阵为基础，先分别计算出各备选方案在不同条件下的可能结果，然后按客观概率的大小，计算出各个备选方案的期望值，经过比较后，从中选择优化的战略目标。

决策树法的基本原理，仍以收益矩阵决策为基础，所不同的是，决策树法是一种图解方式，对分析复杂的问题更为适用。决策树分析不仅能帮助人们进行系统的、符合逻辑的、有条理的思考，而且有助于开展集体讨论，统一认识。对形成包含总目标、分目标、子目标在内的战略目标体系，尤其适用和实用。

除上述方法外，企业设定战略目标时还可以采用基准分析法、博弈论法及模拟模型法等分析方法。

（三）业务层面目标设定

业务层面目标包括经营目标、资产目标、报告目标和合规目标，它来自企业战略目标及战略规划，并制约或促进企业战略目标的实现。业务层面的目标应具体并具有可衡量性，并且与重要业务流程密切相关。业务层面目标的设定需要经过四个阶段。

（1）设定业务层面目标。企业的总目标及战略规划为业务层面目标的设定指明方向，业务层面根据自身的实际情况及总体目标的要求提出本单位的目标，通过上下不断沟通最终确定。

（2）根据企业的发展变化，定期更新业务活动的目标。

（3）配置资源以保证业务层面目标的顺利实现。企业在确定各业务单位的目标之后，将人、财、物等资源合理分配下去，以保证各业务单位有实现其目标的资源。

（4）分解业务目标并下达。企业确定业务层面的目标后，再将其分解至各具体的业务活动中，明确相应岗位的目标。

## （四）目标设定与风险偏好、风险承受度

目标设定是否科学、有效，取决于其是否符合企业的风险偏好和风险承受度。

1. 风险偏好

风险偏好是指企业在实现其目标的过程中愿意接受风险的数量。可以从定性和定量两个角度对风险偏好加以度量。风险偏好与企业的战略直接相关，在战略制定阶段，企业应进行风险管理，考虑将该战略的既定收益与企业的风险偏好结合起来，目的是帮助企业的管理者在不同的战略之间选择与企业的风险偏好相一致的战略。

2. 风险承受度

风险承受度是指在企业目标实现的过程中对差异的可承受风险限度，是企业在风险偏好的基础上设定对相关目标实现过程中所出现的差异的可接受水平，也被称作风险承受能力。也就是说，风险承受度包括整体风险承受能力和业务层面的可承受风险水平。例如，一个公司对于送货准时率的要求是99%，同时公司还规定了对于送货准时率的一定风险承受能力，即送货准时率在98%～100%都可以接受。又如，培训通过率是90%，但允许一定的偏差，比如80%的通过率可以接受。再如，要求员工在24小时内处理客户的投诉，但是允许至多20%的客户投诉可以在24～36小时内进行处理。

在确定各目标的风险承受能力时，企业应考虑相关目标的重要性，并将其与企业风险偏好联系起来。企业在风险承受能力之内经营，能够使其在风险偏好之内向管理层提供更大的保证，进而对企业实现其目标提供更高程度的保证。

此外，企业应以风险组合的观点看待风险。对企业内每个单位而言，其风险可能落在该单位的风险承受度范围内，但从企业总体来看，总风险可能超过企业总体的风险偏好范围。因此，应从企业总体风险组合的观点看待风险。

## 二、风险识别

（一）风险识别的概念和内容

1. 风险识别的概念

风险识别是对企业面临的各种潜在事项进行确认。所谓潜在事项，是指来自于企业内部和外部可能影响企业战略的执行和目标实现的一件或者一系列偶发事项。企业应采用一系列技术来识别有关事项并考虑有关事项的起因，对企业过去和未来的潜在事项以及事项的发生趋势进行计量。

> **篇中案例 3-2**
> **缺乏有效的风险识别，小服装厂血本无归**
>
> 2005 年 2 月浙江一家服装厂收到了一份来自巴基斯坦进口商的传真，传真声称要购买价值 4 万美元的服装，这对于一家县城小厂来说是很大的订单。厂里领导不敢怠慢，副厂长亲自与巴基斯坦大客户联系，巴基斯坦客户在几轮交涉中都表现出了足够的诚意。不久，双方就签订了出口合同，巴基斯坦厂商痛快地支付了 10%的定金。5 月份，中方的货物顺利抵达巴基斯坦卡拉奇港口。可等了一个星期，还不见人来提货，巴方客户也联系不上。正当中方厂商焦急万分地等待之时，巴基斯坦进口商主动打来了电话，声称暂时资金短缺，没钱赎单提货，继而又以产品质量不好为由要求浙江方面以 1 万美元的价格把货物卖给他们。在此期间，浙江的这家服装厂曾想把货物退运回国，但由于在巴基斯坦办理退运手续非常复杂，再加上滞港费用昂贵，最后还是不得不以低价卖给巴基斯坦进口商。这笔生意让这家小服装厂血本无归，很久都不能恢复元气。
>
> 案例来源：张志. 从一则案例看出口业务风险识别程序[J]. 对外经贸实务，2006（6）.

2. 风险识别的内容

风险识别主要内容包括如下两方面：第一，感知风险事项。通过调查和了解，识别风险事项的存在。第二，分析风险事项。通过归类分析，掌握风险事项产生由原因和条件以及风险事项具有的性质。感知风险事项和分析风险事项构成风险识别的基本内容，两者是相辅相成，互相联系的。感知到风险事项的存在才能进一步有意识、有目的地分析风险，进而掌握风险的存在及导致风险事项发生的原因和条件。

（二）风险识别的方法

风险识别实际上就是收集有关风险因素、风险事故和损失暴露等方面的信息，发现导致潜在损失的因素。风险识别的方法就是收集和分析这些信息的方法和技术。风险识别的方法一般有：财务报表分析法、流程图分析法、事件树分析法、现场调查法、保单对照法等。

1. 财务报表分析法

财务报表分析法是通过资产负债表、损益表、现金流量表和其他附表等财务信息的分析来识别风险事项。财务报表分析法是由克里德尔在 1962 年提出的事项识别方法。克里德尔认为，分析资产负债表等财务报表和相关的支持性文件，风险管理人员可以识别风险主体的财产风险、责任风险和人力资本风险等。这是因为风险主体的经营活动最终会涉及货币或财产，运用财务报表进行分析可以发现企业所面临的主要风险。

财务报表分析法具体分为以下几种主要方法：

（1）趋势分析法

趋势分析法是通过对一个企业连续数期的利润表和资产负债表的各个项目进行比较，以求出金额和百分比增减变动的方向和幅度，以揭示当期财务状况和经营状况增减变化的性质及其趋向。例如，进行资产负债表比较分析，如果发现企业大量举债而又缺乏按时偿还的能力，那么企业可能落入"举债—再举债—债上加债"的恶性循环之中，危及企业的生存。

趋势分析法通常包括横向分析法和纵向分析法。横向分析法又称水平分析法，是在会计报表中用金额、百分比的形式，将各个项目的本期或多期的金额与基期的金额进行比较分析，以观察企业经营成果与财务状况的变化趋势。纵向分析法又称垂直分析法，是对会计报表中某一期的各个项目，分别与其中一个作为基期金额的特定项目进行百分比分析，借以观察经营成果与财务状况的变化趋势。例如，企业销售利润率=利润总额/同期销售收入×100%，该指标表明企业销售的获利能力，将该指标同以往各年的可比指标进行对比，如上年度销售利润率、计划销售利润率等，能更加清楚地揭示出企业盈利能力的变化趋势，并能够进一步分析企业是否存在经营风险。

（2）比率分析法

比率分析法就是把财务报表的某些项目同其他项目进行比较，这些金额或者数据可以选自一张财务报表，也可以选自两张财务报表。比率分析法可以分析财务报表所列项目与项目之间的相互关系，运用得比较广泛。主要有经营成果的比率分析、权益状况的比率分析、流动资产状况的比率分析。例如，资金利润率的大小反映资本投资的综合效果，如果其值很小乃至是负值，则企业的经营风险增大。负债占总资产的比率要适中，负债比率过大，则风险也随之加大；而负债比率过小，企业又不能充分利用财务杠杆的作用，从而造成机会损失。

（3）因素分析法

因素分析法也是财务报表分析中常用的一种技术方法，它是指把整体分解为若干个局部的分析方法，包括比率因素分解法和差异因素分解法。

①比率因素分解法

比率因素分解法，是指把一个财务比率分解为若干个影响因素的方法。例如，资产收益率可以分解为资产周转率和销售利润率两个比率的乘积，财务比率是财务报表分析的特有概念。在实际的分析中,分解法和比较法是结合使用的,比较之后需要分解,以深入了解差异的原因。分解之后还需要比较,以进一步认识其特征。不断的比较和分解,构成了财务报表分析的主要过程。

②差异因素分解法

为了解释比较分析中形成差异的原因,需要使用差异分解法。例如,将产品材料成本差异分解为价格差异和数量差异。差异因素分解法又分为定基替代法和连环替代法两种。

定基替代法是测定比较差异成因的一种定量方法。按照这种方法,需要分别用标准值(历史的、同业企业的或预算的标准)替代实际值,以测定各个因素对财务指标的影响。连环替代法是另外一种测定比较差异成因的定量分析方法。按照这种方法,需要依次用标准值替代实际值,以测定各个因素对财务指标的影响。

(4)杜邦分析法

企业财务分析如果仅仅观察财务报表无法洞察财务状况的全貌,或者仅仅观察单一的财务比率,都难以了解企业财务状况的整体情况,为此,需要把各种财务比率结合起来,杜邦财务分析体系就是这样的综合分析法。杜邦分析法是由美国杜邦公司创造并最先使用的一种财务分析方法,其最大的特点是把一系列的财务指标有机地结合在一起,利用各个指标之间的递进关系,揭示出指标之间的内在联系,找到造成某一个指标发生变动的相关因素,为公司经营者控制该项指标朝着良性的方向发生变动提供可靠的依据。

财务报表分析法能综合反映一个风险管理单位的财务状况,经济单位存在的许多问题都能够从财务报表中反映出来,财务报表是基于风险主体容易得到的资料编制的,这些资料对实用的会计科目进行深入的研究和分析,并且按照会计科目的形式编制出来,具有可靠性和客观性的特点。财务报表分析法的缺点:一方面是专业性较强,缺乏财务相关的专业知识就无法识别;另一方面它不能反映以非货币形式存在的问题,如人员素质、体制改革和其他经济因素的变化等,因此财务报表分析法需要辅以其他识别方法。

2. 流程图分析法

流程图分析法是将风险主体的全部生产经营过程,按其内在的逻辑联系绘成作业流程图,针对流程中的关键环节和薄弱环节调查和分析风险。企业内部经营的流程图反映了各种经营活动的种类和顺序,它把企业看作是一个加工单位,可以设法发现所有可能中断这个过程的偶然因素,对企业经营流程图的分析可以向风险主体揭示企业经营异常的方面,而这些方面常常存在特有的风险。

3. 事件树分析法

事件树分析法又称故障树法,其实质是利用逻辑思维的规律和形式,从宏观的角度去分析事故形成的过程。它的理论基础是,任何一起事故的发生,必定是一系列事件按时间顺序相继出现的结果,前一事件的出现是随后事件发生的条件,在时间的发展过程中,每一事件有两种可能的状态,即成功和失败。这是我国标准局规定的事故分析的技术方法之一。

事件树法从某一风险结果出发,运用逻辑推理的方法推导出引发风险的原因,遵循风险事件—中间事件—基本事件的逻辑结构。它的具体操作是:从事件的起始状态出发,用逻辑推理的方法,设想事故的发展过程,然后根据这个过程,按照事件发生先后顺序和系统构成要素的状态,并将要素的状态与系统的状态联系起来,以确定系统的最后状态,从而了解事故发生的原因和发生的条件。

4. 现场调查法

获知主体经营情况的最佳途径就是现场调查。对企业各个活动场所进行检查,与各种员工或管理员沟通可以发现原本已经忽视的风险。现场调查一般有三个步骤:调查前的准备,包括确定调查时间(开始的时间、持续的长短)和调查对象等;现场调查和访问,认真填写表格;形成调查报告与反馈。在实际调查之前先对企业情况做一个大致的了解,包括调查对象的名称、职能、年限、目前状况、故障状况和应采取的行动等项目,这样能达到更好的调查效果;风险人员对所关注的问题要具备一定的感性认识同时还要关注那些并不明显的细节,这样则更容易发现主体的风险事项。现场调查中要注意带上专业管理人员,并且带上必备专业工具,还有照相机或录音笔之类便于记录现场情况的设备。

5. 保单对照法

保单对照法,是将保险公司现行出售的保单风险种类与风险分析调查表融合修改而成的,用于风险识别的问卷式表格,风险管理者可以根据这一表格与主体已有的保单加以对照分析,发现现存的风险事项。保单对照法是从保险的角度,由保险专家设计,突出了对风险管理主体可保风险的调查,而对一些不可保风险事项的识别则具有相当的局限性。另外这种方法的使用要求风险管理人员具有丰富的保险专业知识,并对保单性质和条款有较深的了解。

6. 其他方法

风险事项管理人员不能一直依靠企业的其他人员来报告企业里正在发生的一切,风险管理人员必须一直对新的、变化中的风险保持警惕,而经常检查关键文档就是一个好方法。关键文档包括:董事会会议的详细记录、资金申请表、公司指南、年度报告等，这些文件提供的信息并非详尽，却是风险管理中使用最为频繁的信息资源。

面谈也是另外一个有利于风险事项识别的重要信息资源。许多信息没有记录在文档文件里面，而只存在于经营管理人员和员工的头脑里。与不同层次不同领域的员工面谈以便增加识别潜在风险事项的信息资源。一般情况下，可以考虑和以下人员进行面谈：经营部门经理、首席财务官、法律顾问、人力资源部门经理、基层护理人员、工人和领班、外部人员等。与一般基层工人的谈话可以发现一些不安全的设备和操作方法，这些问题在正规的报告里面是不会反映出来的，而通过与高层管理者的面谈，风险防范人员可以知道最高管理层可以容忍的纯粹风险程度（即企业可以部分或全部消化的风险），以及希望转移的风险。

企业事项识别的方法很多，各有其优缺点和适用条件，没有绝对的适用所有事项识别的方法，所以风险主体要考虑事项识别方法的适用性。主体不同，事项识别的方法也不同，试图用其中一种方法来识别主体所面临的所有事项是不现实的。因此要根据主体单位的性质、规模以及每种方法的适用性结合使用，风险管理人员还要根据实际条件选择最优的事项识别方法或方法组合。事项识别是一个连续不断的、系统的过程，事项识别方法既关注过去，也着眼将来，仅凭一两次有限的分析不能解决所有的问题，许多复杂的和潜在的事项要经过多次识别才能获得最佳效果。

### 三、风险分析

（一）风险分析的定义和内容

1. 风险分析的概念

风险分析是结合企业特定条件（如企业规模、经营战略等）在风险识别的基础上，运用定量或定性方法进一步分析风险发生的可能性和对企业目标实现的影响程度，并对风险的状况进行综合评价，以便为制定风险管理策略、选择应对方案提供依据。

内部因素和外部因素都会影响企业目标的实现程度，尽管有些因素对于一个行业中的企业而言是共同的，但是更多的因素对于特定的主体而言却是特有的。管理层在进行风险分析时应着重关注这些特有的因素，结合本企业的规模、经营的复杂性等，分析风险发生的可能性和影响。

风险分析是风险应对的基础，并为制定合理的风险应对策略提供依据，没有客观、充分、合理的风险分析，风险应对将是无的放矢、效率低下的。

2. 风险分析内容

风险分析的内容复杂多样，简单地说，就是分析风险发生的可能性和影响程度。可能性表示一个给定事项将会发生的概率，影响程度则代表它的后果。一般来说，对识别出来的风险，从可能性和影响程度两个方面进行分析后，就可以根据分析的结果采取应对措施。

（1）风险发生的可能性分析

可能性分析是指假定企业不采取任何措施去影响经营管理过程，将会发生风险的概率。它通常是通过实际情况的收集和利用专业判断来完成。科学的方法是使用数理统计原理，以数值为依据，根据现象特征，采用二项分布、泊松分布等数学模型，进行科学测算。风险的可能性分析应该遵循"大数法则"，即如果有足够的事例可供观察，则这些未知与不测力量将有趋于平衡的自然倾向，那些在个别情况中存在的不确定性和风险，将在大数中消失。大数法则告诉我们，在有足够多的风险单位时，实际损失结果与预期损失结果的误差将很小。例如，在确定坏账准备率过程中，要求有足够多的赊款数额，这样才能得出合理的坏账准备提取率。

风险可能性分析的结果一般有"很少""不太可能""可能""很可能"和"几乎确定"五种情况。"很少"意味着在例外情况下可能发生；"不太可能"意味着在某些时候不太能够发生；"可能"意味着在某些时候能够发生；"很可能"意味着在多数情况下很可能发生；"几乎确定"意味着在多数情况下预期会发生。

（2）风险产生的影响程度分析

影响程度分析主要是指对目标现实的负面影响程度分析。按照影响的结果（通常是量化成数值），一般将风险划分为"不重要""次要""中等""主要"和"灾难性"五级。"不重要"意味着不受影响，损失较低；"次要"意味着轻度影响，情况可控，损失轻微；"中等"意味着中度影响，情况需要外部支持才能控制，损失中等；"主要"意味着严重影响，情况失控但无致命影响，损失重大；"灾难性"意味着重大影响，情况失控，给企业带来致命影响，损失极大。

风险影响程度大小是针对既定目标而言的，因此对于不同的目标，企业应采取不同的衡量标准。这里应注意的是，风险是一种变化的动态事物。基于动态条件的预测和分析，其结果不可能做到精确可靠。所有风险分析的目的，都是尽量避免项目失控，或发生突发事件后留有足够的后备措施和缓冲空间。

在进行风险分析的过程中，公司从自身的具体状况出发，运用适当的风险分析技术，定量或定性地评估相关事项，根据风险分析的结果，按风险发生的可能性及影响程度进行排序分析，分清哪些是主要风险，哪些是次要风险，从而筛选出企业的关键风险，为风险应对提供依据。

(二)风险分析的方法

根据《企业内部控制基本规范》第三章第二十四条的规定，企业应当采用定性与定量相结合的方法，按照风险发生的可能性及其影响程度等，对识别的风险进行分析和排序，确定关注重点和优先控制的风险。企业进行风险分析，应当充分吸收专业人员，组成风险分析团队，按照严格规范的程序开展工作，确保风险分析结果的准确性。

1. 定性分析的方法

定性分析的方法是目前风险分析中采用比较多的方法，它具有很强的主观性，往往需要凭借分析者的经验和直觉，或者国际标准和惯例，对风险因素的大小或高低程度进行定性描述，譬如高、中、低三级。

定性分析的操作方法多种多样，有问卷调查、集体讨论、专家资讯、人员访谈等。最常见的定性分析方法是风险评估图法。风险评估图法是把风险发生的可能性、风险发生后对目标的影响程度，作为两个维度绘制在同一个平面上(即绘制成直角坐标系)。

2. 定量分析的方法

定量分析法，就是对构成风险的各个要素和潜在损失的水平赋予数值或货币计量的金额，从而量化风险分析的结果。

比较常用的定量分析法有情景分析、敏感性分析、压力测试等。

(1)情景分析法

情景分析法是通过假设、预测、模拟等手段生成未来情景，并分析其对目标产生影响的一种分析方法。情景分析法是由美国SHELL公司的科研人员于1972年提出的。它是根据发展趋势的多样性，通过对系统内外相关问题的系统分析，设计出多种可能的未来前景，然后用类似于撰写电影剧本的手法，对系统发展态势做出自始至终的情景和画面的描述。当一个项目持续的时间较长时，往往要考虑各种技术、经济和社会因素的影响，可用情景分析法来预测和识别其关键风险因素及其影响程度。情景分析法对以下情况特别有用：提醒决策者注意某种措施或政策可能引起的风险或危机性的后果；建议需要进行监视的风险范围；研究某些关键性因素对未来过程的影响；提醒人们注意某种技术的发展会给人们带来哪些风险。

情景分析法适用于对可变因素较多的项目进行风险预测和识别。它在假定关键影响因素有可能发生的基础上，构造出多种情景，提出多种未来的可能结果，以便采取适当措施防患于未然。情景分析法在国外得到了广泛应用，并产生了一些具体的方法，如历史情景重演法、目标展开法、空隙填补法、未来分析法、因素分解法、随机模拟法、风险坐标图等，一些大型跨国公司在对一些大项目进行风险分析时都陆续采用了情景分析法，例如管理当局试图把增长、风险和利润连接起来，在战略计划编制中可以实施情景分析，这里的风险是用增加的股东价值来评价的。

（2）敏感性分析

敏感性分析是通过分析，预测项目主要因素发生变化时对经济评价指标的影响，从中找出敏感因素，并确定其影响程度。项目对某种因素的敏感程度可以表示为该因素按一定比例变化时引起评价指标变动的幅度，也可以表示为评价指标达到临界点（如内部收益率等于基准收益率）时允许某个因素变化的最大幅度，即极限变化。简言之，敏感性分析就是从改变可能影响分析结果的不同因素的数值入手，估计结果对这些变量变动的敏感程度。

例如，某企业打算在 A 市兴建一座大桥，但这个项目的不确定性因素很多，如项目总投资、银行贷款利率、过桥费收入等。这些因素变化的可能性较大：如工程设计变更、不可抗力、材料上涨，从而导致项目的投资增加；银行贷款利率也会在一定范围内变化，因而会较大地影响该工程贷款金额；能否取得优惠贷款，对资金成本影响很大，进而对工程经济指标也产生影响；根据物价局的规定，该大桥开始收费后每三年要重新报批收费标准，并且过桥车辆数量也会发生增减变化，这些都会导致过桥费收入的变化。这项新建项目总投资、银行贷款利率、过桥费收入都不是投资方所能控制的，因此敏感性分析将三个因素作为分析对象，分析每个因素的变化对该大桥内部收益率的影响。

以利润敏感性分析为例。利润敏感性分析是研究当制约利润的有关因素发生某种变化时对利润所产生影响的一种定量分析方法。它对于利润预测分析，尤其是对目标利润预测有十分积极的指导意义。影响利润的因素很多，如售价、单位变动成本、销售量、固定成本等。在现实经济环境中，这些因素又经常发生变动。即使它们的变动方向和变动幅度完全一样，对利润所产生的影响也可能不同。有些因素（如单价）增长会导致利润增长，而另一些因素（如单位变动成本）只有降低才会使利润增长；有些因素只要略有变化就会使利润发生很大的变动，而另一些因素虽然变化幅度较大，却只能对利润产生微小的影响。所以对企业的管理者来说，不仅需要了解哪些因素对利润增减有影响，而且需要了解影响利润的若干因素中，哪些因素影响大，哪些因素影响小。那些对利润影响大的因素称为敏感因素，反之则称为非敏感因素。

反映敏感程度的指标是敏感系数，其计算原理如下：

$$某因素的敏感系数 = \frac{利润变化（\%）}{该因素变化（\%）}$$

①敏感系数的绝对值>1，即当某影响利润的因素发生变化时，利润会发生更大程度的变化，该影响因素为敏感因素。

②敏感系数的绝对值<1，即利润变化的幅度小于影响因素变化的幅度时，该因素为非敏感因素。

③敏感系数的绝对值=1，即影响因素变化会导致利润相同程度的变化，该因素也为非敏感因素。

一般而言，在对利润产生影响的各因素中，敏感程度最高的为单价，最低的是固定成本，销售量和单位变动成本介于两者之间。作为企业的管理者，在掌握了有关因素对利润的敏感程度之后，接下来的任务就是如何利用敏感性分析帮助决策，以实现企业的既定目标。在这里，抓住关键因素，综合利用各种有关因素之间的相互联系采取综合措施，是成功的关键。

虽然敏感性分析已得到广泛的应用，但也有其弱点。这种方法要求每一关键变量的变化是相互独立的。然而，管理层更感兴趣的是两个或两个以上关键变量变化的综合影响。仅仅考虑独立的因素是不现实的，因为它们往往是相互影响的。

（3）压力测试

压力测试，是指在具有极端影响事件的情景下，分析评估风险管理模型或内控流程的有效性，发现问题，制定改进措施的方法。极端情景是指在非正常情况下，发生概率很小，而一旦发生，后果十分严重的事情。它与情景分析中关注一个更正常规模的变化相反，压力测试一般被用作概率度量方法的补充。用来分析那些通过与概率技术一起使用的分布假设可能没有充分捕捉到的低可能性、高影响力事件的结果。与敏感性分析类似，压力测试通常用来评估经营事项或金融市场中各种变化的影响。例如，产品生产缺陷的增加，外汇汇率的变动，衍生工具所基于的一个基础因素价格的变动，固定收益投资组合价值的利率增加，影响一个生产厂家运营成本的能源价格提高等。目的是防止企业出现重大损失事件。

以信用风险管理为例。如A企业已有一个信用很好的合作对象B企业，B企业除发生极端情景，一般不会违约。因此，在日常交易中，A企业只需执行"常规风险管理策略和内控流程"即可。采用压力测试的方法，是假设该合作对象B企业将来发生极端情景（如其财产毁于地震、火灾等），致使其被迫违约而对A企业造成了重大损失。而A企业"常规风险管理策略和内控流程"在极端情景下不能有效防止重大事件损失,为此,A 企业采取了购买保险或相应衍生产品、开发多个合作伙伴等措施,防范该风险事件发生。

3. 两类分析方法的比较

定性分析法与定量分析法在实际应用中并非相互排斥,而是相互补充,相辅相成。

理论上讲,通过定量分析可以对风险进行精确分析,而且定量分析的结果很直观,容易理解。但定量分析法的应用是以可靠的数据指标为前提的。事实上,在信息系统日益复杂多变的今天,定量分析所依据的数据的可靠性是很难保证的,再加上数据统计缺乏长期性,获得更多的数据需要更高的成本,这就给分析的细化带来了很大的困难。此外,定量分析法虽然较精确,但许多非计量因素无法考虑。例如,国家的方针政策以及政治经济形势的变动,消费者心理以及习惯的改变,投资者的意向以及职工情绪的变动等。这些因素都是定量分析无法量化的。

与定量分析相比较,定性分析的可行性较好但精确度不够。定性分析虽然可以将一些非计量因素考虑进去,但估计的准确性在很大程度上受分析人员的经验和能力的影响,这不可避免地使风险分析结果因人而异,带有一定的主观随意性,且定性分析的结果也很难有统一的解释。

因此,风险分析中,定量分析与定性分析技术的结合是必要的,两者可以互补其不足。企业可以依据自身的特征决定采用具体的结合形式。

### 四、风险应对

(一)风险应对的概念

风险应对,是指在风险分析的基础上,针对企业所存在的风险因素,根据风险分析的原则和标准,运用现代科学技术知识和风险管理方面的理论与方法,提出各种风险解决方案,经过分析论证与评价从中选择最优方案并予以实施,来达到降低风险目的的过程。

(二)风险应对策略

《企业内部控制基本规范》第三章第二十六条规定,企业应当综合运用风险规避、风险降低、风险分担和风险承受等风险应对策略,实现对风险的有效控制。

1. 风险规避

风险规避(risk avoidance)是企业对超出风险承受度的风险,通过放弃或者停止与该风险相关的业务活动以避免和减轻损失的策略。风险规避能将特定风险造成的各种可能损失完全消除,因此,也有人将其称为最彻底的风险管理技术。

(1) 风险规避的方式

①完全放弃,是指企业拒绝承担某种风险,根本不从事可能产生某些特定风险的活动。例如,在兴建西北铁路时,为了避免环保人士的抗议,西铁公司可能需要考虑完全放弃兴建铁路贯穿湿地的计划。

②中途放弃,是指企业终止承担某种风险。例如,开发出的新产品,经试销后,发现其市场前景黯淡,于是中途停止试验和研究,以避免承受更大的新产品开发风险。这种风险规避通常与环境的较大变化和风险因素的变动有关。由于发生了新的不利情况,经过权衡利弊后,认为得不偿失,故而放弃。

③改变条件,是指改变生产活动的性质,改变生产流程或工作方法等。其中,生产性质的改变属于根本的变化。

(2) 风险规避的优点及局限性

风险规避是通过中断风险源,规避可能产生的潜在损失或不确定性,是处理风险的一种有用的、极为普遍的方法。风险规避也是风险应对策略中最简单也较为消极的方法。比如,一个企业为了避免企业出现坏账的风险而拒绝在任何情况下的赊销行为,即在规避该种风险的情况下,企业同时也失去了从风险中获益的可能性,更何况有些风险根本无法避免,因此,风险规避的适用范围受到一定限制。

①有些风险无法规避,对企业而言,有些基本风险如世界性的经济危机、能源危机、自然灾害等绝对无法规避。

②有些风险可以规避但成本过大,即对某些风险即使可以避免,但就经济效益而言也许不合适。

③消极地避免风险,只能使企业安于现状,不求进取。一个企业固然可以借着不从事任何营业行为而避免风险,但从整体情况来看,一个企业没有营业行为自然也就没有营业收入,当然也就无法赚取利润,获得发展。

2. 风险降低

风险降低(risk reduction)是企业在权衡成本效益之后,准备采取适当的控制措施降低风险或者减轻损失,将风险控制在风险承受度之内的策略。风险降低的目的在于积极改善风险特性,使其能为企业所接受,从而使企业不丧失获利机会。因此,相对于风险规避而言,风险降低是较为积极的风险处理策略。

风险降低依目的的不同可以划分为损失预防和损失抑制两类。前者以降低损失概率为目的,后者以缩小损失程度为目的。如避雷针的装设是损失预防措施,而自动过滤器的装设则是损失抑制措施。

(1) 损失预防

损失预防是指在损失发生前为了减少或消除可能引起损失的各项因素所采取的具体措施,也就是消除或减少风险因素,以便降低损失发生的概率,即做到预先防范。损失预防与风险规避的区别在于,损失预防不消除损失发生的可能性。而风险规避则使损失发生的概率为零。例如,企业销售产品形成的应收账款占流动资产比重较高的,应对客户信用进行评级,确定其信用期限和信用额度,从而降低坏账发生的概率。

例如,某建筑公司要盖一幢大楼,在施工合同签订时,明确索赔权力,防止违约;项目施工前,建立安全规程和制度,并对员工进行安全教育,防止事故发生;楼房交付使用前,得到相关部门的验证审批及相关责任人签字盖章,明确责任,防止交付后不必要的麻烦。

(2) 损失抑制

损失抑制,是指在事故发生过程中或事故发生后,采取措施减少损失发生范围或损失程度的行为。如通过给计划提供支持性的证明文件并授权合适的人做决策,应对偶发事件。

实践工作中损失控制通常采取的具体方法有:①风险预防和减少风险源和风险因素的产生;②抑制已经发生的风险事故的扩散速度和扩散空间;③增强被保护对象抵抗风险的能力;④设法将风险与保护对象隔离;⑤妥善处理风险事件,尽力减轻被保护对象遭受的损失;⑥加强职业安全教育,避免由于人为因素所导致的损失等。

3. 风险分担

风险分担(risk sharing)又称风险转移,是企业准备借助他人力量,采取业务分包、购买保险等方式和适当的控制措施,将风险控制在风险承受度之内的策略。风险分担是一种事前的风险应对策略,即在风险发生前,通过各种交易活动,如业务外包、购买保险、租赁等,把可能发生的风险转移给其他人承担,避免自己承担全部风险损失。通过分担方式应对风险,风险本身并没有减少,只是风险承担者发生了变化。

风险分担的方式主要可以分为三种:财务型非保险转移、控制型非保险转移和保险转移。

(1) 财务型非保险转移

财务型非保险转移,是指利用经济处理手段转移经营风险。比较常见的手段有保证、再保证、证券化、股份化等。

①保证

保证是保证人与被保证人、通过某种契约签署的,为使保证人履行相关义务以确保被保证人合法的既得利益的文件,其中有执行合约双方应尽责任的要求,如有违背,保证可能被取消或做相应调整。

②再保证

由于事项重大,为使被保证人的利益确实得到保护,在"保证"的基础上,由实力或声望更高的团体或个人通过合约或契约对被保证人所做的承诺。

③证券化

利用可转换债券、双汇率债券等金融工具方式,满足投资人、筹资方利益的需要,这是一种双赢的风险转移。

④股份化

又叫公司化,指通过发行股票的方式,将企业风险转嫁给多数股东,这种操作实际上只是分散原始股东的风险,增强了企业抵抗风险的能力,而企业的运营风险并未得到转移。

(2) 控制型非保险转移

控制型非保险转移是通过契约、合同将损失的财务和法律责任转嫁给他人,从而解脱自身的风险威胁。常用的方法有外包、租赁、出售、回租等。

①外包

又称转包或分包。转让人通过转包或分包合同,将其认为风险较大的业务转移给非保险业的其他人,从而将相应的风险全部或部分转移给承包人。

②租赁

出租人通过合同将有形或无形的资产交给承租人使用,承租人交付一定租金,承租人对所租物只有使用权。

③出售

通过买卖契约将与财产或活动相关的风险转移给他人。

④售后回租

这是将出售和租赁合并操作的风险转移方式。为避免错过市场行情或由于资金紧张将资产整体卖掉,然后租回部分资产。

(3) 保险转移

保险转移,是指通过签订保险合同,向保险公司缴纳一定的保险费,在事故发生时就能获得保险公司的赔偿,从而将风险转移给保险公司。采用保险的方式,一方面,风险转移到保险公司之前,投保人须履行其义务,有责任缴付保险金。另一方面,当损失出现时,保险公司将会代替投保人承受因风险所带来的损失。企业对于自身不能控制、无法通过抑制实现转移的风险,或者根据外部与内部环境的变化对风险控制效果有一定的担忧时,可以采用投保的方式转移风险。

4. 风险承受

风险承受(risk acceptance)是企业对风险承受度之内的风险,在权衡成本效益之后,不准备采取控制措施降低风险或者减轻损失的策略。风险承受是一种风险财务技术,企业明知可能有风险发生,但在权衡了其他风险应对策略之后,出于经济性和可行性的考虑将风险留下,若出现风险损失,则依靠企业自身的财力去弥补风险所带来的损失。风险承受的前提是自留风险可能导致的损失比转移风险所需代价小。

风险承受对策包括非计划性风险承受和计划性风险承受两种。非计划性风险承受是非计划的和被动的,主要是由于风险识别过程的失误、风险的评价结果认为可以忽略、风险管理决策延误等原因造成的。如果在风险管理规划阶段已对一些风险有了准备,当风险事件发生时马上执行应急计划,自留风险就是计划性风险承受。风险自留的计划性主要体现在风险自留水平和损失支付方式两方面。风险自留水平,是指选择风险事件作为风险自留的对象。确定风险承受的水平可以从风险发生的概率及损失期望值大小的角度考虑,一般应选择风险发生概率小、损失期望值小的风险事件作为风险自留的对象。损失支付方式,是指风险承受应预先制定损失支付计划。常见的损失支付方式有从现金净收入中支出;建立非常基金储备;建立风险准备金等。

(三)选择风险应对策略

上述风险策略必须基于风险分析的结果,根据企业的实际情况进行选择性使用。可以选择使用某一风险应对策略,也可以选择两种或两种以上的应对策略进行综合使用。选择合理的风险应对策略的关键是要有针对性,要实现对风险的有效控制。

1. 风险应对策略选择时应考虑的因素

《企业内部控制基本规范》第三章第二十五条明确规定企业应当根据风险分析的结果,结合风险承受度,权衡风险与收益,确定风险应对策略。选择风险应对策略的主要依据有:

(1)风险承受度

企业抵抗风险的能力决定了企业能够承受多大的风险,也决定了企业应对策略的选择。企业抵抗风险的能力取决于多种因素,包括管理者的风险偏好、企业的资源和财力水平、企业的风险态度等。《企业内部控制基本规范》尤其强调，企业应当合理分析、准确掌握董事、经理及其他高级管理人员、关键岗位员工的风险偏好，采取适当的控制措施，避免因个人风险偏好给企业经营带来重大损失。

（2）成本与效益

实际上每一种风险应对策略在设计和实施过程中都会产生一些直接或间接成本，这些成本要与其创造的效益相权衡。只有风险应对策略的成本小于其带来的收益时，这种风险应对策略才是可行的。

（3）风险的特性

制定风险应对策略，必须以风险的特性为依据，对不同特性的风险制定相应的应对措施。例如，对于风险较大（超出企业的风险承受度）的业务，企业一般采用风险规避策略；对于自然灾害等不可抗力风险，企业一般采用风险转移策略。

（4）可供选择的措施

对于某一特定风险，如果可以采取多种应对策略，那么风险应对措施的制定就需要在多种策略中进行比较，选择最有效的风险应对措施。

2. 风险应对策略选择时应注意的问题

《企业内部控制基本规范》第三章第二十七条规定企业应当结合不同发展阶段和业务拓展情况，持续收集与风险变化相关的信息，进行风险识别和风险分析，及时调整风险应对策略。因此，风险应对策略与企业的具体业务或者事项相联系，不同的业务或事项采取不同的风险应对策略，同一业务或者事项在不同的时期要采取不同的风险应对策略，同一业务或事项在同一时期也可以综合运用多种风险应对策略。

（1）一般情况下，对战略、财务、运营和法律风险，可采取风险承受、风险回避、风险分担等方法。

（2）对能够通过保险、期货、对冲等金融手段进行理财的风险，可以采取风险分担、风险降低等方法。

（3）风险应对策略的选择还可以从企业范围内组合的角度去考虑。一些情况对于一个部门在风险承受度之内，但从整体来讲却超过了风险承受度。还有一些情况是，企业内很多部门的风险可以相互抵消，不需要采取过多的风险应对策略。

【课堂测试 3-2】

思考并回答以下问题：

1. 如何设定企业的内部控制目标？
2. 风险识别的方法有哪些？优缺点分别是什么？
3. 风险分析的定义和方法具体有哪些？

## 第三节 控制活动

### 一、不相容职务分离控制

（一）不相容职务分离控制的定义

《企业内部控制基本规范》第二十九条规定，不相容职务分离控制要求企业全面系统地分析、梳理业务流程中所涉及的不相容职务，实施相应的分离措施，形成各司其职、各负其责、相互制约的工作机制。不相容职务分离控制的核心是内部牵制。不相容职务分离控制贯穿于企业经营管理活动的始终，是企业防范风险的重要手段之一。

不相容职务是指某些如果由一名员工担任，那么该员工既可以弄虚作假，又能够自己掩饰舞弊行为的职务。这些职务通常包括：授权、批准、业务经办、会计记录、财产保管、稽核检查等。例如，某企业的出纳人员同时兼任货币资金的稽核与会计档案的保管，这就违反了不相容职务相分离的原则。如果该员工伪造签名，贪污企业的款项，他就有可能隐瞒对贪污款项的支票记录，使得舞弊行为被隐瞒而不被发现。可见，这三项职务必须由三个员工分别担任以便进行控制。

（二）不相容职务分离的内容

企业在内部机构设置时应体现不相容岗位相分离的原则，特别是在涉及重大或高风险的业务处理程序时，必须考虑建立各层级、各部门、各岗位之间的分离和牵制。对于因机构人员较少且业务简单而无法分离处理的某些不相容职务，企业应当制定切实可行的替代控制措施。企业应当遵循不相容职务相分离的原则，综合考虑企业性质、发展战略、文化理念和管理要求等因素，形成各司其职、各负其责、相互制约、相互协调的工作机制，并确定具体岗位的名称、职责和工作要求等，明确各个岗位的权限和相互关系。

概括而言，不相容职务分离控制是经济业务的可行性研究与执行要分离、决策审批与执行要分离，执行与记录、监督要分离，物资财产的保管与使用、记录要分离。根据大部分企业的经营管理特点和一般业务性质，需要分离的不相容职务主要有以下六种：(1) 可行性研究与决策审批相分离；(2) 业务执行与决策审批相分离；(3) 业务执行与审核监督相分离；(4) 会计记录与业务执行相分离；(5) 业务执行与财产保管相分离；(6) 财产保管与会计记录相分离。

**二、授权审批控制**

（一）授权审批控制的定义

根据《企业内部控制基本规范》第三十条的规定，授权审批控制要求企业按照授权审批的相关规定，明确各岗位办理业务和事项的权限范围、审批程序和相应责任。企业内部各级管理人员必须在授权范围内行使职权和承担责任；业务经办人员必须在授权范围内办理业务。完善的授权审批控制有助于明确权利和义务，层层落实责任，层层把关，最大限度地避免经营风险的发生。毫无疑问，授权审批控制也是防范企业风险的一种重要手段。

（二）授权控制

清晰的权限指引可使不同层级的员工明确该如何行使并承担相应责任，也利于事后考核评价。"授权"表明了企业各项决策和业务必须由具备适当权限的人员办理，这一权限通过公司章程约定或其他适当方式授予。企业内部各级员工必须获得相应的授权，才能实施决策或执行业务。

1. 授权的种类

（1）常规授权

常规授权是指企业在日常经营管理活动中按照既定的职责和程序进行的授权。这种授权可以在企业正式颁布的岗（职）位说明书中予以明确，或通过制定专门的权限指引予以明确。如销售部门确定销售价格的权利、财务部门批准费用报销的权利。

（2）特别授权

特别授权一般是由董事会给经理层或经理层给内部机构及其员工授予处理某一突发事件（如法律纠纷）、做出某项重大决策、代替上级处理日常工作的临时性权力。

2. 授权控制的基本原则

（1）授权的依据——依事而不是依人

企业应该本着有利于实现战略目标，有利于资源配置的目的来设置职务并进行授权，而不是仅凭被授权者的能力。如果因人授权，虽然充分考虑了被授权人的知识与才能，但却不能确保职权被授予了最合适的人员，不利于企业目标的实现。

（2）授权的界限——不可越权授权

授权者对下级的授权，必须在自己的权利范围内，不能超越自己拥有的权限进行授权。

（3）授权的"度"——适度授权

授权过程中对于"度"的把握是授权控制成败的关键，既不能贪恋权力，不愿下放，也不能过度授权。权力下放不到位会直接影响下级部门的工作效率和积极性；而过度授权则等于放弃权力，甚至出现滥用职权的现象。正确的做法是将下级在行使职责时必需的权力下放，并且做到权力和责任相匹配。对于重大事项的权限，不可轻易下放。

（4）授权的保障——监督

相关人员在授权后应该给予适当的监督。如果放任不管，可能发生越权或滥用职权的行为；如果常加干涉，则授权形同虚设，不利于调动下属的主动性和创造性。对授权进行监督的重点主要是防止下级越权操作和"先斩后奏"的行为。

3. 授权的形式

授权一般以两种形式存在，即口头授权和书面授权。

（1）口头授权

口头授权，是上级领导利用口头语言对下属进行工作交代，或者是上下级之间根据会议所产生的工作分配。这种授权形式一般适合于临时性与责任较轻的任务。

（2）书面授权

书面授权，是上级领导利用文字形式对下属工作的职责范围、目标任务、组织情况、等级规范、负责办法与处理规程等进行明确规定的授权形式。这种授权形式适合比较正式与长期的任务。

企业应当尽量采用书面授权的形式明确相关人员的权限和责任界限，以避免出现口头授权形式下误解权责范围、滥用职权，以及出事之后相互推诿、无法问责等情况的发生。

（三）审批控制

1. 审批控制的原则

（1）审批要有界限——不得越权审批

越权审批就是超越被授权权限进行审批，通常表现为下级行使了上级的权利。如资金的调度权按规定属于总会计师，但总经理直接通知出纳将资金借给其他企业就属于越权审批的行为。

（2）审批要有原则——不得随意审批

审批控制的目的是为了保证企业的所有行为有利于经营效果和效率的提高，最终实现控制目标。因此，即便审批人有一定的审批权限，也不能随意批准，而应该依据企业的有关预算、计划或者决议进行。在审批中，应贯彻集体决策的原则，实行集体决策审批或者联签制度。在综合正反两方面意见的基础上进行决策，而不应由少数人主观决策。

2. 审批的形式

同授权的形式一样，审批也应该尽量采用书面形式，采用书面形式既可以方便上级进行批示，又可以避免口说无凭，责任不清。此外，还便于监督检查人员对该活动的监控。

（四）"三重一大"制度

对于重大决策、重大事项、重要人事任免及大额资金支付业务等，企业应当按照规定的权限和程序实行集体决策审批或者联签制度。任何个人不得单独进行决策或者擅自改变集体决策意见。"三重一大"的具体内容在本书的第二章第三节已有阐述，本章主要介绍"三重一大"事项的决策审批程序。

具体讲，"三重一大"事项决策审批程序如下：

（1）"三重一大"事项提交会议集体决策前应当认真调查研究，提前告知所有参与决策人员，并为所有参与决策人员提供相关材料，经过必要的研究论证程序，充分吸收各方面意见。如重大的投融资项目应事前充分听取相关专家的意见；重要的人事任免应该事先征求相关企业主要投资者等主要利益相关者的意见；关于企业改制等关系企业员工切身利益的重大事件，应当听取企业工会的意见，并通过职工代表大会或者其他形式听取职工群众的意见和建议。

（2）企业应当以会议的形式，对职责权限内的"三重一大"事项做出集体决策。不得以个别征求意见等方式做出决策。紧急情况下由个人或少数人临时做出决定的，事后应及时向相关领导部门报告；临时决定人应当对决策情况负责，相关负责部门应当在事后按程序予以追认。

（3）决策会议的召开需要符合相关规定的人数。与会人员应充分讨论并发表意见，主要负责人应当最后发表总结性意见。若会议涉及多个事项，则应逐项研究决定。若存在严重分歧，一般应当推迟做出决定。会议决定的事项、过程、参与人及其意见、结论等内容，应当完整、详细记录并存档备查。

（4）决策做出后，企业应当及时向股东或履行出资人职责的机构报告有关决策情况。企业负责人应当按照分工来组织实施，并明确责任部门和责任人。参与决策的个人对集体决策有不同意见的，可以保留或者向上级反映，但在没

第三章　内部控制构成要素

有做出新的决策前，不得擅自变更或者拒绝执行。如遇特殊情况需对决策内容做重大调整，则应当重新按规定履行决策程序。

（5）建立"三重一大"事项决策审批的回避制度和决策考评制度；逐步健全决策失误纠正机制和责任追究制度。

---

**篇中案例 3-3**

**唯我独尊，祸从天降**

中国航油（新加坡）股份有限公司（下称"中航油新加坡公司"）成立于 1993 年，是中央直属大型国企中国航空油料控股公司（下称"集团公司"）的海外子公司，2001 年在新加坡交易所主板上市，成为中国首家利用海外自有资产在国外上市的中资企业。在总裁陈久霖的带领下，中航油新加坡公司从一个濒临破产的贸易型企业发展成工贸结合的实体企业，业务从单一进口航油采购扩展到国际石油贸易，净资产从 1997 年起步时的 21.9 万美元增长为 2003 年的 1 亿多美元，总资产近 30 亿元人民币，可谓"买来个石油帝国"，一时成为资本市场的明星。

2004 年一季度由于国际油价攀升，公司潜亏损 580 万美元，陈久霖期望油价能回跌，决定延期交割合同，交易量也随之增加。截至 2004 年 12 月 1 日，中航油新加坡公司亏损达 5.5 亿美元，为此公司向新加坡证券交易所申请停牌，并向当地法院申请破产保护。在越权从事石油金融衍生产品投机过程中，陈久霖作为一个管理人员，竟然同时具有授权、执行、检查与监督功能，没有遇到任何阻拦与障碍，事后还能一手遮天，隐瞒真实信息。

本案例带给人们的启示是：对于企业的重大决策、重大事项、重要人事任免及大额资金支付业务等，一定要强调按照规定的权限和程序实行集体决策审批或者联签制度，避免"一言堂""一支笔"现象。任何个人不得单独进行决策或者擅自改变集体决策意见。

案例来源：刘华. 中航油新加坡公司内部控制案例分析[J]. 上海市经济管理干部学院学报，2008（6）.

---

### 三、会计系统控制

（一）会计系统控制的定义

会计系统控制，是指利用记账、核对、岗位职责落实和职责分离、档案管理、工作交接程序等会计控制方法，确保企业会计信息真实、准确、完整。会计系统控制贯穿于企业整个经营管理活动，在控制投资业务、筹资业务、销售业务、担保业务、外包业务等风险方面发挥了重要的作用。根据《企业内部控制基本规范》第三十一条的规定，会计系统控制要求企业严格执行国家统一的会计准则制度，加强会计基础工作，明确会计凭证、会计账簿和财务会计报告的处理程序，保证会计资料真实完整。

（二）会计系统控制的内容

1. 会计准则和会计制度的选择

企业管理层应当依据企业具体情况选择适用的会计准则和相关会计制度。例如，根据规模和行业性质，分别采用《企业会计准则》《企业会计制度》《小企业会计制度》等。

2. 会计政策选择

企业的会计政策，是指企业在会计确认、计量和报告中采用的原则、基础和会计处理方法。企业管理层应当以真实、公允地反映企业状况为标准来选择适当的会计政策，变更会计政策时要说明合理变更的原因。

3. 会计估计确定

会计估计，是指企业对其结果不确定的交易和事项以最近可利用的信息为基础所做出的判断。企业管理层需要依据企业的真实情况，做出合理的会计估计。若资产和负债的当前状况及预期未来经济利益和义务发生了变化，则会计估计也需要做出相应改变。

4. 文件和凭证控制

企业应当对经济业务文件进行记录并且相关的凭证需要连续编号，避免业务记录的重复或遗漏，同时便于业务查询，并在一定程度上防范舞弊行为的发生。例如，企业对产品出入库单预先编号，这样可以有效控制产品的流动，不会出现产品的无故短缺。

5. 会计档案保管控制

会计档案是指会计凭证、会计账簿和财务报表等会计核算专业资料，是记录和反映企业经济业务的重要历史资料和证据。会计档案的内容一般指会计凭证、会计账簿、会计报表以及其他会计核算资料等。企业应当详细记录且妥善保管合同、协议、备忘录、出资证明等重要的法律文书，作为企业重要的档案资料以备查用。

6. 组织和人员控制

企业应当依法设置会计机构，配备会计从业人员。从事会计工作的人员，必须取得会计从业资格证书。会计机构负责人应当具备会计师以上专业技术职务资格。大中型企业应当设置总会计师。设置总会计师的企业，不得设置与其职权重叠的副职。

7. 建立会计岗位制度

企业应根据自身规模大小、业务量多少等具体情况设置会计岗位。一般大中型企业设置会计主管、出纳、流动资产核算、固定资产核算、投资核算、存货核算、工资核算、成本核算、利润核算、往来核算、总账报表、稽核、综合分析等岗位。小型企业因业务量较少，应适当合并减少部分岗位。这些岗位可以一人一岗、一人多岗，也可以一岗多人，但出纳人员不得兼任稽核、会计档案保管和收入、费用、债权债务账目的登记工作。

**四、财产保护控制**

（一）财产保护控制的定义

《企业内部控制基本规范》第三十二条规定，财产保护控制要求企业建立财产日常管理制度和定期清查制度，采取财产记录、实物保管、定期盘点、账实核对等措施，确保财产安全。这里所述的财产主要包括企业的现金、存货以及固定资产等。它们在企业资产总额中的比重较大，是企业进行经营活动的基础，因此，企业必须加强实物资产的保管控制，保证实物资产的安全与完整。

（二）财产保护控制的措施

1. 财产档案的建立和保管

企业应当建立财产档案，全面、及时地反映企业财产的增减变动，以实现对企业资产的动态记录和管理。企业应妥善保管涉及财产物资的各种文件资料，避免记录受损、被盗、被毁。由计算机处理、记录的文件材料需要有所备份，以防数据丢失。

2. 限制接近

限制接近，是指严格限制未经授权的人员对资产的直接接触，只有经过授权批准的人员才能接触资产。限制接近包括限制对资产本身的接触和通过文件批准方式对资产使用或分配的间接接触。

一般情况下，对货币资金、有价证券、存货等变现能力强的资产必须限制无关人员的直接接触。现金的保管与记账人员相分离，平时将现金放在保险箱并由出纳人员保管钥匙；支票、汇票、发票、有价证券等易变现的非现金资产一般采用确保两个人同时接近资产的方式加以控制，或在银行租用保险柜存放这些特殊资产；对于实物财产如存货、固定资产等的控制，可以让保管人员看管，或安装监视系统、采取防盗措施。

### 3. 盘点清查

盘点清查，是指定期或不定期地对存货、固定资产等进行实物盘点和对库存现金、银行存款、债权债务进行清查核对，将盘点清查的结果与会计记录进行比较核对，并进行差异处理的过程。若在盘点中发现差异，应当及时分析原因，提出处理意见，出具清查报告，并将其结果及处理办法向企业的董事会或相关机构报告。一般来说，盘点清查范围主要包括存货、库存现金、票据、有价证券以及固定资产等。

### 4. 财产保险

企业可以根据实际情况考虑，对其重要或特殊的财产投保，使得企业可以在意外情况发生时通过保险获得补偿，减轻损失程度。

## 五、预算控制

### （一）全面预算和预算控制

#### 1. 全面预算

全面预算，是指企业对一定期间的经营活动、投资活动、财务活动等做出的预算安排。全面预算作为一种全方位、全过程、全员参与编制与实施的预算管理模式，凭借其计划、协调、控制、激励、评价等综合管理功能，整合和优化配置企业资源，提升企业运行效率，成为促进实现企业发展战略的重要途径。

#### 2. 预算控制

《企业内部控制基本规范》第三十三条规定，预算控制要求企业实施全面预算管理制度，明确各责任单位在预算管理中的职责权限，规范预算的编制、审定、下达和执行程序，强化预算约束。

通过预算控制，企业可以规范组织的目标和经济行为过程，调整与修正管理行为与目标偏差，保证各级目标、策略、政策和规划的实现。因此，预算控制作为管理控制系统的一种模式，是确保战略目标最终实现的一种有效机制。

### （二）全面预算的实施主体

《企业内部控制应用指引第 15 号——全面预算》第四条指出，企业应当加强全面预算工作的组织领导，明确预算管理体制以及各预算执行单位的职责权限、授权批准程序和工作协调机制。企业设置全面预算管理体制，应遵循合法科学、高效有力、经济适度、全面系统、权责明确等基本原则。其实施主体一般分为全面预算管理决策机构、工作机构和执行单位三个层次。

#### 1. 决策机构——预算管理委员会

预算管理委员会是预算管理的领导机构和决策机构，应作为预算控制的最高级别控制主体承担监控职责。预算管理委员会成员由企业负责人及内部相关部门负责人组成，总会计师或分管会计工作的负责人应当协助企业负责人负责企业全面预算管理工作的组织领导。预算管理委员会主要负责拟订预算目标和预算政策，制定预算管理的具体措施和办法，组织编制、平衡预算草案，下达经批准的预算，协调解决预算编制和执行中的问题，考核预算执行情况，督促完成预算目标。

2. 工作机构——预算管理工作机构

预算管理工作机构履行预算管理委员会的日常管理职责，对企业预算执行情况进行日常监督和控制，收集预算执行信息，并形成分析报告。预算管理工作机构一般设在财会部门，其主任一般由总会计师（或财务总监、分管财会工作的副总经理）兼任，工作人员除了财务部门人员外，还应有计划、人力资源、生产、销售、研发等业务部门人员参加。

3. 执行单位——各责任中心

各责任中心既是预算的执行者，又是预算执行的监控者，各责任中心在各自职权范围内以预算指标作为生产经营行为的标准，同预算指标比较，进行自我分析，并上报上级管理人员以便采取相应措施。企业内部预算责任单位的划分应当遵循分级分层、权责利相结合、责任可控、目标一致的原则，并与企业的组织机构设置相适应。

（三）全面预算的流程

完整的全面预算流程主要包括预算编制、预算执行和预算考核三个阶段。

1. 预算编制

预算编制主要由预算编制、预算审批和预算下达三个方面构成。

预算编制是企业预算总目标的具体落实以及将其分解为责任目标并下达给预算执行者的过程。预算编制是预算控制循环的一个重要环节，预算编制质量的高低直接影响预算执行的结果，也影响对预算执行者的绩效考评。因此，预算编制应根据企业，实际需要选用合理的方法进行。

预算审批，是指企业全面预算应该按照《公司法》等相关法律、法规及企业章程的规定报经审议批准。

预算下达，是指企业全面预算经过审议批准后应及时以文件形式下达执行。

企业在预算编制环节应当关注以下风险：不编制预算或预算不健全，可能导致企业经营缺乏约束或盲目经营；预算目标不合理，编制不科学，可能导致企业资源浪费或发展战略难以实现。

## 2. 预算执行

预算执行是全面预算的核心环节。预算执行即预算的具体实施，它是预算目标能否实现的关键。预算执行主要包括预算指标的分解和责任落实、预算执行控制、预算分析和预算调整等四部分。

预算管理委员会以董事会批准的企业年预算为依据，分解预算指标，将整个企业的预算分解为各责任中心的预算，并下达给各责任中心，以此来约束和考评责任主体；各责任中心按下达的预算为依据，安排生产经营活动，并指定专门预算管理员登记预算台账，形成预算执行统计记录，定期与财务部门核对；在预算执行的过程中，对于预算内支出按照预先授权审批，对于预算外支出需要提交预算管理委员会审议；财务部门对各责任中心的日常业务进行财务监督和审核，重点是财务支出的审核，尤其是成本支出和资本支出。

企业在预算执行环节应当关注以下风险：预算缺乏刚性、执行不力，可能导致预算管理流于形式。

## 3. 预算考核

预算考核是对企业内部各级责任部门或责任中心预算执行结果进行评价，将预算的评价结果与预算执行者的薪酬相挂钩，实行奖惩制度，即预算激励。预算考核应该科学合理、公开公正，确保预算目标的实现，真正发挥预算管理的作用。

企业在预算考核环节应当关注以下风险：预算考核不严，也可能导致预算管理流于形式。

## 六、运营分析控制

### （一）运营分析控制的定义

运营分析，是指以统计报表、会计核算、管理现象、计划指标和相关资料为依据，运用科学的分析方法对一段时期内的经营管理活动情况进行系统的分析研究，旨在真实地了解经营情况，发现和解决经营过程中的问题，并按照客观规律指导和控制企业经营活动。

《企业内部控制基本规范》第三十四条规定，运营分析控制要求企业建立运营情况分析制度，经理层应当综合运用生产、购销、投资、筹资、财务等方面的信息，通过对比分析、比率分析、趋势分析、因素分析、综合分析等方法，定期开展运营情况分析，发现存在的问题，及时查明原因并加以改进。

### （二）运营分析控制的流程

由运营分析的定义可知，运营分析的对象即为企业的历史和现状，其载体即为反映历史和现状的数据,包括历史财务报表、企业内部管理报表、管理建议书等各种反映运营情况的数据;其结果即为改善企业的现状,实现企业的发展目标。

(三)运营分析控制的方法

1. 比较法

比较法是运营分析最基本的方法,有纵向比较法和横向比较法。纵向比较公司历史数据,可以知道公司某一方面的变动情况,纵向比较法也称为水平分析法;横向与同行业其他上市公司比较,可以衡量公司在同行业中的竞争力和地位。

2. 比率法

比率法主要用于财务报表分析,因此也叫做财务比率法。比率法,通过计算各种指标,来衡量偿债能力、盈利能力、营运能力和发展能力。

3. 趋势分析法

趋势分析法,是根据企业连续若干会计期间(至少三期)的分析资料,运用指数或动态比率的计算,比较与研究不同会计期间相关项目的变动情况和发展趋势的一种财务分析方法,也叫动态分析法。

4. 因素分析法

因素分析法,是通过分析影响财务指标的各项因素,计算其对指标的影响程度,来说明财务指标前后期发生变动或产生差异的主要原因的一种分析方法。

因素分析法按分析特点可以分为连环替代法和差额计算法两种。连环替代法是在通过比较分析确定差异的基础上,利用各种因素的顺序"替代",从数值上测定各个相关因素对财务指标差异的影响程度的计算方法。差额计算法是连环替代法的一种简化形式。它是利用各个因素的分析期值与基期值之间的差异,依次按顺序替换,直接计算出各个因素对财务指标变动影响程度的一种分析方法。

5. 综合分析法

综合分析法,是指将反映企业偿债能力、盈利能力、营运能力、发展能力等的指标纳入一个有机的整体之中,以系统、全面、综合地对企业财务状况和经营成果进行分析与评价。现代财务分析中应用比较广泛的综合分析法有沃尔评分法、杜邦财务分析体系、帕利普财务分析体系等。

**七、合同控制**

(一)合同控制的定义

《企业内部控制应用指引第 16 号——合同管理》对合同的定义做出了明确

的规定,合同是指企业与自然人、法人及其他组织等平等主体之间设立、变更、终止民事权利义务关系的协议,其中不包括企业与职工签订的劳动合同。

所谓合同控制,就是企业通过梳理合同管理的整个流程,分析关键风险点,并采取有效措施,将合同风险控制在企业可接受范围内的整个过程。

(二)合同控制的意义

在市场经济环境中,合同已成为企业最常见的契约形式,甚至可以说,市场经济就是合同经济。然而,合同管理往往又是企业内部控制中最为疏忽和薄弱的环节。如果企业未订立合同、未经授权对外订立合同、合同对方主体资格未达要求、合同内容存在重大疏漏和欺诈,可能导致企业合法权益受到侵害;如果合同未被全面履行或监控不当,又可能导致企业诉讼失败、经济利益受损;合同纠纷处理不当,则可能损害企业利益、信誉和形象。

因此,加强合同管理对于企业防范和降低合同风险、促进长期可持续发展具有重要意义。具体而言,加强合同管理有助于防范企业法律风险,维护合法权益;有助于降低企业营运风险,提高经营管理水平;有助于控制企业财务风险,提升资金使用效率。

(三)合同业务的一般流程

合同业务的一般流程大致可分为两个阶段:合同订立和合同履行。合同订立阶段主要包括合同调查、订立前的谈判、合同文本拟订、合同审批、合同签署等环节;合同履行阶段主要包括合同履行、合同补充和变更、合同解除、合同结算、合同登记等环节。

(四)合同控制的措施

企业需要建立一系列制度体系和机制保障,促进合同管理的作用得到有效发挥。企业加强合同控制的措施主要包括:

1. 建立分级授权管理制度

企业应当根据经济业务性质、组织机构设置和管理层级安排,建立合同分级管理制度。属于上级管理权限的合同,下级单位不得签署。对于重大投资类、融资类、担保类、知识产权类、不动产类合同,上级部门应加强管理。下级单位认为确有需要签署涉及上级管理权限的合同,应当提出申请,并经上级合同管理机构批准后办理。上级单位应当加强对下级单位合同订立、履行情况的监督检查。

2. 实行统一归口管理

企业可以根据实际情况指定法律部门等作为合同归口管理部门,对合同实施统一规范管理,具体负责制定合同管理制度,审核合同条款的权利义务对等性，管理合同标准文本，管理合同专用章，定期检查和评价合同管理中的薄弱环节，采取相应控制措施，促进合同的有效履行等。

3. 明确职责分工

公司各业务部门作为合同的承办部门负责在职责范围内承办相关合同，并履行合同调查、谈判、订立、履行和终结责任。公司财会部门侧重于履行对合同的财务监督职责。

4. 健全考核与责任追究制度

企业应当健全合同管理考核与责任追究制度，开展合同后评估，对合同订立、履行过程中出现的违法违规行为，应当追究有关机构或人员的责任。

【课堂测试 3-3】

思考并回答以下问题：
1. 什么是不相容职务？通常包括哪些职务？
2. 授权审批制度的要求是什么？有哪些种类和形式？
3. 什么是运营分析控制？有哪些进行运营分析控制的方法？

# 第四节 信息与沟通

信息在企业内外部进行有目的的、及时的、准确的、安全的传递，对贯彻企业发展战略、正确识别生产经营中的风险、及时纠正操作错误、提高决策质量具有重要作用。

信息与沟通是企业及时、准确地收集、传递与内部控制相关的信息，确保信息在企业内部、企业与外部之间进行有效沟通。

## 一、信息与沟通的主要风险点及控制措施

（一）建立内部报告和指标体系

内部报告仅仅是信息传递的一种形式或载体，决定企业内部信息传递有效性最关键的问题在于报告中承载的信息。企业首先应该理清究竟应该编制哪些内部报告，进而确定各个报告中的指标如何设置。内部报告信息的采集和加工都是由报告中的指标来决定的。因此，内部报告指标的选择，既是内部报告传递的起点，也是决定内部报告质量的基础。内部报告指标体系的科学性直接关系到内部报告信息的价值。企业要根据自身的发展战略、生产经营、风险管理

的特点,建立系统的、规范的、多层级的内部报告指标体系。内部报告指标体系中应该包含关键信息指标和辅助信息指标,还要根据企业内部和外部的环境政策,建立指标的调整和完善机制,使指标体系具有动态性和权变性。

(二)搜集整理内外部信息

企业各种决策的制定离不开各种来源信息的支持。企业需要根据内部报告指标,搜集和整理各种信息,以便企业随时掌握有关市场状况、竞争情况、政策变化及环境的变化,保证企业发展战略和经营目标的实现。在搜集整理内外部信息的过程中,主要风险点又可以具体细分为以下几方面:

1. 收集的内外部信息不足或者过多

在收集信息的过程中,由于某些原因,未能搜集或者未能及时搜集到反映经济活动的信息,就会造成无法决策或者决策拖延;有些时候,由于企业信息的来源过多,如行业协会组织、社会中介机构、业务往来单位、市场调查、来信来访、网络媒体、政府监管部门、会计账簿、经营管理资料、调研报告、专项信息、内部刊物、办公网络等渠道都会获得成千上万的信息,这就可能导致信息冗余。信息过多不但增加了信息处理的成本,也降低了总体信息的相关性,同样会干扰决策。

2. 信息内容不准确

目前,企业内外部各种信息的来源复杂,有些信息的准确性无法保证。此外,信息在搜集和录入过程中,可能由于人为破坏或者操纵疏忽而产生错误信息。决策者如果根据不准确的信息进行决策,很可能导致决策错误。

3. 信息搜集和整理成本过高

成本效益原则是信息搜集的约束条件。某一信息的搜集成本过高时,超过了其带来的收益,就会使企业"得不偿失"。生产和传输该信息就失去了意义。

因此,企业应当建立信息与沟通制度,明确内部控制相关信息的收集、处理和传递程序,确保信息及时沟通,促进内部控制有效运行。企业应当对收集的各种内部信息和外部信息进行合理筛选、核对、整合,提高信息的有用性。

企业应当将内部控制相关信息在企业内部各管理级次、责任单位、业务环节之间,以及企业与外部投资者、债权人、客户、供应商、中介机构和监管部门等有关方面之间进行沟通和反馈。信息沟通过程中发现的问题,应当及时报告并加以解决。重要的信息应当及时传递给董事会、监事会和经理层。

企业应当利用信息技术促进信息的集成与共享,充分发挥信息技术在信息与沟通中的作用。企业应当加强对信息系统开发与维护、访问与变更、数据输入与输出、文件储存与保管、网络安全等方面的控制,保证信息系统安全稳定运行。

（三）反舞弊机制的建立

企业应当建立反舞弊机制，坚持惩防并举、重在预防的原则，明确反舞弊工作的重点领域、关键环节和有关机构在反舞弊工作中的职责权限，规范舞弊案件的举报、调查、处理、报告和补救程序。

企业至少应当将下列情形作为反舞弊工作的重点：

（1）未经授权或者采取其他不法方式侵占、挪用企业资产，牟取不当利益。

（2）在财务会计报告和信息披露等方面存在的虚假记载、误导性陈述或者重大遗漏等。

（3）董事、监事、经理及其他高级管理人员滥用职权。

（4）相关机构或人员串通舞弊。

企业应当建立举报投诉制度和举报人保护制度，设置举报专线，明确举报投诉处理程序、办理时限和办结要求，确保举报、投诉成为企业有效掌握信息的重要途径。举报投诉制度和举报人保护制度应当及时传达至全体员工。

---

**篇中案例 3-4**

**中国五矿的战略质询会制度**

如果没有督促和考核，任何战略方案都很难实施和完成。五矿在实施阶段采取两个办法：一个是季度考核督促，一个是年度考核督促。前者是战略质询会，主要在板块和职能部门层面。后者为平衡计分卡，最终细化到职工层面。所谓战略质询会，是每季度举行的一次跟踪、检查、研讨五矿集团战略实施工作的重要会议，由集团公司总裁办公会成员和战略委员会全体委员参加。战略质询会最初针对的是各个板块。其程序一般是：首先由经营单位领导人对上一个季度的情况——经营完成的情况、战略推进的情况、存在的问题、下一步的工作措施、有哪些需要集团公司支持的方面进行汇报；汇报完以后，由企划部门、财务部门、人事部门和投资等部门进行质询，对经营单位提出来的问题和要求给予回答；最后，由集团公司领导对他们进行质询，总裁进行总结。质询会结束以后，要写出战略质询会的纪要，进一步推动落实。

五矿在变革过程中不断改进和完善战略质询会的流程，用公司领导的话说，是要"保证战略质询会启动早、准备足、组织顺、质量高"。从 2003 年开始，继对业务板块进行战略质询后，五矿集团开始对各职能部门进行战略质询。对此，五矿的高层评价道："通过对 15 个职能部门的质询，大大提高了职能部门的战略执行能力和为业务板块服务的工作效率,确保了战略管理的一致性和认同度"。

比如2008年4月29日上午,集团公司就召开了2008年一季度战略质询会。集团公司总裁周中枢出席会议并做重要讲话。在京的集团公司领导、总裁助理、战略委员会委员、各职能部门和经营单位负责人参加了会议。

会议通报:2008年一季度,集团公司实现营业收入405.9亿元,同比增长54%;利润总额同比增长72%,完成年度计划的34%。在中央企业中,集团公司营业收入的增长水平在收入规模超过200亿元的中央企业中排名第三。

周总裁在会上结合集团公司全年工作,就贯彻李荣融主任在4月24日国资委视频会议上的讲话精神提出了五点要求:一是清楚认识当前面临的国际与国内经济环境;二是坚定对集团稳定、快速发展的信心;三是坚持做好应对风险和危机的准备;四是坚持推进精细化管理,抓降本增效;五是高标准抓好安全生产和节能减排工作。

财务部门应该定期向各部门交流和通报财务状况、经营成果、预算执行情况等,还定期将应收账款情况反馈给销售(信用)部门和清欠办公室。

生产部门应该与销售部门定期沟通,以确保生产出的产品不至于积压,生产不至于满足不了市场的需求。

采购部门、下属单位采购部门应该定期组织与其他业务部门就采购需求、价格信息、采购经验等方面进行沟通与交流。

员工除了正常向其直属上级汇报工作这一沟通渠道之外,还可以通过各种方式与本单位主要领导进行直接沟通。将公司各职能部门负责人的联系方式进行公布,员工可以通过电话、邮件、面谈等方式与其直接进行沟通、交流。

公司员工需要有在组织中向上传递重要信息的渠道,可以通过书信(可匿名)、电话、电子邮件等形式,向审计部门或内部控制与企业风险管理部门反映违规违纪的问题及有关意见、建议和要求。在问题发生时,每天处理重要经营事项的一线员工常常处在认识问题的最佳位置。销售代表或客户主管可能了解重要客户的产品设计需求。生产人员可能发现高成本的流程缺陷。采购人员可能面临来自供应商的不当刺激。会计部门的员工可能知悉销售额或库存的虚报,或发觉出于私人利益使用主体资源的情形。要想使这些信息得以向上汇报,必须既有开放的沟通渠道,又有明确的倾听意愿。员工必须相信他们的上级确实想了解问题,并且将会有效地解决问题。同时,公司应规定对举报的处理时限及查报结果的要求。对举报属实、查处后为公司挽回或减少重大损失的，应酌情奖励举报人。

公司组织开展合理化建议活动，鼓励员工对公司管理、生产、研发等各方面提出合理化建议，并对有突出贡献的单位和个人给予适当的奖励。

管理层与董事会及其委员会之间的沟通至关重要。管理层必须让董事会了解最新的业绩、发展、风险、主要行动以及其他任何相关的事项或情形。与董事会沟通越好，董事会就能越有效地行使监督职责，在重大事项上起到尽责的董事会的作用，并提供建议和忠告。反过来也一样，董事会也应该与管理层沟通所需的信息，并进行指导和反馈。

案例来源：周长辉. 中国企业战略变革过程研究：五矿经验及一般启示[J]. 管理世界，2005（12）.

【课堂测试3-4】

思考并回答以下问题：
1. 搜集与整理内外部信息时，应该注意的问题有哪些？
2. 反舞弊机制的建立，对信息与沟通因素的影响是什么？
3. 信息技术在信息的沟通传递过程中有哪些优缺点？

## 第五节 内部监督

### 一、内部监督的机构及职责

（一）内部监督的定义

按照《企业内部控制基本规范》的定义，内部监督是企业对内部控制建立与实施情况进行监督检查，评价内部控制的有效性，发现内部控制缺陷，并及时加以改进。

内部监督与内部控制自我评价密不可分，内部监督是内部控制自我评价的直接依据和底稿来源，而内部控制自我评价是内部监督的成果表现。内部监督的主要目的是检查内部控制是否存在缺陷，而内部控制缺陷又是影响内部控制有效性的不利因子，一旦出现一处重大缺陷，内部控制自我评价报告将会出现内部控制无效的结论。

### (二)内部监督体系的构成及其各机构的职责

1. 内部监督体系的构成

(1) 专职的内部监督机构

为保证内部监督的客观性,内部监督应由独立于内部控制执行的机构进行内部监督。一般情况下,企业可以授权内部审计机构具体承担内部控制监督检查的职能。当企业内部审计机构因人手不足、力量薄弱等原因无法有效对内部控制履行监督职责时,企业可以成立专门的内部监督机构,或授权其他监督机构(如监察部门等)履行相应的职责。专职内部监督机构根据需要开展日常监督和专项监督,对内部控制有效性做出整体评价,提出整改计划,督促其他有关机构整改。

(2) 其他机构

内部监督不仅是内部审计机构(或经授权的其他监督机构)的职责,企业内部任何一个机构甚至个人在控制执行中,都应当在内部控制建立与实施过程中承担起相应的监督职责。比如,财会部门对销售部门的赊销行为负有财务方面的监督职能;财会部门负责人对本部门的资产、业务、财务和人事具有监督职责;财会部门内部的会计岗位和出纳岗位也具有相互监督的职责,等等。企业应当在组织架构设计与运行环节明确内部各机构、各岗位的内部监督关系,以便于监督职能的履行。内部各机构监督应在其职责范围内,承担内部控制相关具体业务操作规程及权限设计的责任,并在日常工作中严格执行。进行定期的管理活动,利用内部和外部数据所做的同行业比较和趋势分析及其他日常活动,将监督嵌入企业常规的、循环发生的经营活动中;企业应进行定期的测试、监督活动,及时发现环境变化、执行中出现的偏差,及时更新初始控制;企业应建立、保持与内部控制机构有效的信息沟通机制,及时传递内部控制设计和执行是否有效的相关信息。

我国现行的企业内部监督体系规范主要体现在《公司法》《上市公司治理准则》和《企业内部控制基本规范》三项法律、法规中,通过这三项法律、法规的有关规定可以发现,我国企业内部监督体系是由审计委员会、监事会和内部审计共同组成的。

2. 各内部监督机构的具体职责

(1) 审计委员会的监督职责

《企业内部控制基本规范》第十三条规定:"审计委员会负责审查企业内部控制,监督内部控制的有效实施和内部控制自我评价情况,协调内部控制审计及其他相关事宜等。"第二十八条规定:"审计委员会在企业内部控制建立和实施中承担的职责一般包括：审核企业内部控制及其实施情况，并向董事会做出报告；指导企业内部审计机构的工作，监督检查企业的内部审计制度及其实施情况；处理有关投诉与举报，督促企业建立畅通的投诉与举报途径；审核企业的财务报告及有关信息披露内容；负责内部审计与外部审计之间的沟通协调。"

（2）监事会的监督职责

我国《公司法》《上市公司治理准则》和《企业内部控制基本规范》对监事会的监督职能均有明确规定，足见监事会在我国企业内部监督体系中的重要性。

2005年《公司法》第五十二条规定："公司设监事会，其成员不得少于三人。"第五十四条规定：监事会有权"对董事、高级管理人员执行公司职务的行为进行监督；当董事、高级管理人员的行为损害公司的利益时，要求董事、高级管理人员予以纠正"。监事会有权"对董事、高级管理人员提起诉讼。监事可以列席董事会会议，并对董事会决议事项提出质询或者建议。监事会发现公司经营情况异常，可以进行调查。必要时，可以聘请会计师事务所等协助其工作，费用由公司承担"。

（3）内部审计机构的监督职责

内部审计，是指企业内部的一种独立客观的监督、评价和咨询活动，通过对经营活动及内部控制的适当性、合法性和有效性进行审查、评价和建议，提升企业运行的效率和效果、实现企业发展目标。

《企业内部控制基本规范》第四十四条规定："企业应当明确内部审计机构（或经授权的其他监督机构）和其他内部机构在内部监督中的职责权限，规范内部监督的程序、方法和要求。"第二十九条规定：企业应当"保证内部审计机构具有相应的独立性，并配备与履行内部审计职能相适应的人员和工作条件。内部审计机构不得置于财会机构的领导之下或者与财会机构合署办公。内部审计机构依照法律规定和企业授权开展审计监督。内部审计机构对审计过程中发现的重大问题，视具体情况，可以直接向审计委员会或者董事会报告"。

（4）会计机构的监督职责

会计监督，是指会计机构和会计人员凭借经授权的特殊地位和职权，依照特定主体制定的合法制度，对特定主体经济活动过程及其资金运动进行综合、全面、连续、及时的监督，以确保各项经济活动的合规性、合理性，保障会计信息的相关性、可靠性和可比性，从而达到提高特定主体工作效益的目的。

## 二、内部监督的程序

**（一）建立健全内部监督制度**

企业应当根据相关法律法规的要求，结合企业的实际情况，制定内部控制监督制度，明确内部审计机构（或经授权的其他监督机构）和其他内部机构在内部监督中的职责权限，规范内部监督的程序、方法和要求。

**（二）制定内部控制缺陷标准**

企业应当制定内部控制缺陷认定标准，对监督过程中发现的内部控制缺陷，应当分析缺陷的性质和产生的原因，提出整改方案，采取适当的形式及时向董事会、监事会或者经理层报告。

内部控制缺陷包括设计缺陷和运行缺陷。企业应当跟踪内部控制缺陷整改情况，并就内部监督中发现的重大缺陷，追求相关责任单位或者责任人的责任。

**（三）实施监督**

对内部控制建立情况与实施情况进行监督检查，最直接的动机是查找出企业内部控制存在的问题和薄弱环节。一方面，针对已经存在的内部控制缺陷，及时采取应对措施，减少控制缺陷可能给企业带来的损害。比如，在监督检查中发现销售人员直接收取货款的控制缺陷，应采取对客户进行核查和对应收账款进行分析等方法加以补救。另一方面，针对潜在的内部控制缺陷，采取相应的预防性控制措施，尽量限制缺陷的产生，或者当缺陷发生时，尽可能降低风险和损失，比如，在监督检查中发现企业对汇率风险缺少控制，经理层应及时设立外汇交易止损系统，预防风险扩大。

**（四）记录和报告内部控制缺陷**

《企业内部控制基本规范》第四十七条规定，企业应当以书面或者其他适当的形式，妥善保存内部控制建立与实施过程中的相关记录或者资料，确保内部控制建立与实施过程的可验证性。也就是说，内部控制建立与实施过程应当"留有痕迹"。

内部控制缺陷的报告对象至少应包括与该缺陷直接相关的责任单位、负责执行整改措施的人员、责任单位的上级单位。针对重大缺陷，内部监督机构有权直接上报董事会及其审计委员会和监事会。

**（五）内部控制缺陷整改**

通过内部监督，可以发现内部控制在建立与实施中存在的问题和缺陷，进而采取相应的整改计划和措施，切实落实整改，促进内部控制系统的改进。

另外，企业应当结合内部监督的情况，定期对内部控制的有效性进行自我评价,出具内部控制自我评价报告。内部控制自我评价报告的方式、范围、程序和频率,由企业根据经营业务调整、经营环境变化、业务发展状况、实际风险水平等自行确定。

**三、内部监督的办法**

内部监督分为日常监督和专项监督。

(一)日常监督

1. 日常监督的定义

日常监督,是指企业对建立与实施内部控制的情况进行常规、持续的监督检查。日常监督通常存在于单位基层管理活动之中,能较快地辨别问题,日常监督的程度越大,其有效性就越高,企业所需的专项监督就越少。

日常监督是内部控制实施的重要保证。以三鹿案为例,奶站驻站员的监督检查,是三鹿集团内部控制日常监督中至关重要的一环,对于从源头上保证产品质量意义重大。三鹿集团在养殖区建立奶站,派出驻站员,监督检查养殖区的饲养环境、挤奶设施卫生、挤奶工艺程序的落实等。然而,三鹿集团驻站员的监督检查未能落到实处,也缺乏内部控制的专门监督机构对驻站员的工作进行日常监督,导致在原奶进入三鹿集团的生产企业之前,缺乏对奶站经营者的有效监督。在这方面,蒙牛的做法值得借鉴。派驻奶站的工作人员定期轮岗,并增加"奶台"环节,检测合格后,再运送到加工厂;负责运输的车辆配备卫星定位系统,到了工厂之后进行二次检验,以及不定期的巡回检查。

2. 日常监督的具体方式

(1)获得内部控制执行的证据

获得内部控制执行的证据,即企业员工在实施日常生产经营活动时,取得必要的、相关的证据证明内部控制系统发挥功能的程度。内部控制执行的证据包括:企业管理层搜集汇总的各部门信息、出现的问题,相关职能部门进行自我检查、监督时发现问题的记录及解决方案等。

(2)内外信息印证

内外信息印证,是指来自外部相关方的信息支持内部产生的结果或反映出内部的问题。主要包括来自监管部门的信息和来自客户的信息。来自监管部门的信息,是指企业接受监管部门的监督,汇总、分析监管反馈信息;来自客户的信息,是指企业通过各种方式与客户沟通所搜集的信息。

例如,与外部有关监管部门沟通,以验证单位遵循各项法律、法规的情况;定期与客户沟通,以验证单位销售交易处理及采购业务处理是否正确,验证应收、应付账款记录是否完整、正确。

（3）数据记录与实物资产的核对

例如，企业定期将会计记录中的数据与实物资产进行比较并记录存在的差额，对产生差额的原因进行分析。

（4）内外部审计定期提供建议

审计人员评估内部控制的设计以及测试其有效性，识别潜在的缺陷并向管理层建议采取替代方案，同时为做出决策提供有用的信息。

（5）管理层对内部控制执行的监督

管理层主要通过以下渠道进行监督：审计委员会接收、保留及处理各种投诉及举报，并保证其保密性；管理层在培训、会议等活动中了解内部控制的执行情况；管理层审核员工提出的各项合理建议等。

内部控制评价可以通过内部审计来进行，主要表现在四个方面：①通过内部审计评价企业的内部控制环境；②通过内部审计评价企业风险；③通过内部审计评价企业内部控制活动；④通过内部审计评价企业内部控制的信息系统与沟通。

对于内部控制的评价一般主要利用审阅、询问、观察、调查表、文字说明等方式，具有很大的主观性和不精确性，在多变的环境下，更需要选择一套能给企业带来最大经济效益的内部控制制度。因此，在结合传统评价方法的基础上，应该将定性评价指标定量化，进一步对其进行经济数量分析，精确掌握其可行性。

（二）专项监督

1. 专项监督的定义

专项监督，是指在企业发展战略、组织结构、经营活动、业务流程、关键岗位员工等发生较大调整或变化的情况下，对内部控制的某一或者某些方面进行有针对性的监督检查。

为了及时发现内部控制缺陷，修正与完善内部控制系统，专项监督不可或缺。2004年，在追查"大头娃娃"劣质奶粉的过程中，三鹿集团被列入不合格奶粉和劣质奶粉"黑名单"。随后，三鹿婴儿奶粉及系列奶粉在全国遭到封杀，三鹿集团每天损失超过1000万元，陷入生存危机。经过快速、灵活、务实的紧急公关，三鹿集团成功化解了此次突发危机，还荣获2003—2004年度危机管理优秀企业称号。但遗憾的是，"大头娃娃"奶粉事件并没有让三鹿集团警醒。三鹿集团看到的只是农村奶粉市场的外部扩张机会，根本没有将注意力放在内部控制机制的完善上。2005年，轰动一时的三鹿"早产奶"事件中，生产厂销售部与仓库人员在经济利益的驱动下,为了缩短物流时间,违背业务流程和相关法规,擅自将正在下线并处在检测过程中的"三鹿原味酸牛奶"提前出厂。三鹿集团本应开展业务流程专项大检查,但除了将销售部门有关人员调离岗位,对三鹿酸奶销售直接负责人做出扣除20%年薪等处理之外,没能从消除内控隐患的角度去解决问题。

2. 专项监督的范围和频率

尽管日常监督可以持续地提供内部控制其他组成要素是否有效的信息,但是针对重要业务和事项而实施的控制活动进行重点监督也是必不可少的。专项监督的范围和频率应根据风险评估结果以及日常监督的有效性等予以确定。一般来说,风险水平较高并且重要的控制,企业对其进行专项监督的频率应较高。

3. 专项监督的重点

进行专项监督主要应关注以下两个方面:

(1)高风险且重要的项目。审计部门依据日常监督的结果,对风险较高且重要的项目要进行专项监督。考虑到成本效益原则,对风险很高但不重要的项目或很重要但是风险很小的项目可以减少个别评估的次数。应该将高风险且重要的项目作为个别评估对象。

(2)内控环境变化。当内控环境发生变化时,要进行专项监督,以确定内部控制是否还能适应新的内控环境。例如,业务流程的改编和关键员工发生变化时,就要进行个别评估,以确保内控体系能正常运行。

4. 专项监督的步骤

专项监督一般包括三个阶段:

(1)计划阶段,主要任务包括规定监督的目标和范围;确定具有该项监督权力的主管部门和人员;确定监督小组、辅助人员和主要业务单元联系人;规定监督方法、时间、实施步骤;就监督计划达成一致意见。

(2)执行阶段,主要任务包括获得对业务单元或业务流程活动的了解;了解业务单元或流程的内部控制程序是如何设计运作的;应用可比、一致的方法评价内部控制程序;通过与企业内部审计标准的比较来分析结果,并在必要时采取后续措施;记录内部控制缺陷和拟订纠正措施;与适当的人员复核并验证调查结果。

(3)报告和纠正措施阶段,主要任务包括与业务单元或业务流程的管理人员以及其他适当的管理人员复核结果;从业务单元或业务流程的管理人员处获得情况说明和纠正措施;将管理反馈写入最终的评价报告。

总之,日常监督和专项监督应当有机结合。前者是后者的基础,后者是前者的有效补充。如果发现某些专项监督活动需要经常性地开展,那么企业有必要将其纳入日常监督中,以便进行持续的监控。通常,二者的某种组合会确保企业内部控制在一定时期内保持其有效性。

**【课堂测试 3-5】**

思考并回答以下问题:
1. 内部监督的定义是什么?
2. 日常监督和专项监督的定义及具体方式有哪些?
3. 专项监督的范围和频率应如何确定?

**本章小结**

综上所述,本章主要介绍了内部控制的五大构成要素,其中内部环境是整个内部控制框架的基础,风险评估是依据,控制活动是手段,内部监督是保证,信息与沟通是载体。内部控制五大要素的内容我们都在本章节中进行了详细的说明和阐述。实施内部控制的目的是为了合理保证企业目标(包括经营的效率效果、财务报告的可靠性、法律法规的遵从性等)的顺利实现;要想真正实现上述目标,则需要公司的治理层、管理层、普通员工以及各个业务单位的共同努力。因此,一个完整的内部控制理论框架应包括要素、目标、主体等内容,是一个立体的整合框架,也就是说,内部控制的要素、实施主体、目标是相互融合的,任何一个目标的实现都需要所有的实施主体共同努力,都体现在每一个要素的构成里。企业的任何一项活动,也应该与内部控制的目标和要素紧密融合,内部控制就是实施主体为达到内部控制目标而采取的一系列政策、程序和方法的过程。所以本章实属内部控制理论层面的重点章节,也为我们后续的内部控制业务实施奠定了坚实的理论基础。

**篇后案例**

**"审"视电力黑洞**

陕西省电科院私设公司七八个,各个科室也设立公司以截留收入。从 1998 年至 2003 年,电科院各专业科室所承接的有偿技术合同大多以技术服务中心的名义对外签订,调试施工则由本院职工用本院设备完成,合同收入约 7300 万元隐瞒不报,全部转移到服务中心账上。电科院还通过制定《生产室经营管理办法》等内部规章和同各专业科室签订《内部经营承包合同》等形式,明确规定各科室提取外协费、外委费、兑现奖金等各种名目的费用比例和程序。为接受这部分收入，下辖各科室也成立了公司，设立"小金库"。各科室再将提留的收入以名目繁多的奖金、慰问金、补偿金、加班费、补助费等貌似合法的项目私分给个人。电科院采取虚报应付款和成本的方式，从院财务账上转出522万元，套回现金499万元，之后以职工补充养老保险的名义，将458.96万元以活期存款的形式，存入431位职工名下，随后将该款取出，加上从"小金库"中取出的款项，补足500万元之后，存入工商局临时验资账户注册成立了腾创公司。该公司成立后，以其名义对外签订有偿技术服务合同，进账收入约891万元，并套取现金脱离省电力公司的财务监控。

鞍山供电公司利用增加线损等手段调节收入，将大量电费收入、贴费、地方电建基金等资金转存账外，自1996年开始至2002年末，开设账外账户20多个，金额高达3.37亿元。"小金库"的支出形式除了用于形象工程支出、发放给职工之外，有大量资金在于鞍山市电业钢窗厂往来；鞍山市立山支行行长以完成年度存款指标的名义，要求鞍山电业局贷款，遂签订一份金额为4000万元借款合同。4000万元贷款很快进到鞍山电业局的账外账户，转到财务公司，三个月后，于1993年3月，转到一家民营企业。1999年9月，在行长的催促下，该民营企业通过鞍山电业局账外账户，偿还了银行本金500万元及利息。但另外3500万元，在他的指令下，转到了另一家民营企业的账上。

本案例所述两个事例均属于内部控制失效从而形成违规账外资产的情况。对于"小金库"等账外资产，在很多企业和单位屡禁不止，就是因为合同签订、销售收款或费用支付等关键控制环节持续存在实质性的重大控制缺陷，控制缺陷未消除，形成账外违规资产的系统性风险就不会消除。

案例来源：林晓芳."审"视电力黑洞[J]. 中国审计，2004（18）.

**核心概念**

内部控制（internal control） 控制环境（control environment）
风险评估（risk assessment） 控制活动（control activities）
信息与沟通（informantion and communication） 监控（monitoring）

**思考题**

1. 风险应对策略有哪些？各种策略的优点和局限性是什么？
2. 定量分析和定性分析是风险分析的两类方法，如何理解两者的关系？
3. 什么是合同控制？它有哪些主要措施？

4. 内部沟通对企业有什么重要的意义？

5. 你认为内部监督除了日常监督和专项监督以外，还有什么方式？

**练习题**

**（一）单项选择题**

1. 下列内部控制因素中起保障性作用的是（  ）。
A. 企业文化　　　B. 内部审计　　　C. 人力资源政策　D. 公司治理结构

2. 下列内部环境因素中起关键性作用的是（  ）。
A. 企业文化　　　B. 内部审计　　　C. 人力资源政策　D. 公司治理结构

3. 为了实现发展目标而制定的具体规划，表明企业在每个发展阶段的具体目标、工作任务和实施路径，这指的是（  ）。
A. 发展目标　　　B. 战略规划　　　C. 企业规划　　　D. 企业战略

4. 下列各项中，企业的主题目标是（  ）。
A. 报告目标　　　B. 战略目标　　　C. 经营目标　　　D. 合规目标

5. 战略目标持续的时间一般为（  ）。
A. 一年以内　　　B. 一年到三年　　C. 三年以上　　　D. 无所谓

6. 下列选项中，风险识别的财务分析法不包括（  ）。
A. 比率分析法　　B. 故障树法　　　C. 杜邦分析法　　D. 趋势分析法

7. 不相容职务分离控制的核心是（  ）。
A. 各司其职　　　B. 各负其责　　　C. 协调合作　　　D. 内部牵制

8. 明确所有的日常经营活动如销售、采购、生产等需要多少资源以及如何获得和使用这些资源的计划是（  ）。
A. 资本预算　　　B. 财务预算　　　C. 经营预算　　　D. 全部预算

9. 授权的形式有多种，最好的形式是（  ）。
A. 面谈　　　　　B. 电子邮件　　　C. 电话　　　　　D. 书面

10. 企业在管理控制系统中为企业内部各级管理层以定期或者非定期的形式记录和反映企业内部管理信息的各种图标和文字资料的报告是（  ）。
A. 财务报告　　　B. 内部报告　　　C. 外部报告　　　D. 内部审计报告

11. 内部传递的信息能否满足使用者的需要，取决于信息是否（  ）。
A. 安全可靠　　　B. 及时相关　　　C. 有高价值　　　D. 真实准确

12. 内部信息沟通是指（  ）。
A. 在企业正式结构、层次系统进行的沟通

B. 通过正式系统以外的途径进行的沟通

C. 企业经营、管理所需的内部信息、外部信息在企业内部的传递与共享

D. 企业与利益相关者之间信息的沟通

13. 我国企业内部监督体系的构成不包括（　　）。

A. 审计委员会　　B. 监事会　　C. 股东大会　　D. 内部审计机构

14. 内部监督时需关注关键控制点，其中不包括（　　）。

A. 复杂程度高的控制和需要高度判断力的控制

B. 已知的控制失效的控制且无法及时识别的控制

C. 相关人员缺少实施某一控制所需的资质或经验

D. 某项实施成本过高的控制

15. 下面关于日常监督和专项监督的关系的表述，错误的是（　　）。

A. 日常监督是专项监督的基础

B. 专项监督是日常监督有效补充

C. 日常监督有效性高时，可以不设置专项监督

D. 如果发现某些专项监督活动需要经常性地开展，那么企业有必要将其纳入日常监督中。

**（二）多项选择题**

1. 内部控制与内部环境的关系是（　　）。

A. 内部环境是内部控制的基础

B. 内部环境与内部控制相互联系又相互依存

C. 内部环境与内部控制相互制衡

D. 内部控制与内部环境是互动关系

E. 内部环境制约内部控制

2. 内部环境是企业实施内部控制的基础，具体包括（　　）。

A. 企业文化

B. 内部审计

C. 人力资源政策

D. 公司治理结构

E. 机构设置及权责分配

3. 组织架构的设计原则包括（　　）。

A. 符合法律法规要求

B. 符合发展战略要求

C. 符合管理控制要求

D. 符合内外环境要求

E. 符合公司章程要求

4. 下列各项中，属于战略目标中业绩目标的有（   ）。

A. 资本利润率

B. 新产品比率

C. 利润增长率

D. 市场开发能力

E. 盈亏平衡点

5. 进行风险识别时，常用的方法有（   ）。

A. 财务报表分析法

B. 流程图分析法

C. 情景分析法

D. 事件树分析法

E、保单对照法

6. 选择风险应对策略时应考虑（   ）。

A. 风险承受能力

B. 成本效益原则

C. 对待风险的态度

D. 可供选择的措施

E. 风险的特性

7. 需要分析的不相容职务主要有（   ）。

A. 业务执行与决策审批

B. 业务执行与财产保管

C. 可行性研究与决策审批

D. 财产保管与会计记录

E. 会计记录与业务执行

8. 一般来说，进行盘点清查的资产范围包括（   ）。

A. 库存现金

B. 有价证券

C. 固定资产

D. 票据

E. 存货

9. 合同业务的一般流程分为的两个阶段是（   ）。

A. 合同订立

B. 合同审批

C. 合同履行

D. 合同结算

E. 合同解除

10. 外部沟通应重点关注的领域有（    ）。

A. 企业与投资者和债权人的沟通

B. 企业与客户的沟通

C. 企业与供应商的沟通

D. 企业与中介机构的沟通

E. 企业与监管机构的沟通

11. 内部控制的一套严密、高效的闭环控制系统的因素包括（    ）。

A. 内部监督

B. 风险评估

C. 信息与沟通

D. 控制活动

E. 内部环境

12. 内部监督的基本要求包括（    ）。

A. 监督人员应具有独立性

B. 监督人员应具有胜任能力

C. 关注关键控制

D. 监督人员应评估相应的风险水平

E. 进行常规、持续的监督检查

13. 按照内部控制缺陷的重要程度来划分，内部控制缺陷可以分为（    ）。

A. 一般缺陷

B. 重要缺陷

C. 重大缺陷

D. 执行缺陷

E. 系统缺陷

14. 日常监督的监督主体包括（    ）。

A. 管理层

B. 单位机构

C. 内部控制机构

D. 内部审计机构

E. 外部审计机构

15. 日常监督的具体方式包括（　　）。

A. 获得内部控制执行的证据并对内外信息进行印证

B. 数据记录与实物资产的核对

C. 内外部审计定期提供建议

D. 管理层对内部控制执行的监督

E. 内外信息印证

### （三）判断题

1. 完善的内部环境企业内部控制有效性的保障，有效的内部控制又将推进内部环境的不断完善。（　　）

2. 完善的内部环境对内部控制运行至关重要，同时通过内部控制的深入和创新，可以改善和优化内部环境。（　　）

3. 一个企业的组织架构存在缺失或缺陷，其他一切生产、经营、管理活动都会受到影响。（　　）

4. 目标设定是企业风险评估的起点，是风险识别、风险分析和风险应对的前提。（　　）

5. 一般来说，风险分析即为分析风险发生的可能性和影响程度。（　　）

6. 定量分析和定性分析相比，具有很强的主观性。（　　）

7. 虽然资金的调度权按规定属于总会计师，但总经理可以直接通知出纳将资金借给其他企业。（　　）

8. 小型企业因业务量少，应适当合并减少部分岗位。出纳人员可适当兼任收入、费用、债权债务账目的登记工作。（　　）

9. 合同控制就是企业在梳理合同管理的整个流程中，分析其中的关键风险点，采取一定的措施，将合同风险控制在企业可接受范围以内的整个过程。（　　）

10. 内部信息传递流程是根据企业生产经营管理的特点来确定，虽然形式千差万别，但总有一个最优的方案。（　　）

11. 企业做决策时需要提供相关预测性的信息，信息越多越好，不用考虑传递成本等，因为信息无成本。（　　）

12. 内部报告指标体系形成以后，要根据企业内外部环境因素的变化进行适时的调整，更好地为企业服务。（　　）

13. 内部监督是企业对内部控制建立与实施情况进行监督检查，评价内部控制的有效性，发现内部控制缺陷，并及时加以改进。（　　）

14. 日常监控通常存在于单位基层管理活动之中，能较快地辨别问题，日

常监督的程度越小，其有效性就越高，则企业所需的专项监督就越少。（  ）

15. 如果日常监督扎实有效，可以迅速应对环境的变化，对专项监督的需要程度就较低；反之，对专项监督则需要程度就较高。（  ）

### （四）简答题

1. 社会责任作为企业需要履行的义务，有很多人认为既然企业的目标是获取更大的利润，而履行社会义务会导致企业经济利益流出，企业不应该负担这项义务。还有人认为履行社会责任从长远来看会提高企业经济利益。你认为这两种观点哪种正确并说明理由？

2. 内部沟通对企业有什么重要意义？

3. 如果你是一个公司的内部监督人员，你应该如何使自己成为一名合格的内部监督人员？

4. 根据《浙商》报道，2008年10月7日，被称为绍兴"雷曼"的江龙控股总部工厂全面停产，董事长夫妇一夜之间神秘失踪，企业濒临倒闭，留下的是4000多名职工和至少12亿元银行欠款、8亿元民间借贷。据了解，在江龙的治理框架中，企业控制权力集中于陶寿龙一人手中，机构设置形同虚设，毫无权力制衡机制。陶寿龙与其妻一手创办了江龙控股，二人分别是江龙集团的董事长和总裁。作为元老，他们完全将企业当做自己的儿子，掌控所有决策权。要资本运作，企业就得资本运作；要举债，企业就得举债，就连进货验收也是陶寿龙一句话。

在资本运作方面，陶寿龙采取过激进的融资方式，却没有任何防范风险的配套方案。2006年9月7日，江龙印染以"中国印染"之名在新加坡主板成功上市。但就在上市前一个月，陶寿龙再次斥资4亿元买下南方控股集团位于绍兴柯桥的南方科技公司。2007年，传来南方科技正在筹备美国纳斯达克上市的消息。时隔不到两年时间，陶寿龙就计划在两家证交所上市融资，这样的融资计划连底子很厚的老企业也难以实施。

公司的会计账簿完全由陶寿龙夫妇控制。面临公司破产而又无力回天时，他们在逃离之前，烧毁了江龙控股所有账簿。

要求：

从内部控制活动的角度分析该公司存在的内部控制缺陷，并简要说明理由。

# 第四章 资金活动

【学习目标】熟悉资金活动的主要内容和主要风险,对该业务活动的内部控制总体要求加以了解,熟悉该业务活动的业务流程,掌握关键风险点及控制措施。

> **开篇案例**
>
> **内控混乱,形同虚设**
>
> 2003年,江苏省昆山市政府接到群众的举报,揭发承建该市"祥瑞家园"商品房开发项目的开发商——菲尔房地产开发有限公司多处房屋重复销售。市审计局开展该案的调查工作后,经过一年的调查发现,该公司在项目中利用虚假的商品房买卖合同将同一处房屋重复对外销售,达4次之多。销售一次,向信用社抵押贷款一次,向个人高息融资一次,对外抵债一次,累计数额达3000多万元。
>
> 菲尔房地产开发有限公司是一家国有控股的企业,但是其内部管理一片混乱,内部控制制度形同虚设。例如,建筑材料的采购和付款是由一个副经理一手经办,没有执行材料的采购和付款相分离的内部控制制度。该副经理信奉"肥水不流外人田",因此他从本人开办的公司进货,并且进价远高于市场价格,从而导致菲尔的资金大量外流,资金严重短缺。再如,另一副经理向公司借款100万元,后用两辆价值40万元的轿车抵债,套取公司的现金。这一交易在会计处理上是资产形态的转变,资产的总额并没有变化。如果不在报表的附注中进行披露,报表的使用者是不可能了解这个信息的,但是菲尔房地产开发有限公司恰恰缺少为实现财务报告目标而设置的信息披露控制措施。内控的混乱,最终导致企业的资金短缺,不得不采用上述虚假的手段筹集资金。
>
> 可见,菲尔房地产开发有限公司在资金管理、采购管理、筹资管理等环节存在漏洞,进而导致财务报告编制与披露严重失真,资金的安全无从保障。管理的混乱带来的是经营效率和效果低下。

通过对本章的学习，大家应该可以对资金活动的内部控制的实施产生深刻的认识，为解决菲尔房地产开发有限公司的内控混乱提出有效的改进措施。

案例来源：方红星，池国华. 内部控制[M]. 大连：东北财经大学出版社，2011.

# 第一节 资金活动概述

资金是企业生产经营的血液，是企业生存和发展的重要基础，决定着企业的竞争能力和可持续发展能力。资金活动，是企业筹资、投资和资金营运等活动的总称。影响资金活动的因素众多且不确定性较大。加强资金活动风险控制，对于促进企业有效地组织资金活动、防范和控制资金风险、保证资金完整和安全、提高资金使用效益等具有重要意义。

## 一、资金活动内部控制的总体要求

企业对资金活动内部控制的总体要求如下：

（一）树立战略导向观念

战略是企业经营和发展的总体导向。在资金活动中，企业应当遵循相关的法律及监管要求，根据自身的发展战略，科学确定投融资及资金营运的目标和规划。

（二）完善管控制度

根据《企业内部控制应用指引第6号——资金活动》的要求，企业应建立和完善严格的资金授权、批准、审验、责任追究等相关管理制度，加强资金活动的集中归口管理，明确筹资、投资、营运等各环节的职责权限和不相容岗位相分离的要求，规范资金活动的执行。建立完善的监督检查和项目完成后的评价制度，跟踪资金活动内部控制的实际效果，据以修正制度、完善内部控制，并通过责任追究制度，确保资金活动安全有效地进行。

（三）严格执行制度

企业资金活动的管控，不仅需要完善的制度，还要有严格的执行。为了使资金活动内部控制制度得到切实有效的实施，企业财会部门负责资金活动的日常管理，参与投融资方案等的可行性研究。总会计师或分管会计工作的负责人应当参与投融资决策过程。企业必须识别并关注资金活动的主要风险来源和主要风险控制点，然后针对关键风险控制点制定有效的控制措施，集中精力管控关键风险。

（四）集中管控模式

资金的集中管控可以实现资金在企业内部的调剂余缺，降低资金的内部调拨成本，提高资金的使用效率等。科学技术，尤其是信息技术的发展，为企业实现资金集中管控提供了便利条件。企业有子公司的，应当采取合法有效措施，强化对子公司资金业务的统一监控。有条件的企业集团，应当探索财务公司、资金结算中心等资金集中管控模式。

## 二、资金活动的主要内容

企业货币资金业务的主要内容有：

（一）货币资金收入

货币资金收入的主要来源有：一是通过销售产品，提供劳务而向客户收取。这一来源是货币资金收入的主要来源。二是通过发行、出售或者转让有价证券、固定资产、材料、无形资产等而向购买者、受让人收取，或者因持有各种有价证券、银行存款等而定期获得股息、利息等。

（二）货币资金支出

货币资金支出涉及各种资产的购买、极大部分费用的开支、向投资者支付的报酬和向国家缴纳的各种税金等。

（三）备用金

备用金是企业付给内部各部门或者有关职员当作零星开支、零星采购或者差旅费等用处的款项。

（四）银行存款

由于企业绝大多数涉及现金的业务要通过银行来结算，以及企业向银行借款或取款，企业在银行中的存款户和银行定期送来的银行对账单是企业现金业务处理的主要对象。为了灵活地调度资金和掌握企业的现金余额，企业必须随时计算银行存款余额，并定期同银行进行对账单核对。

## 三、资金活动的主要风险

企业应当重点关注涉及现金业务的下列风险：

（1）资金管理违反国家法律法规，可能遭受外部处罚、经济损失和信誉损失。

（2）资金管理未经适当审批或者超越授权审批，可能因重大差错、舞弊、欺诈而导致损失。

(3) 资金记录不准确、不完整，可能造成账实不符或者导致财务报表信息失真。

(4) 银行账户的开立、审批、使用、核对和清理不符合国家有关法律法规要求，可能导致受到处罚，造成资金损失。

(5) 有关票据的遗失、变造、伪造、被盗用以及非法使用印章，可能导致资产损失、法律诉讼或者信用损失。

**四、资金业务控制目标**

企业在建立与实施现金业务控制过程中，对关键方面或者关键环节应强化控制，达到如下目标。

(1) 职责分工、权限范围和授权审批程序应当明确规范，机构设置和人员配备应当科学合理。

(2) 现金、银行存款的管理应当合法合规，银行账户的开立、审批、使用、核对、清理严格有效，现金盘点和银行对账单的核对应当按照规定严格执行。

(3) 资金的会计记录应当真实可靠，准确完整，并满足及时性。

(4) 票据的购买、保管、使用、销毁等应当有完整记录，银行预留印鉴和有关印章的管理应当严格有效。

总而言之，资金活动中的潜在风险大多为重要风险。一旦风险转变为现实，对企业危害重大，不仅影响企业的可持续发展，甚至事关企业的生死存亡，因此，我们必须密切关注资金业务，加强企业的内部控制，从而确保企业资金循环的顺畅。

---

**篇中案例 4-1**

### 北京女会计 6 年冒领工资 470 万

6 年间冒领工资 470 万元，并用赃款买了一座总价 500 多万元的豪宅，朝阳区青少年活动中心 50 岁的女会计郭萍贪污巨额公款案近日一审宣判，北京市第二中级法院经重审，以贪污罪判处郭萍有期徒刑 15 年。

大意交光盘，揭出女巨贪

根据法院认定的事实，郭萍于 1999 年 11 月至 2006 年 5 月间，编造领薪人员，私立工资账户，在本单位冒领工资共计 473 万元据为己有。

据本案公诉人、北京市检察院第二分院的检察官介绍，郭萍能成功冒领工资，是因为她掌握着全中心人员工资明细的软盘。这张软盘由郭萍一人制作并交到银行，其他财务人员很难接触到。

然而百密一疏，在 2006 年 5 月的付薪日，郭萍因为要去开会脱不开身，她破天荒地把工资明细盘交给了财务处的同事。这位细心的同事发现表中赫然列着郭萍哥哥的名字。一个令人瞠目的贪污大案就这样被揭开了。

一开始，活动中心只核查出工资明细账上有 10 人不在该单位的开支范围，金额为 25 万余元。但随着检察机关介入后展开调查，郭萍购买豪华别墅的事很快浮出水面，最后检方查实的贪污数额让所有人大惊失色。

据郭萍的同事讲，作为活动中心的老会计，郭萍给人的印象极为严谨、周密，在报销账目上卡得很死，谁也想不到她会是个女巨贪，竟吞数百万公款购买豪宅。

据检方调查，郭萍购买的别墅面积 433 平方米，位于朝阳区东郊农场中心区的观唐花园，总房价达 552 万元。郭萍首付了 282 万，其余 200 多万房款办理了 14 年的贷款，每月仅还房贷就要数万元，可郭萍的月收入只有 3 千多元。

工资核发"一手遮天"

一个小小的会计，如何能欺上瞒下多年？检察官告诉记者，朝阳区青少年活动中心是朝阳教委下属的事业单位，中心有很多外聘教师，具体人员连中心领导都难以计数，这就为郭萍贪污提供了可乘之机，要不是有同事凑巧知道郭萍哥哥的名字，此案恐怕难被发觉。

郭萍冒领的都是活动中心支付外聘教师的讲课费。利用负责制作工资明细表并核发工资的职务便利，郭萍 6 年中开设了 12 个虚假工资账户，她将 12 个假冒姓名的账户，加入工资明细表中，再存入软盘交到银行，银行根据明细内容，将工资打入每人的工资卡里。

12 个账户中，5 个冒名的账户包括了郭萍的哥哥、嫂子、前同事和朋友。郭萍以各种名义向这些人借过身份证，私开了账户。其余 7 个工资账户，郭萍干脆就是用假名开的，她从 1999 年 11 月就开始用这些假名账户领工资。

郭萍作案多年不被发现，全仗着她是活动中心"老人儿"的身份。正常的工资发放应该是郭萍把明细盘打完后交给出纳，出纳核实无误后再把工资明细盘交给银行，但实际上，这么多年来就是郭萍一人把持着工资单的明细。

每次发工资，郭萍只是口头告知出纳工资总额，拒绝给出纳看明细单。活动中心的出纳作证说，中心为财务安装了专用软件，出纳和会计的电脑可以联网，互相监督，但这个软件很快就被人卸载，而且郭萍坚决拒绝重新安装。因为郭萍资历老，所以大家对此也都网开一面。

郭萍身为国家工作人员，利用职务上的便利，骗取公款占为己有，其行为已构成贪污罪，理应受到法律的制裁。

案例来源：邱伟. 北京女会计6年冒领工资470万[J]. 北京晚报，2009（3）.

【课堂测试 4-1】

思考并回答以下问题：
1. 资金活动内部控制的总体要求有哪些？
2. 资金管理的主要内容及风险控制点分别是什么？

## 第二节  资金活动的内部控制

企业资金活动包括筹资、投资和资金营运活动。筹资活动的业务流程主要包括拟订筹资方案、筹资方案论证、筹资方案审批、筹资计划的编制与实施等。投资活动的业务流程主要包括拟订投资方案、投资方案可行性论证、决策审批、投资计划的编制与实施以及投资项目的到期处置。资金营运活动主要是指从资金流入形成货币资金开始，经过采购业务、生产业务、销售业务、还本付息、利润分配以及税收等不断循环的过程。所以，资金管理的内部控制可以分别从资金活动的筹集、投资和营运三个方面进行分析探讨。

### 一、筹资活动

筹资活动作为企业资金活动的起点，筹集企业投资和日常生产经营活动所需的资金。筹资活动的内部控制，不仅决定着企业是否能够筹集到投资、生产经营以及未来发展所需的资金，还决定着筹资成本和筹资风险，进而影响企业的发展状况。

筹资活动的关键风险点及控制措施包括以下几方面内容：

（一）拟订筹资方案

该环节的主要风险有缺乏经营战略规划、对企业资金现状认识不清、筹资方案内容不完整、考虑不够周密、测算不准确等。

企业首先应该制定经营发展战略，这样才能有效地指导企业的各项活动。企业的筹资应当根据经营战略，确立筹资目标和规划，结合年度全面预算与资金现状等因素，拟订筹资方案，明确筹资用途、规模、结构、方式和期限等相关内容，对筹资成本和潜在风险做出充分估计。境外筹资还应考虑所在地的政治、经济、法律、市场等因素。一个完整的筹资方案应包括筹资金额、筹资形式、利率、筹资期限、资金用途等内容。

（二）筹资方案论证

该环节的主要风险有对筹资方案论证不科学、不全面等。

企业应当对筹资方案进行科学论证，进行可行性研究，防范筹资风险。筹资方案论证应从以下几方面进行：

1. 筹资方案的战略评估

筹资方案的战略评估主要评估筹资方案是否符合企业发展战略，筹资规模是否适当等。筹资的目的是满足企业经营发展需要，因此，筹资方案要符合企业整体发展战略。确定筹资规模时也应考虑战略。既不可盲目筹集过多资金——因为资金都是有成本的，资金闲置会增加企业财务负担，同时应避免筹资不足，以免影响投资和生产经营活动的开展。

2. 筹资方案的经济性评估

筹资方案的经济性评估主要分析筹资方案是否经济，是否以最低的筹资成本获得所需资金。因此，应合理地选择股票、债券等筹资方式以及筹资期限。在风险相同的情况下，应尽可能地降低筹资成本。筹资期限也应考虑实施战略过程中资金的流入量和流出量，避免过长或过短，从而导致资金闲置或多次筹资。

3. 筹资方案的风险评估

筹资方案的风险评估对筹资方案面临的风险，如利率、汇率、宏观经济形势、货币政策等因素进行预测分析。如债权方式带来的到期还本付息压力以及股权方式带来的控制权转移或稀释的风险等，并对可能出现的风险采取有效的防范措施。

重大筹资方案应当形成可行性研究报告，全面反映风险评估情况。企业可以根据实际需要，聘请具有相应资质的专业机构进行可行性研究。

（三）筹资方案审批

该环节的主要风险有缺乏完善的授权审批制度、审批不严等。

主要控制措施包括：第一，企业应当按照分级授权审批的原则对筹资方案进行严格审批，重点关注筹资用途的可行性和相应的偿债能力。重大筹资方案，应当按照规定的权限和程序实行集体决策或者联签制度。筹资方案需经有关部门批准的，应当履行相应的报批程序。第二，筹资方案发生重大变更的，应当重新进行可行性研究并履行相应的审批程序。

## （四）筹资计划的编制与实施

该环节的主要风险有筹资计划不完整、筹资成本支付不利、缺乏对筹资活动严密的跟踪管理等。主要控制措施包括：

第一，财务部门应根据批准的筹资方案制订严密的筹资计划。严格按照规定权限和筹资计划筹集资金。企业通过银行借款方式筹资的，应当与有关金融机构进行洽谈，明确借款规模、利率、期限、担保、还款安排、相关的权利义务和违约责任等内容。双方达成一致意见后，签署借款合同，并据此办理相关借款业务。企业通过发行债券方式筹资的，应当合理选择债券种类，对还本付息方案做出系统安排，确保按期、足额偿还到期本金和利息。企业通过发行股票方式出资的，应当依照《中华人民共和国证券法》等有关法律、法规和证券监管部门的规定，优化企业组织架构，进行业务整合，并选择具备相应资质的中介机构协助企业做好相关工作，以确保符合股票发行条件和要求。

第二，企业应当加强债务偿还和股利支付环节的管理，对偿还本息和支付股利等做出适当安排。企业应当按照筹资方案或合同约定的本金、利率、期限、汇率及币种，准确计算应付利息，与债权人核对无误后按期支付。企业应当选择合理的股利分配政策，兼顾投资者近期和长远利益，避免分配过度或不足。股利分配方案应当经过股东（大）会批准，并按规定履行披露义务。

## （五）筹资活动的会计系统控制

该环节的主要风险是缺乏有效的筹资会计系统控制、会计记录和处理不准确等，导致未能如实反映筹资状况。

主要控制措施包括：第一，企业应当加强筹资业务的会计系统控制，建立筹资业务的记录、凭证和账簿，按照国家统一会计准则和制度，正确核算和监督资金筹集、本息偿还、股利支付等相关业务。第二，妥善保管筹资合同或协议、收款凭证、入库凭证等资料，定期与资金提供方进行账务核对，确保筹资活动符合筹资方案的要求。

---

**篇中案例 4-2**

### 灵活筹资，跑步前进

蒙牛乳业从 1999 年成立后，用了 3 年时间先后进行了增资、股改等 4 次资本运作，实现了初步的原始积累。蒙牛乳业也以 1947.31% 的成长速度名列 1999—2001 年度中国超速增长百强企业首位。但是，距离成为一家足以垄断乳品行业的巨头企业，它还差一个关键因素——资本的支持。当时知名度不高的蒙牛和众多中小企业一样，几乎没有敲开任何一扇融资的大门——银行货款无望；寄希望于深圳创业板上市，但计划最终搁浅；几家有望对蒙牛进行投资的企业，最终因为各种原因陆续都放弃了。

面对失败，蒙牛没有退缩，而是选择了继续努力。2002年9月，摩根斯坦利、鼎辉、英联三家外商投资机构与蒙牛走到了一起，开始给蒙牛动起了资本运作的大手术。三家机构首次给蒙牛注资约2.16亿元人民币。2003年10月，三家机构投资者对蒙牛进行了第二次注资，共计3523.4万美元。当然，外商投资机构不会送来免费的蛋糕——蒙牛获得资金的同时，必须要在一定期间内达到三家机构要求的业绩指标。资金带来的动力和业绩要求带来的压力促使蒙牛开始跑步前进。2004年6月10日，蒙牛乳业（2319HK）在香港挂牌上市，公开发售3.5亿股，公众超额认购达到206倍，股票发行价高达3.925港元，融资近14亿港元。为新一轮发展筹集到了资金。蒙牛乳业也在公司成立仅仅6年的时间内，使业务收入在全国乳制品企业中的排名由第1116位上升到第2位。

蒙牛乳业之所以发展得如此之快，其源动力之一就在于源源不断的资金支持。因此，加强筹资管理控制对企业的重要性不言而喻。

案例来源：方红星，池国华. 内部控制[M]. 大连：东北财经大学出版社，2011.

## 二、投资活动

投资活动作为企业一种重要的营利活动，它的开展情况对于筹资成本的补偿、企业利润创造和实现企业发展战略等具有重要的意义。

投资活动的关键风险点及控制措施包括以下几方面内容：

### （一）拟订投资方案

该环节的主要风险是：投资方案与公司发展战略不符、风险与收益不匹配、投资项目未突出主业等。

主要控制措施包括：第一，企业应当根据发展战略、投资目标和规划，合理安排资金投放结构，科学确定投资项目，拟订投资方案，合理确定投资规模，权衡投资项目的收益和风险。第二，企业选择投资项目应当突出主业，谨慎从事股票投资或衍生金融产品等高风险投资。境外投资还应考虑政治、经济、法律、市场等因素的影响。第三，企业采用并购方式进行投资的，应当严格控制并购风险，重点关注并购对象的隐性债务、承诺事项、可持续发展能力、员工状况及其与本企业治理层及管理层的关联关系，合理确定支付对价，确保实现并购目标。

## （二）投资方案可行性论证

该环节的主要风险是：论证不全面、不科学，如未对投资目标、规模、方式、资金来源、风险与收益等做出客观评价。

主要控制措施包括：第一，企业应当加强对投资方案的可行性研究，重点评价投资方案是否符合企业发展战略、投资规模是否合适、投资方式是否恰当、资金来源是否可靠、风险是否处于可承担范围内以及收益是否稳定可观等，保证筹资成本的足额补偿和投资的盈利性。第二，对于重大投资项目，应该委托具备相应资质的专业机构进行可行性研究并提供独立的可行性研究报告。

## （三）投资方案决策审批

该环节的主要风险有：缺乏严密的授权审批制度、审批不严等。

主要控制措施包括：第一，企业应当按照职责分工、审批权限以及规定的程序对投资项目进行决策审批，重点审查投资方案是否可行，投资项目是否符合国家产业政策及相关法律、法规的规定，是否符合企业投资战略目标和规划，是否具有充足的资金支持，投入资金能否按时收回，预期收益能否实现，以及投资和并购风险是否可控等。第二，重大投资项目，应当按照规定的权限和程序实行集体决策或者联签制度。投资方案需经有关管理部门批准的，应当履行相应的报批程序。

## （四）投资计划的编制与实施

该环节的主要风险有：投资计划不科学、缺乏对项目的跟踪管理。

主要控制措施包括：第一，企业应根据审批通过的投资方案编制详细的投资计划，确定不同阶段的资金投入数量、项目进度、完成时间、质量要求等，并报经有关部门批准。投资活动需与被投资方签订投资合同或协议的，应签订合同并在合同中明确出资时间、金额、方式、双方权利义务和违约责任等内容。第二，企业应当指定专门机构或人员对投资项目进行跟踪管理，做好投资项目的会计记录和处理，及时收集被投资方经审计的财务报告等相关资料，定期组织投资效益分析，关注被投资方的财务状况、经营成果、现金流量以及投资合同的履行情况；发现异常情况，应当及时报告并妥善处理。

## （五）投资项目的到期处置

该环节的主要风险有：处理不符合企业利益、缺乏责任追究制度等。

主要控制措施：企业应当加强投资收回和处置环节的控制，对投资收回、转让、核销等决策和审批程序做出明确规定。重视投资到期本金的回收；转让投资应当由相关机构或人员合理确定转让价格，报授权批准部门批准，必要时可委托具有相应资质的专门机构进行评估；核销投资应当取得不能收回投资的法律文书和相关证明文件。对于到期无法收回的投资，企业应当建立责任追究制度。

（六）投资活动的会计系统控制

该环节的主要风险是：缺乏有效的投资会计系统控制，会计记录和处理不及时、不准确等。

主要控制措施包括：第一，企业应当加强对投资项目的会计系统控制，根据对被投资方的影响程度，合理确定投资会计政策，建立投资管理台账，详细记录投资对象、金额、持股比例、期限、收益等事项，妥善保管投资合同或协议、出资证明等资料。第二，企业财会部门对于被投资方出现财务状况恶化、市价当期大幅下跌等情形的，应当根据国家统一的会计准则和制度规定，合理计提减值准备、确认减值损失。

> **篇中案例 4-3**
>
> **轻虑浅谋，自食恶果**
>
> 2007年9月，位于上海市普陀长风生态商务区的4C东南地块招标。民营企业S公司以11.04亿元的价格从国美名下的鹏润地产、华润集团和上海新黄浦集团等地产大鳄口中抢下了这一块地。其楼板价竟高达1.6456万元/平方米，甚至超过周边次新二手房的价格。随着国家一系列宏观政策的出台和经济危机对房地产市场的影响，S公司最终不得不以牺牲1.1亿元保证金为代价在其网站上宣布退地。2008年8月，该土地重新上市。上海赢华以7.64亿元底价收获此地。
>
> 该公司在投资方案论证和审批时，没有充分考虑国家政策变化及经济危机的影响，盲目以高价买下该地块，导致最后的投资失败，充分暴露出企业投资活动内部控制中的问题。在投资活动中，企业应全面考虑各种因素（如政策动态），拟订投资方案，对方案进行严格的可行性论证和审批，并加强项目的跟踪管理等。只有这样，才能尽量避免投资损失。
>
> 案例来源：方红星，池国华. 内部控制[M]. 大连：东北财经大学出版社，2011.

### 三、资金营运活动

资金营运是指企业日常生产经营中各类资金的组织和调度，保证资金正常循环周转的活动。资金营运有广义与狭义之分。广义的资金营运是企业利用筹资取得的资金营利的活动；狭义的资金营运是与投资活动相对立的活动，是企业投资形成项目或资产后,有效利用项目或资产营利的活动,包括采购、生产、销售、成本补偿和利润分配的全部过程。本节中,资金营运指的是狭义的资金营运。

资金营运活动中的主要风险有资金调度不合理、营运不畅(可能导致企业陷入财务困境或资金冗余)、资金活动管控不严(可能导致资金被挪用、侵占、抽逃或遭受欺诈)。

资金营运活动内部控制应注意以下几点:

(一)资金平衡

企业应当加强对资金营运全过程的管理,统筹协调内部各机构在生产经营过程中的资金需求,切实做好资金在采购、生产、销售等各环节的综合平衡,注意资金流在数量和时间上的合理配置,全面提升资金营运效率。

(二)预算管理

企业应该充分发挥全面预算管理在资金营运中的作用,严格按照年度全面预算的要求组织协调资金,确保资金及时收付,实现资金的合理占用和营运良性循环。企业应当严禁资金的体外循环,切实防范资金营运中的风险。

(三)有效调度

通过内部资金的有效调度,可以调剂余缺,提高资金使用效率。企业应当定期组织召开资金调度会或资金安全检查,对资金预算的执行情况进行综合分析。发现异常情况,应及时采取措施妥善处理,避免资金冗余或资金链断裂。企业在营运过程中出现临时性资金短缺,可以通过短期融资等方式获取资金;出现短期闲置资金,在保证安全性和流动性的前提下,可以通过购买国债等多种方式来提高资金效益。

(四)会计控制

企业应当加强对营运资金的会计系统控制,严格规范资金的收支条件、程序和审批权限。营运资金应及时入账,不得账外设账。严禁收款不入账、设立"小金库"。办理资金收付业务,应当明确支出款项的用途、金额、预算、限额、支付方式等内容,并附原始单据或相关证明;履行严格的授权审批程序后,方可安排资金支出。办理资金收付业务,应当遵守现金和银行存款管理的有关规定,严禁将办理资金支出业务的相关印章集中于一人保管。

**篇中案例 4-4**

**祸起萧墙，人去财空**

2008年1月31日，中海集团接报，驻韩国釜山公司大约4000万美元（约合人民币3亿元）的巨额运费收入及部分投资款被公司内部人非法截留转移，分成一百多次逐步挪出公司账户；主要涉案人员——中海集团韩国控股的财务部负责人兼审计李克江在逃。该事件俗称"资金门"。"资金门"的出现主要有以下几个原因：

第一，中海集团所有驻海外的财务体制是控股公司掌控下属企业的全部财务和资金结算。权力的极度膨胀与自由放任，意味着海外公司得以游离于中海集团的视线边缘，为资金失控埋下了巨大隐患。

第二，航运公司的主营业务收入是运费收入，而行业内的收费标准各有不同，现金流的出入大，每次交易的现金流也很大。分公司贪污公款，主要是通过提高费用或者把产品低价（运货价）售给客户，然后从客户处收取好处。分一百多次转移而又缺少仔细审查，的确很容易被忽略。

第三，釜山公司案的焦点人物李克江，既是中海集团韩国控股的财务部负责人，又身兼审计之职。西谚云："任何人都不可能客观地评价自己的工作。"自我复核和检查犯了内部控制的大忌。

第四，像中海集团这样的大集团在海外设立的公司如果是全资子公司，通常都采取独立核算制度，只需要报年账或台账，不需要报明细账，而有些公司甚至连现金流都不用向总部汇报。如果不涉及上市公司，一般也没有总部对海外分公司进行定期内部审计。这就导致海外公司存在做假账的可能性，比如虚报费用、发票多开、与供应商内外勾结。

案例来源：方红星，池国华. 内部控制[M]. 大连：东北财经大学出版社，2011.

**【课堂测试 4-2】**

思考并回答以下问题：
1. 企业筹资活动的主要风险点和控制措施包括哪一些？
2. 企业资金营运活动的主要风险点和控制措施包括哪一些？

**本章小结**

本章是内部控制在企业业务流程中发挥作用的开篇章节,主要介绍了资金活动中如何运用内部控制实现企业资金管理的目标。货币资金包括库存现金、银行存款、备用金、其他货币资金等,是企事业单位最为活跃的流动资产。本章首先从货币资金业务包含的内容入手,按照资金活动中内部控制的总体要求,详细介绍了资金活动中的业务风险点及相对应的控制措施,重点强调职责分工与授权批准,加强现金和银行存款的控制,并涉及票据及有关印章的管理。另外,本章重点从企业资金活动过程的角度出发,详细介绍了筹资、投资和资金营运活动三个方面的业务流程中的内部控制措施,从包括拟订筹资方案、筹资方案论证、筹资方案审批、筹资计划的编制与实施等,还有投资活动中的拟订投资方案、投资方案可行性论证、决策审批、投资计划的编制与实施以及投资项目的到期处置,以及资金循环过程中的资金营运活动相关的控制措施,有助于我们理论联系实际,更好地将所学应用到资金活动内部控制的实践当中。

**篇后案例**

只有德国人才犯的错误

2008年9月15日上午10点,拥有158年历史的美国第四大投资银行——雷曼兄弟公司向法院申请破产保护,消息瞬间传遍地球的各个角落。

令人匪夷所思的是,在如此明朗的情况下,德国国家发展银行(KFW)于当日10点10分,居然按照外汇掉期协议的交易通,通过计算机自动付款系统,向雷曼兄弟公司即将冻结的银行账户转入了3亿欧元。毫无疑问,3亿欧元将是肉包子打狗有去无回。

转账风波曝光后,德国社会舆论哗然。销量最大的《图片报》在9月18日头版的标题中,指责德国国家发展银行是迄今"德国最愚蠢的银行"。

以下是法律事务所调查员向国会和财政部递交的一份调查报告中的记载,它可以告诉我们在短暂而又关键的10分钟内,德国国家发展银行有关部门的人员都是怎么想,又是怎么做的。

首席执行官乌尔里奇·施罗德:我知道今天要按照协议约定转账,至于是否撤销这笔巨额交易,应该让董事会讨论决定。

董事长保鲁斯:我们还没有得到风险评估报告,无法及时做出正确的决策。

董事长秘书史里芬:我打电话给国际业务部催要风险评估报告,可那里总是占线，我想还是隔一会儿再打吧。

国际业务部经理克鲁克：星期五晚上准备带上全家人听音乐会，我得提前打电话预定门票。国际业务部副经理伊梅尔曼：忙于其他事，没时间去关心雷曼兄弟公司的消息。

负责处理与雷曼兄弟公司业务的高级经理希特霍芬：我让文员上网浏览新闻，一旦有雷曼兄弟公司的消息就立即报告，现在我要去休息室喝杯咖啡了。

文员施特鲁克：10点3分，我在网上看到了雷曼兄弟公司向法院申请破产保护的新闻，马上就跑到希特霍芬的办公室，可他不在，我就写了张便条放在办公桌上，他回来后会看到的。

结算部经理德尔布吕克：今天是协议规定的交易日期，我没有接到停止交易的指令，那就按照原计划转账吧。

结算部自动付款系统操作员曼斯坦因：德尔布吕克让我执行转账操作，我什么也没问就做了。

信贷部经理莫德尔：我在走廊里碰到了施特鲁克，他告诉我雷曼兄弟公司破产的消息，但是我相信希特霍芬和其他职员的专业素养，一定不会犯低级错误，因此也没有必要提醒他们。

公关部经理贝克：雷曼兄弟公司破产是板上钉钉的事，我想跟乌尔里奇·施罗德谈谈这件事，但上午要会见几个克罗地亚客人，等下我再找他也不迟，反正不差这几个小时。

试分析：

运用资金运营活动的关键风险点及控制措施的有关知识，分析该案例违背了哪些关键风险点？

案例来源：黄铁鹰. 只有德国人才犯的错误[J]. 商界（评论），2009（6）.

## 核心概念

资金活动（finance activities）　　筹资活动（financing activities）
投资活动（investment activities）　　资金营运活动（capital operation）

## 思考题

1. 资金活动的关键风险点都有哪些？
2. 企业资金活动应当关注的风险有哪些？
3. 加强资金活动管控有何意义？

4. 筹资活动的主要风险及其控制措施是什么？

5. 投资活动的主要风险点及其控制措施是什么？

**练习题**

**（一）单项选择题**

1. 贴现法使借款企业受到的影响是（　　）。

A. 增加了所需支付的借款利息额

B. 降低了实际借款利率

C. 提高了实际借款利率

D. 增加了实际可用借款额

2. 与其他负债资金筹资方式相比，下列各项属于融资租赁缺点的是（　　）。

A. 资金成本较高

B. 财务风险较大

C. 税收负担重

D. 筹资速度慢

3. 认股权证筹资的缺点是（　　）。

A. 增强了对管理层的压力。

B. 股价大幅度上扬时，存在减少筹资数量的风险。

C. 容易分散企业的控制权

D. 存在回购风险

4. 在下列各项中，不属于商业信用融资内容的是（　　）。

A. 赊购商品

B. 预收货款

C. 办理应收票据贴现

D. 用商业汇票购货

5. 企业发放的股利应由（　　）决定。

A. 董事会　　　B. 总经理　　　C. 职工代表大会　　D. 监事会

6. 企业（　　）负责拟订筹资方案。

A. 投资部门　　B. 证券部门　　C. 销售部门　　　D. 财会部门

7. 如果筹资是用于（　　），适宜选择短期筹资方式。

A. 购置存货　　B. 购置固定资产　C. 购置无形资产　D. 长期投资

8. 企业应当编制对外投资（　　），它一般应包括：项目的必要性和依据、投资条件的初步分析、投资估算和资金筹措设想、经济效益和社会效益初步估算等内容。

  A. 可行性研究报告　B. 建议书　　　C. 评估报告　　D. 决策建议书

  9. 企业应当由相关部门和人员或委托具有相应资质的专业机构对投资项目进行（　　），通过对与投资项目有关的经济、社会、技术等方面情况进行全面的调查研究，对各种投资方案进行分析，对投资后的经济效益和社会效益进行预测，为投资决策提供依据。

  A. 可行性研究　　B. 项目建议　　C. 评估　　　　D. 决策

  10. 对外投资应由（　　）决策，决策过程应有完整的书面记录。

  A. 小组　　　　　B. 主要领导　　C. 主管部门　　D. 集体

  11. 企业投资、筹资和资金营运等活动的总称是（　　）。

  A. 资金活动　　　B. 资产管理　　C. 工程项目　　D. 内部控制

  12. 资金活动中的采购环节、生产环节、销售环节这三个环节具体属于（　　）。

  A. 投资活动　　　B. 营运活动　　C. 筹资活动　　C. 经营活动

### （二）多项选择题

1. 下列属于长期借款的特殊性限制条款的有（　　）。

  A. 贷款专款专用

  B. 对企业资本性支出规模的限制

  C. 要求企业主要领导人在合同有效期间担任领导职务

  D. 要求企业主要领导人购买人身保险

2. 在短期筹资与长期筹资的积极型组合策略下，临时性流动负债的资金来源用来满足（　　）。

  A. 全部临时性流动资产的资金需要

  B. 部分永久性流动资产和固定资产的需要

  C. 全部资产的资金需要

  D. 部分临时性流动资产的资金需要

3. 筹资内部控制的目标主要有（　　）。

  A. 保证筹资活动经过适当的审批程序

  B. 保证筹资业务的合法性

  C. 保证合理地对利息费用进行调整和正确地计提及适当地支付利息和股利

  D. 保证为债权人和股东提供有助于其决策的信息

4. 企业的有价证券应妥善保管，具体有（　　）保管方式。
　　A. 委托独立的银行代为保管　　B. 企业专人自行保管
　　C. 内部审计人员保管　　　　　D. 委托独立的信托公司代为保管
5. 对重大筹资方案应当进行风险评估，形成评估报告，报（　　）审批。
　　A. 董事会　　B. 股东大会　　C. 监事会　　D. 总经理
6. 对外投资的执行应与以下（　　）岗位相分离。
　　A. 决策　　　B. 审批　　　C. 绩效评估　　D. 会计记录
7. 办理对外投资业务的人员应当具备良好的职业道德，掌握（　　）等方面的专业知识。
　　A. 金融　　　B. 投资　　　C. 财会　　　D. 法律
8. 对外投资内部控制监督检查的重点内容包括（　　）。
　　A. 是否存在不相容职务混岗的现象
　　B. 决策过程是否符合规定的程序
　　C. 处置是否经过集体决策并符合授权批准程序
　　D. 会计记录是否真实、完整
9. 资金活动内部控制的总体要求是（　　）。
　　A. 树立战略导向观念　　B. 完善管控制度
　　C. 严格执行制度　　　　D. 集中管理模式
　　E. 查找薄弱环节
10. 资金营运活动中的主要风险有（　　）。
　　A. 资金调度不合理　　B. 营运不畅
　　C. 资金活动管控不严　　D. 资金不足
　　E. 资金投资不当
11. 筹资活动的业务流程主要包括（　　）。
　　A. 拟订筹资方案　　B. 筹资方案论证　　C. 筹资方案审批
　　D. 筹资计划的编制　　E. 筹资计划的实施
12. 投资活动的业务流程主要包括（　　）。
　　A. 拟订投资方案　　B. 投资方案可行性论证　　C. 决策审批
　　D. 投资计划的编制与实施　　E. 投资项目的到期处置

### （三）判断题

1. 所谓资金活动，是指企业筹资、投资和资金营运等活动的总称。（　　）
2. 企业应当提倡资金的体外循环。（　　）
3. 企业在营运过程中出现临时性资金短缺的，可以通过短期融资等方式获

取资金。资金出现短期闲置的，在保证安全性和流动性的前提下，可以通过购买国债等多种方式，提高资金效益。（  ）

　　4. 企业办理资金收付业务，应当遵守现金和银行存款管理的有关规定，由一人办理货币资金全过程业务。（  ）

　　5. 由于市场环境变化等确需改变资金用途的，应当履行相应的审批程序。严禁擅自改变资金用途。（  ）

　　6. 企业应当加强对投资项目的会计系统控制，建立投资管理台账，但不必详细记录投资对象、金额、持股比例等资料。（  ）

　　7. 企业应当建立投资管理台账，详细记录投资对象、金额、期限等情况，作为企业重要的档案资料以备查用。（  ）

　　8. 企业财会部门对于被投资方出现财务状况恶化、市价当期大幅下跌等情形的，应当根据需要计提减值准备、确认减值损失。（  ）

　　9. 企业应当定期组织召开资金调度会或资金安全检查，对资金预算执行情况进行综合分析，发现异常情况，及时采取措施妥善处理，避免资金冗余或资金链断裂。（  ）

　　10. 企业有子公司的，应当采取合法有效措施，强化对子公司资金业务的统一监控。有条件的企业集团，应当探索财务公司、资金结算中心等资金集中管控模式。（  ）

　　11. 企业可以根据实际需要，聘请具有相应资质的专业机构进行可行性研究。（  ）

　　12. 筹资业务的执行与相关会计记录职务必须分离。（  ）

　　13. 股利支付清单编制人应同支票填制人在职务上分离。（  ）

　　14. 流动比率、速动比率、资产负债率、已获利息倍数等是债权人关注企业偿债能力的指标。（  ）

　　15. 委托独立的机构代为保管有价证券是限制性接触控制最为有效的方法。（  ）

　　16. 为减少发放股利时发生欺诈舞弊或错误的可能性，公司股利的支付可委托代理机构办理。（  ）

**（四）业务题**

　　1. 毕业后，徐某进入了上海某单位财务科工作，该公司的财务、出纳全由她一人承担，负责保管单位的支票、支票印鉴章等；同时负责出国人员差旅费核销工作。

　　一天，她像往常一样在审核出国人员王某等人的出国开支账单。忽然，她放下笔，若有所思，盯着手中的出国人员开支登记表足足看了5秒钟后，有了主意。按照规定的操作程序是她凭借出国人员制作的出国费用开支登记表，多余的外币，及有关的出国费用凭证进行审核，然后制作核销表，最后拿着核销表到银行核销，并将多余的外币折算成人民币解回人民币账户。"如果我偷偷地侵吞这笔多余的美元，不可能有第二个人知道的。"于是，她第一次侵吞了出国人员王某交给她的剩余美元。

她利用上述方法贪污外币的次数多起来，币种也丰富起来，从1997年初到1998年8月，她先后利用职务之便贪污出国人员多余的美元、港币、日元等外币折合人民币18余万元。她甚至开始变着法贪污公款，擅自开具现金支票，提取现金。从1998年2月至9月，她先后采用上述手法贪污人民币15万余元。

根据上述案例，试回答以下问题：

（1）徐某所在的公司存在明显的内部控制缺陷，请指出并说明。

（2）根据上述案例，试给出该公司较为完善的内部控制措施。

2. 虽经手巨款却只拿微薄的工资，自2005年起，两名女会计为了填补心里的不平衡，便开始利用造工资表的机会，每月为十余名待岗职工造表发工资。4年间，两人先后将高达126万余元的"冒名"工资全部装入了自己的腰包。2009年1月18日，兰州中院以原甘肃长风电子电器有限公司（简称长风公司）的财务部成本会计室副主任杨黎、会计刘瑾犯贪污罪，分别以主从犯论判处有期徒刑12年、11年。宣判后，两人均表示考虑后再决定是否上诉。

现年34岁的杨黎1995年从学校毕业后一直在原长风洗衣机公司任会计一职，2005年，经合并成立了长风公司后，杨黎升任为公司财务部成本会计室的副主任，与之相邻而坐的刘瑾也是从事20余年财会工作的老会计，两人工作之余闲谈时常常感慨"如今社会，那么多人都靠'歪门邪道'发财了，咱们是掌管工资核发的人，却只拿微薄的薪水，有点亏"。随后，两人开始起了虚造工资表的主意，杨黎为已经停发工资的十数名待岗职工编制了核发表。经由银行，这些工资全部汇入两人掌握的数张存折上，4年间，两人联袂侵吞公款高达126万余元之巨。直到2009年5月19日，该公司财务部部长接到匿名举报电话后公司高层才开始对不在岗工人工资进行全盘核查。经查，两人虚增工资共套取126万余元进行瓜分，其中杨黎分得70万余元，刘瑾分得56.7万余元。两人将赃款悉数退还后，长风公司向检察机关报案。

庭审当天，两人均承认联手侵吞公款的指控事实，并哭求法庭轻判。法院审理认为，杨黎、刘瑾身为国有企业财务人员，为谋取非法利益，利用职务上的便利，采用虚增工资总额的手段套取公款据为己有，且数额特别巨大的行为构成贪污罪。而杨黎身为财务部成本室副主任,因其负责制作职工工资,当以主犯论,鉴于其认罪态度较好,且两人均积极退赃。据此,法院酌情从轻对二人做出如上判决。

根据上述案例,试回答以下问题:

(1) 读完该案例,带给你的启示是什么?

(2) 企业应如何加强资金活动的内部控制?针对该案例,试给出防范措施。

# 第五章　采购业务

**【学习目标】**通过本章的学习，学生应该学习到采购的具体内容以及企业在采购过程中面临的风险，对企业在采购活动中要达到的总体流程有大致的了解，并掌握采购、付款的关键控制点、控制目标以及控制措施。

---

**开篇案例**

### 国际酒店采购内控案例

2007年10月1日，国际酒店在鲜花的簇拥和鞭炮的喧嚣中正式对外营业了。这是一家集团公司投资成立的涉外星级酒店，该酒店装潢豪华、设施一流。

最让人感到骄傲和荣耀的是酒店大堂里天花板上如天宇星际一般的灯光装饰和一个圆圆的、超级真实的月亮水晶灯，使得整个酒店绚丽夺目、熠熠生光。这些天花板上装饰所用的材料以及星球灯饰均是由水晶材料雕琢而成，是公司王副总经理亲自组织货源，最终从瑞士某珠宝公司高价购买的，货款总价高达150万美元。开业当天，来往宾客无不对这个豪华的水晶天花板灯饰赞不绝口，称羡不已。尤其是经过媒体报道，更成为当天的头条新闻，国际酒店在这一天也像那盏水晶灯饰一样，一举成名，当天客房入住率就达到了80%以上。

王副总经理也因此受到了公司领导的高度赞扬，一连几天，王总的脸上都洋溢着快乐而满足的笑容。

然而，好景不长。两个月后，这些高规格高价值的水晶灯饰就出了状况。首先是失去了原来的光泽，变得灰蒙蒙的，即使用清洁布使劲擦拭都不复往日光彩。其次，部分连接的金属灯杆出现了锈斑，还有一些灯珠破裂甚至脱落。人们看到这破了相的水晶灯，议论纷纷，这就是破费百万美元买来的高档水晶灯吗？鉴于情况严重，公司领导责令王副总经理限期内对此事做出合理解释，并停止了他的一切职务。这个时候，王副总经理是再也笑不出来了。

事件真相很快就水落石出，原来这盏价值百万元人民币的水晶灯根本不是从瑞士某珠宝公司购得的,而是通过南方某地的奥尔公司代理购入的赝品水晶灯。王副总经理在交易过程中贪污受贿,中饱私囊。虽然出事之后,王副总经理不无例外地得到了法律的严惩,然而国际酒店不仅因此遭受了数千万元的巨额损失,更为严重的是酒店名誉蒙受重创,成为同行的笑柄。这对于一个新开业的公司而言,不啻是个致命的打击。

那么,国际酒店怎么会发生这样的悲剧,在以后的企业经营中又如何防范呢?

案例来源:酒店采购环节的内部控制漏洞案例分析[J]. 中国酒店采购报,2013(9).

## 第一节 采购控制的内容

### 一、采购业务概述

采购业务一般是指一个企业的购买物资或接受劳务、支付款项等相关活动。采购业务是企业生产经营大循环中的重要环节,它的重要性体现在以下几个方面:首先,虽为一个单独环节却与其他环节紧紧相关,例如采购直接影响到生产计划、销售计划;其次,采购相比于企业生产经营活动的其他环节来说,业务发生的比较频繁,细节较多,工作量很大;最后,采购的过程直接包括动用资金支付的环节,直接导致负债增加等结果,所以要更加谨慎小心。以上三方面说明了采购业务在企业经营生产活动中的重要地位,将采购业务做好也能带来非常可观的企业效应,如满足企业生产经营的需要、防范丛生的采购风险等。

企业在采购业务中应当关注下列三方面大类风险:

一是涉及的是事前风险,主要是指存在于采购之前的可能发生是风险事项,如安排采购计划安排不合理,市场变化趋势预测不准确,计划滞后造成库存短缺或积压,可能导致企业生产停滞或资源浪费,直接增加企业的生产成本。二是采购过程中可能发生的风险,如供应商选择不当,采购方式不合理,招投标或定价机制不科学,授权审批不规范,可能导致采购物资质次价高,出现舞弊或遭受欺诈。三是采购发生后的风险,也就是事后风险,采购这一具体行为结束不代表着风险事项不会发生,如果采购验收不规范、付款审核不严等,都可能导致采购物资和资金遭受损失,或信用受损,带来风险。

《企业内部控制应用指引第7号——采购》的制定就是为了促进企业合理采

购，满足生产经营需要，规范采购行为，防范采购风险。着力解决企业采购过程中如何结合实际情况，全面梳理采购业务流程，完善采购业务相关的管理制度和办法，执行请购、审批、购买、验收、付款、采购后评估等环节的职责和审批权限，形成更加有利于企业科学化采购的控制环境。其主要内容包括：制定指引的必要性和依据，采购活动的核心内涵、采购过程中应关注的主要风险，以及购买、付款等控制，分三章共十六条。

采购业务是企业取得运营资本之后的第一要务，也是企业生产经营管理活动得以顺利进行的重要保证。采购业务大体上是指采购部门根据业务部门的需求采购各种物质资料，在满足生产经营需要的同时，相应形成付款业务。

采购的内部控制的目的在于规范采购活动的程序、防范采购业务风险，在保证企业经营活动所需物料使用的情况下最大限度地降低采购成本和付款风险。主要控制内容包括：采购计划管理控制、申请与审批控制、采购业务实施过程控制、验收入库控制、款项支付控制和账务处理控制。我们继续按照前言所示，按照业务流程的进行顺序，可以将采购控制内容划分为事前控制、事中控制和事后控制。

**二、采购业务的事前控制**

这里将采购业务的事前控制分为三部分：采购预算控制、采购人员管理、采购申请程序执行和审批控制。事前控制是对整个采购业务流程的全面把握，通过有计划地开展预算、任命、申请以及审批等工作，能够促进采购业务的规范运行，从而降低业务流程中的潜在风险。

（一）采购预算控制

预算应该是采购开始的第一步，当业务部门需要购进有关物资时，首先要编制资产购置计划进而编制成预算。这里的预算包括两部分，一方面，需要对采购物资实物属性进行预算，包括采购品种和数量等，从总体上反映物料的需求状况和需求结构，保证采购活动的有效性；另一方面，需要对采购资金进行预算，以充分利用好企业的资金，防止资金的闲置和不当使用，实现资金使用的效益性。

1. 采购控制的实物预算视角

采购的实物预算是由企业的物料需求部门进行编制，这方面的控制主要包括预算权责的划分、制订预算方案等内容。

（1）采购实物预算部门和权责划分

部门和权责要划分清楚，很大程度因为预算的编制过程中有着"谁需要谁申请"的原则，而并不是由某一部门统一决定，这样可以避免多余地购买或者忽略性的短缺，这有利于实现采购的最佳效果。明确了部门和权责之后还有一个好处在于采购业务集中，避免多头采购或分散采购，以提高采购业务效率，降低采购成本，堵塞管理漏洞。一方面，要区分申购部门，各部门经常使用物料的采购，由使用部门直接向采购部门提出申请。另一方面，对于部门非重要的物料，如低值易耗品等价值较小而且不经常使用的物料采购，可以由掌握信息最多的仓库管理部门及后勤部门向采购部门提出申请。以上的做法也符合《企业内部控制应用指引第 7 号——采购》中第五条中"企业除小额零星物资或服务外，不得安排同一机构办理采购业务全过程"的要求。

采购申请权归属明确后，申请部门还要结合拟采购物料的市场需求状况、企业自身的生产情况和规模经济分析并编制有关经济采购批量、库存成本和采购价格区间等计算表，形成最初的采购预算单。

（2）采购实物预算方案的拟定

这是事前控制中最重要的环节，直接关系到采购行为的成败。这一环节之所以重要的主要原因是采购部门往往认为物料使用部门掌握了最准确的需求信息，所以在进行采购决策时把采购预算方案作为最主要的参考。编制采购预算方案环节，主要控制内容有：编制所需采购物料的数量信息和质量标准、规格；确定物料采购过程中的业务分工，主要是进行限制接近控制，防止实物采购中的实物损失风险，还应该对企业的产能进行估计，阐明采购计划的可行性，并且分析企业是否还能通过购买物料扩大生产规模，以实现经营活动的规模经济效益。

2. 采购控制的资金预算视角

采购资金管理控制主要由财会部门和请购部门共同完成，主要的控制内容有：采购资金需要量的确定、采购资金使用过程的监控和采购资金的调整控制。

（1）采购资金需要量的确定

这一步骤要根据上一步骤——实物预算的内容，如采购数量、品种等，同时还要查看请购计划并且进行必要的市场调查，确定采购预算价格。采购需要量并不是一锤定音，应该随着采购活动的进行不断调整，调整的原因在于市场供求关系的变化对物料或劳务的购买价格产生了影响。最终确定了存货采购资金需要量之后，申请部门要编制采购资金使用计划表，说明资金的使用方式并上报拥有审批权限的主管部门审批。

（2）采购资金使用过程的监督

采购资金计划到采购部门后，由具体的确定的执行人员使用，这时就要做好资金使用的监督工作,主要的内容有:采购部门做好不相容职务分离工作,关键是将资金的支付和业务执行岗位分离,财会部门要做好资金归口管理工作,出纳人员要及时取得资金支付的原始凭证,并登记有关账簿;采购和财会部门应该设置专门的稽核岗位,定期核对采购资金使用情况和采购预算的复核性,防止采购资金的不合理使用。

(3)采购过程中采购资金的调整控制

随着采购活动的不断进行,采购资金预算可能会出现不足或多余等很正常的现象,这就需要重新补充或收回一部分资金,对采购资金的使用进行调整。当出现采购资金不足的情况时,采购人员需要向本部门主管和财会部门提出补充资金的申请,经过规定的审批流程后实施资金调整。当出现了资金多余的情况时,采购人员要及时通知财会部门,并编制资金盈余情况表,说明采购资金盈余的数量、使用情况等信息,然后经过必要的审批控制程序,由出纳人员将资金划转到企业的账户中并将有关的银行进账单传递给会计人员,进行会计账务处理。

(二)采购人员管理

中国有句俗语叫做"事在人为",事前控制另一方面的重要内容就是企业相关部门要进行采购人员使用计划的编制。采购人员管理计划的内容是根据采购活动的主要流程制定的(流程会在下一节进行详细介绍),包括在采购预算的人员管理、申请购买的人员管理、采购活动实施的人员管理、货物验收的人员管理、资金结算的人员管理等重要的环节设置人员岗位,并说明采购管理人员的主要任务。

1. 采购预算人员管理

采购预算人员主要包括四个角色:采购预算信息调查人员、采购资金管理人员、采购预算编制人员和采购活动实施人员。

(1)采购信息调查人员在这一环节里主要负责对各部门物料或劳务需求情况进行市场考察,并搜集市场信息,并将有用信息进行提炼,将纷繁的信息进行系统化,以上的工作为进一步编制预算做好准备。

(2)采购资金管理人员主要的工作职责是对采购资金的运动过程进行监督和管理,将资金的走向和使用去向进行监督和记录,实现资金的使用效率和保证资金使用安全。

(3)采购预算编制人员将采购信息调查人员的工作成果进行系统化、专业化的编制和汇总,最终形成采购预算。

(4)采购实施人员顾名思义则负责具体的物料或劳务最终的购买,与供应商等各类市场主体进行沟通和交流，并主动地对采购成本进行控制，不能和采购预算有太大的出入，否则采购预算的存在就没有意义了。采购实施人员还要对物料质量进行管理，因为采购人员可以直接面对采购对象，对需要采购的物料或者劳动进行挑选，将质量控制在接受范围内，争取获得最大的经济效益。

2. 申请购买人员管理

企业应当建立采购申请制度，并在其中设置人员管理计划，专门说明申请购买人员的岗位设置、责任内容，采购和物料使用部门的主管必须要对请购人员的安排进行审核，保证请购活动的可行。因为各部门都会提出购买申请，所以申请购买人员计划应该按部门进行申请采购，依据购买物资或接受劳务的类型，确定归口管理部门，再明确相关部门或人员的职责权限。具有请购权的人员对于预算内采购项目，应当严格按照预算执行进度办理请购手续，并根据市场变化提出合理采购申请。对于超预算和预算外采购项目，应先履行预算调整程序，由具备相应审批权限的部门或人员审批后，再行办理请购手续。

3. 采购实施人员管理

采购活动的实施是整个采购环节的核心，如果该环节出现问题，就会导致本业务流程出现间断的现象，最终使业务活动失败。在实施采购活动的过程中，采购实施人员能够控制整个业务过程，如果能做好采购实施人员的计划管理，就有利于高效地完成采购业务活动。采购活动实施人员的计划应该包括的内容有：采购活动实施的人员安排，如在企业中会安排不同采购人员负责不同项目或区域的采购活动；采购活动实施人员的行为规范和有关的岗位责任制度，包括责权对等制度；采购活动实施人员的差旅费标准控制和资金调度限额的规定。

4. 采购验收人员管理

制订验收人员计划的目的是保证采购物料和劳务的质量和安全，主要是对仓库管理人员的使用进行规划。主要内容有：仓库管理人员的数量安排以及需要具备的素质标准；仓库管理责任制度的制定；货物验收过程中人员行为规范和主要程序；人员结构与人员工资成本之间的关系。

除此之外，企业应当对过程中所涉及的人员定期进行岗位轮换，这也是防止风险高发的措施之一。还有，对于重要性和技术性较强的采购业务，应当主动组织相关专家进行论证，实行集体决策和审批。

（三）采购申请程序执行和审批控制

企业应当建立采购申请制度，依据购买物资或接受劳务的类型，确定归口管理部门，授予相应的请购权，明确相关部门或人员的职责权限及相应的请购和审批程序。

企业可以根据实际需要设置专门的请购部门，对需求部门提出的采购需求进行审核，并进行归类汇总，统筹安排企业的采购计划。如采购预算就可以专门设置审批制度，需要根据物料采购的性质和类型划分各级管理部门的审批权限，并保持采购权与审批权的职务分离。通常，事关全局的物料或劳务采购，审批权集中在总经理层，零星的、金额较小的物料采购由使用部门主管批准即可。各级管理人员在审核有关的实物购买申请或计划时，应该关注的内容有：采购预算和企业的生产、销售计划以及实际经营状况是否一致，采购预算的内容是否足够全面具体，采购预算方案是否具有可行性、采购权责分配是否合理。

具有请购权的部门对于预算内采购项目，应当严格按照预算执行进度办理请购手续，并根据市场变化提出合理采购申请。对于超预算和预算外采购项目，应先履行预算调整程序，由具备相应审批权限的部门或人员审批后，再行办理请购手续。

**三、采购业务的事中控制**

采购业务的事中控制主要是指对实际采购过程中的部门、人员、资金、物料或劳务、业务程序等方面，按照内部控制的方法和原则开展全面的控制活动。采购活动的事中控制是本业务循环的最主要内容，也是实现内部控制目标的关键。采购业务的事中控制主要包括采购部门和岗位的控制、业务方面的控制两大部分。

（一）采购部门与岗位管理

在这一部分，企业主要的控制措施是组织机构的设置、人员岗位责任分工和授权审批程序这三部分。

1. 组织机构的设置

设置合理有效的组织机构是采购活动顺利进行的组织保证，其中最重要的两个部门是采购部门和财会部门。采购部门主要负责采购活动的实施，财会部门主要负责付款业务。除此之外，采购业务还涉及企业预算和计划部门、物料或劳务的使用部门、验收部门和仓库保管部门。组织机构控制的原则，主要是责任和权限明确，岗位适当分离和有效制衡。

（1）采购业务部门

有的企业叫做采购部，也有的企业称之为采购科，主要负责建立、实施本企业和供应商、其他市场主体的采购契约关系，编制和处理请购单、签署采购订单或合同，并执行企业的采购流程，保证资金的合理有效使用，主管人员或审核授权人员还要负责审核采购发票的内容是否完整、合法，最后采购部门要对采购活动的全过程进行控制和监督。

(2) 财会部门

财会部门的主要控制内容是指负责对采购付款活动的资金运动过程进行控制，并确认、计量采购业务活动的会计信息，以及进行采购资金的结算和使用控制。财会部门主要的控制内容有：负责制定采购资金预算和使用规范；传递采购资金运动的结算单据和凭证；设置专门管理采购业务的会计岗位；对采购经济活动进行会计核算。

(3) 预算或者计划部门

通常，预算或计划部门的任务是编制、汇总、实施和监控企业的采购计划和资金预算。主要的控制内容有：按照年度、半年、季度、月份等会计期间编制采购业务计划，并进行规定的审批程序；当采购活动的实际情况与采购计划出现差异时，负责办理采购计划的调整手续；监控采购计划的执行情况，对偏离计划的差异进行分析，查明原因并提出解决方案；对日常的采购活动进行管理。

(4) 物料或者劳务使用部门

这些使用部门是形成采购需求的主要动因，也是接受采购物料或劳务的部门，使用部门在企业采购政策和程序的约束下，提出采购申请和对采购对象的具体要求。使用部门主要的控制内容有：考察部门物料或劳务的短缺情况，及时向主管部门或采购部门上报本部门的采购申请；按照规定格式编制请购单据，并经过审批程序报送给有关部门；评价供应商的劳务或物料质量和服务等信息，监督采购实施过程。

(5) 物料或者劳务验收部门

这里必须强调的是，验收环节也是采购活动过程中重要的控制措施，验收部门要按照合同的标准，负责对购进物料或劳务的数量、规格、质量等属性进行检查。具体的控制内容有：根据购进物料或劳务的验收结果，评价供应商的产品质量，协助采购部门的供应商选择决策；按照使用部门的要求制定验收标准，并将信息传达给采购部门；制定有关的验收程序和验收人员管理制度，对购进的物料或劳务进行实际的验收工作。

(6) 仓库管理部门

仓库管理部门是采购领域的后方阵地，对前方采购来的物料进行安置。主要控制内容有：负责制定仓库管理制度，对接近采购商品的人员进行控制，如出入库的登记制度；根据库存商品的数量等信息，负责审核使用部门的请购单；仓库管理部门自身需要使用的商品的请购；按照企业规定的要求妥善保管采购商品。

2. 人员岗位责任分工

企业应该建立采购业务的岗位责任制，明确有关部门和岗位的职责、权限，确保办理采购业务的不相容职务相互分离、制约和监督。任何企业不得由同一部门或人员办理采购业务的全部过程。采购业务不相容职务至少包括：

（1）请购与审批

采购业务申请必须由使用部门提出，如生产、行政管理、仓库等部门。请购申请的审批由申请部门之外的采购部门或其他授权部门负责实施。

（2）询价与确定供应商

采购询价人员负责与采购商品供应商进行讨价还价，如果由询价人员进行供应商的选择，就可能产生舞弊行为，所以企业应该规定采购询价人员不得负责选择供应商。

（3）采购合同的订立与审订

采购合同是进行采购活动的纲领，采购合同的签订、谈判主要由采购部门人员完成，审订业务是对采购合同的监督。为了保证采购合同的内容真实合法，合同的订立与审定职责应相分离。

（4）采购的实施与验收

采购活动的实施主要是对采购商品、资金的管理和控制，验收部门的工作是对采购活动的监督。按照监督和执行业务分离的原则，执行采购的岗位要和验收岗位相分离。

（5）采购、验收与相关会计记录

有关的会计记录，如采购物料的成本记录、验收商品的历史成本信息，都是对采购、验收等环节的监督依据，所以采购、验收及仓库保管人员不得担任会计核算工作。购进劳务的使用部门主管不得兼任会计记录工作。

（6）付款审批与付款执行

企业采购资金的管理主要是付款的执行与审批，付款审批由使用部门主管和财务主管负责，付款执行由出纳员或采购执行人员负责，付款的审核人员不得执行付款业务。为了保证采购资金的安全使用，付款的审核与执行人员不能同时负责询价和选择供应商的业务。最后，付款执行和记录岗位要分离。

为便于掌握，现把采购领域不相容职务总结如下（见表5-1，0为相容，1为不相容）：

表 5-1 采购领域的不相容职责

| 采购业务领域 | 批准 | 执行 | 记录 | 控制 |
| --- | --- | --- | --- | --- |
| 批准新建供应商 | 0 | 1 | 1 | 1 |
| 批准可以接触供应商主文档资料 | 0 | 1 | 1 | 1 |
| 填写请购单 | 1 | 1 | 0 | 1 |
| 批准请购单 | 0 | 1 | 1 | 1 |
| 填写采购单 | 1 | 1 | 0 | 1 |
| 批准采购单 | 0 | 1 | 1 | 1 |
| 发送采购单给供应商 | 1 | 0 | 1 | 1 |
| 填写进料验收单 | 1 | 0 | 1 | 1 |
| 收货 | 1 | 0 | 1 | 1 |
| 对比三方凭证：发票、采购单、进料验收单 | 1 | 1 | 1 | 0 |
| 制作应付账款凭证 | 1 | 1 | 0 | 1 |
| 复核应付账款凭证 | 1 | 1 | 1 | 0 |
| 批准付款 | 0 | 1 | 1 | 1 |
| 准备支票 | 1 | 1 | 0 | 1 |
| 核准盖章 | 0 | 1 | 1 | 1 |
| 将支票给供应商 | 1 | 0 | 1 | 1 |
| 制作付款凭证 | 1 | 1 | 0 | 1 |
| 复核付款凭证 | 1 | 1 | 1 | 0 |
| 总账和明细账核对 | 1 | 1 | 1 | 0 |
| 编制银行余额调节表 | 1 | 1 | 1 | 0 |

3. 授权审批程序

授权审批是对组织机构设置和人员岗位分工的权责管理机制，企业应当建立严格的授权批准制度规范采购业务操作，明确采购业务的审批人对审批事项及授权批准方式、权限、程序、责任和有关控制要求，同时还要规定采购业务执行人员的职责范围和行为准则。具体的控制内容有：

（1）审批人员或部门应该遵循采购业务授权审批制度的规定，在授权范围内开展审批活动，不得进行越权审批。

（2）业务执行人员应该在权责范围内按照审批意见进行采购业务活动。执行人员要监督审批人的行为，对于越权审批的采购业务，业务执行人员有权拒绝进行，并要向有关高层管理人员或部门报告。

（3）对于金额较高、技术性较强的采购业务，企业应该聘请有关专家进行论证，进行集体决策和审批，防止出现个别人员的决策失误，从而造成严重损失。禁止任何未经授权或审批的部门和个人实施采购业务。

（4）企业应当按照规定的业务流程进行采购活动，做好请购、审批、采购、验收、付款等业务环节的衔接和配合工作，并在采购各环节设置相关的记录，填制相应的凭证。建立完善的采购登记和记录制度，加强请购程序、采购订单、验收和入库登记、采购发票等文件资料的相互核对工作。

（二）采购业务方面的管理

说完部门与岗位的管理，接下来就要阐述在采购事中有关于专门业务的控制事项，主要包括业务记录的控制、往来账户的管理、供应商的选择、采购交易的控制事项以及付款需要注意的细节。

1. 业务记录的控制

企业应当按照请购、审批、采购、验收、付款等规定的程序办理采购业务，并在采购各环节设置相关的记录、填制相应的凭证，建立完整的采购登记制度，加强请购手续、采购订单或采购合同协议、验收证明、入库凭证、采购发票等文件和凭证的相互核对工作。

为实现采购控制目标，企业应建立以请购单、合同、验收单、入库单等结算凭证为载体的业务记录控制系统。在该系统中凭证要连续编号、记录，签字盖章，做到账证、账账、账表、账实相符，并且检查有编号签字的凭证与记录是否按程序要求处理，这样可以有效防止经济业务的遗漏和重复，并可检查是否存在舞弊现象。

2. 往来账户的管理

企业的采购业务有很大一部分都利用了商业信用，采取了应付账款和预付账款等形式，所以建立往来账户管理制度，这是付款控制的重要部分。企业应该加强预付账款和订金的授权审批管理，使其规范化。企业还要定期核对应付账款、应付票据等往来账的明细账，对各个供应商的账户余额等信息进行分析和控制。另外，企业财会部门还要分析供应商的信用政策，充分利用信用杠杆，延长付款期限，降低资金使用成本。

3. 供应商的选择

企业应当建立科学的供应商评估和准入制度，确定合格供应商清单，与选定的供应商签订质量保证协议，建立供应商管理信息系统，对供应商提供物资或劳务的质量、价格、交货及时性、供货条件及其资信、经营状况等进行实时管理和综合评价，根据评价结果对供应商进行合理选择和调整。企业可委托具有相应资质的中介机构对供应商进行资信调查。

4. 采购交易的控制事项

企业应该对采购交易进行严格的控制,包括:

(1) 企业应当根据市场情况和采购计划合理选择采购方式。大宗采购应当采用招标方式,合理确定招投标的范围、标准、实施程序和评标规则,并进行合理监督;一般物资或劳务等的采购可以采用询价或定向采购的方式并签订合同协议;小额零星物资或劳务等的采购可以采用直接购买等方式。这样便于企业进行有针对性的监督控制。

(2) 企业应当建立采购物资定价机制,采取协议采购、招标采购、谈判采购、询比价采购等多种方式合理确定采购价格,最大限度地减小市场变化对企业采购价格的影响。

(3) 企业应当根据确定的供应商、采购方式、采购价格等情况拟订采购合同,准确描述合同条款,明确双方权利、义务和违约责任,按照规定权限签订采购合同。企业应当根据生产建设进度和采购物资特性,选择合理的运输工具和运输方式,办理运输、投保等事宜。

5. 付款的控制事项

有关付款的控制事项主要包括四方面内容:付款流程的管理、预付账款以及定金的管理、对付款等业务的会计系统控制、供应过程的管理。

(1) 付款流程的管理

企业应当加强采购付款的管理,完善付款流程,明确付款审核人的责任和权力,严格审核采购预算、合同、相关单据凭证、审批程序等相关内容,审核无误后按照合同规定及时办理付款。企业在付款过程中,应当严格审查采购发票的真实性、合法性及有效性。发现虚假发票的,应查明原因,及时报告处理。企业应当重视采购付款的过程控制和跟踪管理,发现异常情况的,应当拒绝付款,避免出现资金损失和信用受损。企业应当合理选择付款方式,并严格遵循合同规定,防范付款方式不当带来的法律风险,保证资金安全。

(2) 预付账款以及定金的管理

企业应当加强预付账款和定金的管理。涉及大额或长期的预付款项,应当定期进行追踪核查,综合分析预付账款的期限、占用款项的合理性、不可收回风险等情况,发现有疑问的预付款项,应当及时采取措施。

(3) 对付款等业务的会计系统控制

企业应当加强对购买、验收、付款业务的会计系统控制,详细记录供应商情况、请购申请、采购合同、采购通知、验收证明、入库凭证、商业票据、款项支付等情况,确保会计记录、采购记录与仓储记录核对一致。企业应当指定专人，定期与供应商核对应付账款、应付票据、预付账款等往来款项。

（4）供应过程的管理

企业应当加强物资采购供应过程的管理，依据采购合同中确定的主要条款跟踪合同履行情况，对有可能影响生产或工程进度的异常情况，应出具书面报告并及时提出解决方案。企业应当做好采购业务各环节的记录，实行全过程的采购登记制度或信息化管理，确保采购过程的可追溯性。

**四、采购业务的事后控制**

将物资或者劳务采购回来并不代表着采购的结束，企业在内部控制中还应该注意一些采购事后的控制事项。采购事后控制主要包括两大内容：一是采购验收，二是采购退货制度的完善。

（一）采购验收的控制

企业应当建立严格的采购验收制度，确定检验方式，由专门的验收机构或验收人员对采购项目的品种、规格、数量、质量等相关内容进行验收，出具验收证明。涉及大宗和特殊的物资采购的，还应进行专业测试。验收过程中发现的异常情况，负责验收的机构或人员应当立即向企业有权管理的相关机构报告，相关机构应当查明原因并及时处理。

（二）建立严格的退货、退款管理制度

企业采购和验收部门在检查购入商品时，应当建立退货管理制度，对退货条件、退货手续、货物出库、退货货款回收等做出明确规定，并在与供应商的合同中明确退货事宜，如果发现采购的商品出现数量、规格、种类和质量不满足合同要求等问题，应该及时和供应商取得联系，决定是否退货或者要求供应商给予一定的折扣，并制定有关退货条件、退货手续和退货货款回收的执行程序和制度，使退货退款业务规范化，涉及符合索赔条件的退货，应在索赔期内及时办理索赔。按照退货条件进行退货业务时，应该凭退货通知单并要经过审批程序才能办理退货和退款。如果企业要求供应商提供折让，应该按照合同约定和供应商进行协商，确认责任后及时由相关部门审批，并由财会部门进行款项的结算和收回，会计人员还要核算应付账款和银行存款等账户，核销有关金额。

**篇中案例 5-1**

**从"毒胶囊"事件谈采购业务的内部控制**

2012 年 4 月 15 日，央视报道了某些企业用重金属铬超标的工业明胶冒充食用明胶生产药用胶囊的事件，引起社会强烈关注。

> 央视记者经过数月的调查取证,发现河北、江西、浙江等地有多家企业采用"蓝矾皮"为原料,生产工业明胶(业内俗称"蓝皮胶"),然后胶囊厂买去作为原料,制成药用胶囊;再流入制药厂,制成了各种胶囊药品,并流入市场。
>
> 加工工业明胶的原料"蓝矾皮"实际上是皮革厂鞣制后的下脚料,因鞣制剂中含金属铬,在经过生石灰、强酸碱处理后制成的"蓝皮胶"中残留的铬含量严重超标。《食用明胶》行业标准也明确规定,严禁使用制革厂鞣制后的任何工业废料生产食用明胶。实际的取样检测结果是,浙江新昌华星、卓康两家胶囊厂的明胶重金属铬含量分别超标 30 多倍和 50 多倍,药用胶囊中铬含量分别超标 20 多倍和 40 多倍。
>
> 2012 年 4 月 16 日,国家食品药品监督管理局第一时间发出紧急通知,要求对 13 个药用空心胶囊产品暂停销售和使用。随后采取了一系列行动,责成有关省食品药品监管局严肃查处违法违规企业,包括吊销其药品生产许可证、追究相关责任人刑事责任、销毁被查封的铬超标药用胶囊和胶囊剂药品等。4 月 21 日,卫生部发出"关于配合召回和暂停使用部分药品生产企业胶囊剂药品的通知",要求各级各类医疗机构积极配合药监部门召回和立即暂停购入和使用问题企业生产的检验不合格批次药品和所有胶囊剂药品。一些制药行业的上市公司如通化金马、复旦复华等相继发布公告,对涉及问题胶囊的生产车间查封或召回问题产品。从此案例中我们得到什么启示?
>
> 案例来源:王君杰,马军生. 从"毒胶囊"事件谈采购业务的内部控制[J]. 中国会计报,2012(5).

## 【课堂测试 5-1】

1. 存货采购申请应由( )提出。
   A. 生产需求部门　　B. 采购部门　　C. 财务部门　　D. 管理部门
2. 采购的对象包括( )。
   A. 物料　　　　　　B. 劳务　　　　C. 物料或劳务　　D. 以上都不对
3. 采购事前控制中,资金管理预算包括哪几个方面?( )
   A. 部门、责权的划分+方案的制定
   B. 资金需求量+资金使用过程+资金调整
   C. 各级部门的人员安排
   D. 由存货实物管理的人员根据盘点情况清查存货盘盈、盘亏产生的原因,并编制存货盘点报告

## 第二节 采购控制的流程

### 一、采购的业务目标以及风险分类

说到采购控制的流程，首先要先明确一点，流程是为了执行而存在的，采购业务是高风险业务，若不加强对采购与审批、采购与验收和付款业务的规范，会产生采购过程中的差错与舞弊现象，导致很多不必要的风险。这里的风险包括：第一，经营风险，即由于采购业务流程设计不合理或控制不当，可能导致采购物资及价格偏离目标要求，或出现舞弊和差错；第二，财务风险，即可能导致会计核算多记、错记、漏记物资采购成本和应付账款以及其他应计负债，造成核算和反映不真实、不完整、不规范；第三，合规风险，即可能导致采购业务处理违反国家有关规定而受到行政处罚或法律制裁。

能够严格控制上述风险的话，就能达到采购控制的业务目标。一般而言，采购控制的业务目标分为三个层面：一是经营目标，即通过规范采购业务流程，确保采购业务按规定程序和适当授权进行，实现预期目标；二是财务目标，确保采购业务及其相关会计账目的核算真实、完整、规范，防止差错和舞弊；保证账实相符，财务会计报告合理揭示采购业务享有的折扣、折让；三是合规目标，保证采购及付款业务、相关采购、招标合同等符合国家有关法律法规，确保付款、与采购相关的货币资金管理符合中国人民银行等国家有关部门的要求。

### 二、采购业务的具体流程

企业应当结合实际情况，全面梳理采购业务流程，完善采购业务相关管理制度，统筹安排采购计划，明确请购、审批、购买、验收、付款、采购后评估等环节的职责和审批权限，按照规定的审批权限和程序办理采购业务，建立价格监督机制，定期检查和评价采购过程中的薄弱环节，采取有效控制措施，确保物资采购满足企业生产经营需要。对于企业采购环节而言，需要根据其业务流程步骤与控制点来确定控制流程。有着传统意义上的流程环节，也有着随着时代发展而新诞生的流程环节。

总体而言，在采购过程中这几个方面是值得关注的：采购申请和采购计划，编制、审定采购实施方案，选择确定采购价格及供应商，签订采购合同，跟踪监督合同执行，采购物资验收入库，发票校验、货款支付及核算记账，定期清理、关闭合同。采购业务的控制流程如图 5-1 所示。

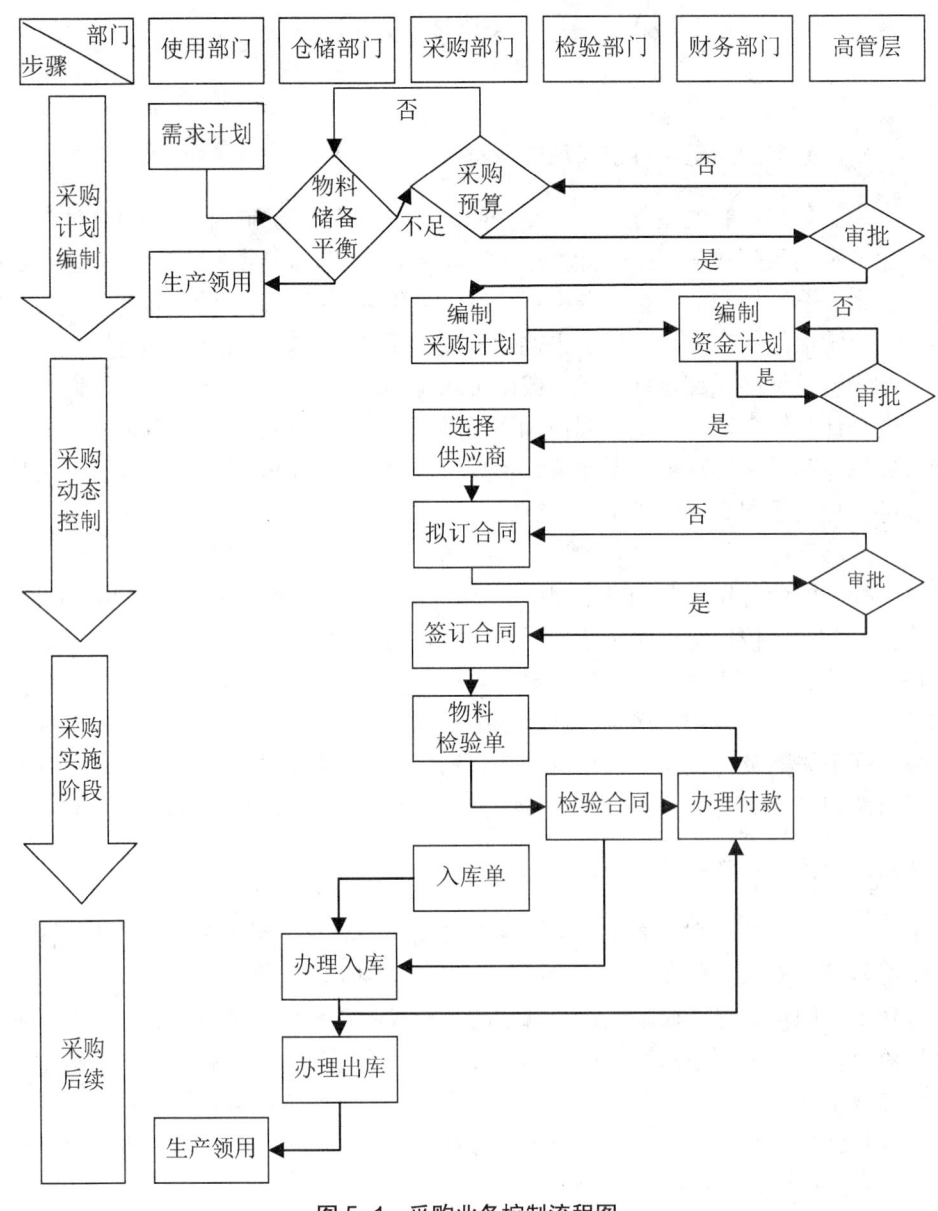

图 5-1 采购业务控制流程图

下面具体阐述采购业务控制的流程。

（一）请购

主要是采购之前的申请程序，需要有专门的部门和专门的人员进行：

（1）对原材料、零配件、商品和其他物资等所需物品，所需部门可根据预算、即将签发的生产通知单或市场供应等合理情况正确填写请购单，由本部门授权人审批。对于不符合规定的采购申请，审批人应当要求采购人员调整内容或拒绝批准。请购单一式四份，注明请购部门，请购物品名称、规格、数量、要求到货日期及用途等内容。经审批的请购单送交采购部门。对于重要物品的请购应当经过决策论证和特殊的审批程序。

（2）对于临时需要的物品，很难列入预算，通常由使用者根据实际需要直接提出，不经仓储部门签批。但使用者在请购单上一般要解释请购目的和用途，请购单须经使用部门主管审批，并经财务部门资金预算授权人签字后，交采购部门办理采购。

（3）对于紧急需求的特殊请购，制定特殊审批程序。

（二）采购

进行完请购的流程，接下来则是最主要的采购流程：

1. 控制订购数量

首先，应由采购人员审查每一份请购单是否在执行后又重复提出，请购数量、品种是否合理，是否在控制限额的范围内；其次，对大量采购的原材料、零配件、商品、物资等进行各种采购数量对成本影响的分析，分析的内容主要是将各种请购项目进行有效归类；再次，利用经济批量法测算成本及采购的批次和数量；最后，对请购数量不大或零星未购物品，采购批量的成本分析控制可对照资金预算来执行。

2. 选定供货单位

采购部门在确定了采购数量之后，签订购销合同之前，必须遵循企业订货报价控制制度，选择最有利于企业生产和成本最低的供应商。根据与相应供应商确定的最优价格，对采购所需资金做出估算，并在请购单上签署采购意见后，由采购部门授权人审批，将签批后的请购单送资金预算部门，由资金预算部门主管人员审核请购是否符合经营目标，且在资金预算范围内，审批后签注意见，送交存货管理部门。

3. 适时发出订货单

为了生产经营的正常进行，避免存货资产的闲置，存货管理部门人员在接到请购单后，对存货应运用经济批量法和存货最低点法进行分析，决定什么时间请购最为合适,并在请购单上签注意见,由部门授权人审批。采购部门根据签批后的请购单,应及时与确定的供应商签订符合国家法规的附有编号的购销合同,在合同中要列出所购物品的品名、规格、数量、单价、交货日期、交货方式、折扣条件、售后服务等内容,作为供销双方共同遵守的契约。对采购合同必须按照采购权限规定,由各级授权人进行审核,审核同意后,才能加盖合同专用章。在订货单向供应商发出之前,还必须由专人核查,订货单是否授权审批,以及是否有经批准的请购单作为支持凭证,以确保订货单的有效性。采购合同一般一式四份,一份交供货商请求发货,一份由采购部门专人保管,负责合同的执行,一份交会计部门以监督合同的执行,一份交仓库保管部门作为验收物品时与发票核对。对某些采购数量不多,不经常采购的物品,也可以不签订合同而直接购买,以简化手续,加快进货速度。

(三) 验收

采购完成之后就要将所采购的物料或劳务进行验收。为了达到控制目的,验收入库的职能必须由独立于请购、采购和会计部门的人员来承担。收货部门的控制是根据购货单及合同规定的质量、规格、数量以及有关质量鉴定书等技术资料核查收到的货物。收货部门的收货人员在货运单上签字之前,应通过计数、过磅或测量等方法来证明货运单上所列的数量。收货部门还应在可能的范围内对物品的质量进行检验,对有技术要求的物品应将部分样品送交专家和实验室对其质量进行检验,出具验收单或检验报告单作为入库单的一项内容。发现问题应及时报告并按批准意见处理。对于已经检验的物品由保管人员将发票、购销合同、请购单进行认真核对,同时验收实物的数量和质量,核对无误后填写按顺序编号的入库单。入库单一式三联,注明供应商名称、收货日期、物品名称、数量、质量以及运货人名称等内容。保管员在入库单签字后,一联留存,登记仓库台账;一联随有关凭证送交会计部门,办理结算;一联退回采购部门,与购销合同、请购单核对后归纳备案。

(四) 审核

对购货业务的各种凭证进行严格的审核,是保证业务的合法性、合理性、内部控制制度的严密性的重要手段。会计部门在正式记录采购业务、支付货款之前,应对各有关部门送来的各种原始凭证,包括发票、运费收据、代扣代收税款、入库单以及购销合同、请购单等进行认真的审查、核对。不仅审查每一凭证的购货数量、金额计算的正确性,还要检查各种凭证之间是否内容一致、时间统一、责任明确、手续清楚等,如果发现问题,应及时查明原因,分清责任,合理解决。

## （五）交付货款

一般由会计部门根据审核后的发票、运费单、代扣代收税款凭据、质检部门出具的验收单、仓库开具的入库单以及其他有关凭证与合同规定的付款条件和发货情况进行核对，核对无误后经企业授权人审批后向供应商办理结算，并做相应的采购与付款的账务处理。对于以现金支付的交易，为了进一步强化内部控制，还应当提倡根据付款凭证而不是原始凭证支付现金的方式。即会计部门在接到发票等原始凭证后，先由部门授权人审核批准，再由会计人员据其编制付款凭证，注明会计科目、款项用途及金额等，交给出纳员由其根据付款凭证列出的金额支付现金，并登记现金日记账，然后将付款凭证退交会计部门，以便登记总账和明细账。这样，出纳人员应付出多少现金，会计部门已经记录在案，更有利于形成控制关系。对于企业采用赊账方式购买物品时，必然形成债务，由此而引发债务结算业务也必须对此加强控制。具体要求是：

（1）应付账款的入账必须在取得审核、企业授权人审批后的发货票以及验收入库单、请购单、借款通知等凭证后方可入账。对于享有现金折扣的交易，要用供应商发票金额扣去折扣金额的净额来入账；对于有预付货款的交易，在收到供应商发票后应将预付金额冲抵部分金额来入账。

（2）尽可能设置专人专职登记应付账款明细账，充分发挥账簿控制的作用。

（3）由稽核人员定期与供货商（债权人）核对账目，如果对账中发现问题，应及时查明原因，分清责任，按有关规定予以处理，确保双方的账目相符。

（4）按双方事先约定的条件，及时清理债务，支付欠款后，应取得债权人的收款证明，并以此依据编制记账凭证，登记账簿。

（5）强化总分类账对应付账款明细账的控制。保证账账相符。如果不符，应查明原因及时处理。

## （六）退货控制

有关部门在接到实物入库后，如果发现货物的数量和质量不符合订货单要求，应及时与供货单位联系。对于数量上的短缺，一般要求供货单位补足；对于质量问题，按规定选择是退货还是折让。如果选择退货，采购部门应编制退货通知单，通知供货单位将货物退回，同时将退货凭单，经主管人员审查后，通知会计部门，用以调整应付账款。如果要求供货单位折让，采购部门应在折让金额确定后（通过质检化验），或者验收时编制正确金额验收单进行结算；或者验收后编制折让凭单，通知会计部门调整应付账款。

### 三、采购业务内部控制应遵循的原则

遵守上述流程的过程中，应遵循一定的内部控制原则：

#### （一）相互牵制原则

一项完整的采购业务，如果是经过两个以上的有相互制约环节对其进行监督和核查，其发生错弊现象的可能性就很小。就具体内控措施来说，相互牵制必须考虑横向控制和纵向控制两个方面的制约关系。从横向关系来讲，完成某个环节的工作需有来自彼此独立的两个部门或人员协调运作、相互监督、相互制约、相互证明；从纵向关系来讲，完成某些工作环节需经过互不隶属的两个或两个以上的岗位和环节，以使下级受上级监督，上级受下级牵制。例如，在材料采购控制系统中，采购部门只有凭领导审批后的采购单或合同（纵向牵制）进行采购，而采购的材料必须经过验收（横向牵制）后，才能办理有关手续。因而只有经过横向关系和纵向关系的核查和制约，才使发生的错弊减少到最低程度，或者即使发生问题，也易尽早发现，及时纠正。

#### （二）成本效益原则

企业最关心的是经济效益，如果单纯从控制的角度来考虑，参与控制的人员和环节越多，控制措施越严密，控制的效果就越好，其发生的错弊现象就越少，但因控制活动造成的控制成本就越高。因此，在设计采购业务内部控制时，一定要考虑控制投入成本和控制产出效益之比，要根据企业自身经营的实际情况，权衡实施成本与预期效益科学设立，力争以最小的控制成本取得最大的控制效果。

#### （三）岗位责任原则

采购业务内部控制的设立是与企业的管理模式紧密联系的，企业按照其推行的管理模式设立工作岗位，并赋予其责、权、利，规定相应的操作规程和处理程序。在设置岗位时必须考虑到授权岗位和执行岗位的分离、执行岗位和审核岗位的分离、保管岗位和记账岗位的分离等，通过不相容职责的划分，各部门和人员之间相互审查、核对和制衡，避免一个人控制一项交易的各个环节，以防止员工的舞弊行为。

#### （四）协调配合原则

设计采购业务内部控制制度要有利于各部门之间、人员之间相互配合、协调同步、紧密衔接，避免只管相互牵制而不顾办事效率的做法，导致不必要的扯皮和脱节现象。为此，必须做到既相互牵制，又相互协调，保证经营管理活动连续、有效地进行。

### 四、采购流程漏洞可造成的风险

#### (一)采购合同方面的风险

材料采购合同是以材料、设备等为标的支出性经济合同。材料采购合同无论在数量上还是金额上都占经济合同中的大部分比例,其签订是否合理合法、履行是否到位,在一定程度上会引起企业成本与资金的波动,从而影响企业的经济效益。目前公司材料采购合同在签订、履行、结算等方面存在着一定的漏洞,主要表现在以下几个方面:

1. 签订虚假经济合同,套取资金

材料采购合同主要是由企业的计划部门和物资等相关职能部门负责签订的。如果缺乏监管,有些企业内部的合同经办人员为了谋求私利可能会与合同的对方当事人相互串通,签订虚假的经济合同,套取企业资金,给企业造成不必要的损失。

2. 价格虚高,合同条款表述不清

很多企业在签订合同时缺乏必要的市场调研,对市场信息掌握不够,未按市场行情及时调整价格,未进行招标,对价款组成部分的包装费、运输费缺乏明确约定等。此外,合同条款内容未按规范进行表述,容易使合同双方在供货时间、标的物规格及费用的负担上引起不必要的纠纷。

3. 合同条款执行不严,未能有效追究违约责任

有些企业材料采购合同条款中违约责任的规定形同虚设,不能严格予以执行;有些企业由于计划、仓储与验收、生产部门脱节,导致合同履行不力,甚至出现对方单位没能完全履约或者在货未到全的情况下全额付款,给企业造成经济损失。

4. 合同行为不正当

卖方为了改变在市场竞争中的不利地位,往往采取一些不正当手段,如对采购人员行贿套取企业采购标底,给予虚假优惠,以某些好处为诱饵公开兜售假冒伪劣产品等,以此损害公司的经济利益。

#### (二)采购成本方面的风险

影响材料采购成本的风险因素具体包括以下几个方面:

1. 采购前期费用

一般来说,材料供应计划确定以后,供应部门就会着手开始采购活动。采购的前期工作包括市场调查、质量评审、信用评估、供需洽谈及派出人员现场调查等。这个方面如果控制不好,就会出现信息失真、欺上瞒下、差旅费用过

高等问题。

### 2. 采购价格

采购价格直接决定原材料的采购成本。一定量的产品最终所需的原材料数量是一定的，因此采购价格的高低会极大地影响产品制造成本。采购活动中经常出现的价格差，关键是由供应者与采购者的市场信息不对称所致，供应者凭借较为充分的相关信息，常常占据较大的优势。

### 3. 采购批量

企业生产宏观的连续性和微观的周期性，决定了企业持续而且成批量采购，采购次数越频繁，储备资金越低，资金周转率越高，但采购前期费用和采购价格就会越高。

### 4. 质量特性

不同产品所用的原材料质量等级不同，同一产品不同部位使用的原材料质量等级也不同，因此，应按其质量特性高低划分为不同等级进行分类管理并实施不同的控制。

## 五、风险应对措施

### （一）采购合同风险的对策

针对采购合同中存在的问题，企业可以采取下列措施加以应对：

#### 1. 对采购合同进行全方位内部审计

在采购合同审计中，应运用签约审计、结算审计与消耗审计相结合的审计策略应对合同风险。签约审计重点是针对材料采购合同中盲目采购、虚假采购和扩大消耗、虚增成本等问题。为防止不合理的采购造成库存积压和损失浪费现象，按照先平库、后采购的原则，审查采购计划的真实性、合理性，提高资金使用效率；另外，贯彻执行订货选厂、产品选型、质量选优、价格选廉、运距选近、供货选快、服务选佳的宗旨，做好合同条款和价格的审计。结算审计是材料采购合同价款支付之前的最后一关，针对经常容易出现的高于合同约定结算、不按合同条款履行、结算手续不完善、结算多付款等问题，应该以合同约定为依据，做到物资验收单、运货单、发货票与合同书约定相符，入库产品的品种、规格、质量、价格与合同约定相符。消耗审计作为一种跟踪审计手段，主要目的是监督真实消耗，通过核实计划用量与实际用量之间的差异，防止实物短缺、物资散失及变卖行为，并提出相关的管理建议。

#### 2. 审查采购合同价格

为确保采购合同价格审定的科学、合理与公平，企业可以根据实际情况，采取以下价格审查方法。一是价格咨询法。对于价格变动频繁且市场用量较大的通用材料，以及价格相对公开的产品，利用上网咨询、电话咨询等方式，掌握当期价格的升降幅度以及变动因素，从而提供合理的市场参考价格。二是中标价格法。按照《招投标法》的规定，对大宗物资、大宗材料，采取货比三家的招标采购方式，落实中标价格和中标品种。三是最高限价法。对政府定价的产品和价格相对稳定且价值较低的物资，根据历史资料，直接实行最高限价。四是价格应用法。在建立管理信息系统的企业，凡是已经签约过的价格全部存放在价格数据库中，随时调阅、修正，实行自动比价。五是成本测算法。对新产品和特殊加工制作产品实施成本测算，依据产品的科技含量和技术标准，测算人工、材料、机械费用，科学确定产品价格。

（二）采购成本风险的对策

控制采购成本应该从两个层面着手——技术层面提高业务的执行能力和系统建设方面创建采购的环境，即COSO报告中所说的控制环境和控制活动，并不断从这两个方面持续改进。

1. 充分进行采购市场的调查和信息收集

一个企业的采购管理要达到一定水平，应充分注意对采购市场的调查和信息的收集、整理，只有这样，才能充分了解市场的状况和价格走势，使自己处于有利地位。如有条件，企业可设专人从事这方面的工作，定期形成调研报告。

2. 建立严格的采购制度

建立严格、完善的采购制度，不仅能规范企业的采购活动，提高效率，杜绝部门之间扯皮，还能预防采购人员的不良行为。采购制度应规定物料采购的申请、授权人的批准权限、物料采购的流程、相关部门（特别是财务部门）的责任和关系、各种材料采购的规定和方式、报价和价格审批等。比如，可在采购制度中规定采购的物品要向供应商询价、列表比较、议价，然后选择供应商，并把所选的供应商及其报价填在请购单上；还可规定超过一定金额的采购须附上三个以上的书面报价等，以供财务部门或内部审计部门稽核。

3. 建立供应商档案和准入制度

对企业的正式供应商要建立档案，供应商档案除有编号、详细联系方式和地址外，还应有付款条款、交货条款、交货期限、品质评级、银行账号等，每一个供应商档案都应经严格的审核才能归档。企业的采购必须在已归档的供应商中进行，供应商档案应定期或不定期地更新，并有专人管理。同时要建立供应商准入制度。重点材料的供应商必须经质检、物料、财务等部门联合考核后才能进入，如有可能要到供应商生产地实地考核。企业要制定严格的考核程序和指标,要对考核的问题逐一评分,只有达到或超过评分标准者才能成为归档供应商。

4. 建立价格档案和价格评价体系

企业采购部门要对所有采购材料建立价格档案,对每一批采购物品的报价,应首先与归档的材料价格进行比较,分析价格差异的原因。如无特殊原因,原则上采购的价格不能超过档案中的价格水平,否则要做出详细的说明。对于重点材料的价格,要建立价格评价体系,由公司有关部门组成价格评价组,定期收集有关的供应价格信息,以此分析、评价现有的价格水平,并对归档的价格档案进行评价和更新。这种评议情况可一季度或半年进行一次。

5. 选择有利的付款条件

如果企业资金充裕,或者银行利率较低,可采用现金交易或货到付款的方式,这样往往能带来较大的价格折扣。此外,对于进口材料、外汇币种的选择和汇率走势也要格外注意。

6. 把握价格变动的时机

材料价格会经常随着季节、市场供求情况而变动,因此,采购人员应注意价格变动的规律,把握采购时机。如企业所用的主要原材料价格不断上升,采购部门能把握好时机和采购数量,就会给企业带来很大的经济效益。

7. 以竞争招标的方式牵制供应商

对于大宗物料采购,一个有效的方法是实行竞争招标。此举往往能通过供应商的相互比价,最终得到底线的价格。此外,对同一种材料,应多找几个供应商,通过对不同供应商的选择和比较使其互相牵制,从而使公司在谈判中处于有利的地位。

8. 向制造商直接采购或结成同盟联合订购

向制造商直接订购,可以减少中间环节,降低采购成本,同时制造商的技术服务、售后服务会更好。另外,有条件的几个同类厂家可结成同盟联合订购,以克服单个厂家订购数量小而得不到更多优惠的矛盾。

篇中案例 5-2

**违规采购,草菅人命**

B 公司是一家有着多年历史的大型制药企业,在业内有着良好的声誉。公司多年来一直备受各医院和药品公司的信任,但在 2010 年 5 月,该公司却因药品质量问题被告上法庭。主要经过如下:

1. 低价采购

B 公司负责药用原材料采购的牛某在采购过程中结识了商贩马某，为了牟取暴利，马某冒充某知名制药厂商销售人员，伪造药品生产许可证等，将工业用品假冒药用材料销售给牛某。2007 年 8 月，牛某第二次向马某购买，这一次，马某卖给牛某的则是价格更低廉的工业原料。整个购买过程中，牛某只图采购价格低，既未向制药厂索取资质证明，也未现场进行查看，因而购入了大量的假冒药用原材料。

2. 违规验收

假冒的药用原材料在购入后，B 公司的质量检验部门违反操作规程，在未对这批材料按照指定规格进行对比鉴别的情况下，便随意签发了合格证，致使假冒药用原材料被大量投入生产。

3. 底价中标

2010 年，省内实行新一轮药品集中招标采购，在投标过程中，B 公司生产的医药产品因投标价格最低，而最终成为了众多医院集中招标采购的独家中标品种。

于是，由 B 公司制造的假药顺利流入各大市场。多家医院开出此假药后，导致数名患者死亡。

案例来源：袁帅. B 公司采购业务内部控制案例分析[J]. 海运报，2013（7）.

## 【课堂测试 5-2】

1. 下列哪一项不属于采购业务的流程（　　）。
A. 请购　　　　B. 验收　　　　C. 记账　　　　D. 退货
2. 下列哪一项不属于请购的范围（　　）。
A. 原材料的请购
B. 紧急需要物品的请购
C. 资金的需要
D. 临时需要的物品的请购
3. 下列哪一项不属于采购业务的原则（　　）？
A. 成本效益原则
B. 协调配合原则
C. 相互牵制原则
D. 真实可靠原则
4. 请具体阐述采购业务控制。

## 第三节　采购控制的关键点

一般认为，采购控制的关键点一般是指在申请、计划、合同、验收、入库等环节。这无疑是正确的。但随着时代的进步，采购业务的关键点也在随着变化，在市场经济条件下，由于各种经济成分同时并存和价格机制调节作用日益加强，也有一些新的采购关键点出现。

下面从传统的关键点和新兴的关键点两个方面进行阐述。

### 一、传统的采购控制关键点

企业在建立与实施采购内部控制中，至少应当强化对下列关键方面或者关键环节的控制：在职责分工、权限范围和审批程序中应当明确规范，机构设置和人员配备应当科学合理；在请购事项方面，应当明确，请购依据应当充分适当；采购行为应当合法合规，采购与验收流程及有关控制措施应当明确规范；在付款方式和程序、与供应商的对账办法上，应当有明确规定。现详细阐述以下几个控制关键点（见表5-2）。

（一）职责分工以及审批

1. 职责分工

企业应当建立采购业务的岗位责任制，明确相关部门和岗位的职责、权限，确保办理采购业务的不相容岗位相互分离、制约和监督。

企业采购业务的不相容岗位至少包括：

（1）请购与审批。企业物品采购应由使用部门根据其需要提出申请，并经分管采购工作的负责人进行审批。

（2）供应商的选择与审批。企业应由采购部门和相关部门共同参与询价程序并确定供应商，但是决定供应商的人员不能同时负责审批。

（3）采购合同协议的拟订、审核与审批。企业应由采购部门下订单或起草购货合同并经授权部门或人员审核、审批。

（4）采购、验收与相关记录。企业采购、验收与会计记录工作职务应当分离，以保证采购数量的真实性和采购价格、质量的合规性、采购记录和会计核算的正确性。

（5）付款的申请、审批与执行。企业付款的审批人与付款的执行人职务应当分离，付款方式不恰当、执行有偏差，可能导致企业资金损失或信用受损。

## 第五章 采购业务

表 5-2 采购业务的风险与关键控制点

| 序号 | 子流程 | 应对的风险 | 控制点的描述 |
| --- | --- | --- | --- |
| 1 | 采购计划和采购申请的审批 | 采购未经适当授权和审批 | 每月末,编制下月采购计划,采购计划提交企业领导审批 |
| 2 | 采购计划和采购申请的审批 | 采购未经适当授权和审批 | 采购人员根据审批的采购计划编制采购申请单,采购申请单列明拟采用的采购方式、采购量以及金额等信息,采购申请单按企业规定的审批权限进行审批 |
| 3 | 采购合同的签订 | 采购未经适当授权和审批 | 采购经办人员负责填写对外签订合同审批单,审批单后附合同草稿以及必要的有关记录招标结果、谈判结果、询价结果的文件,并需经合同管理部门、生产部和财务部等相关部门会签以及企业总经理审批 |
| 4 | 到货验收 | 采购不合格的货物 | 由独立的验收部门或指定专人对所购物品或劳务等的品种、规格、数量、质量和其他相关内容进行验收,出具验收证明 |
| 5 | 应付账款、其他应付款的确认 | 多计或少计应付账款 | 货物或劳务验收后,应核实订货单、验收单以及供应商开具的供货发票,经核对一致无误,查阅预付款情况及各项付款条件 |
| 6 | 付款审批 | 采购交易未能在账上得以及时 | 采购经办人员填写付款申请单,申请向供应商支付到期应付款项。付款申请单须后附采购合同、发票、入库单等原始单据,按审批权限对付款申请单进行审批后由财务部安排付款 |

### 2. 授权审批制度

企业应当建立采购业务的授权制度和审核批准制度,并按照规定的权限和程序办理采购业务。有条件的企业或企业集团,采购职责权限应当尽量集中,以提高采购效率,堵住管理漏洞,降低成本和费用。

企业应明确审批人对采购业务的授权批准方式、权限、程序、责任和相关控制措施,规定经办人办理采购业务的职责范围和工作要求。根据采购业务,控制的审批要点主要包括:企业的生产计划部门一般会根据顾客订单或者对销售预测和存货要求的分析来决定生产授权;企业对资本支出和租赁合同通常会特别授权,只允许特定人员提出请购;企业对于重要性较高、技术性较强的采购业务,应当组织专家进行论证,实行集体决策和审批,防止出现决策失误而造成严重损失;采购合同的签订需经有关授权人员审批;采购款项的支付应经有关授权人员审批。

### 3. 业务记录控制

企业应当按照请购、审批、采购、验收、付款等规定的程序办理采购业务，并在采购各环节设置相关的记录，填制相应的凭证，建立完整的采购登记制度，加强请购手续、采购订单或采购合同协议、验收证明、入库凭证、采购发票等文件和凭证的相互核对工作。

为实现采购业务控制目标，企业应建立以请购单、合同、验收单、入库单等结算凭证为载体的业务记录控制系统。在该系统中凭证要连续编号、记录、签字盖章，做到账证、账账、账表、账实相符，并且检查有编号签字的凭证与记录是否按程序要求处理，这样可以有效防止经济业务的遗漏和重复，并可检查是否存在舞弊现象。

### （二）请购与询价控制点

采购申请一般由使用部门提出或由仓储部门提出，物资供应部门根据采购企业的采购申请，根据年度采购计划、工程用料计划和库存消耗定额编制月度采购计划，由部门主管或其授权人员审核是否合理，若合理则签字认可交采购部门，金额巨大或特殊采购应由主管副总经理审批。

#### 1. 请购控制

请购环节可能存在的风险主要包括：请购不应采购的货品，请购货品超量，请购人混淆不清。这些问题可能造成企业的库存积压、增加不必要的开支、资金效率低、负债增加或现金流不充足。为了防止这些问题的发生，企业应当建立采购申请制度，依据购置商品或服务的类型，确定归口管理部门，授予相应的请购权，并明确相关部门或人员的职责权限及相应的请购程序。

企业采购需求应当与企业生产经营计划相适应，具有必要性和经济性。需求部门提出的采购需求，应当明确采购类别、质量等级、规格、数量、相关要求和标准、到货时间等。不同的需要有不同的确定和提出请购的方法，不同的需要由不同的授权部门提出采购申请。

（1）原材料或低耗品的请购程序

材料或低耗品的请购首先由生产或使用部门根据生产计划或近期签发的生产订单和通知单提出请购单。仓库管理人员收到请购单以后，应将材料或低耗品的库存情况同生产部门需要的数量进行比较，当使用部门所需要的数量超过库存数量时，就应签字同意请购。不同企业的采购管理方法存在差异，如从事大批量生产的企业，仓库管理人员拥有较多的管理信息，可以根据库存材料是否达到最低库存标准执行请购程序，然后由采购部门和使用部门进行审批。

(2) 日常物料或劳务的请购

企业各部门日常的商品采购申请由使用部门直接提出，请直接注明购进商品的用途、数量、质量等信息，并且要取得本部门主管的批准和财务人员的审核，最后由采购部门执行具体的采购活动。

(3) 例外采购商品的请购程序

例外采购商品是指企业不经常发生的或收益期较长的物或劳务，其中劳务居多，如财产保险、独立审计、广告策划和法律顾问等服务项目。由于这类请购不经常发生，企业一般不设长期岗位，而是指定专人进行请购活动，由这些人员联系保险企业、会计师事务所和广告商等。

有条件的企业应当设置专门的请购部门，对需求部门提出的采购需求进行审核，并进行三类汇总，统筹安排企业的采购计划。

提出物品和劳务的需要是采购环节的开始，企业可以根据不同的需要制定不同的请购审计制度。企业生产经营需求量比较多的原材料、零配件等物品，由采购部门、财会部门、业务主管部门的人员共同参与请购的审核，由本企业授权采购负责人审批。请购单一式三联，注明请购部门，请购物品名称、规格、数量、要求到货日期及用途等内容。重要物品或劳务的请购应当经过决策论证和特殊的审批程序。

零星需要的物品，通常由使用者根据实际需要直接提出，不经采购部门签批。使用者在请购单上一般要解释请购目的和用途，经使用部门主管审批，并经财会部门同意后，交采购部门办理采购；紧急需求的特殊请购制定特殊审批程序；遇特殊原因需取消申请时，原请购部门应通知采购部门停止采购，采购部门应在原请购单上加盖"撤销"印章，并退回请购部门。

2. 询价控制

企业应当加强采购业务的预算管理。对于预算内采购项目，具有请购权的部门应当严格按照预算执行进度办理请购手续；对于超预算和预算外采购项目，应当由审批人对请购申请进行审批，设置请购部门的，应当由请购部门对需求部门提出的申请进行审核后再行办理请购手续。企业对预算的管理，也就意味着必不可少的要加强询价控制。

设置专职询价员，询价员不参与采购谈判和采购决策。除特殊情况外，须向两家以上合格供应商询价，询价单要统一编号，返回的询价单由专人统一管理，并将报价数据放进报价信息数据库。为确保价格机制透明，企业应制定合理的询价程序，并重点了解供应商的相关情况。控制措施有：定期了解供应商的基本资料，如产品价格、质量、供货条件、信誉、售后服务以及供应商的设备状况、技术水平和财务状况等，为企业采购决策提供可靠信息；对潜在供应商应就其质量、技术、财务状况的可行性进行调查；对于大宗和重要物品的采购，应建立由采购、技术等部门参与的比质比价体系，综合考虑价格、质量、供货条件、信誉和售后服务等；对某些采购可以采用招标方式，在满足采购方物品质量、送货时间等要求的情况下，以公开方式进行，招标不能以价格作为唯一因素；对于零星物品的采购，由于采购量低、价格也不高，采用上述方式采购成本会过高，一般授权直接采购，但也应形成由独立的人员抽样暗访的制度；就以上各因素确定目标价格并与相关供应商协商以达到最优价格。

（三）采购与验收控制点

询价程序完成后，采购部门须做出以下决定：根据资产存储情况，确定采购物品的批次和数量；根据询价控制制度，选择最有利于企业生产和成本最低的供应商；将请购单一联退请购部门，以示答复；一联退财会部门筹备资金；一联退采购部门作为签订购销合同的依据。

1. 采购控制

业务或采购部门在接到请购单后，与采购计划核对，审核采购申请的合理性，对合理的采购申请核算出采购额后，由采购部门主管或其授权人员签字认可；交财务部对采购申请与资金预算进行核对，审核其合理性并由部门主管或其授权人员签字认可。

企业应当建立采购与验收环节的管理制度，对采购方式确定、供应商选择、验收程序及计量方法等做出明确规定，确保采购过程的透明化以及所购商品在数量和质量方面符合采购要求。

企业应当建立供应商评价制度，由企业采购部门、请购部门、生产部门、财会部门、仓储部门等相关部门共同对供应商进行评价，包括对所购商品的质量、价格、交货及时性、付款条件及供应商的资质、经营状况、信用等级等进行综合评价，并根据评价结果对供应商进行调整。采购部门必须随时寻求新的供应商，以利于企业的运作以及降低企业的成本。

企业应当对紧急、小额零星采购的范围、供应商的选择做出明确规定。无论何种需要的请购，采购部门在收到经过审批的请购单后都必须做出以下三个方面的决定：应订购多少，向谁发出订货单，什么时候发出订货单。

（1）订购数量的控制

首先，由采购人员审查每一份请购单是否在执行后又重复提出，请购数量、品种是否合理，是否在控制限额的范围内。其次，对大量采购的原材料、零配件、商品、物资等进行各种采购数量对成本影响的分析，分析的内容主要是将各种请购项目进行有效归类,然后利用经济批量法测算成本及采购的批次和数量。最后,对请购数量不大或零星采购物品,采购批量的成本分析控制可对照资金预算来执行。

(2)向谁发出订货单

购货部门在正式填制购货订单前,必须向不同的供应商索取供应物品的价格、质量指标、折扣和付款条件以及交货时间等资料。应比较不同供应商所提供的资料,选择最有利于企业生产和成本最低的供应商。对于一些大宗的交易,采购部门还应当采用一套有效的指标程序来进行。

(3)何时发出订货单

为了生产经营的正常进行,避免存货资产的闲置,存货管理部门人员在接到请购单后,对存货应运用经济批量法和存货最低点法进行分析,决定什么时间请购最为合适,并在请购单上签署意见,由部门授权人审批。

在上述三个方面的决定做出之后,应将请购单一联退请购部门,以示答复,一联退仓库准备验货,一联退财会部门筹备资金,一联退采购部门作为签订购销合同的依据。

采购部门根据签批后的请购单,应及时与确定的供应商签订符合国家法规的附有编号的购销合同,在合同中要列出所购物品的品名、规格、数量、单价、交货日期、交货方式、折扣条件、售后服务等内容,作为供销双方共同遵守的契约。对采购合同必须按照采购权限规定,由各级授权人进行审核,审核同意后,才能加盖合同专用章。在向供应商发出订货单之前,还必须由专人核查订货单是否授权审批,以及是否有经批准的请购单作为支持凭证,确保订货单的有效性。采购合同一般一式四份,一份交供货商请求发货,一份由采购部门专人保管,负责合同的执行,一份交财会部门以监督合同的执行,一份交仓库保管部门作为验收物品时与发票核对。

对某些采购数量不大,不经常采购的物品,也可以不签订合同而直接购买,以简化手续,加快进货速度。

2.验收控制

货物到达后,由仓储部门指派验收人员对货物进行实物计量,并与货运单、订购单进行验收的标准包括:品名与规格、数量、品质、凭据等。企业应当根据规定的验收制度、核准的订单、合同协议等采购文件,由专门的验收部门或人员、采购部门、请购部门以供应商等各方共同对所购物品或服务等的品种、规格、数量、质量和其他相关内容进行验收,出具检验报告、计量报告和验收证明。

对验收过程中发现的异常情况，负责验收的部门或人员应当立即向有关部门报告，有关部门应当查明原因，及时处理。

为了达到控制目的，验收入库的职能必须由独立于请购、采购和财会部门的人员来承担。收货部门应根据购销合同的数量和质量的要求，独立地检验收到的物品。收货人员在货运单上签字之前，应通过计数、过磅或测量等方法来证明货运单上所列货品的数量。收货部门还应在可能的范围内对物品的质量进行检验，对有技术要求的物品应将部分样品送交专家和实验室进行质量检验，将验收单或检验报告单或作为入库单的一项内容，发现问题应及时报告并按批准意见处理。对于已经检验的物品由保管人员将发票、购销合同、请购单进行认真核对，同时点收实物的数量和质量，核对无误后填写按顺序编号的入库单。入库单一式三联，注明供应商名称、收货日期、物品名称、数量、质量以及运货人名称等内容。保管员在入库单签字后，将其一联留存，登记仓库台账；一联随有关凭证送交财会部门，办理结算；一联退回采购部门与购销合同、请购单核对，核对后归档备案。

3. 审核控制

对购货业务的各种凭证进行严格的审查，是保证业务的合法、合理、符合内部控制制度的重要手段。财会部门在正式记录采购业务、支付货款之前，应对各有关部门送来的各种原始凭证，包括发票、运费收据、代扣代收税款、入库单以及购销合同、请购单等进行认真的审查、核对。不仅要审查每一凭证的购货数量、金额计算的正确性，还要检查各种凭证之间是否内容一致、时间统一、责任明确、手续清楚等，如果发现问题，应及时查明原因，分清责任，合理解决。

（四）货款支付的控制点

付款环节的主要风险包括：付款给非供应商、对未经核准的采购进行了支付、重复付款、开具支票未及时入账。这可能导致货款支付业务没有记录、负债和资产的高估、错误付款、资产流失、企业内部人员贪污。因此，企业的财会部门应对发票、运费单、验收单、入库单以及其他有关凭证审核，并与合同进行核对，经企业授权人审批后向供应商办理结算。货款到期后，应及时支付，以维持企业良好的信用。采购需预付货款或订金的，应适当授权后才能支付，并需收到供应商的相关票据。企业采用赊账方式购买物品，由此而形成的债务结算业务也必须加强控制。具体要求是：应付账款的入账必须在发票等凭证经企业授权人审批后方可入账；由专门人员定期与供应商核对账目，如果对账中发现问题，应及时查明原因，分清责任，按有关规定处理，确保双方的账目相符；按双方事先约定的条件及时清理债务，支付欠款后，依据相关凭证登记账簿。

1. 付款控制

财会部门应当参与商定对供应商付款的条件。企业采购部门在办理付款业务时，应当对采购合同协议约定的付款条件以及采购发票、结算凭证、检验报告、计量报告和验收证明等相关凭证的真实性、完整性、合法性及合规性进行严格审核，并提交付款申请，财会部门依据合同协议、发票等对付款申请进行复核后，提交企业相关权限的机构或人员进行审批，办理付款。

付款环节表示采购业务的结束。一般由财会部门根据审核后的发票、运费单、代扣代收税款凭据、质检部门出具的验收单、仓库开具的入库单以及其他有关凭证与合同规定的付款条件和发货情况进行核对，核对无误后经企业授权人审批后向供应商办理结算，并做相应的采购的账务处理。图5-2列示了付款控制流程。

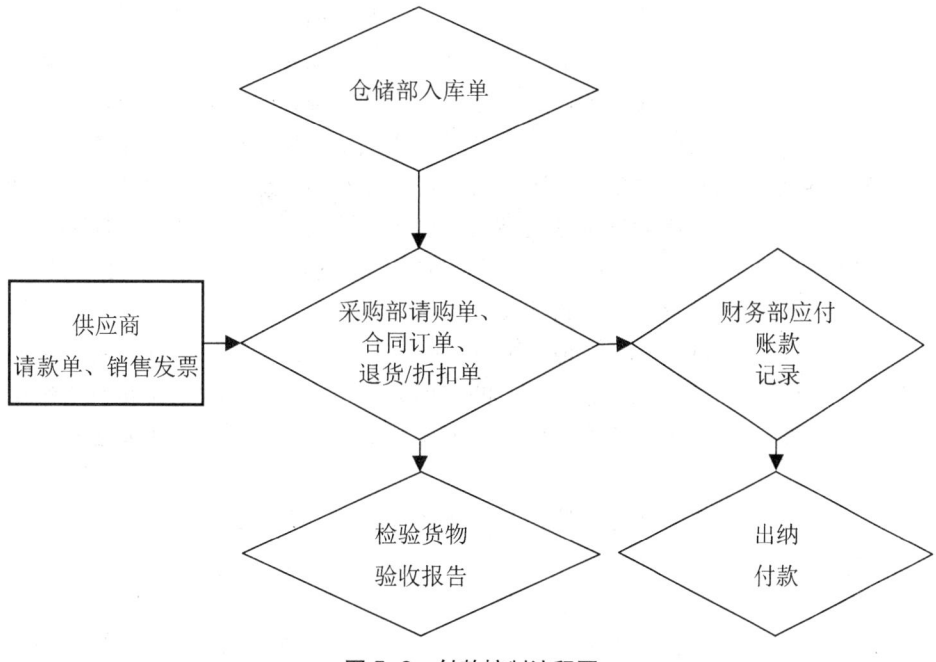

**图 5-2 付款控制流程图**

对于现金支付的交易，为了强化内部控制，还应当提倡根据付款凭证而不是原始凭证支付现金，即财会部门在接到发票等原始凭证后，先由部门授权人审核批准，再由会计人员据其编制付款凭证，注明会计科目、款项用途及金额等，交给出纳员由其根据付款凭证列出的金额支付现金，并登记现金日记账，然后将付款凭证退交财会部门，以便登记总账和明细账。这样，出纳人员应付出多少现金财会部门已经记录在案，更有利于形成控制关系。

企业采用赊账方式购买物品，必然形成债务，由此而引发债务结算业务也必须加强控制。具体要求是：

（1）应付账款的记录必须由独立于请购、采购验收、付款的职员来进行，以保持采购环节中得到有效的控制，防止错误和欺诈的发生。

（2）应付账款的入账还必须在取得和审核各种必要的凭证以后才能进行。审核内容主要包括：原始凭证是否齐全、日期和货物内容是否一致，验算它们之间的数量、价格，加总合计是否正确。

（3）对于有预付货款的交易，在收到供应商的发票后，应将预付金额冲抵部分发票金额后记录应付账款。

（4）必须分别设置应付账款的总账户和明细账。

（5）总账根据汇总的应付凭单登记，明细账分债权人根据发票登记。

（6）每月末来自供应商的对账单必须同应付账款明细账余额相核对。这项工作应由财务经理或其授权的、独立于应付账款明细记录的职员来办理。

财会部门在办理付款业务时，应当对购货发票、供应商发票、结算凭证、订购单、验收单以及入库单等资料的真实性、完整性、一致性、合法性进行严格审核。对于未经核准的款项不能支付，对于上述资料不全的款项，应要求补齐资料后，才能支付。对于采购需预付货款或订金的，应适当授权后才能付出，并收到供应商的相关票据。预付款最好通过银行结算。当收到供应商产品和发票后，应将预付款冲抵后记录应付账款，并支付余额。应付账款在约定付款到期后，应及时支付，以维持企业良好的信用。财会部门每月底对于每月未结清的预付明细账应及时与供应商核对，保证预付款的准确性，并分析其账龄。

2. 退货和折让控制

企业应当建立退货管理制度，对退货条件、退货手续、货物出库、退货货款回收等做出明确规定，及时收回退货款。

采购部门接到收料单后与采购合同核对，相符则登记采购登记簿，不相符，如数量缺少则与供应商联系要求补足，如质量问题则应考虑是退货还是要求供应商给予折让。决定退货的应填制退货通知单，授权运输部门退回，在获得物资供应站的退货单后编制借项凭单，借项凭单连同退货单送交财会部门。借项凭单的内容包括供应商名称、退货数量、价格、日期以及金额计算等。

## 二、新兴的采购控制关键点

（一）招投标

但随着时代的进步，采购业务的关键点也在随着变化，在市场经济条件下，由于各种经济成分同时并存和价格机制调节作用日益加强，也有一些新的采购关键点出现。采购业务应引入招投标这一控制点。这样可以通过对供应商信用和规模、产品质量和价格等方面的比较买到物美价廉的材料、设备，也可杜绝不正之风。引入这一控制点，企业可先将采购的数量、规格、质量要求、采购原则通过信函、电话、网络等方式告诉供应商；供应商会发函或派人将有关产品说明书、产品质量检验证明、价格表等送给企业；企业再从中筛选出规模大、历史悠久及产品质量好、价格低的供应商进行考察；然后企业将收集的信息汇总，拟订招投标，并最终选定供应商企业对于原材料的采购可每年进行一次招投标，以增强现有供应商的竞争意识。这就是许多企业推崇的"扬出去、收回来、走出去、定下来"的采购方法。

（二）市场调研

市场调研，是指为了提高产品的销售、采购决策质量、解决存在于产品销售中的问题或寻找机会等而系统地、客观地识别、收集、分析和传播营销信息的工作。多进行市场调研可以详细了解采购对象的市场价格、供求关系，所谓"知己知彼"，市场调研可以将采购的物料或劳务情况了如指掌，对采购控制将有所提升。

## 三、采购业务控制中应注意的其他问题

（一）关于采购的内部控制的模式

对于许多国有企业来说，按照业务职能进行各主管领导的分工是一种十分常见的模式。比如：生产物资的采购、仓储、质检、生产由生产经理负责；包装物的采购、仓储、质检、运输、营销由销售经理负责；财务经理和人事经理则不管销售、生产方面的事。这种模式虽然有利于企业进行生产、销售等方面的协调，但从内部控制方面来看却有很大的缺陷。笔者认为，对于采购的内部控制还应该明确采购的不同环节应由不同部门执行，这些部门向各自的分管经理负责，以形成不同部门和分管经理之间的相互制约。

（二）采购内部控制与其他内部控制的关系

企业在设计采购内部控制时，应将材料的采购、仓储、质检等职能授予不同的部门，并将采购环节中的一些控制职能如价格审议交由另一部门。这样既

可以完善内部控制，也可达到优化业务流程、减员增效的目的。笔者认为，在设计内部控制的过程中不应将内部控制设计孤立起来，而应和企业管理的其他方面的改革结合起来。

**篇中案例 5-3**

### B 公司采购业务流程及控制

B 公司主要经营中小型机电类产品的生产和销售，目前主要采用手工会计系统。通过对 B 公司内部控制的了解，记录了所了解的和购货与付款循环的内部控制程序，部分内容摘录如下：

（1）对需要购买的已经列入材料清单基础上的由仓库负责填写请购单，对未列入存货清单基础上的由相关需求部门填写请购单。每张请购单须由对该类采购支出预算负责的主管人员签字批准。

（2）采购部收到经批准的请购单后，由其职员 E 进行询价并确定供应商，再由其职员 F 负责编制和发出预先连续编号的订购单。订购单一式四联，经被授权的采购人员签字后，分别送交供应商、负责验收的部门、提交请购单的部门和负责采购业务结算的应付凭单部门。

（3）采购人员 F 根据请购单向公司的长期供应商 C 公司发出订购单，采购人员 F 长年以来一直负责向 C 公司采购材料。

（4）根据仓库部门记录，C 公司虽然经常出现交货不及时、数量不符等问题，但由于从 C 公司采购的材料的价格相对较低，因此财务部门指定 C 公司为 B 公司材料的主要供应商。

（5）验收部门根据订购单上的要求对所采购的材料进行验收，完成验收后，将原材料交由仓库人员存入库房，并编制预先未连续编号的验收单交仓库人员签字确认。验收单一式三联，其中两联分送应付凭单部门和仓库，一联留存验收部门。

（6）对于验收部门发现的存在质量问题的材料，B 公司要求采购部门与C 公司进行谈判并确定适当的折让金额，并授权财务经理审批折让金额，折让金额一经确定，财务部门即应编制贷项凭单，调整应收账款。

（7）应付凭单部门核对供应商发票、验收单和订购单，并编制预先连续编号的付款凭单。在付款凭单经被授权人员批准后，应付凭单部门将付款凭单连同供应商发票及时送交会计部门，并将未付款凭单副联保存在未付款凭单档案中。会计部门收到附供应商发票的付款凭单后即应及时编制有关的记账凭证，并登记原材料和应付账款账簿。

（8）应付凭单部门负责确定尚未付款凭单在到期日付款，并将留存的未付款凭单及其附件根据授权审批权限送交审批人审批。审批人审批后，将未付款凭单连同附件交复核人复核，然后交财务出纳人员 J。出纳人员 J 据此办理支付手续，登记现金和银行存款日记账，并在每月末编制银行存款余额调节表，交会计主管审核。

（9）每月月末，财务经理授权负责付款的出纳人员 J 负责定期核对供应商的订单，针对发现的任何差异，追查本公司的会计记账是否有误，并与供应商及时联系，调整差异。

## 【课堂测试 5-3】

1. 随着时代的发展新出现的采购控制关键点是（　）。
   A. 申请　　　　B. 验收　　　　C. 市场调研　　　D. 采购合同
2. 下列哪一项不属于采购验收关键点的一部分（　）。
   A. 订购数量的控制　　　　　B. 如何发出订货单
   C. 向谁发出订货单　　　　　D. 合适发出订货单
3. 以下哪几项不是传统意义上的采购控制关键点（　）。
   A. 招投标　　　　　　　　　B. 职责分工以及审批制度
   C. 请购以及询价　　　　　　D. 验收

**本章小结**

采购环节是生产经营的首要环节，需要进行有效的管理。采购与付款业务是企业经营活动的首要环节，它与生产、销售计划密切联系，业务发生频繁，工作量大，运行环节多，直接导致货币资金的支出或对外负债的增加，容易产生管理漏洞，产生很大的风险。

面对采购业务过程中存在的风险，企业应该依据采购的整体流程，在购入前、购入和使用、处理等环节进行控制。企业在对采购进行控制的时候，应该明确岗位分工，严格授权审批制度。把握好采购在请购与采购，验收与保管，领用与发出，盘点与处置环节的关键控制点。采购业务控制的内容与其业务流程紧密相关，从形式上来看，有以下内容：采购事前的控制、采购事中的控制、采购时候的控制。企业在对采购业务进行控制的时候，应该明确职责分工，严格授权制度。把握好采购业务在购置决策，使用和维护，处置和转移环节的关键控制点。采购业务在为企业创造利润的过程中担当着越来越重要的角色，因此，企业应当越来越重视它。企业在对无形资产进行控制的时候，应该明确职责分工，严格授权制度，进行会计核算环节进行控制。

　　建立完善的采购业务内部控制的制度，可以保证采购付款业务循环有效运行，确保采购事项的真实性、合理性、合法性，发现并纠正错误，防止欺诈和舞弊行为，及时准确提供采购业务的会计信息，使企业在采购、付款环节获得最大经济效益。设计采购业务的内部控制制度，就是依据企业的生产经营特点，针对采购业务的工作特性，设计出规范整个业务流程和每个关键控制点的规定、方法、措施等，并规范执行，严格监督。

**篇后案例**

采购业务：看似平常，透析细节有黑幕

　　置身企业的采购环节，经常处于"一半是海水，一半是火焰"的境地，如何保持"常在河边走，就是不湿鞋"的状态，需要深思。本案例在一个采购经理沉浮的案件中剖析一个企业的采购内部控制制度。

　　本是实权在握的国有企业工作人员，却没有将权力释放在规定的活动，而是利用职务上的便利，骗取国有财产64余万元，面对法院的终审判决，被告人刘某不得不低下头，吞下自己"精心隐藏"7年的苦果，等待他的将是15年的牢狱生活。自导自演这一悲剧的是风华正茂的原上海同协技术工程企业（以下简称同协）轻纺工程部经理。

　　1992年11月，山东某企业向同协求购精疏机一套，但当时同协没有购买此类机械的配额。头脑活络的刘某想出一个办法，利用其他企业的配额到上海纺机总厂定购。随后，刘某将本企业的45万余元划入纺机总厂。然而，1993年初，他代表企业到纺机总厂核账时发现，纺机总厂财务出错：把已提走的设备，当作其他企业购买，而他划入的45万余元却变为同协的预付款。于是，一场偷梁换柱的把戏开始上演。1993年3月至4月，刘某派人到纺机总厂以同协的名义购买混条机等价值60余万元的设备。因为有了45万余元的"预付款"，刘某仅向纺机总厂支付了15万元。随后，他找到了亲戚经营的大发纺织器材企业，开出了同协以67万元的价格购得这批设备的发票。而同协不知内情，向大发企业支付了全部购货款，刘某从中得利52万元。1993年7月至10月期间，刘某又以相同手段骗得同协11万余元，占为己有。1993年底，刘某终于梦想成真，开办了自己的企业——中岛纺织机械成套设备企业，并担任法定代表人。

　　2000年上半年，纺机总厂发现45万元被骗，向公安机关报案，刘某随后被捕。法院认定刘某贪污公款64万余元，构成贪污罪，判处刘某有期徒刑

15年。

同协在其采购经理出事后,暗下决心,防微杜渐。企业根据其生产经营的业务流转特点,制定了企业材料采购业务内部控制制度,并经过企业董事会审议后统一实施。在先后4年的采购制度实施过程中,尽管没有出现重大问题,但是一些小的漏洞与问题也层出不穷。注册会计师在提供企业年度财务报告审计时,也曾经调阅过相关制度。通过摘要其内部控制制度的核心内容,可将相关要点表述如下:

本案例素材取自作者曾经现场审计过的一家企业的基本情况,由作者改编成采购管理与控制的案例,基于企业方面不愿对外披露其管理与控制态势的原因,此处对其公司名称进行了技术处理。

(1)首先由企业仓储管理科根据库存和生产需要提出材料采购业务申请,填写一份请购单,并交给企业采购部门批复。

(2)企业采购部门根据前制定的采购计划,对材料请购单进行审批。如符合计划,应通知采购,否则请示企业总经理批准。

(3)决定采购的材料,由企业采购部门填写一式二联的材料订购单,其中一联由企业采购部门留存,另一联由采购部门交给材料供应企业。采购员凭材料订购单与材料供应企业签订供货合同。

(4)供货合同的正本留企业采购部门并与材料订购单核对,供货合同的副本分别转交仓库和财务管理部,以备查。

(5)采购来的材料运抵仓库,由仓库保管员验收入库。验收时,将运抵的材料与采购合同副本、供货企业发来的发运单相互核对。然后填写一式三份的验收单,一联仓库留存,作为登记材料明细账的依据,一联转送供销科,一联转送财务科。

(6)企业采购部门收到验收单后,将其与采购合同的副本、供货企业发来的发票;其他银行结算凭证相核对,确定此采购业务的完成情况。

(7)财务管理部科接到验收单后,由主管材料核算的会计,将验收单与采购合同副本、供货企业发来的发票、其他银行结算凭证相核对,以相符或不符作为是否支付货款的依据。

(8)应支付款的,由会计开出付款凭证,交出纳员办理付款手续。

(9)出纳员付款后,在进货发票盖"付讫"章,再转交会计记账。

(10)财务管理部的材料明细账,定期与仓库的材料明细账核对。

案例来源:王保平等. 企业内部控制操作实务与案例分析[M]. 北京:中国财政经济出版社,2010.

## 核心概念

采购业务（procurement business）　　采购流程（the procurement process）
采购原则（purchase principle）　　采购关键点（the key point of purchase）
采购审批（purchase examination and approval）

## 思考题

1. 采购业务的概念是什么？
2. 简述采购业务的重要性以及在资产管理过程中面临的风险。
3. 采购业务的内部控制的原则是什么？
4. 采购业务的风险控制点是什么？对采购业务进行控制要达到什么控制目标？应该采取什么样的控制措施？

## 练习题

### （一）单项选择选题

1. 单位对于重要的采购与付款业务，应当组织专家进行可行性论证，由（　）审批。

　　A. 董事长　　　　　　　　　　B. 总经理
　　C. 企业领导集体决策　　　　　D. 负责采购的副总经理

2. 整个采购的关键控制环节是（　）。

　　A. 采购预算　　　　　　　　　B. 采购作业
　　C. 采购验收　　　　　　　　　D. 采购付款及记录

3. 企业所有采购申请书必须先由（　）签名批准。

　　A. 董事长　　　　　　　　　　B. 总经理
　　C. 负责采购的副总经理　　　　D. 部门主管

4. （　）是采购决策最关键的环节，也是最终确定供应商，签订采购合同的依据。

　　A. 采购方式的选择　　　　　　B. 供应商的选择
　　C. 验收程序　　　　　　　　　D. 价格谈判

5. 企业财会部门对有验收报告而未有发票的采购项目，应（　）。

　　A. 暂不入账　　　　　　　　　B. 付款时入账
　　C. 暂估入账　　　　　　　　　D. 按预付款金额入账

6. 企业开具销售发票由（　）负责。
   A. 信用管理部门　　　　　　　　B. 销售部门
   C. 仓库部门　　　　　　　　　　D. 会计部门
7. 采购预算应当由（　）编制。
   A. 使用部门　　　　　　　　　　B. 仓储部门
   C. 采购部门　　　　　　　　　　D. 检验部门
8. 按照业务流程的进行顺序，采购控制不包括（　）。
   A. 事前控制　　　　　　　　　　B. 事中控制
   C. 事后控制　　　　　　　　　　D. 申请与审批控制
9. 下列不属于事前控制的是（　）。
   A. 采购预算控制　　　　　　　　B. 采购人员管理
   C. 审批控制　　　　　　　　　　D. 岗位管理
10. 采购活动的（　）是本业务循环的最主要内容，也是实现内部控制目标的关键。
    A. 事前控制　　　　　　　　　　B. 事中控制
    C. 事后控制　　　　　　　　　　D. 申请与审批控制
11. 企业应当建立（　），依据购买物资或接受劳务的类型，确定归口管理部门，授予相应的请购权。
    A. 采购验收制度　　　　　　　　B. 采购物资定价机制
    C. 采购申请制度　　　　　　　　D. 采购审批制度
12. 大宗采购应当采用（　）方式，合理确定招投标的范围、标准、实施程序和评标规则。
    A. 询价　　　B. 招标　　　C. 定向采购　　　D. 直接购买
13. 采购与验收控制点不包括（　）。
    A. 采购控制　　B. 验收控制　　C. 审核控制　　D. 付款控制
14. 企业采购付款过程中，发现异常情况的，应当（　），避免出现资金损失和信用受损。
    A. 继续付款　　B. 拒绝付款　　C. 与供货商协商　　D. 及时退货
15. 下列有关内部控制的说法中，正确的是（　）。
    A. 内部控制就是制定一系列的制度
    B. 内部控制不仅仅是对下属的控制
    C. 内部控制和会计控制是等同的
    D. 内部控制就是指事后监督

### (二) 多项选择题

1. 甲注册会计师在对 A 公司采购与付款循环进行控制测试时，为了解 A 公司是否存在主要使企业管理人员和职员受益而非使公司受益的付款情况，决定将"所记录的购货都确已收到商品或接受劳务"作为一项重要的控制目标加以测试。这一测试有助于发现下列（　）等情况。
   A. 有关职员在付款凭单登记簿上虚记一笔采购而侵吞公款
   B. A 公司中层或高层管理人员未经批准购买个人用品
   C. 支付 A 公司管理人员在俱乐部的个人会费
   D. 支付管理人员及其家属的度假费用

2. 采购业务控制应围绕（　）环节进行。
   A. 采购申请　　B. 合同签订　　C. 验收入库　　D. 货款结算

3. 企业确定采购价格较常用的方法是结合使用（　）等手段进行。
   A. 询价　　　　B. 比价　　　　C. 议价　　　　D. 招投标

4. 以下哪些属于采购与付款业务流程（　）。
   A. 货款结算　　B. 采购作业　　C. 请购　　　　D. 采购决策

5. 采购验收不规范，付款审核不严，可能导致（　）。
   A. 生产停滞　　B. 采购物资损失　C. 资金损失　　D. 信用受损

6. 一般物资或劳务等的采购可以采用（　）方式并签订合同协议。
   A. 询价　　　　B. 招标　　　　C. 定向采购　　D. 直接购买

7. 企业给予客户的授信方式一般包括（　）。
   A. 信用期限　　B. 现金折扣　　C. 批准权限　　D. 折扣期限

8. 企业采购业务的不相容岗位至少包括（　）。
   A. 请购与审批
   B. 供应商的选择与审批
   C. 采购合同协议的拟订、审核与审批
   D. 采购、验收与相关记录

9. 内部控制是由企业（　）、（　）、（　）实施的旨在实现控制目标的过程。
   A. 董事会　　　B. 监事会　　　C. 股东　　　　D. 经理层和全体员工

10. 在凭证与记录的控制过程中，建立严格的凭证制度要求（　）。
    A. 凭证种类要齐全　　　　　　　B. 凭证内容要完整
    C. 凭证要预先连续编号　　　　　D. 所有凭证都要由会计人员填制
    E. 重要凭证要由专人负责保管

11. 下列属于流程图法特点的有（  ）。

A. 缺乏弹性，难以根据业务控制程序的变化做出修改

B. 可以对调查对象做出比较深入和具体的描述

C. 由于缺少文字说明，较复杂的业务不易理解

D. 能使各项业务活动的职责分工、授权批准等项控制措施完整地显示出来

E. 便于随时根据业务控制程序的变化做出修改

12. 采购业务内部控制制度的内容包括（  ）。

A. 职务分离制度　　　　　　B. 存货采购的请购单控制制度

C. 订货控制制度　　　　　　D. 货物验收控制制度

E. 收款与对账控制制度

13. 企业进货业务的环节主要有（  ）。

A. 询价、报价　　　　　　B. 签订采购合同后订货

C. 企业信誉调查　　　　　D. 开具发票　　　　E. 接收货物并付款

14. 建立和实施内部控制的原则主要有（  ）。

A. 全面性原则　　　　　　B. 重要性原则　　　　C. 制衡性原则

D. 适应性原则　　　　　　E. 成本效益原则

15. 内部控制的目标包括（  ）。

A. 促进企业实现发展战略

B. 提高经营管理效果效率

C. 合理保证财务报告及相关信息真实完整

D. 合理保证资产安全

E. 防错纠弊

**（三）判断题**

1. 企业小额零星物品或劳务采购可以采取直接购买、事后审批的方式。（  ）

2. 企业超过一定金额的采购需求，可以由领用部门自行采购。（  ）

3. 企业可以由付款审批人和付款执行人单独完成询价与确定供应商工作。（  ）

4. 企业所有的采购必须由企业管理层集体决定审批，再交予采购部门执行。（  ）

5. 企业验收部门应使用顺序连续的验收报告记录收货，对无对应采购申请表的货物，不得签收。（  ）

6. 退货验收的人员与退货记录的人员可以是同一个人。（  ）

7. 顾客要求退货或折让,应由负责收款和记录应收账款以外的人员,根据退回货物的验收报告和入库单批准退货。(　)

8. 企业应当建立退货管理制度,对退货条件、退货手续、货物出库、退货货款回收等做出明确规定,及时收回退货货款。(　)

9. 授权是对特殊交易或特殊交易的政策性制度决策。(　)

10. 内部控制是一个动态的概念,今后仍会继续发生变化。(　)

11. 即使实施某项业务的控制成本大于控制效果,也有必要设置控制环节和控制措施,以保证即使是小错弊也能得到控制。(　)

12. 由于内部控制自身存在局限性,所以无论内部控制设计和执行的再好,它也只能为企业管理提供合理的保证,而不能提供绝对的保证。(　)

13. 如果企业内部行使控制职能的管理人员滥用职权、蓄意营私舞弊,即使具有设计良好的内部控制,也不会发挥其应有的效能。(　)

14. 内部控制是否健全,是企业经营成败的一个关键。(　)

15. 预算审批人员不得同时担任预算执行。(　)

## (四) 业务题

1. 某公司出纳员张丽从公司收发室截取了客户给公司的分期付款的12000元支票,存入了由她负责的公司零用金银行存款户。然后,在该存款户中以支付劳务款为由开了一张以自己为收款人的12000元支票,签名后从银行兑取了现金。在与客户对账时,她将"应收账款——李伟"账户余额扣减12000元后作为对账金额发给李伟对账单,表示12000元已经收到。

10天后,她编制了一笔会计分录,借:银行存款12000,贷:应收账款——李伟12000,将"应收账款——李伟"账户调整到正确余额,但银行存款账面余额却比银行对账单高列12000元。月底,在编制银行存款余额调节表时,她在调节表上虚列了未达账项,将银行存款余额调节表调平。

要求:就上述情况分析该公司内部会计控制制度中存在哪些重要的缺陷。

2. 审计人员审查长运机械厂材料采购业务事前控制时,发现该厂的材料采购业务首先由仓库根据库存和生产需要,提出材料采购申请,填写一份"请购单",然后将"请购单"交给供应科审批,并由供应科负责采购材料。

要求:(1) 请指出该厂材料采购事前控制中存在的问题。
(2) 请指出"请购单"合理的处理程序。

3. 某工厂材料采购程序为:每月生产车间根据下月生产计划计算所需各种原材料,填写请购单,写明原材料品名、规格、数量,交送采购部门,由采购部门采购员与供货工厂签订合同;材料运到后,由采购部门采购员验收,开出验收单一式三联：第一联存根，第二联送交财会部门办理付款及入账手续，第三联送仓库登记材料明细账，验收的原材料由采购员组织力量送存仓库。

要求：指出上述某工厂在材料控制上有哪些问题和容易发生的弊端，应如何改进。

4. 审计人员在对某厂材料采购业务进行审计时发现，该厂材料采购内部控制制度的实施方法如下：

（1）首先由仓库根据生产需要和库存情况，提出材料采购申请，填写一份"请购单"，并交供应科审核批准。

（2）供应科根据事前制定的采购计划，对"请购单"进行审核。如果符合计划，则批准、组织采购；如果与计划不符，则单独请厂长审批。

（3）决定采购的材料，供应科填写的一式二联的"订购单"，一联由供应科留存，另一联由采购员交供货单位，采购员持"订购单"与供货单位协商采购并签订购货合同。

（4）购货合同的正本留供应科，并与"订购单"核对，副本分别交仓库和财务科，以备将来备查。

（5）采购来的材料运抵仓库，由仓库保管员验收入库，将运抵的材料与采购合同副本、供货单位发来的"发运单"相互核对，然后填写一式三联的"验收单"一联由仓库留存，作为登记材料明细账的依据，一联交供应科，一联交财务科。

（6）供应科收到"验收单"后，将"验收单"与购货合同副本、供货单位发来的发货发票、银行结算凭证相核对，根据核对结果，确定此项采购业务的完成情况。

（7）财务科接到"验收单"后，由主管材料核算的会计人员，将"验收单"与购货合同副本、供货单位发来的发货发票、银行结算凭证相核对。如果核对相符，则如数支付货款，否则拒付货款。

（8）应支付货款的，由会计人员开出付款凭证，交出纳员办理付款手续。

（9）出纳员付款，在进货发票上加盖"付讫"戳记，现转交会计人员记账。

（10）将财务科的材料的明细账，定期与仓库的材料明细账相核对。

要求：

（1）评审该厂材料采购内部控制制度，指出材料采购内部控制的强点和弱点。

（2）针对弱点，提出改进意见。

# 第六章　资产管理

【学习目标】通过本章的学习，学生应该了解资产管理过程中面临的风险，理解企业在资产管理活动中要达到的总体要求，并掌握存货、固定资产、无形资产的关键控制点、控制目标以及控制措施。

资产是企业的有形支柱，既是企业利润产生的母体，也是风险集中发生的领域。本章所阐述的资产是指企业拥有或控制的存货、固定资产和无形资产。企业应当加强各项资产管理，全面梳理资产管理流程，及时发现资产管理中的薄弱环节，切实采取有效措施加以改进，并关注资产减值迹象，合理确认资产减值损失，不断提高企业资金管理水平。

企业资产管理至少应当关注下列大类风险：一是存货积压或短缺，可能导致流动资金占用过量、存货价值贬损或生产中断。二是固定资产更新改造不够、使用效能低下、维护不当、产能过剩，可能导致企业缺乏竞争力、资产价值贬损、安全事故频发或资源浪费。三是无形资产缺乏核心技术、权属不清、技术落后、存在重大技术安全隐患，可能导致企业法律纠纷、缺乏可持续发展能力。

《企业内部控制应用指引第 8 号——资产管理》着力解决企业运营和发展过程中如何管理与控制好资产，形成更加有利于提高企业资金周转效益的控制环境。其主要内容包括：制定指引的必要性和依据，资金的核心内涵、资金控制过程中应关注的主要风险，以及如何对存货、固定资产和无形资产控制等，分四章共三十二条。

---

**开篇案例**

**合信木制品公司的破产**

合信木制品公司是一家外资企业，从 1999 年到 2005 年，公司每年的出口创汇总额位居全市第三，但在 2005 年以后该企业的业绩逐渐下滑面临巨额亏损，终于在 2007 年破产倒闭。探寻该中型企业的破产原因发现，该公司内部管理混乱是导致公司破产的最主要原因。

从税务部门的检查中可以看到，存货在日常的采购、验收入库、领用、

> 保管环节都存在不规范的行为：（1）该公司在材料到达入库后，仓库的保管员按实际收到的材料的数量和品种入库，实际的采购数量和品种保管员无法掌握，也没有合同等相关的资料。（2）材料的领用没有建立规范的领用制度，车间在生产中随用随领，没有计划，多领材料也不办理退库的手续。生产中的残次料随处可见，随用随拿，浪费现象严重。（3）期末仓库的保管员自己盘点，盘点的结果与财务核对不一致的，不去查找原因，也不进行处理，使盘点流于形式。
> 
> 分析合信公司在内部管理中存在的问题是什么？应该采取什么样的内部管理方法？能否避免破产？
> 
> 案例来源：企业内部控制编审委员会.企业内部控制基本规范及配套指引案例讲解（修订版）[M].上海：立信会计出版社，2012.

## 第一节 存货控制

通常，企业至少应当关注涉及存货管理的下列风险：一是存货业务违反国家法律法规，可能遭受外部处罚、经济损失和信誉损失；二是存货业务未经适当审批或超越授权审批，可能因重大差错、舞弊、欺诈而导致资产损失；三是请购依据不充分，采购批量、采购时点不合理、相关审批程序不规范、不正确，可能导致企业资产损失、资源浪费或发生舞弊；四是验收程序不规范，可能导致资产账实不符合资产损失；五是存货保管不善，可能导致存货损坏、变质、浪费、被盗和流失等；六是存货盘点工作不规范，可能由于未能及时查清资产状况并做出处理而导致财务信息不准确，资产和利润虚增。

建立健全合理有效的存货内部控制，不仅有助于防止存货业务的错误记录和舞弊行为的发生，还能使企业加强成本控制，实施低成本战略，促进企业生产经营持续稳步发展，达到以效益为中心，向管理要效益的目的，是企业实现经营目标的重要保证。

### 一、存货控制的内容

存货控制的内容可以进一步细分为购入前控制、购入和使用控制、处理控制。每个阶段又有相应的内容。

（一）购入前控制

1. 预算控制

预算控制是对存货的购入种类、数量、质量、价格和绩效的计划控制。此种控制能够使企业有限的资源达到最佳的配置，是开展存货控制和业务管理的前提和基础。

企业的生产经营活动应该保持时间上的连续和空间上的并存，这就意味着应该持有一定数量的生产资料，包括存货等内容。企业各业务部门要根据市场的需求和自身的生产能力、成本控制要求，确定存货采购的经济批量，编制有关的预算，最后经过高层管理人员审核后才能开展采购活动。

(1) 存货采购种类控制

存货采购种类控制主要包括：计划部门应根据客户的订单、销售预算和存货市场状况，分析和制定存货的采购种类决策，应该保证与生产计划相匹配，在制定采购策略时还要有应急方案，考虑使用替代品的可能性；财会部门要分析采购计划的财务可行性，特别是库存成本、价格的控制，还要坚持授权审批的原则，由主管部门审核存货采购的综合资料。当审批后的采购计划传递到业务部门，依然要不断调整，做好信息的交流和沟通，不断完善决策结果；确定存货采购种类的过程中，始终要进行监督，防止人为操纵采购计划，出现"吃回扣"现象。对存货的采购预算控制是动态的过程，预算制定部门应该根据实际情况的变化随时调整预算，这是预算环节的事后控制。

(2) 存货采购库存量的控制

存货采购库存量的控制主要包括：根据存货的性质决定库存量。对于不允许缺货的存货，应该制定保险库存水平，预算主要解决成本节约问题；对于可以缺货的存货，可以进行软预算，根据实际需要确定库存，甚至可以是零库存；根据企业的经营环境、条件确定库存水平。主要的影响因素有：企业使用物料的稳定性和储存能力；供货商的信誉和保证供货的稳定性、时间长短；企业的运输条件和距离；存货使用结构的显著性，各种存货是否具有使用上的相关性和可替代性。

(3) 经济采购批量的预算控制

采取永续盘存制存货管理的企业，应该在出库后清点库存量，包括两个方面：第一，在采购总量确定的情况下，按照数学方法计算固定的经济批量，使采购成本最低。第二，采购批次之间的时间间隔不固定，主要取决于产品生产的存货需求情况。如果企业对存货的管理是定期检查，就要对未来的存货需求量进行预测，根据每次检查库存的结果调整采购时间和数量，这种方式的关键在于检查频率的确定。业务部门完成存货采购批量的有关预算和决策之后，应该报告最高管理当局审核，批准后才有权执行。

2. 生产业务的趋势分析

存货的重要用途是满足生产的需要，企业在采购存货之前，应该根据企业存货使用的历史资料和市场因素，分析在相连的经营期内产品生产的变动程度，相应调整存货购买的有关决策。另外，按照价值链管理的理念，企业应该将存货决策与财务、销售等流程结合在一起，进行客户关系管理（CRM），供应商、生产商和购买者形成有机系统，这样才能实现存货的使用效率和采购效率。制定和调整生产预算的过程中，生产、财务、销售和库存管理等部门应该协同工作。

3. 自制存货的预算控制

为了满足企业的特种需要和降低存货采购成本，企业都会自制一部分存货，在自制存货生产之前，财务和生产部门应该对自制存货的成本、种类、数量等内容进行预算管理。此环节内部控制的关键是对成本的预算和控制，应该关注以下方面：原材料购买价格的确定和购买过程的控制，成本、费用的分摊是否符合有关规定，防止成本信息失真。

（二）购入和使用控制

1. 存货结算控制

无论是通过哪种方式取得的存货都应该对有关的结算环节进行控制，包括银行存款、现金支付控制和非货币的单据控制。结算控制需要分类实施：对于购入的存货，采购部门应该关注货币资金的控制重点，降低支付风险；对于自制的存货，财会部门进行成本结算时要取得生产过程中耗费情况的有关凭据，还要对成本、费用进行合理的分摊，最终形成产品成本；对于委托加工的存货，取得存货后，企业在结算时应根据实际耗费的材料、支付的费用和税金计算存货的成本，对于采取不同方式加工的存货，财会部门应该明确核算方法；对于投资者投入的存货，企业应该根据有关合同或约定确定存货成本，并保留有关单据；对于捐赠所得的存货，应按照市场价格或重置成本确定其成本，保留有关的所有权证明；对于以其他方式取得的存货，在结算时应该依照会计制度、准则和法规的规定处理。

2. 生产增加的存货控制

企业自己生产的存货，包括一些低值易耗品在生产、使用时应该关注存货的入库和出库管理。存货生产完毕之后，生产部门应该编制入库单，并交给仓库管理人员、财会部门和生产部门分别持有。存货入库时，仓库管理人员应该根据有关规定和标准办理验收手续，保证产品的数量完整和质量合格，交接完毕后有关人员应该在验收交接单据上签章，以明确责任，最后由仓库的记录人员对产品进行簿记管理,登记产品的名称、规格、库存数量和顾客需求信息。由于使用、销售等原因,存货出库时,应该以生产、销售部门的领料单或销售出库单为依据,仓库管理人员确认单据的真实性后按照核准的数量、规格发出存货。这一过程最好由至少两个人员共同完成,防止发出存货过程中的错误。

仓库管理人员应该对出库单、入库单进行严格管理,并实施连续编号,对于购入和自己生产的存货进行分别管理,这样可以随时掌握材料的成本信息,经过比较后提高经济效益。

3. 存货保管控制

存货保管控制主要对存货的安全和存货储存、使用效率进行控制。具体的控制内容包括:

(1) 授权使用

存货的使用需要经过授权审批,并且生产、销售、财务等部门应该保持协调,得到共同授权之后才能使用存货。

(2) 库存成本控制

过多的存货闲置会导致企业存货储存成本的增加,降低存货使用的经济效益。仓库会计应该及时与生产、销售部门沟通,反馈存货余缺的情况,保持合理的存货库存水平,既能满足经营活动的需要,又能够节约成本。

(3) 限制接近控制

存货是容易丢失、毁坏的重要资产,应该制定严格的存货限制接近制度,任何人未经许可都不得接触存货以及有关的记录。应该设专人对重要的存货仓库进行保护。

(4) 实物存放控制

应该根据存货的物理性质将其放在适宜的环境中,延长存放时间,防止存货的变质和污染。同时,企业还要注意存货仓库的选址,应该尽量靠近生产车间,特别是沉重、面积较大的存货,这样可以提高使用效率。

(5) 存货抽检制度

存货经常处于快速流动的状态中,虽然财会部门定期对存货的结存进行盘点,但是仍然可能出现问题。这就要求对于重要的存货,仓库管理人员应该每天都对存货的出、入情况进行抽查,在存货使用种类不多的情况下可以全部检查,在期末再由会计稽核人员进行复核,将风险降低到最低水平。

(6) 仓库保管牵制

仓库记录人员和保管人员不能由同一人担任,仓库管理人员应该按照有关制度规定行使权力。货物进出仓库时需要进行登记,并且签字确认,以明确责任。要建立仓库的约束激励机制,对于管理绩效好的仓库和人员给予一定的物质奖励。

(三)存货退出的控制

1. 存货损坏的控制内容

存货的毁损导致企业资产的减少,而且在很多情况下损坏的存货还具有一定的使用价值。存货的管理人员应该对存货经过的业务环节进行检查,找到存货毁损的原因和有关责任人,无法明确责任时按照有关规定处理。

仓库记录人员应该填制存货毁损清单,记录存货损坏的数量、品种以及产生的影响;财会部门根据毁损记录进行相应的会计处理,及时形成报告传递给上级管理人员。

2. 存货丢失的控制内容

存货丢失从性质上讲不同于损坏,大量的存货丢失必然隐藏着舞弊的可能。仓库人员应该及时登记存货丢失的有关记录,如存货入库日期、数量、名称和出库记录,并与涉及的部门和人员进行核对,查明丢失的原因。如果是发货过程中的合理丢失、损耗,由会计人员直接记入成本;如果是人为错误、疏忽导致丢失的情况,由直接责任人赔偿;如果查明是人为舞弊造成的丢失,则仓库管理员应该向企业的高层管理人员报告,等待批准后处理。

3. 存货期末清点的控制内容

仓库部门和财会部门应该定期或不定期对重要的存货进行清点,清点频率和清点品种的确定要符合成本效益原则,清点之后要填制存货盘点报告以备查,对于出现的问题及时处理。

存货盘点工作由财务、仓库和各级主管共同进行,主要检查账面记录的发生额、余额、发出量、剩余量与实际库存量、发出量是否吻合。对于实行标准成本预算的企业,还应该根据清点的结果分析预算执行的效果,对产生的差异进行分析,编制差异分析报告,注重效益分析。

企业存货的清点工作应该结合实物流转和价值流转的特点进行,如先进先出法与后进先出法计算的存货发出、结存量会产生差异,对存货发出成本的影响也不同,存货清点要与存货出库计算方法保持一致。

(四)期末计价的控制

在资产负债表中,应该对存货按照"成本与可变现净值孰低法"计价,存货跌价准备按照单项方式计提。不同类型的存货应该采取不同的标准,对于没有市价的存货,应该尽量以类似商品的市场价格为参照;对于发生损坏、变质、使用价值减小的存货,应该根据具体情况多提减值准备,及早收回成本,使企业的损失降到最低水平。

## 二、存货控制的流程

存货内部控制涉及的部门较多，一般会涉及计划部门、仓库、生产部门、销售部门、财会部门，所以其控制点也多，主要包括计划控制、合同订立、材料验收、付款、审核、账账核对、清理、领料、发料、复核、分析等多个控制点。根据存货的业务流程，存货内部控制可以分为采购、库管、领用、盘存等多方面，其中采购和领用两个方面是重点。建立完善的存货内部控制系统应重点抓好存货计价的合理性、对存货的保管和定期核对。

存货的整体流程可以区分为前后两个阶段，前期以形成仓库存货（货币形态转换为实物形态）为主，后期以使用或销售仓库存货为主（实物形态转换为增值的价值形态为主），其前端控制流程如图6-1所示。

从一定意义上看，如何将存货转化为数量增值了的价值，同样是存货控制与管理的重要使命。因此，加强仓库存货的日常管理、领用出库、实物监督等周转环节的管理与控制，同样是一个重要的控制环节，存货后端流程见图6-2。

## 三、存货控制关键点

企业在建立与实施存货内部控制中，至少应当强化对下列关键方面或者关键环节的控制：在职责分工、权限范围和审批程序方面，应当明确规范，机构设置和人员配备应当科学合理；在存货请购事项方面，应当明确，请购的依据应当充分适当；在存货管理控制流程上，应当清晰严密，存货管理原则及程序应当明确规范；存货的确认、计量和报告应当符合国家统一的会计准则制度的规定。

### （一）岗位分工与授权批准

职责分工、权限范围和审批程序应当明确规范，机构设置和人员配备应当科学合理。企业应当建立存货业务的岗位责任制，明确内部相关部门和岗位的职责、权限，确保办理存货业务的不相容岗位相互分离、制约和监督。

存货业务的不相容岗位至少包括：

（1）存货的请购、审批与执行。
（2）存货的采购、验收与付款。
（3）存货的保管与相关记录。
（4）存货发出的申请、审批与记录。
（5）存货处置的申请、审批与记录。

第六章　资产管理

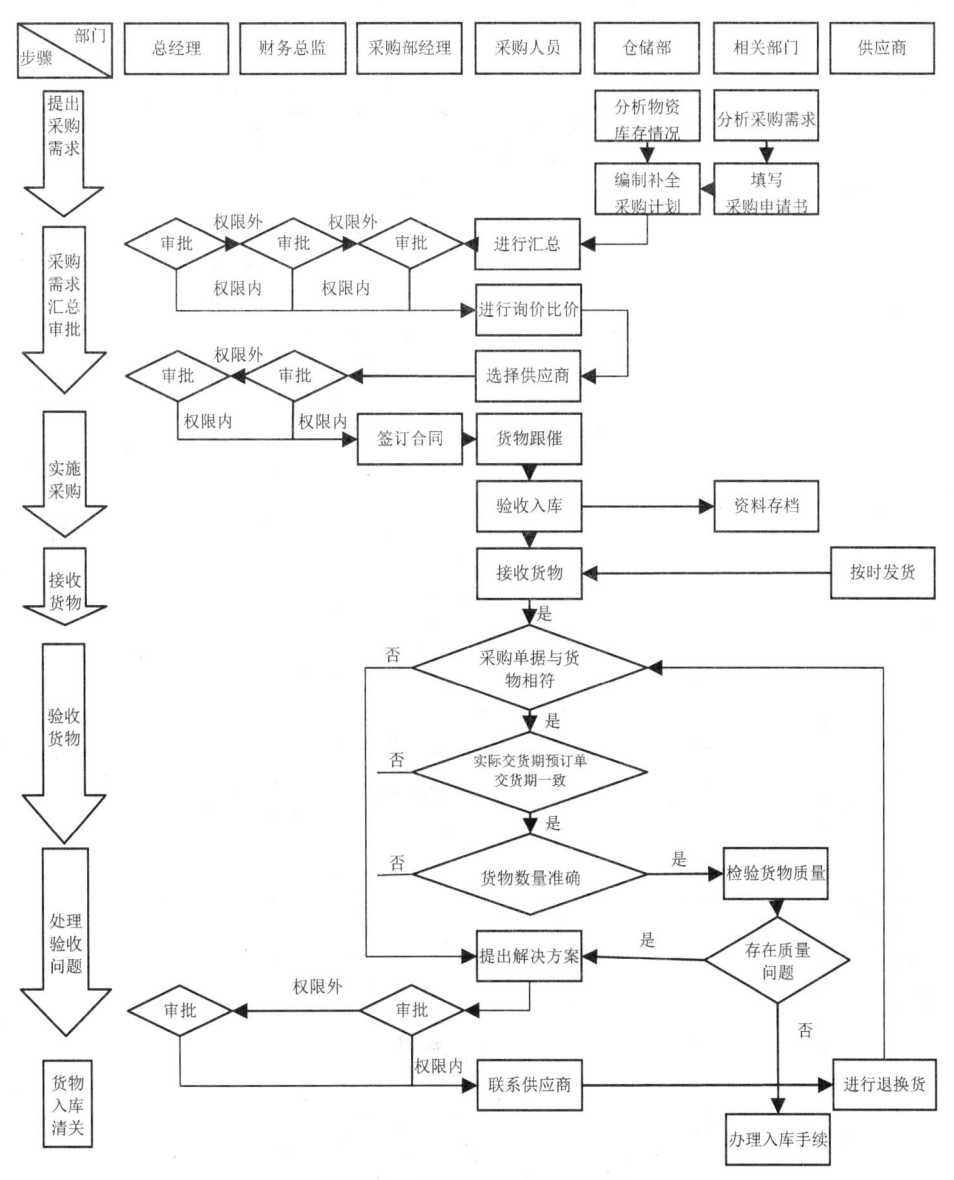

图 6-1　存货前端控制流程图

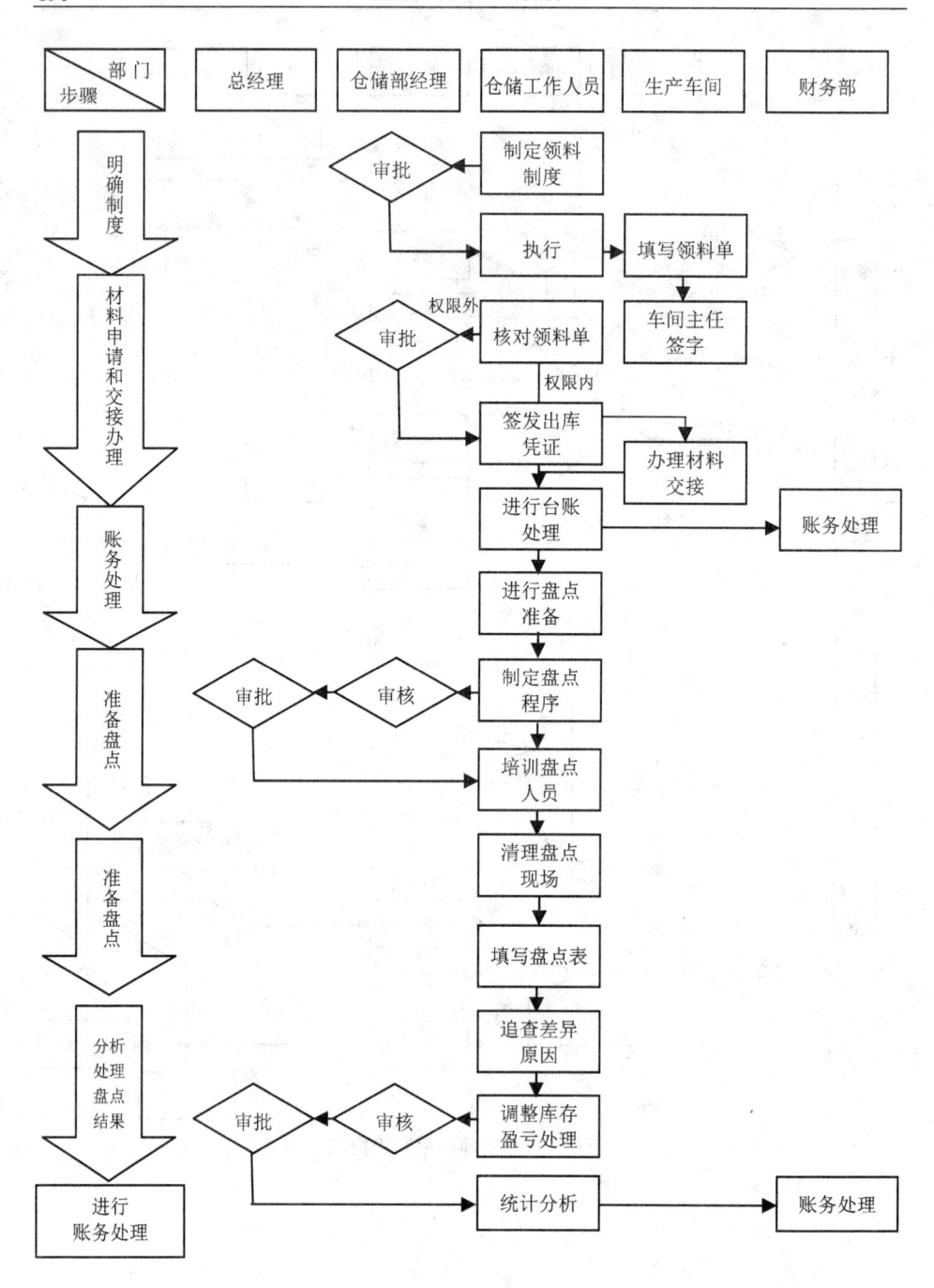

图 6-2 存货后端控制流程图

企业应当对存货业务建立严格的授权批准制度，明确审批人对存货业务的授权批准方式、权限、程序、责任和相关控制措施，规定经办人办理存货业务的职责范围和工作要求。

存货的采购、领用要经过适当的审查批准，存货保管人员与记录人员职务应相分离。企业内部除存货管理部门及仓储人员外，其余部门和人员接触存货时，应由相关部门特别授权。对于属于贵重物品、危险品或需保密物品的存货，应当规定更严格的接触限制条件，必要时存货管理部门内部也应当执行授权接触。

（二）存货请购与采购控制点

在存货采购审批内部控制中，要保证存货采购业务按计划申报程序进行，由采购部门根据企业生产经营的计划和材料请购单编制采购计划，提出具体的采购目录，经主管计划的负责人审核后报主管领导审批。企业应当对采购环节建立完善的管理制度，确保采购过程的透明化。企业应根据预算或采购计划办理采购手续，预算外或计划外采购需经严格审批。企业应当根据预算有关规定，结合本系统的业务特点编制存货年度、季度和月份的采购、生产、存储、销售预算，并按照预算对实际执行情况予以考核。

存货收入、发出更频繁，流动性更强（除了停产、滞销等情况），种类更繁多，核算更复杂，但是无论收入量有多大，流入、流出有多快，种类如何繁多，存货总能有"据"可查。这个"据"，就是入库单、巡库单、领料单、发货单、出库单、销售凭证等各种单证。企业有关部门，尤其是仓储保管部门只要紧紧盯住这些单证的来龙去脉，就不怕存货丢失。同时，企业所有的存货都要按品种、规格、型号等建立库存实物明细卡片，妥善保管。要定期对存货的收、发、存数量和金额进行动态核算，确保账实相符。

（三）存货验收与保管控制点

企业应当对入库存货的质量、数量、技术规格等进行检查与验收，保证存货符合采购要求。应当建立存货保管制度，仓储部门应当定期对存货进行检查，加强存货的日常保管工作。

要保证存货采购数量、品种、质量符合合同的要求，做到准确、安全入库。采购人员应按合同的交货时间催交，在收到供货企业发票、运单后填写收料单，一式四联，采购部门自留一联，其余三联连同发票及合同副本送库房办理入库。采购部门应验收收到材料的品种、数量，填制验收单；质量检验部门检验质量，签署验收单；仓库保管部门根据验收单验收存货，填制入库单，登记存货台账，将发票、运单连同收料单送回采购部门。

外购存货入库前一般应经过以下验收程序：

（1）检查订货合同、入库通知单、供货企业提供的材料证明、合格证、运单、提货通知单等原始单据与待验货物之间是否相符。

（2）对拟入库存货的交货期进行检验，确定外购货物的实际交货期与订购单中的交货期是否一致。

（3）对待验货物进行数量复核和质量检验，必要时可聘请外部专家协助进行。

（4）对验收后数量相符、质量合格的货物办理相关入库手续，对经验收不符合要求的货物，应及时办理退货或索赔。

（四）存货领用与发出控制点

企业应当建立严格的存货发出流程和制度。存货的发出需要经过相关部门批准，大批商品、贵重商品或危险品的发出应当得到特别授权。仓库应当根据经审批的销售通知单发出货物，并定期将发货记录同销售部门和财会部门核对。存货发出的责任人应当及时核对有关票据凭证，确保其与存货品名、规格、型号、数量、价格一致。

1. 存货领用审批内部控制

存货领用应制定定额，同时经批准才能进行。领用的材料应由工艺部门核定消耗定额，属于间接费用的消耗、修理用料等，应编制计划或核定费用定额，生产部门根据计划、定额填制限额领料单向库房领料。存货领用须经部门负责人审批签字。

2. 存货发出内部控制

应保证存货领用无误，手续齐全。仓库保管要审核领料单，双方要检查数量和质量，并签字或盖章。材料发出后，保管人员要按计划价格标明金额，登记材料卡片，并转材料记账员记账后随发料汇总表定期送往财会部门。

3. 存货领用核算内部控制

应保证存货领用业务记录真实，领发无误。要求仓库保管员发货后及时登记存货台账；财会部门根据材料记账员的发料汇总表按用途汇总分配，汇总领料单，分摊材料成本差异，分类制证，登记有关账务。

4. 存货领用内部稽核

应保证存货安全，记录正确。由内部稽核人员审核领料单，核对收发凭证和存货台账，检查收发记录和结存余额，查看存货的领用会计核算是否准确。

（五）存货盘点与处置控制点

1. 存货计价的合理性

存货的确认、计量和报告应当符合国家统一的会计准则制度的规定。存货成本核算方法、跌价准备计提等会计处理方法应当符合国家统一的会计制度的规定。企业应当根据存货的特点及企业内部存货流转的管理方式，确定存货计价方法，防止通过人为调节存货计价方法操纵当期损益。计价方法一经确定，未经批准，不得随意变更。

仓储部门与财会部门应结合盘点结果对存货进行库龄分析，确定是否需要计提存货跌价准备。经相关部门审批后，方可进行会计处理，并附有关书面记录材料。

存货核算内部控制，是确保存货计价准确性的重要控制点，应通过采购部门和财会部门的日常核算保证存货采购业务资料准确、真实。采购部门和库房保管部门要对存货的购进、发出和库存进行日常核算，库房应登记材料卡片，采购部门登记既有数量又有金额的明细账，定期将收料单送财会部门；财会部门根据入库单、验收单、付款通知单、付款凭证编制记账凭证，登记存货账簿及有关账簿，月末与采购部门和库房管理部门进行核对。

在存货盘点的环节上，仓储部门应当定期对存货进行检查，确保及时发现存货损坏、变质等情况。企业应重视生产现场的材料、低值易耗品、半成品等物资的管理控制，防止浪费、被盗和流失。

存货盘点及处理的内部控制。应保证存货账实相符。仓库保管员应定期盘点库存存货，编制存货盘点表，并提出处理意见。财会人员年底应抽查存货盘点表，对于生产中已无转让价值的存货及其他足以证明已无实用价值和转让价值的存货，根据主管领导和相关部门批准的处理意见，同仓库保管员共同调整存货账务，以确保账实相符。

2. 存货的保全控制

财产保全控制是指企业必须限制未经授权的人员对财产的直接接触，要采取定期盘点、财产记录、账实核对、财产保险等措施，确保各种财产的安全完整，财产保全的控制方法主要是财产保险。财产保险是以企业财产，包括动产、不动产等各种物质财富以及它们的利益作为保险对象。保险人对被保险人所遭受的各种自然灾害或外物所造成的财产及其利益的损失负责赔偿。企业应当制定并选择适当的存货盘点制度，明确盘点范围、方法、人员、频率、时间等。制订详细的盘点计划，合理安排人员、有序摆放存货、保持盘点记录的完整，及时处理盘盈、盘亏。对于特殊存货，可以聘请专家采用特定方法进行盘点。

存货盘点应当及时编制盘点表，盘盈、盘亏情况要分析原因，提出处理意见，经相关部门批准后，在期末结账前处理完毕。

## 篇中案例 6-1
### 999集团的存货内控制度（以出入库为例）

一、进库业务的流程

步骤完成时间涉及部门及岗位步骤说明：

（1）仓库收料员/仓库质检员供应商送货至仓库，仓库收料员核对到货计划和供应商发运单，仓库质检员协助收料员检验外观是否完好、标签与物料是否一致、供应商是否已经核准，收料员与供应商送货员共同清点数量。

（2）仓库收料员/仓库质检员和收料员初检合格的物料进入仓库待检区，收料员开临时入库单，供应商送货员和收料员分别在临时入库单上签字，临时入库单一式四联，第一联存根联，第二联仓库记账联，第三联客户联，第四联总统计员记账联。收料员将第三联客户联交供应商送货员，第二联仓库记账联和第四联总统计记账联每日汇总交仓库统计员，仓库统计员将第二联作为仓库三级明细账记账凭证，将第四联传递给总统计员，作为仓库二级明细账记账凭证，第一联收料员留存。

（3）仓库收料员/供应部采购经理初检不合格的物料，收料员拒收，填写物料拒收记录并通知供应部采购经理。

（4）仓库质检员/质量技术部质检员仓库质检员对进入待检区的物料，根据取样标准进行随机抽样，开出请验单，请验单一式两联，第一联连同送检物料交质量技术部质检员，第二联仓库质检员留存。

（5）质量技术部质检员质量技术部质检员完成检验程序，出具质检报告书。

（6）出具质检报告当日质量技术部、质检员/仓库质检员/供应部总统计员质检报告书一式四联，第一联质量技术部留存，其余三联交仓库质检员，仓库质检员将第二联与对应请验单一并留存、第三联和第四联交仓库统计员和总统计员。

（7）出具质检报告当日仓库质检员/仓库收料员仓库质检员通知收料员质检结果，在货物位置卡上填上质检报告书出具日期和检验结果，收料员将物料由待检区移入合格区或不合格区放置。

（8）出具质检报告当日仓库质检员/供应部采购经理仓库质检员将不合格物料的检验结果通知供应部采购经理，由采购经理联系供应商补货。

（9）出具质检报告当日仓库统计员/总统计员仓库统计员收到质检合格报告书，做备查登记并将第四联传递给总统计员，总统计员开出正式入库单，作为仓库二级明细账的物料入库凭证。

## 第六章 资产管理

（10）出具质检报告当日仓库统计员/总统计员仓库统计员收到质检不合格报告书，做入库冲红单并将质检报告书第四联传递给总统计员，总统计员做备查登记单据及报告包括：临时入库单、正式入库单、请验单、质检报告书、物料拒收记录。

二、出库业务的流程

步骤完成时间涉及部门及岗位步骤说明：

（1）生产部领料员/车间主任生产部领料员将车间主任审批签字的请领单交仓库发料员。

（2）收到领料单后仓库发料员根据请领单，按先进先出原则，将合格区物料办理出库。

（3）收到领料单后仓库发料员和生产部领料员共同核对数量，验收无误。

（4）验收交接后仓库发料员/生产部领料员双方分别在请领单和出库单上签字，请领单一式三联，第一、三联生产部留存，第二联交仓库发料员

（5）每日仓库下班前仓库发料员/仓库统计员/总统计员仓库发料员汇总当日出库单，出库单一式四联，第一联存根联，由仓库发料员留存，第二联财务联和第四联记账联交仓库统计员，仓库统计员将第四联记账联作为仓库三级明细账的记账凭证，将第二联传递给总统计员，作为仓库二级明细账的记账凭证，第三联车间联由生产部领料员带回交生产部统计员单据及报告包括：请领单、出库单。

案例来源：蒋占华.企业内部控制配套指引讲解及案例精析[M].北京：中国商业出版社，2011.

【课堂测试6-1】

1. 存货采购申请应由（　　）提出。
A. 生产需求部门　　B. 采购部门　　C. 财务部门　　D. 管理部门
2. 存货发出记录保管部门需要定期与（　　）核对。
A. 生产部门　　B. 采购部门　　C. 财务部门　　D. 管理部门
3. 请判断下列表述是否正确，如错误表述，指出为什么？
A. 生产部门根据市场需求进行存货采购。
B. 企业代销、代管存货，委托加工、代修存货不属于存货范围。
C. 存货的保管与相关记录工作可以由同一个人员担任。
D. 由存货实物管理的人员根据盘点情况清查存货盘盈、盘亏产生的原因，并编制存货盘点报告。

## 第二节　固定资产控制

固定资产是指为生产商品、提供劳务、出租或经营管理而持有的,使用寿命超过一个会计年度的有形资产。

在固定资产领域,至少应当关注涉及固定资产的下列风险:固定资产业务违反国家法律法规,可能遭受外部处罚、经济损失和信誉损失;固定资产业务未经适当审批或超越授权审批,可能因重大差错、舞弊、欺诈而导致资产损失;固定资产购买、建造决策失误,可能造成企业资产损失或资源浪费;固定资产使用、维护不当和管理不善,可能造成企业资产使用效率低下或资产损失;固定资产处置不当,可能造成企业资产损失;固定资产会计处理和相关信息不合法、真实、完整,可能导致企业资产账实不符或资产损失。

通过严密有效的固定资产内部控制措施,可以实现经营目标,即确保资产完整地保存及使用,价值得到公允反映,达到预期资产管理目标,可以实现财务目标,即对固定资产的历史记录完整,及时准确地计提折旧,公正地反映固定资产价值,还可以实现合规目标,即企业为防止并及时发现和纠正固定资产业务中的各种差错和舞弊,保护固定资产的安全完整,提高固定资产的使用效率,必须全面企业加强对固定资产的内部控制。

### 一、固定资产控制的内容

固定资产控制的内容与其业务流程紧密相关,固定资产的业务流程可划分为购入、使用和处置三个阶段,每个阶段都有更细化的业务活动,这些活动决定了固定资产控制的主要内容。

从形式上来看,有以下内容:固定资产预算控制、固定资产增加控制、固定资产的使用和转移控制、维护费用控制、固定资产的盘点控制和报废控制。

(一)固定资产增加的控制

1. 预算控制

无论是自己生产还是购入固定资产,企业都会投入大量的资源,如果固定资产增加之后不能给企业带来经济效益,就会形成投资风险,因此企业必须对固定资产的增加进行预算管理。企业生产部门应该根据实际生产情况编制固定资产需求报告,这是预算的初步控制。在此过程中应该注意的问题是:需求计划应该符合企业的总体战略,而且要与企业的资本预算计划相匹配。

企业财务、采购等管理部门以及高层管理者要对固定资产的需求计划进行复核，提出修改意见，一方面关注企业是否需要以及具体需要量，另一方面对固定资产增加的财务可行性进行考察，保证投资资金的效率和控制投资风险。

正式预算方案的编制由生产部门协同财会部门完成，主要的内容有：根据产品销售计划确定固定资产的需求量以及迫切程度；确定购买或生产固定资产的资金来源，是利用企业留存还是贷款融资，或者权益融资，并计算各种融资方式的资本成本，然后与未来现金流量的折现值对比，采用专业方法进行财务分析；如果是外部购买还应该确定生产商的选择，主要是固定资产购买价格的确定，一般可以采取竞标的方式，这样可以通过市场竞争方式降低购买成本；对采购部门的费用进行预算，确定资金的使用责任，防止舞弊的发生。

预算方案形成之后，要经过最高经理层的审批通过，所有的审核程序都要记录并保留备查。高层管理人员主要考察预算方案与企业总体战略的协调性，以及对资本、资产结构的影响，审核通过后由财会部门监督预算的执行和资金的使用。

2. 各种增加方式的控制内容

企业固定资产的增加方式有很多，主要包括外部购进、自己生产、捐赠收入和融资租入等，不同的增加方式有不同的控制方式。

（1）外购的固定资产

它主要是购买资金的使用控制，应该成立专门的项目小组，必要的情况下可以聘请中介组织把关，企业财会部门要配备专人监控采购资金的使用情况，及时收回相关结算凭证。

（2）自产的固定资产

企业自己生产固定资产具有很多优势，例如，更能适应企业的需要、更具有实用性。主要的控制内容有：生产部门的研发人员提出设计方案，最终需要由高级管理人员批准；采购部门应该确定合理的采购程序和议价策略，确定最合适的材料生产商；生产与财会部门合作进行固定资产的生产成本核算，并定期与预算标准比较，超预算的成本支出需要提出申请，经主管部门批准后才能实施；设计出有效的管理和监督制度，通过人员和部门的制衡降低管理风险，通过业绩考核方式实施激励和约束。

（3）融资租赁取得的固定资产

企业采取融资租赁固定资产时，多数情况是由于资金不足或者借入资金成本较高。具体的控制内容包括：确定是采取经营租赁还是融资租赁的方式，主要是比较不同方式的成本；租赁合同在签订之前应该得到主管人员的审批，具体的细节由财会部门控制，根据会计制度、准则的规定计算租赁资产的成本和收益，并进行会计核算；在得到批准后，具体办理人员和供货商签订正式的租赁合同，形成租赁事实，未经过批准不得随意改变；固定资产租赁期限内和期满后，企业的相关部门要始终关注合同的履行情况，最后还要决定是否在期满后购买资产。

3. 进入企业后的控制

验收、财产保险、入库管理等内容是固定资产增加控制的最后环节，对于需要安装的固定资产在完成安装后才能进入企业。

（1）资产验收，主要是对固定资产的质量、数量等进行控制。采购部门和仓库部门核对资产的数量、规格、品牌是否与合同的相符，检查无误后填制验收单，并按照业务流程传递到其他部门。对于需要安装的固定资产，验收部门应该监督安装人员的工作，之后由生产技术人员或其他人员操作、使用设备，达到既定的标准后再填写验收单，并由验收人员签章以示明确责任。

自制生产的固定资产制造完成后，生产部门将完工情况报告主管部门，财会部门收到完工的支出资料后，与投资预算进行比较，如果和预算的差距较大则需要上报最高经理层处理，并对有关的结算款项进行报销。最重要的控制活动是完工验收，生产部门提出验收申请后，企业聘请专门的技术人员对设备的使用进行检查，财会部门收集有关信息，并汇总生产报告编制最终的验收报告。

接受捐赠的固定资产到达企业后，验收人员应该按照有关规定执行验收程序，检查捐赠资产的数量、规格，核对无误后编制验收单。财务人员获得有关的结算单据后，按照会计准则、制度的规定进行会计处理，特别要注意的是取得所有权证明。

（2）仓库入库管理，不同于固定资产的保管，只发生在初次购买时。具体的控制内容有：固定资产首次入库时，仓库管理人员应该建立档案，并确定固定资产的管理人员和责任制度；根据固定资产的特性和使用情况，确定在仓库中的存放地点，等待使用部门将其转移；在固定资产的暂时存放期间，仓库应该委派专人进行看管，以防损坏和丢失。

（3）固定资产的保险控制，主要为了防止固定资产的意外损失。固定资产的价值较大，蕴藏着巨大的风险，企业为了转移经营风险，应该对价值较大的固定资产设立保险，这就需要进行控制。

进行固定资产保险时，企业需要支出一部分成本，如果选择的保险种类不合适，就不符合成本效益原则。选择的原则是，投保金额应该和投保的固定资产相适应，如投保时间长度应该与固定资产的使用年限相匹配。

确定了投保的保险企业和有关事项之后，企业的管理部门应该及时签订保险合同，详细协商有关的权利义务细节。财会部门根据保费的支付情况进行会计处理，还要注意进行成本核算，控制保费的支出。

在投保期间，如果固定资产遭到损失，企业应该协同保险企业的有关人员进行现场调查，明确造成损失的原因，编制分析报告，待保险企业核实批准后进行索赔。保险期限届满后，如果固定资产的使用年限尚未结束，在有必要的情况下可以向保险企业申请续保。

（二）固定资产使用的控制

固定资产的使用控制主要是对固定资产在业务运行中的风险进行的控制活动。从固定资产的转移到具体的使用、折旧的计提、修理等都是固定资产使用过程中的控制内容。

1. 固定资产领用或移送

固定资产由于价值较大，各个业务部门没有能力购买，所以企业的很多固定资产都是各部门公用的，于是就会出现固定资产的领用或移送，这样才能够充分发挥资产的使用价值。具体的控制内容有：

（1）企业的业务部门使用固定资产之前应该向管理部门提出申请，资产调度人员根据资产的库存数量和使用需求情况编制计划，力求保证固定资产在企业内部的有效配置。

（2）确定了固定资产领用或移送的部门之后，仓库管理人员记录资产的出库情况和状态，并得到经办人员的签章，同时检查经办人员是否得到了主管部门的批准。进行固定资产管理的部门负责编制"资产领用或移送单"，并在传递过程中得到各有关部门的签章证明。

（3）财会部门负责在备查簿上登记固定资产的去向并在备查明细记录中记载各项固定资产所处的部门。

（4）随着市场的变幻莫测，企业使用固定资产的情况也会发生变化，如果需要临时紧急转移固定资产，要向最高经理层提出申请，并在办理移送之后将有关的材料传递给各部门。

2. 固定资产使用的记录

固定资产的使用记录是反映固定资产使用过程和轨迹的重要文件资料，是进行监督控制的重要工具，企业固定资产的使用记录主要有转移记录、使用情况登记表、固定资产卡片等。

（1）领用、转移记录，这是固定资产管理部门在移送固定资产时开出的证明文件，主要记录固定资产的去向、用途、使用时间等，是企业内部转移固定资产必须办理的使用依据。此记录一式三份，一份由仓库管理部门持有，一份交给使用部门，另一份交给财会部门作为编制记账凭证的依据。

（2）使用情况登记表，固定资产登记簿和固定资产记录卡是主要的使用情况登记表，主要是对固定资产的使用情况进行分类，划分为在用、未用和不需用三大类，还要记录固定资产的现时状态，例如新旧程度、目前的市场重置价格、在用情况等；按照实现效益性目标的要求，企业还应该根据固定资产的使用情况考察其使用的效率、产能状况，对于不能满足成本效益要求的固定资产要进行工艺改革或者重新购买。

（3）固定资产卡片，这是全面记录其特征的明细资料，详细记录了固定资产的名称、规格、历史成本信息、折旧、修理等内容，每个固定资产都应该有对应的卡片，由固定资产的使用和管理部门分别持有。

### 3. 固定资产折旧的计提

对固定资产计提折旧是企业进行扩大再生产的前提条件，折旧是对固定资产生产耗费的补偿，计提折旧是固定资产内部控制的重要内容，主要体现在账务处理过程中。

（1）确定计提折旧的年限、方法，这是进行固定资产会计控制的前提。固定资产的原值按照历史成本原则确定，同时要遵循国家有关的会计制度、会计准则和税法规定。在固定资产的会计处理过程中，折旧年限、方法的选择和残值率的计算需要会计职业判断。会计人员应该以同类固定资产的历史资料为参考，并结合资产的风险反映固定资产的会计信息。对于新使用且没有历史资料的固定资产，企业应该按照同行业该固定资产的折旧计提平均水平计提折旧，如果不能适应企业的需要就应及时调整。

固定资产的折旧计提方法、年限确定之后，主管会计应该报财务主管审核，财务主管要考虑企业的实际情况，对折旧方法进行修正、调整，并在签字之后生效。

（2）折旧计提方法、固定资产使用寿命的调整、固定资产使用寿命的确定带有会计估计的成分，在实际的使用过程中应该进行调整。例如，由于新技术的出现可能导致现有的固定资产发生无形减值，这样企业就应该加速计提折旧，尽可能减小损失。企业财会部门主管负责对折旧计提方法进行复核，企业的折旧方法发生改变会导致会计核算的变化，应该按照会计制度的规定进行会计政策变更的核算，同时还要将有关情况报告给税务机关。

### 4. 固定资产减值准备的控制

企业对固定资产计提减值准备能够真实反映资产的实际价值，企业应该按照减值准备计提的规定定期检查固定资产的实际价值，并与市场价格或重置价格进行比较，确定计提的数额。

按照我国现行企业会计准则的相关规定，企业应当在期末或至少每年年度终了，对固定资产逐项进行检查，如果由于市价持续下跌，或技术陈旧、损坏、长期闲置等原因导致其可收回金额低于账面价值，应当将可收回金额低于其账面价值的差额作为固定资产减值准备。固定资产减值准备应按单项资产计提。如果固定资产实质上已经发生减值，应当计提减值准备。当存在以下情况之一时，应当按照该项固定资产的账面价值全额计提固定资产减值准备：长期闲置不用，在可预见的未来不会再使用，且已无转让价值的固定资产；由于技术进步等原因，已不可使用的固定资产；虽然固定资产尚可使用，但使用后产生大量不合格产品的固定资产；已遭毁损，以至于不再具有使用价值和转让价值的固定资产；其他实质上已经不能再给企业带来经济利益的固定资产。

企业固定资产减值准备计提方法确定之后，应该由财会部门主管进行审核，财务主管要根据有关规定调整计提标准，然后签章以示批准。在固定资产的使用过程中，同样需要修正减值准备计提标准，调整减值准备的同时还要重新确定折旧的计提额或折旧率。

5. 固定资产保管

企业的仓库管理部门应该按照固定资产的类别或者使用部门进行集中保管，建立固定资产的记录索引系统，最好是存储在计算机里，这样可以提高管理效率。主要可以把握以下方面：

（1）固定资产实行编号管理

固定资产实行编号管理，即建立固定资产编号管理制度，按类别、级次确定划分编号体系，保证每项固定资产都有相应的编号和标识。固定资产在企业内部转移时不需要重新编号，只需改变明细登记即可。

（2）资产保管和负责人挂钩

为了明确固定资产管理的责任和权力，提高保管效果，在对固定资产编号的同时还应该确定固定资产的管理主体，以保证固定资产发生丢失、损坏等意外情况时能够很快找到线索。同时，还要制定科学的奖惩制度，规范仓库人员的行为。

（3）建立综合管理制度

生产、管理部门等都是固定资产的使用者，虽然固定资产管理制度明确了责任人，但是由于固定资产的使用、转移过程较为复杂，这就需要各相关部门能够协调一致，建立以责任人、责任部门为主线的综合管理制度。该制度应至少包括以下内容：企业部门暂时使用固定资产的保管责任如何确定，固定资产保存的审批权限，保管费用的分摊与核算方法。

6. 固定资产的修理和维护

为了使固定资产的生产能力发挥到最大水平，企业的固定资产管理部门需要定期对固定资产进行修理和维护，包括日常修理和大修理等。固定资产的修理既要发生成本又面临着一定的修理风险，财会部门要对有关的经济活动内容进行会计记录控制，生产部门要对修理的结果进行质量控制，这些都是重要的控制内容和方面。

（1）生产部门对固定资产修理和维护的控制

生产设备是企业最主要的固定资产，同时也是修理最频繁的固定资产，主要的控制内容有：细致考察生产设备的使用情况，制订合理的修理和维护计划；选择科学的修理时间，保证设备修理不会影响生产活动的进行；选择适应企业生产情况的修理、维护周期，保证企业生产活动的健康、可持续进行；生产部门的修理支出较高，应该提前做出费用申请，并由部门主管审批签章；如果是由企业外部的专业人员进行修理、维护，应该派专人监督和考察固定资产的修理效果，保证修理质量。

（2）其他使用部门的控制

除了生产设备之外，企业各部门都拥有和使用固定资产，这些固定资产的修理和维护控制有别于生产设备，主要原因是这些固定资产的使用不是很频繁，修理、维护支出也不是很高，一般由各部门自身控制即可。主要的控制内容有：各部门应该制定固定资产修理预算，预提修理资金，保证修理的计划性；确定专门的人员负责部门固定资产的修理和维护工作，以明确责任；严格管理修理预算资金，防止挪用和丢失；加强部门各项固定资产的日常维护，有效节约修理成本。

（3）财会部门对固定资产保管的控制

企业财会部门应该对各种生产设备、房屋和其他固定资产的修理、维护情况进行会计记录，保存固定资产的历史成本资料，制定部门修理费用预算并考核预算的执行情况，合理分摊修理成本。具体的控制内容主要有：遵循会计制度、准则的规定进行固定资产修理费用的核算；财会部门主管复核各部门提交的固定资产修理预算；严格区分资本性支出和收益性支出，确定不同的费用标准；关注各项固定资产的修理、维护支出情况，对于不正常的波动进行控制；建立固定资产修理的费用明细账，全面反映固定资产的修理费用结构和支出总额。

（三）固定资产处置的控制

固定资产的处置控制是对固定资产退出企业经营活动过程的控制。一般来说，固定资产退出的方式有两种：一是正常的退出，即固定资产使用寿命期满，不能为企业带来经济效益或提高生产效率；二是非正常退出，即由于出售、不合理的使用或意外的丢失、损坏导致的固定资产无法继续使用。固定资产的处置关系到企业正常生产活动的顺利进行，特别是非正常的处置很可能导致固定资产的投资成本无法收回，因此，企业的管理部门应该对固定资产的处置过程进行控制。

1. 固定资产销售的控制

固定资产的销售经常发生，企业的各部门共同完成销售过程，主要的控制内容如下：固定资产的使用部门要对销售的原因进行说明，各部门合作编制销售申请，然后上报到最高经理层；销售部门编制销售计划，了解市场价格、分析销售的效益性，必要的情况下要聘请专业的评估机构对固定资产的余值进行评估；仓库管理部门应该根据销售计划编制"固定资产销售明细表"，详细记录固定资产的数量、种类、存放地点和使用历史；固定资产销售之后，财会部门应该及时取得销售发票和有关税、费的票据，记录和报告固定资产的销售情况和其他资产资料，同时要对固定资产的销售收入进行资金管理和监控。

2. 固定资产出租的控制

固定资产的出租主要有融资租赁和经营租赁两种，两种租赁的性质和内容存在差异，所以，对固定资产出租的控制内容也有所不同。

（1）融资租赁的控制内容

固定资产融资租赁的期限较长、风险较高，而且租出的固定资产大多不打算收回，属于重大的资产处置项目，所以各部门在出租固定资产之前要向有关主管部门提出申请，并提交相应的分析报告和资料，待批准后再进行固定资产租赁业务。

项目获得审批通过之后，仓库管理人员应该根据取得主管签章的批准材料清点拟出租的固定资产，在此过程中要记录出租固定资产的规格、库存数量、使用情况以及出租期限，清点完毕后还应该在备查登记簿上记录固定资产的详细资料。

固定资产在出租之前要在企业内部转移，集中到同一个仓库中。固定资产出库时，仓库管理人员应该按照规定的出库程序办理出库，对接近固定资产的人员进行监督，防止舞弊的发生。仓库管理人员办理固定资产出库之后，还应该协同有关记录人员修改固定资产的文件资料，保证记录和实际相符。

融资租赁固定资产到期后，如果承租方不购买，企业应该及时收回固定资产，履行规定的入库手续，恢复有关的记录；如果承租方决定购买，企业应该做销售处理，并注销出租固定资产的所有记录，各部门要保持一致性，防止出现虚列资产的现象。

企业财会部门在融资租赁中发挥着重要的控制作用，财会部门的控制内容有：对固定资产融资租赁的效益性进行评价，编制固定资产融资租赁损益表；按照会计制度的规定准确计算租金收入，合理确定租金分摊的方法；遵循实质重于形式的原则，结合融资租赁合同的内容，调整出租固定资产的核算内容，反映企业经营活动的真实情况。

（2）经营租赁的控制内容

企业用于经营租赁的固定资产多处于闲置不用或暂时不用的状态，所以，经营租赁控制的首要内容是确定租出资产的范围。出租固定资产的部门要向主管部门提出申请，说明出租固定资产目前不在使用中，可以短期出租，只有得到批准之后才能继续出租业务。

仓库管理部门、人员的控制内容与融资租赁固定资产的控制内容相似，可参照前文内容。固定资产经营租赁完成之后，企业仍然要负责固定资产的修理和维护，固定资产的出租部门应该结合修理和维护的控制内容进行管理。经营租出的固定资产企业基本都会收回，如果租赁合同上签订了有关的购买约定，企业应该履行合同，并注销相应的固定资产记录。

财会部门主要的控制内容是：分析固定资产经营租赁的效益性，确定合理的租赁期限，选择信誉好有能力的承租企业；准确计算经营租赁的租金收入，对租金收入的资金进行严格管理；按照配比原则对各租赁期内的租金收入和费用进行对比，并监督承租方租金支付情况；资产收回后合理确定折旧计提期和折旧率，对固定资产的价格进行调查，按照可变现净值与市价孰低的原则计提减值准备。

3. 固定资产意外毁损和丢失的控制

固定资产放置在仓库中可能发生损坏或丢失，一旦出现了损坏、丢失就需要及时地处理和补救，这些补救措施就是主要的控制内容，具体有：建立快速反应机制，当发生固定资产的毁损、丢失时仓库管理人员和固定资产使用部门应该及时提出书面报告，并上交给有关管理部门；仓库管理人员根据发生损坏、丢失的固定资产的实际情况修改或清除固定资产的文字记录，防止固定资产记录与实际情况不符；对于固定资产的损坏，应该查明原因。如果是由于人为使用不当或保管失职，要责令直接责任者赔偿损失，如果是不可抗力因素造成的损失，企业应该根据固定资产的投保情况获取保险企业的赔偿；损坏或丢失固定资产的部门要及时评估对正常经营活动的影响，如果必要应该及时向有关管理部门提出修理或购进固定资产的申请。

4. 固定资产的正常报废控制

固定资产具有一定的使用寿命,当使用了较长的年限之后其使用效率就会急剧下降,企业就应该按照一定的报废程序进行处理。由于固定资产的价值较大,报废过程较为复杂,为了保证固定资产处置工作的顺利进行和保持计划性,应该对报废过程进行控制。主要的控制内容有：固定资产管理部门应该经常检查各部门持有的固定资产的使用情况,如果出现了以下情况：

(1) 严重的毁损,使固定资产失去了原有的功能并且无法恢复到可正常使用的状态。

(2) 由于生产事故导致固定资产使用寿命提前结束。

(3) 其他造成固定资产处于报废状态的原因。

上述三种情况出现之后,管理部门需要对固定资产进行报废处理。

如果固定资产报废后直接退出企业经营活动过程,不进行对外销售,有关管理部门应该编制"固定资产正常报废单",记录报废固定资产的型号、所属部门、数量等信息。同时还应该进行必要的清理程序,评估固定资产的残值以及清理费用,防止出现残料丢失的现象。

如果企业打算出售报废的固定资产,则控制内容有所不同。一是,固定资产的使用部门应该提出销售申请,并向主管部门报告等待审批通过。二是,要编制"报废固定资产单"记录报废固定资产的有关信息,以便顺利执行相应的出库和清理程序。各部门应该结合固定资产出售的控制内容开展有关的控制活动：要对清理和出售过程进行记录控制,对销售收入进行严格的资金管理。

固定资产报废过程的控制需要企业各个部门进行合作与协调,固定资产报废清理之后仓库、使用、财务等部门要注销报废固定资产的记录资料。仓库管理人员还要重新安排固定资产的库存结构和人员配置,保证管理效率的提高。企业财会部门发挥着重要的作用,首先是对固定资产报废的经济效益进行评价；其次是要获取固定资产报废过程中的收入、费用、资金等票据,按照会计制度、税法的规定进行会计核算和报告；最后是对有关的票据、合同进行编号控制,防止处置固定资产过程中的舞弊和错误。

## 二、固定资产基本业务流程

企业应当根据固定资产的特点,分析、归纳、设计合理的有关固定资产的业务流程,查找关于固定资产管理的薄弱环节,健全全面风险管控措施,保证固定资产能够安全、完整、高效运行。固定资产的业务流程,通常可以分为取得、验收移交、日常维护、更新改造和淘汰处置等五个环节,具体业务流程如

图 6-3 所示。

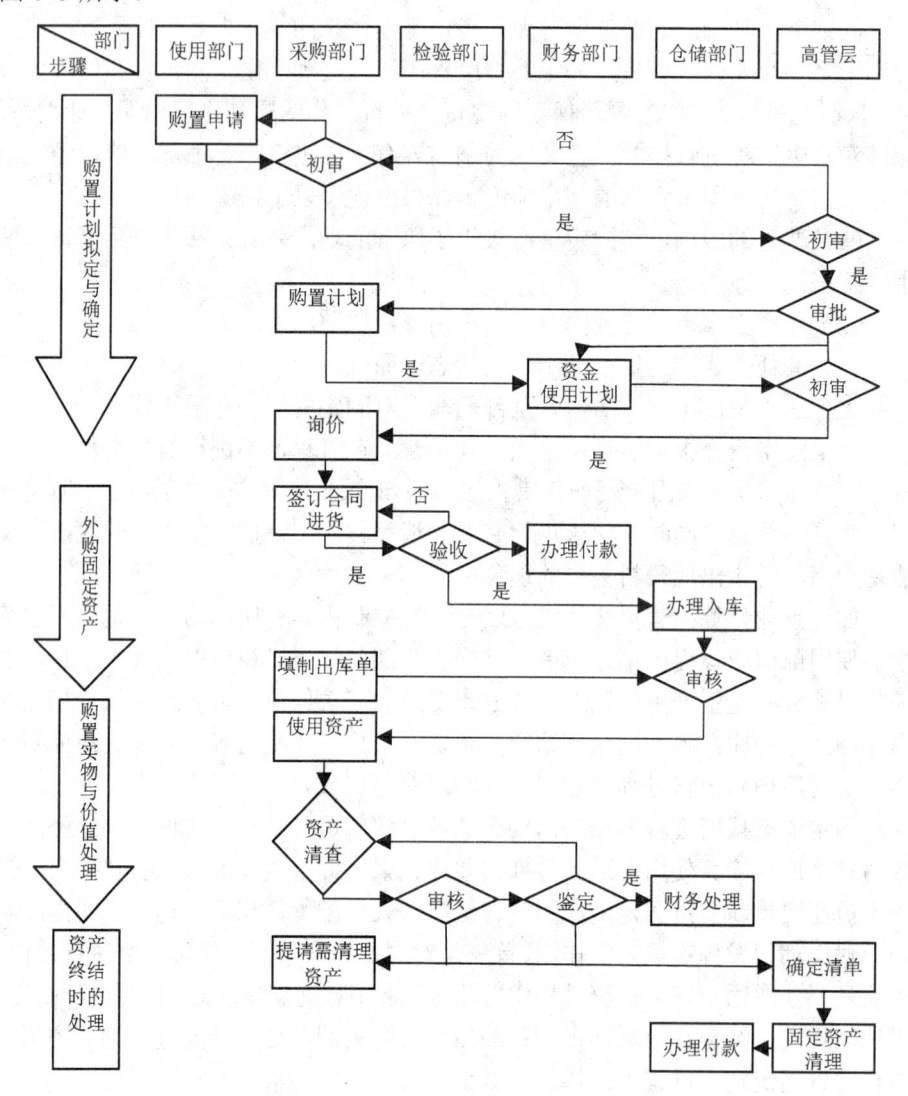

图 6-3　固定资产基本业务流程图

## 三、固定资产控制关键点

企业在建立与实施固定资产内部控制中，至少应当强化对下列关键方面或关键环节的控制：在职责分工、权限范围和审批程序上，应当明确规范，机构设置和人员配备应当科学合理；在固定资产取得依据上，应当充分适当，决策过程应当科学规范；在固定资产取得、验收、使用、维护、处置和转移等环节，控制流程应当清晰严密；在固定资产的确认、计量和报告方面，应当符合国家统一的会计准则制度的规定。总之，固定资产的内部控制可以紧紧把握住如图 6-4 所示的四个关键控制点。

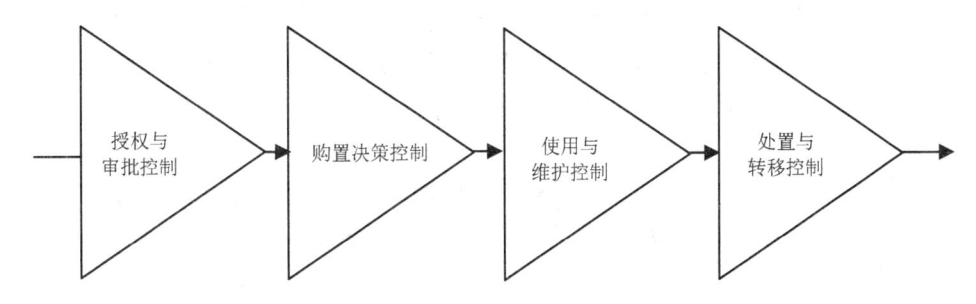

授权与审批控制 → 购置决策控制 → 使用与维护控制 → 处置与转移控制

图 6-4　固定资产控制关键控制点

现特别分析以下几个关键控制点：

（一）职责分工与授权批准

企业应当建立固定资产业务的岗位责任制，明确相关部门和岗位的职责、权限，确保办理固定资产业务的不相容岗位相互分离、制约和监督。同一部门或个人不得办理固定资产业务的全过程。固定资产业务不相容岗位至少包括：

（1）固定资产投资预算的编制与审批。
（2）固定资产投资预算的审批与执行。
（3）固定资产采购、验收与款项支付。
（4）固定资产投保的申请与审批。
（5）固定资产处置的审批与执行。
（6）固定资产取得与处置业务的执行与相关会计记录。

对于这条规定，应当从以下几方面理解：有关固定资产的主要业务有编制资本预算；购置固定资产；验收固定资产；保养和维修；折旧；盘点；报废与清理。为了加强控制，各业务必须有明确的职责分工。

（1）固定资产的需求应由使用部门提出。采购部门、企业内部的建筑或建设部门一般无权首先提出采购或承建的要求。
（2）资产请购或建造的审批人应与请购或建造要求提出者分离。
（3）资本预算的复核审批人应独立于资本预算的编制人。
（4）固定资产的验收入应同采购或承建人、款项支付人职务分离。
（5）资产使用或保管人不能同时担任资产的记账工作。

(6)资产盘查工作不能只有使用、保管人员或只有负责记账的人员来进行，应由独立于这些人员的第三者共同参加。

(7)资产报废的审批人不能同时是资产报废通知单的编制人。

(二)资产购置的决策控制点

资产购置决策环节的控制是不是有效，直接构成了固定资产控制的前奏，第一关坚实才能不留任何隐患。从决策控制看，应该做好预算控制、请购控制、采购控制、验收控制和会计入账控制等五个方面的工作。

1. 预算控制

为了通过预算控制，实施对固定资产购置的控制，建立健全预算制度仍然是理性的选择。在固定资产预算管理制度方面，需要从以下三个方面着手：

(1)企业应当根据固定资产的使用情况、生产经营发展目标等因素拟定固定资产投资项目，对项目可行性进行研究、分析，编制固定资产投资预算，并按规定程序审批，确保固定资产投资决策科学合理。在关系固定资产预算的资本支出预算编制中，应由工程技术、计划、财务、采购、生产等部门的人员共同参加，以便减少资本支出预算错误发生的可能性；资本支出预算必须在考虑多种因素的基础上予以编制。这些因素包括投资预算额、该投资机会成本、投资的资本成本、预计现金净流入等。

(2)对于重大的固定资产投资项目，应当考虑聘请独立的中介机构或专业人士进行可行性研究与评价，并由企业实行集体决策和审批，防止出现决策失误而造成严重损失。对于重大的资本支出预算则必须由董事会批准才能执行。还要注意到：资本支出预算的编制者应与该预算的审批者分离；对于投资将对企业产生重大影响的资本支出预算通常规定必须由董事会批准才能执行。任何批准应形成书面档案，并须编号归档控制。

(3)企业应当严格执行固定资产投资预算。对于预算内固定资产投资项目，有关部门应严格按照预算执行进度办理相关手续；对于超预算或预算外固定资产投资项目，应由固定资产相关责任部门提出申请，经审批后再办理相关手续。

2. 请购控制

企业对于外购的固定资产应当建立请购与审批制度，明确请购部门(或人员)和审批部门(或人员)的职责权限及相应的请购与审批程序。固定资产采购过程应当规范、透明。对于一般固定资产采购，应由采购部门充分了解和掌握供应商情况，采取比质比价的办法确定供应商；对于重大的固定资产采购，应采取招标方式进行。

固定资产购置，严格按照企业制定的固定资产内部控制制度和业务流程来进行。规定企业所有固定资产由设备部门统一购买（专用固定资产如电脑等信息资产除外），但必须先由各部门填写请购单，并由设备部门做技术经济论证，进行询价和价格比较，填写好拟采购设备的名称、规格、型号、性能、质量、估计费用等资料，送相关部门会签并报总经理批准。

对重大工程建设项目，企业应成立专门的管理小组。成员应包括来自工程部，审计、财务部，投资、专家及共同参与项目论证、公开招标等环节的人员。既体现公平、公正原则，又通过招标等良性竞争手段，为企业创造经济效益。

3. 采购控制

采购环节是事故的隐患滋生环节，也是资产控制的重中之重。采购部在执行固定资产采购程序时，应先向供货商询价，并取得厂商报价单，进行比价，以报价较低且品质佳的核准厂商为采购对象。在实际工作中，必须建立健全分档次的供应商选择机制，比如，单批次某个确定金额以下寻找至少两家以上的供应商进行询价比价；单批次在此金额以上至另一个相对较高金额之间寻找至少三家以上的供应商进行招标采购，并报财务总监审批；单批次规定金额以上寻找至少三家以上的供应商进行招标采购并组织招标小组确定出最优方案，报财务总监、总经理审批。依请购单填写订购单并与供货商联络订购事宜，按一般采购程序办理。

4. 验收控制

对于固定资产实物而言，实物验收是第一关。企业应当建立严格的固定资产交付使用验收制度，确保固定资产数量、质量等符合使用要求。固定资产交付使用的验收工作由固定资产管理部门、使用部门及相关部门共同实施。对验收合格的固定资产应及时办理入库、编号、建卡、调配等手续。对于验收控制，企业应当重点关注：从外部购入的设备，采购人员应与厂商联系送货时间及地点。固定资产送达时，请购企业采购人员、管理部门均应派员会同点收数量、检查品质及规格是否与请购单相符。其验收程序可按照存货验收程序进行，所不同的是固定资产一般要求有较高等级的技术人员来检查其质量或精密程式，故购入设备必须经过专职工程师的检查，并在收货报告单上签字同意。通过建筑或通过安装取得的设备在正式向承包商签发验收合格证书前，应做全面和综合性的测试验收验查工作。

各种监督和测试工作应当加以文字记录，并作为工程验收合格证书的附件妥善保管，验收合格证书必须由指定的授权人审核签字。具体需要分各种情况进行处理：

（1）对于由外部购入的固定资产，应当根据合同协议、供应商发货单等对所购固定资产的品种、规格、数量、质量、技术要求及其他内容进行验收，出具验收单或验收报告。验收合格后方可投入使用。

（2）对于自行建造的固定资产，应由制造部门、固定资产管理部门、使用部门共同填制固定资产移交使用验收单，验收合格后移交使用部门投入使用。

（3）对于由企业股东以实物形态投入或接受捐赠、债务重组、企业合并、非货币性资产交换、外企无偿划拨转入以及其他方式取得的固定资产，都必须严格依照企业内部固定资产管理规定办理相应的验收手续。

（4）对于由于经营租赁、借用、代管的固定资产应设立登记簿记录备查，避免与本企业财产混淆，并应及时归还。

5. 会计入账控制

企业应当按照国家统一的会计准则制度的规定，及时确认固定资产的购买或建造成本。对于固定资产，应分类设置各种账户，分别记录。其分类有房屋、机器设备、家具、办公设备、运输设备等。各类资产账户应附有单独的卡片或表单，记录财产各种详细有用的资料。每张卡片或表单应记录每项资产的简要说明、存放地点、购入或建造日期、相应的凭单或工作单号码、资产的价值、规定的计量单位、折旧计算方法、估计残值、每个会计期应提折旧及累计已提折旧金额。此外，固定资产记录还应表明该项财产维修和保养情况。所有卡片或表单应编上交叉索引号码，以便同控制账户或其他记录相核对。

明细分类账的记录至少每年同总分类控制账户核对一次。控制制度应规定对于核对中发现的差异加以揭示。对差异做出任何调整前，应由一名指定的企业高级管理人员负责对差异进行调查，并对调查结果进行审批。

财会部门在登记各类资产明细账时，应有适当的复核程序来验证各种应计入资产价值的费用成本，防止多计或少计财产价值。

（三）资产使用与维护控制点

固定资产需要在较长时间内为企业生产或管理活动提供服务，因此，这一阶段的控制工作是长期的任务，更加需要扎实有效的开展。在固定资产使用与维护阶段，主要包括资产使用、折旧、维护、盘点与清查等方面的控制。

1. 使用控制

企业应加强固定资产的日常管理工作，授权具体部门或人员负责固定资产的日常使用与维修管理，保证固定资产的安全与完整。同时，还需要定期或不定期检查固定资产明细及标签，确保具备足够详细的信息，以便对固定资产进行有效的识别与盘点。

对固定资产都应设立卡片，有条件的企业，应尽量选用合适的固定资产管理系统，用电脑来管理固定资产数据；要及时对系统中的数据进行清理，查错防漏。在科技发展、环境及其他因素发生变化的情况下，应调整相关固定资产的净残值。

加强对在建工程账户的检查和清理，对已经在用或已经达到预定可使用状态的固定资产及时验收入账或暂估入账。对精密贵重以及容易发生安全事故的仪器设备，归口管理部门应制定具体操作规程，指定专人进行操作。

2. 折旧控制

折旧是企业控制与管理固定资产的重要手段，任何一个企业，都应依据国家有关规定，结合企业实际，确定计提折旧的固定资产范围、折旧方法、折旧年限、净残值率等折旧政策。折旧政策一经确定，不得随意变更。确需变更的，应当按照规定程序审批。

企业通常应该选择符合政策规定、符合企业实际情况的固定资产折旧方法来计提折旧。常用的折旧方法主要包括平均年限法、工作量法、双倍余额递减法和年数总和法等。同时，还要特别注意：当月增加的固定资产，次月开始折旧。当月减少的固定资产，从下月起不再计提折旧。提前报废的固定资产，其净损失计入营业外支出，不再补提折旧。按照规定提取的固定资产折旧，分别按用途性质计入制造费用、管理费用和销售费用等。折旧方法一经选定，不得随意改变，确实需要改变的，必须履行必要的核准手续并披露其理由。

3. 维护控制

企业应当建立固定资产的维修、保养制度，保证固定资产的正常运行，提高固定资产的使用效率。因此，企业应设置专门管理固定资产的机构，加强固定资产的维修和保养工作。该机构的职责包括：每年制订出各类房屋设备等的维修计划与实施维修计划或根据使用中出现的应急情况采取修理措施；监督使用部门的使用情况；对使用、维修和保养的结果进行记录等。

在企业中，必须明确固定资产正常使用、日常维护、技术大修等活动的明确责任部门。其中，固定资产使用部门负责固定资产日常维修、保养，定期检查，及时消除风险；固定资产大修理应由固定资产使用部门提出申请，按规定程序报批后安排修理；固定资产技术改造应组织相关部门进行可行性论证，审批通过后予以实施。

在固定资产使用、维修和保养阶段，除了定期计提固定资产折旧之外，还需要采用必要的市场保险措施来防范风险。企业应当根据固定资产的性质和特点，确定固定资产投保范围和政策。投保范围和政策应足以应对固定资产因各种原因发生损失的风险。

企业应当严格执行固定资产投保范围和政策，对应投保的固定资产项目按规定程序进行审批，办理投保手续。对于重大固定资产项目的投保，应当考虑采取招标方式确定保险企业。

4. 盘点控制

在固定资产的持续使用过程中，定期或不定期地进行资产实物形态的盘点极为重要。因此，企业应当定期对固定资产进行盘点，同时，当发生某些变化情况时，也要随时进行盘点，还需要特别注意盘点前的准备工作和盘点后的处理。

（1）盘点准备

在盘点前，固定资产管理部门、使用部门和财会部门应当进行固定资产账簿记录的核对，保证账账相符。企业应组成固定资产盘点小组对固定资产进行盘点，根据盘点结果填写固定资产盘点表，并与账簿记录进行核对，对账实不符，固定资产盘盈、盘亏的，编制固定资产盘盈、盘亏表。盘点工作应由负责保管、记账等不同职能的人员以及与厂房设备无关的其他局外人共同担任。盘点结果记录在盘点清单上，清单内容包括固定资产的名称、类别、编号、存放地点、目前使用状况和所处状态等。盘点人员（一般要求两人以上）应在盘点清单上签字。实地盘点结束后，应将盘点清单内容同固定资产卡片相核对，如发现差异或固定资产已处于不能正常使用状态，应由固定资产保管部门负责审查其原因，经过一定的批准程序，才能进行账面调整。每次盘点的清点单应归档保存。

（2）盘点处理

固定资产发生盘盈、盘亏，应由固定资产使用部门和管理部门逐笔查明原因，共同编制盘盈、盘亏处理意见，经企业授权部门或人员批准后由财会部门及时调整有关账簿记录，使其反映固定资产的实际情况。

5. 清查控制

企业应至少在每年年末由固定资产管理部门和财会部门对固定资产进行检查、分析。检查分析应包括定期核对固定资产明细账与总账，并对差异及时分析与调整。

企业建立固定资产清查制度，清查分年中清查和年末清查，由管理部门和财务部共同执行。固定资产的清查应填制"固定资产盘点明细表"，详细反应所盘点的固定资产的实有数，并与固定资产账面数核对，做到账务、实物和固定资产卡片核对一致。若有盘盈或盘亏，需编报"固定资产盘盈盘亏报告表"，列出原因和责任，报部门经理、生产部门经理、财务部和总经理批准后，财务部进行相应的账务调整。管理部门对台账和固定资产卡片内容进行更新。

（四）资产处置和转移控制点

1. 固定资产的处置

（1）一般处置原则

对基本完成经济寿命与使用年限的固定资产，企业应当建立固定资产处置的相关制度，确定固定资产处置的范围、标准、程序和审批权限。企业应区分固定资产不同的处置方式，采取相应的控制措施。

对于使用期满、正常报废的固定资产，应由固定资产使用部门或管理部门填制固定资产报废单，经企业授权部门或人员批准后对该固定资产进行报废清理。

对于使用期限未满、非正常报废的固定资产，应由固定资产使用部门提出报废申请，注明报废理由、估计清理费用和可回收残值、预计出售价值等。企业应组织有关部门进行技术鉴定，按规定程序审批后进行报废清理。

对于拟出售或投资转出的固定资产，应由有关部门或人员提出处置申请，列明该项固定资产的原价、已提折旧、预计使用年限、已使用年限、预计出售价格或转让价格等，报经企业授权部门或人员批准后予以出售或转让。

固定资产的处置应由独立于固定资产管理部门和使用部门的其他部门或人员办理。固定资产处置价格应报经企业授权部门或人员审批后确定。对于重大的固定资产处置，应当考虑聘请具有资质的中介机构进行资产评估。对于重大固定资产的处置，应当采取集体合议审批制度，并建立集体审批记录机制。

（2）产权变动时的控制措施

固定资产处置涉及产权变更的，应及时办理产权变更手续。应当从下面两个方面把握：

①固定资产的出售

固定资产使用部门应将闲置的固定资产书面告知管理部门，填写"闲置固定资产明细表"，管理部门拟定处理意见后，按下面步骤执行：固定资产如需出售处理，需由固定资产管理部门提出申请，填写"固定资产出售申请表"；列出准备出售的固定资产明细，注明出售处理原因，出售金额，报部门经理、生产部门经理、财务部和总经理审批；固定资产出售申请经批准后，固定资产管理部门对该固定资产进行处置，并对固定资产卡片登记出售日期，台账做固定资产减少；财务部根据已经批准的出售申请表，开具发票及收款，并对固定资产进行相应的账务处理。

②固定资产的报废

当固定资产严重损坏,没有维修价值时,由固定资产使用部门提出申请,填写"固定资产报废申请表",交固定资产管理部门报财务总监和总经理审批;经批准后,固定资产管理部门对实物进行处理。处理后对台账及固定资产卡片进行更新,并将处理结果书面通知财务部;财务部依据总经理批准的固定资产报废申请和实物处理结果,进行账务处理。

2. 固定资产的转移控制

固定资产的转移包括多种情况,需要区别对待,分类处理。对于企业出租、出借固定资产,应由固定资产管理部门会同财会部门按规定报经批准后予以办理,并签订合同协议,对固定资产出租、出借期间所发生的维护保养、税负责任、租金、归还期限等相关事项予以约定。对于固定资产的内部调拨,应填制固定资产内部调拨单,明确固定资产调拨时间、调拨地点、编号、名称、规格、型号等。经有关负责人审批通过后,要及时办理调拨手续。固定资产调拨的价值应当由企业财会部门审核批准。

关于固定资产的转移,应注意以下控制措施:

(1)固定资产在企业内部部门员工之间转移调拨,需填写"固定资产转移申请单"一式四联,送转入部门签字,确认后交固定资产管理部门,第一联由管理部门留存,更新固定资产卡片,第二联送交财会部门,第三联送交移入部门,第四联送交移出部门。之后,需将固定资产转移单交固定资产管理部门办理转移登记。

(2)固定资产管理部门将固定资产转移登记情况书面通知财务部,以便进行账务处理。

(3)注意固定资产编号保持不变,填写清楚新的使用部门和新的使用人,以便监督管理。

---

**篇中案例 6-2**

**固定资产控制:平凡之中露真情**

中国石化仪征化纤股份有限企业(以下简称仪征化纤)是中国石油化工股份有限企业的控股子公司,是我国最大的现代化化纤和化纤原料生产基地。仪征化纤主要从事生产及销售聚酯切片和涤纶纤维业务,并配套生产聚酯主要原料精对苯二甲酸,经营范围包括化纤及化工产品的生产及销售,原辅材料的生产、化工化纤及纺织技术开发,自产产品运输及技术服务。

在固定资产的内部控制方面,仪征化纤实行管理信念与管理措施的同步推进。管理信念是仪征化纤的先行官。随即仪化股份进行了较大规模的财务纪律整改，逐步完善内控机制。在固定资产投资与管理的全过程中，仪化股份将其视为竞争力的储备，从决策开始瞄准的就是国内外的市场空间及企业份额，尽早加入到国际竞争的主流中来。管理措施是仪征化纤长期以来科学探索的重要目标。固定资产控制方面，通过明确整个企业固定资产内部控制的业务目标、控制点及业务流程，进一步强化了该企业关于固定资产的内部控制有以下特点：

其一，围绕经营目标、财务目标、合规目标进行控制。内部控制目标是指导其设计和实施的根本指南。内部控制必须围绕所要实现的目标，才能找到企业经营管理中与最终控制结果相关的因素。因此，该企业在阐述关于固定资产管理的经营目标、财务目标及合规目标的基础上，提出固定资产管理过程中可能出现的经营风险、财务风险及合规风险，围绕业务目标设计了有关固定资产业务流程步骤与控制点，可以保证关于固定资产会计信息的可靠性、企业财产的安全性和合法性。

其二，组织架构严密，岗位责任明确，强调授权审批控制。在内部控制中，必须确定授权审批的程序、保证权力的分配与责任界定相配合，既要设计出合理的授权审批控制措施，又要保证授权活动的贯彻实施。例如，该企业关于固定资产报废的处置，单台原值在 5 万元以上 50 万元以下的固定资产由使用企业提出初步鉴定意见，企业鉴定组鉴定，报董事长审批；关于固定资产减值数额需经资产财务部会同设备部审核，报总经理班子、董事会审批，资产财务部根据审批结果及时计提入账。

其三，突出闲置固定资产的处置。闲置固定资产不仅占用了企业大量的资金，而且对于闲置资产不合理的处置将会造成资产流失，给企业带来较大的损失。因此，该企业对于闲置固定资产的处置从审批同意到妥善保管、到正确核算再到充分有效利用都做了相应的规定，并在此过程中注意各部门的有效制衡。

资料来源：丁小云. 关于固定资产内部控制典型案例分析[J]. 会计之友，2007（5）.

## 【课堂测试 6-2】

1. 对于企业重大固定资产处置，应采用（　　）方式。
   A. 集体合议审批　　　　　　B. 保管部门决定
   C. 管理部门决定　　　　　　D. 销售部门决定
2. 应由（　　）对当月的折旧费用，尤其是上月新增固定资产本月折旧费用以及计提了减值准备的固定资产,进行合理性复核并编制折旧和摊销分析报告。
　　A. 生产部门　　　B. 采购部门　　　C. 财务部门　　　D. 管理部门
　　3. 企业根据固定资产的性质和特点,确定固定资产投保范围和政策。投保范围和政策应足以应对固定资产因各种原因发生损失的风险。这种行为属于（　　）行为。
　　A. 授权控制　　　　　　　　B. 不相容职务分离控制
　　C. 会计记录控制　　　　　　D. 资产保护控制
　　4. 企业财会部门按照国家统一的会计准则制度的规定,及时确认固定资产的购买或建造成本。这种行为属于（　　）控制行为。
　　A. 会计记录　　　B. 资产保护　　　C. 内部稽核　　　D. 定期轮岗

## 第三节　无形资产控制

　　无形资产,是指企业拥有或者控制的没有实物形态的可辨认非货币资产,即能够从企业中分离或者划分出来,并能够单独或者与相关合同协议、资产、负债一起用于出售、转移、授权许可、租赁或者交换的,以及源自合同协议性权力或其他法律权利的非货币性资产。无形资产通常包括专利权、非专利技术、商标权、著作权、特许权、土地使用权等。
　　从一定意义上看,随着市场经济环境下交易形式的升级与技术进步带来的价值变异,无形资产将越来越成为企业价值形态的重要组成部分。企业至少应当关注涉及无形资产的下列风险:无形资产业务违反国家法律法规,可能遭受外部处罚、经济损失和信誉损失;无形资产业务未经适当审批或超越授权审批,可能因重大差错、舞弊、欺诈而导致损失;无形资产购买决策失误,可能导致不必要的成本支出;无形资产使用和管理不善,可能导致损失和浪费;无形资产处置决策和执行不当,可能导致企业权益受损;无形资产的会计处理和相关信息不合法、真实、完整,可能导致企业资产账实不符或资产损失。
　　对无形资产实施严格的内部控制,主要目标是:确保无形资产的安全及有效使用;确保有关无形资产的会计及记录、财务及其他信息的可信性与可靠性;确保减少不必要的开支提高企业盈利水平,避免意外风险,预防和发现差错及违纪行为,外部审计能够查明已经发生的差错及违纪行为,但不能预防其发生。对差错和违纪行为的预防和发生,则主要依赖于企业内部采取的内部控制措施。

## 一、无形资产控制的内容

无形资产在为企业创造利润的过程中担当着越来越重要的角色,因此,企业应当越来越重视无形资产的控制与管理。无形资产控制的内容,可以归纳为以下几个方面:

### (一) 无形资产内涵与外延的理念梳理

根据《企业会计准则第6号——无形资产》的规定,无形资产是指企业拥有或者控制的没有实物形态的可辨认非货币性资产。资产在符合下列条件时,满足无形资产定义中的可辨认性标准:一是能够从企业中分离或者划分出来,并能单独或者与相关合同、资产或负债一起,用于出售、转移、授予许可、租赁或者交换;二是源自合同性权利或其他法定权利,无论这些权利是否可以从企业或其他权利和义务中转移或者分离。

《企业会计准则第6号——无形资产》明确指出,同时满足下列条件的无形项目,才能确认为无形资产:一是符合无形资产的定义;二是与该资产相关的预计未来经济利益很可能流入企业;三是该资产的成本能够可靠计量。

根据《中华人民共和国企业所得税法实施条例》第65条的规定,无形资产是指企业生产产品、提供劳务、出租或者经营管理而持有的,没有实物形态的非货币性长期资产,包括专利权、商标权、著作权、土地使用权、非专利技术、商誉等。

对于企业内部控制而言,除了已经确认记录在会计账务中的无形资产外,还要从市场潜在价值方面关注账外无形资产。这些所谓"无形资产"是指企业拥有的"软性"资产:持有专利、软件、品牌、商标、标识、特许经销权、科研开发资源、创意、专门知识与客户关系。利用一个企业的无形资产制度一般涉及技术开发管理、市场营销、工商管理、财务管理(含会计核算)、对外经济技术合作、情报信息管理、质量管理等若干领域。它一般应包括:无形资产开发方面的管理制度,无形资产权益(权益的取得、维护、保护)方面的管理制度,无形资产对外许可、转让、合作管理制度,无形资产档案管理制度,无形资产投入产出考核制度,无形资产融资管理制度,无形资产评估管理制度,无形资产审计管理制度,无形资产投资管理制度等内容。其制定原则是既要考虑到无形资产自身发生发展的客观规律和企业的无形资产存量,又要考虑到无形资产之间的联系和管理的特殊要求。

### (二) 无形资产取得与形成环节

无形资产管理制度是对企业无形资产的形成、积累、评估、管理、使用和创新整个过程的控制和管理的制度。企业应根据无形资产法规和无形资产确认、计量等方面的准则，设立专门的机构或人员负责无形资产的培育和开发，根据企业自身的文化传统、技术水平、管理经验、核心业务和科技实力以及本地资源、市场、生产条件等优势培育和开发独具特色的无形资产。其中，在取得与形成环节，通常需要建立如下制度：

1. 实行无形资产预算管理制度

把无形资产的管理列入企业的财务管理范畴，由财会部门协同各专门机构对无形资产的投入产出效果进行管理和评价，对企业内价值高的无形资产进行集中、分类、管理，通过市场或非市场途径传播，使之得到消费者的理解、认同和支持，并关注其价值的变化。

企业根据无形资产的使用效果、生产经营发展目标等因素拟定无形资产投资项目，对项目可行性进行研究、分析，编制无形资产投资预算，并按规定程序审批，确保无形资产投资决策科学合理。对于重大的无形资产投资项目，应当考虑聘请独立的中介机构或专业人士进行可行性研究与评价，并由企业实行集体决策和审批，防止出现决策失误而造成严重损失。

2. 执行无形资产投资预算

目前，企业通过自主研究与开发而形成的无形资产日益增长，对于预算内无形资产投资项目，有关部门应严格按照预算执行进度办理相关手续；对于超预算或预算外无形资产投资项目，应由无形资产相关责任部门提出申请，经审批后再办理相关手续。

对于外购的无形资产应当建立请购与审批制度，明确请购部门（或人员）和审批部门（或人员）的职责权限及相应的请购与审批程序。无形资产采购过程应当规范、透明。对于一般无形资产采购，应由采购部门充分了解和掌握产品及供应商情况，采取比质比价的办法确定供应商；对于重大的无形资产采购，应采取招标方式进行；对于非专有技术等具有非公开性的无形资产，还应注意采购过程中的保密保全措施。无形资产采购合同协议的签订应遵循企业合同协议管理内部控制的相关规定。

（三）无形资产交付使用验收制

无形资产交付使用的验收工作由无形资产管理部门、使用部门及相关部门共同实施，并根据具体情况实行分类处理与控制。

（1）对于企业外购的无形资产，必须取得无形资产所有权的有效证明文件，仔细审核有关合同协议等法律文件，必要时应听取专业人员或法律顾问的意见。

（2）对于企业自行开发的无形资产，应由研发部门、无形资产管理部门、使用部门共同填制无形资产移交使用验收单，移交使用部门使用。

（3）对于企业购入或者以支付土地出让金方式取得的土地使用权，必须取得土地使用权的有效证明文件。除已经确认为投资性房地产外，在尚未开发或建造自用项目前，企业应当根据合同协议、土地使用权证办理无形资产的验收手续。

（4）对于企业对投资者投入、接受捐赠、债务重组、政府补助、企业合并、非货币性资产交换、外企业无偿划拨转入以及其他方式取得的无形资产均应办理相应的验收手续。

需要注意的是，对验收合格的无形资产应及时办理编号、建卡、调配等手续，而对需要办理产权登记手续的无形资产，企业应及时到相关部门办理。

（四）无形资产使用与处置环节

企业应加强无形资产的日常管理工作，授权具体部门或人员负责无形资产的日常使用与保全管理，保证无形资产的安全与完整。在使用保全环节的控制，包括对会计账上无形资产的保全控制和对会计账上未记载无形资产的保全控制。

1. 使用环节的控制

（1）对会计账面无形资产的保全控制

一是核查无形资产的价值。企业应当定期或者至少在每年年度终检查各项无形资产，预计其给企业带来未来经济利益的能力，对预计可收回金额低于账面价值的，应当计提减值准备，进行相应的调整。二是记录保护。应对无形资产各种文件资料（尤其是资产、财务、会计等资料）妥善保管，避免记录受损、被盗、被毁的可能。对某些重要资料应留有后备记录，以便在遭受意外损失或毁坏时重新恢复，这在当前计算机条件下尤为重要。

（2）对会计上未记载无形资产的保全控制

对会计上未记载无形资产的保全控制，包括：一是用好法律手段。要通过法律手段确立无形资产的合法地位，主动配合执法部门整顿市场秩序，依法打假治劣，及时利用媒体揭露侵权行为。二是不断的调整与创新。要适应消费者的需要，在保持无形资产内在特色的前提下及时适应消费者习惯、偏好的变化，以使企业生产经营与市场和消费者的需要保持同步。只有不断创新才能增强竞争力，才能巩固已取得的优势地位和避免竞争对手模仿，也才能真正不断满足市场需要。三是保证质量。开发和创造无形资产需要高质量，维护无形资产也需要高质量。高质量是无形资产的灵魂和生命力所在。在无形资产运营中，应慎重选择联营或并购的企业，切不可为一时之利葬送自己长期苦心经营的品牌。

2. 处置环节的控制

企业应区分无形资产不同的处置方式，采取相应控制措施：

（1）对使用期满、正常报废的无形资产，应由无形资产使用部门或管理部门填制无形资产报废单，经企业授权部门或人员批准后对该无形资产进行报废清理。

（2）对使用期限未满、非正常报废的无形资产，应由无形资产使用部门提出报废申请，注明报废理由、估计清理费用和可回收残值、预计出售价值等。企业应组织有关部门进行技术鉴定，按规定程序审批后进行报废清理。

（3）对拟出售或投资转出的无形资产，应由有关部门或人员提出处置申请，列明该项无形资产的原价、已提摊销、预计使用年限、已使用年限、预计出售价格或转让价格等，报经企业授权部门或人员批准后予以出售或转让。

3. 其他相关控制

无形资产的处置应由独立于无形资产管理部门和使用部门的其他部门或人员办理。无形资产处置价格应当选择合理的方式，报经企业授权部门或人员审批后确定。对于重大的无形资产处置，无形资产处置价格应当委托具有资质的中介机构进行资产评估，并采取集体合议审批制度，并建立集体审批记录机制。无形资产处置涉及产权变更的，应及时办理产权变更手续。

企业出租、出借无形资产，应由无形资产管理部门会同财会部门按规定报经批准后予以办理，并签订合同协议，对无形资产出租、出借期间所发生的维护保全、税负责任、租金、归还期限等相关事项予以约定。对无形资产处置及出租、出借收入和发生的相关费用，应及时入账，并保持完整的记录。

企业对于无形资产的内部调拨，应填制无形资产内部调拨单，明确无形资产名称、编号、调拨时间等，经有关负责人审批通过后，及时办理调拨手续。无形资产调拨的价值应当由企业财会部门审核批准。

（五）无形资产会计核算环节

无形资产账面价值与市场价值的差异悬殊，是会计界长期面临的挑战。从会计核算对无形资产价值的保值增值责任来看，主要需要着手以下控制：

1. 认清规律，建立制度

认清无形资产管理领域的价值运营规律，建立健全内部会计管理规范和监督制度，且要充分体现权责明确、相互制约以及及时进行内部审计的要求。在当前深入开展企业改革的过程中，企业参与合资、兼并、分立、转让、租赁等一系列资产活动与重组活动越来越多，在涉及企业资本运作过程中，必然会涉及无形资产的运作，因此，企业必须加强内部监督和约束，通过坚持对企业无形资产开展内部审计监督，特别注意查明并纠正人为低估或高估无形资产等弄虚作假、违法侵权以及急功近利的短期行为，以便有效避免或减少企业无形资产的转移和流失。

2. 统一无形资产的会计政策

尽管国家对于无形资产制定了统一的会计制度，但其中有些会计政策是可选的。因此，从企业内部管理要求出发，必须统一执行所确定的会计政策，以便统一核算汇总分析和考核，企业会计政策可以以专门文件的形式予以颁布。

3. 统一会计科目

在实现国家统一一级无形资产的有关会计科目的基础上，企业应根据经营管理需要，统一设定明细科目，但是不可以乱开设会计科目和混淆会计科目。

4. 明确资料的处理程序与方法

明确无形资产相关会计凭证、会计账簿和财务报告的处理程序与方法，遵循会计制度规定的各条核算原则，使会计真正实现为国家宏观经济调控和管理提供信息、为企业内部经营管理提供信息、为企业外部各有关方面了解其财务状况和经营成果提供信息的目标。

5. 加强对无形资产维护费用的监督和控制

为了保证无形资产这一获利能力的完整性、持续性和有效性，企业就必须依法支付各项与无形资产有关的维护费用。例如，为维护专利权有效，就须支付专利年费；为获得商标权，就须支付注册申请费等。对于当前无形资产的维护费用，其会计处理方法仍没有明确的规定，同时很多企业并没有建立有效的约束和监督机制，这使得无形资产维护费用很可能成为企业隐形费用的一部分。因此，必须加强对无形资产维护费用的内部审计监督和控制，从而保证无形资产维护费用性质和数量的合法性、合理性。

6. 加强对无形资产价值的监督检查

加强对无形资产价值的监督检查有效防止企业无形资产的转移和流失。无形资产具有价值属性，其价值的反映具有多种不同形式。例如，当企业知识产权发生转让时，其转让价格就是最常见的一种无形资产价值量化形式。在实际转让过程中，往往由于价格不合理，又未经内部审计部门监督把关，极易造成无形资产的严重流失。这方面我国已有过很多惨痛的教训。这些都需要切实加强控制，防范无形资产流失。

**二、无形资产控制的流程**

围绕无形资产的取得与验收、使用与保全、处置与转移等活动，无形资产控制需要在相应的流程进行科学而合理的控制。无形资产的控制流程如图 6-5 所示。

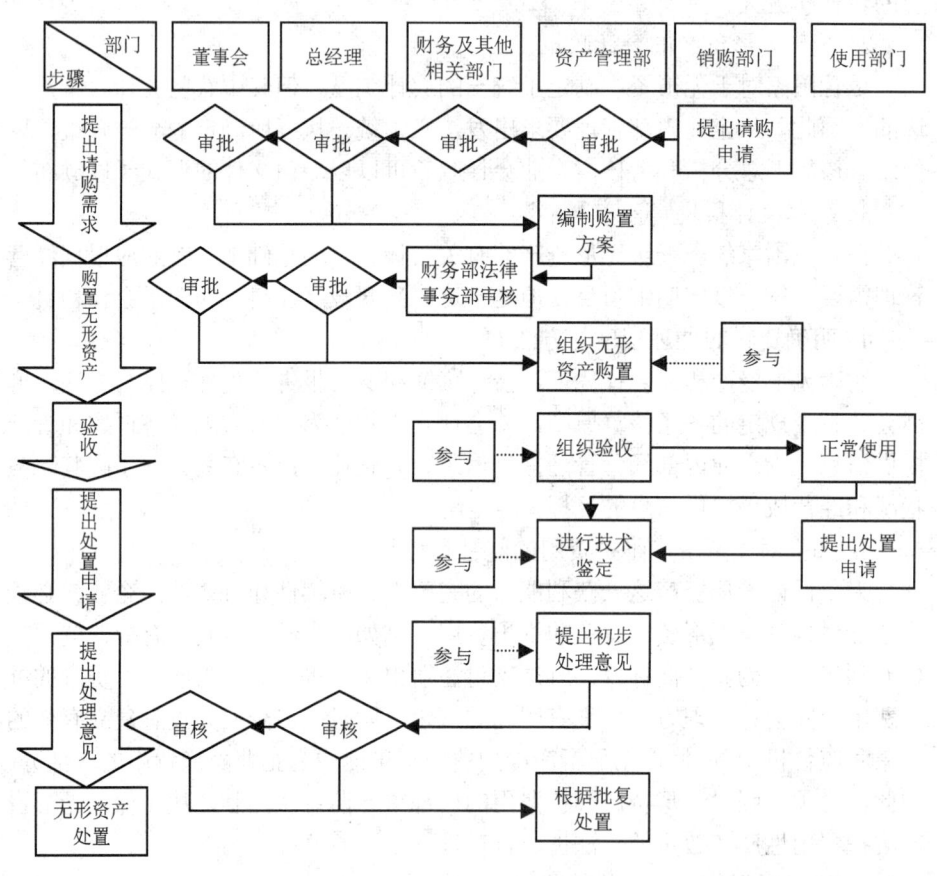

图 6-5 无形资产控制流程图

### 三、无形资产控制关键点

企业在建立与实施无形资产内部控制中，至少应当强化对下列关键方面或者关键环节的控制：在职责分工、权限范围和审批程序方面，应当明确规范，机构设置和人员配备应当科学合理；在无形资产取得依据方面，应当充分适当，决策过程应当科学规范；在无形资产取得、自行开发并取得、使用及保护、处置报废等环节，注意其相应的控制流程要清晰严密；在无形资产确认、计量和报告方面，符合国家统一的会计准则制度的规定。现摘要分析以下几个关键控制点：

## (一) 职责分工与授权审批

无形资产管理领域需要职责分工，权限范围和审批程序应当明确规范，机构设置和人员配备应当科学合理。

1. 职责分工

企业应该设置专门的无形资产管理部门，配备专业无形资产管理人员对企业的无形资产进行综合、全面、系统的管理。同一部门或个人不得办理无形资产业务的全过程。有效的内部控制制度应该保证对同一项业务的审批、执行、记录和复核人员的职务分离，以减少因一人多权而导致的舞弊现象发生。

无形资产业务不相容岗位至少包括：无形资产投资预算的编制与审批，无形资产投资预算的审批与执行，无形资产取得、验收与款项支付，无形资产处置的审批与执行，无形资产取得与处置业务的执行与相关会计记录，无形资产的使用、保管与会计处理。

企业应当配备合格的人员办理无形资产业务。办理无形资产业务的人员应当具备良好的业务素质和职业道德。

2. 授权审批

企业应当对无形资产业务建立严格的授权批准制度，明确授权批准的方式、权限、程序、责任和相关控制措施，规定经办人的职责范围和工作要求。严禁未经授权的机构或人员办理无形资产业务。

(1) 授权批准的范围

通常无形资产研究与开发、购置和转让计划都应纳入其范围。授权批准的层次，应根据无形资产的重要性和金额大小确定不同的授权批准层次，从而保证各经理层有权也有责。

(2) 授权批准的责任

应当明确被授权者在履行权力时应对哪些方面负责，应避免责任不清。

(3) 授权批准的程序

应规定每一类无形资产业务的审批程序，以便按程序办理审批，以避免越级审批、违规审批的情况发生。各级经理层必须在授权范围内行使相应职权，经办人员也必须在授权范围内办理经济业务。审批人应当根据无形资产业务授权批准制度的规定，在授权范围内进行审批，不得超越审批权限。对于审批人超越授权范围审批的无形资产业务，经办人员有权拒绝办理，并及时向上级部门报告。

企业应当制定无形资产业务流程，明确无形资产投资预算编制、自行开发无形资产预算编制、取得与验收、使用与保全、处置和转移等环节的控制要求，并设置相应的记录或凭证,如实记载各环节业务开展情况,及时传递相关信息,确保无形资产业务全过程得到有效控制。

(二)取得与验收控制点

这一领域,通常是无形资产管理的重要环节,其控制措施需要从图6-6所示的四个方面实施。

1. 建立无形资产预算管理制度

(1)企业根据无形资产的使用效果、生产经营发展目标等因素拟定无形资产投资项目,对项目可行性进行研究、分析,编制无形资产投资预算,并按规定程序审批,确保无形资产投资决策科学合理。

(2)对于重大的无形资产投资项目,应当考虑聘请独立的中介机构或专业人士进行可行性研究与评价,并由企业实行集体决策和审批,防止出现决策失误而造成严重损失。

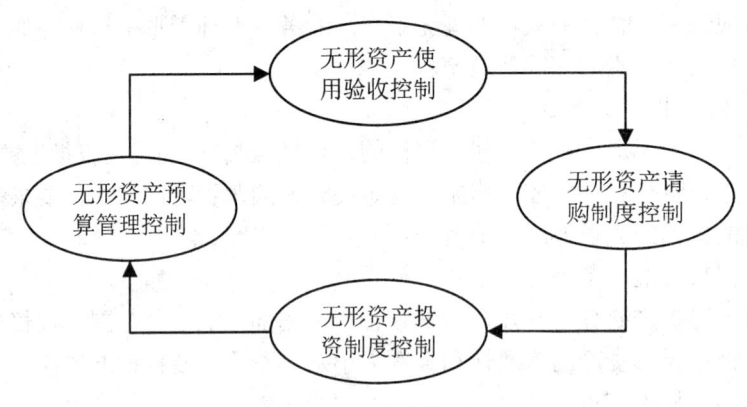

图 6-6 无形资产控制态势图

2. 无形资产投资制度

企业应当严格执行无形资产投资预算。对于预算内无形资产投资项目,有关部门应严格按照预算执行进度办理相关手续;对于超预算或预算外无形资产投资项目,应由无形资产相关责任部门提出申请,经审批后再办理相关手续。

3. 无形资产请购制度

(1)企业对于外购的无形资产应当建立请购与审批制度,明确请购部门(或人员)和审批部门(或人员)的职责权限及相应的请购与审批程序。

(2)无形资产采购过程应当规范、透明。对于一般无形资产采购,应由采购部门充分了解和掌握产品及供应商情况,采取比质比价的办法确定供应商;对于重大的无形资产采购,应采取招标方式进行;对于非专有技术等具有非公开性的无形资产,还应注意采购过程中的保密保全措施。

(3) 无形资产采购合同协议的签订应遵循企业合同协议管理内部控制的相关规定。

4. 无形资产使用验收制度

(1) 企业应当建立严格的无形资产交付使用验收制度,确保无形资产符合使用要求。无形资产交付使用的验收工作由无形资产管理部门、使用部门及相关部门共同实施。

(2) 企业外购无形资产,必须取得无形资产所有权的有效证明文件,仔细审核有关合同协议等法律文件,必要时应听取专业人员或法律顾问的意见。

(3) 企业自行开发的无形资产,应由研发部门、无形资产管理部门、使用部门共同填制无形资产移交使用验收单,移交使用部门使用。

(4) 企业购入或者以支付土地出让金方式取得的土地使用权,必须取得土地使用权的有效证明文件。除已经确认为投资性房地产外,在尚未开发或建造自用项目前,企业应当根据合同协议、土地使用权证办理无形资产的验收手续。

(5) 企业对投资者投入、接受捐赠、债务重组、政府补助、企业合并、非货币性资产交换、外企业无偿划拨转入以及其他方式取得的无形资产均应办理相应的验收手续。

(6) 对验收合格的无形资产应及时办理编号、建卡、调配等手续。

(7) 对需要办理产权登记手续的无形资产,企业应及时到相关部门办理。

(三) 使用与保全控制点

1. 专责使用

(1) 企业应加强无形资产的日常管理工作,授权具体部门或人员负责无形资产的日常使用与保全管理,保证无形资产的安全与完整。

(2) 企业应根据国家及行业有关要求和自身经营管理的需要,确定无形资产分类标准和管理要求,并制定和实施无形资产目录制度。

(3) 企业应根据无形资产性质确定无形资产保全范围和政策。保全范围和政策应当足以应对无形资产因各种原因发生损失的风险。

(4) 企业应当限制未经授权人员直接接触技术资料等无形资产;对技术资料等无形资产的保管及接触应保有记录;对重要的无形资产应及时申请法律保护。

2. 关注会计核算

(1) 企业应依据国家有关规定,结合企业实际,确定无形资产摊销范围、摊销年限、摊销方法、残值等。

（2）摊销方法一经确定，不得随意变更。确需变更的，应当按照规定程序审批。

（3）企业应当定期或者至少在每年年末由无形资产管理部门和财会部门对无形资产进行检查、分析，预计其给企业带来未来经济利益的能力。检查分析应包括定期核对无形资产明细账与总账，以及对差异及时分析与调整。

（4）无形资产存在可能发生减值迹象的，应当计算其可收回金额；可收回金额低于账面价值的，应当按照国家统一的会计准则制度的规定计提减值准备、确认减值损失。

（四）处置与转移控制点

1. 处置控制

企业应当建立无形资产处置的相关制度，确定无形资产处置的范围、标准、程序和审批权限等。企业应区分无形资产不同的处置方式，采取相应控制措施。

（1）对使用期满、正常报废的无形资产，应由无形资产使用部门或管理部门填制无形资产报废单，经企业授权部门或人员批准后对该无形资产进行报废清理。

（2）对使用期限未满、非正常报废的无形资产，应由无形资产使用部门提出报废申请，注明报废理由、估计清理费用和可回收残值、预计出售价值等。企业应组织有关部门进行技术鉴定，按规定程序审批后进行报废清理。

（3）对拟出售或投资转出的无形资产，应由有关部门或人员提出处置申请，列明该项无形资产的原价、已提折旧、预计使用年限、已使用年限、预计出售价格或转让价格等，报经企业授权部门或人员批准后予以出售或转让。

（4）无形资产的处置应由独立于无形资产管理部门和使用部门的其他部门或人员办理。无形资产处置价格应当选择合理的方式，报经企业授权部门或人员审批后确定。对于重大的无形资产处置，无形资产处置价格应当委托具有资质的中介机构进行资产评估。

（5）对于重大无形资产的处置，应当采取集体合议审批制度，并建立集体审批记录机制。

2. 其他转移

（1）企业出租、出借无形资产，应由无形资产管理部门会同财会部门按规定报经批准后予以办理，并签订合同协议，对无形资产出租、出借期间所发生的维护保全、税负责任、租金、归还期限等相关事项予以约定。

（2）对无形资产处置及出租、出借收入和发生的相关费用，应及时入账，保持完整的记录。

（3）企业对于无形资产的内部调拨，应填制无形资产内部调拨单，明确无形资产名称、编号、调拨时间等，经有关负责人审批通过后，及时办理调拨手续。

### 篇中案例 6-3
### XYZ 商场无形资产内部控制

XYZ 商场于 1989 年 5 月开业，之后仅用 7 个月时间就实现销售额 9000 万元，1990 年达 1.86 亿元，实现税利 1315 万元，1 年就跨入全国 50 家大型商场行列。

到 1995 年，其销售额一直呈增长趋势，1995 年达 4.8 亿元。该商场当年以其在经营和管理上的创新创造了一个平凡而奇特的现象。来自全国 30 多个省市的近 200 个大中城市的党政领导，商界要员去参观学习。

然而，1998 年 8 月 15 日，XYZ 商场悄然关门，面对这残酷的事实，人们众说纷纭。导致商场倒闭的原因是多方面的，而其内部控制的极端薄弱是促成倒闭的主要原因之一。下面仅就其无形资产内部控制方面进行分析。

该商场的冠名权属于无形资产，其转让都是由总经理一个人说了算，只要总经理签字同意，别人就可以建一个 XYZ 商场。在经营管理上，XYZ 商场有派驻人员，但由于并不掌控管理，所起的作用不大。这种冠名权的转让，能迅速带来规模的扩张，可也给 XYZ 的管理控制带来了风险。对这些企业的管理上，XYZ 并不严格，导致了某些企业在管理方面、服务质量或者产品质量等诸多方面给客户们留下了不好的印象，在社会上造成了不良影响，对 XYZ 这个品牌的影响起了负面作用。

【课堂测试 6-3】

1. 无形资产取得、验收与款项支付属于（　）行为。
   A. 授权控制　　　　　　　　B. 不相容职务分离控制
   C. 会计记录控制　　　　　　D. 资产保护控制

2. 企业应当限制未经授权人员直接接触技术资料等无形资产；对技术资料等无形资产的保管及接触应保有记录；对重要的无形资产应及时申请法律保护。该行为属于（　）行为。
   A. 授权控制　　　　　　　　B. 不相容职务分离控制
   C. 会计记录控制　　　　　　D. 资产保护控制

3.（判断题）企业无形资产摊销方法应根据实际情况随时变更。（　）

4. 无形资产管理中的不相容职务举例。

**本章小结**

资产是企业生产发展的有形支柱,需要进行有效的管理。在企业资产管理过程中,通常面临存货积压或短缺,固定资产更新改造不够、使用效能低下、维护不当、产能过剩,无形资产缺乏核心技术、权属不清、技术落后、存在重大技术安全隐患的风险。

面对资产管理过程中存在的风险,企业应该依据存货的整体流程,在购入前、购入和使用、处理等环节进行控制。企业在对存货进行控制的时候,应该明确岗位分工,严格授权审批制度。把握好存货在请购与采购,验收与保管,领用与发出,盘点与处置环节的关键控制点。固定资产控制的内容与其业务流程紧密相关,固定资产的业务流程可划分为购入、使用和处置三个阶段。从形式上来看,有以下内容:固定资产预算控制、固定资产增加控制、固定资产的使用和转移控制、维护费用控制、固定资产的盘点控制和报废控制。企业在对固定资产进行控制的时候,应该明确职责分工,严格授权制度。把握好固定资产在购置决策、使用和维护、处置和转移环节的关键控制点。无形资产在为企业创造利润的过程中担当着越来越重要的角色,因此,企业应当越来越重视无形资产的控制与管理。企业在对无形资产进行控制的时候,应该明确职责分工,严格授权制度。对于无形资产在取得与验收环节,使用与保全环节,处置与转移环节,会计核算环节进行控制。

**篇后案例**

**内部控制制度缘何失效:一起舞弊案例引发的思考**

2003年初,中国航天科工集团柳州长虹机器制造公司审计处在进行公司2002年报审计中发现这样一个反常现象:公司2001年、2002年的民品销售收入分别为4563万元、5323万元,呈上升趋势;财务反映的废旧物资销售的数量分别是863吨、510吨,废旧物资销售的收入分别是78万元、45万元,呈下降趋势。正常情况下,生产过程中发生的边角料等废旧物资应该与生产规模同比例增长或下降,为什么财务数据反映的却是不合理的趋势呢?带着疑问,审计处对公司物资处的废旧物资的回收、销售、收款等情况进行了重点审计。查出异常情况的背后是一起舞弊案件。经审计,发现物资处处长、综合室主任、仓库主任、废旧回收站站长、计划员等多人为了小团体的利益,擅自决定出售、截留废旧物资数量81.5吨,款额91200元,截至审计时,已经将私自出售和截留的销售收入私分 50605.80 元（涉及 63 人，每人 500 元至 2000 元不等），同时擅自决定降价销售废旧物资，造成损失 1.4 万元。其舞弊的手法如下：

（1）擅自出售废旧物资并全部截留货款。主要是与租赁公司厂房的湖南个体经营者串通，擅自将废旧物资销售给没有此项业务来往、也没有签订合同的湖南个体经营者，并要求其将销售货款不交财务而直接交物资处；私自销售的废旧物资出门时，借湖南个体经营者的名义，由湖南个体经营者以自己在锻工房加工的少许产品掩盖，或以其加工的产品或废料需要出门为由，堂而皇之地将盗卖的废旧物资办理出门手续。

（2）私自截留出售废旧物资款。主要是通过与签有合同业务的柳州个体经营者截留收入，物资处处长要求柳州个体经营者在销售废旧物资过程中，一部分销售的废旧物资款交财务，另一部分销售的废旧物资款截留下来，交到物资处作小金库（即通俗说的开阴阳收据）。私自截留出售废旧物资出门时，以部分销售的废旧物资办理出门手续，即以少量的废旧物资申报并取得出门单，然后以超过出门单标明的废旧物资实际数量的舞弊手法出门。

（3）收买门卫。为了能将违规销售的废旧物资顺利办理出门，物资处处长指使综合室主任，给以门卫送钱物等好处，致使门卫在违规废旧物资办理出门时放弃职守，大开方便之门。

（4）擅自决定降价。物资处处长明知道废旧物资销售及其销价变动要经过有关部门审核并履行合同手续，但其却擅自决定将废旧物资销售价格降价，造成损失 1.4 万元。

由于舞弊性质恶劣，这起案件的主要责任人物资处处长被给予党内严重警告处分和行政免去物资处处长职务的处理，其他人员也受到相应的处理。

这起舞弊案件涉及的金额并不算很大，但它暴露出来的内部管理问题却是严重的。经审计，物资处废旧物资的回收、分类、登记、过磅、合同、出售、收款、门卫检查等业务流程环节均出现了失控或有章不循的情况：

（1）超越内部组织分工责任原则处置业务。根据公司内部职责权限，废旧物资的出售业务需要计划处（如签合同）、财务处（如价格变动审批）等部门和主管领导的审批，但是 2002 年下半年大部分废旧物资的出售违反了组织分工控制原则，不通过计划处、财务处等业务部门，擅自决定和处理。在物资处内部也出现了这样的越位行为，本来公司为了规范废旧物资的出售，在物资处内专门设立了废旧物资回收站，负责废旧物资回收和销售，但很多废旧物资业务没有经过废旧物资回收站，由物资处处长指定没有此项业务权限的综合室主任直接处理。

（2）违反职务分离原则授予或办理业务。按照职务分离原则，某项经济业务的授权批准职务，应与执行该业务的职务分离，但在废旧物资出售业务处理中，出现了批准人（物资处处长）亲自与客户处理降价、交款等业务。又如物资计量有过磅员专司其职，却出现综合室主任参与废旧物资过磅等现象。

（3）不遵守业务流程控制。每一项经济业务的完成都需要经过一定的业务流程环节。废旧物资销售业务的环节包括：业务批准→物资过磅→填单（包括磅码单和结算单）→交款→办出门单→门卫验单放行（包括复验或抽检）。但是案件中废旧物资销售却违反了业务流程，门卫复检先通知物资处人员后复检，致使参与废旧物资销售舞弊的人知道复检则按过磅如实填报，不复检则以少量的废旧物资申报并取得出门单，然后以超过出门单标明废旧物资实际数量出门的现象。又如废旧物资应先交款，才能办理出门单，门卫并据此验单决定是否放行，但实际操作中出现了没有交款，也没有办出门单也放行的现象。

（4）不遵守业务单据控制管理原则。一是《磅码单》和《产品、材料转移结算单》随意置放，无专人管理；二是《产品、材料转移结算单》有两种，其中一种没有编号，无法知道使用了多少，什么时间使用，谁领用。由于单据管理不当，审计核查废旧物资销售业务时，竟出现了有废旧物资销售业务却没有《磅码单》和《产品、材料转移结算单》相对应的现象，无法核对销售业务的真实情况。

（5）废旧物资业务管理混乱。废旧物资的回收、登记、过磅、销售，没有做到点点相连，环环扣紧，有的无记录，无单据，没有形成连续性、完整性、有效性。回收和出售的数字统计与实际出入较大。由于物资处废旧物资销售业务记录不完整，财务数据与物资处废旧物资销售业务记录无法核对，物资处的废旧物资回收记录，与各生产单位也无法核对，因为各生产单位没有记录。

（6）规章制度没有起到作用。公司专门制定了《废旧物资回收利用管理办法》，同时涉及的相关制度还有《出入生产区管理制度》《现金有价证券管理办法》《资产管理总则》等，但在这起舞弊案件中，相应的制度没有起到作用。这么多的违规废旧物资（有据可查的有81.5吨），从过磅、填单、合同、收款、门卫检查等要经过多个业务环节和多个部门，但这些违规的物资却都能顺利出门。

案例来源：温胜精. 内部控制制度缘何失效———一起舞弊案例引发的思考[J]. 中国内部审计. 2005（12）.

**核心概念**

资产管理（asset management）
存货控制（inventory control）
固定资产控制（fixed assets ICS）
无形资产控制（intangible assets internal control）
授权审批（authorization of approval）

**思考题**

1. 资产的范围是什么？
2. 简述资产管理的重要性以及在资产管理过程中面临的风险。
3. 资产管理的总体要求是什么？
4. 存货的风险控制点是什么？对存货进行控制要达到什么控制目标？应该采取什么样的控制措施？
5. 固定资产的风险控制点是什么？对固定资产进行控制要达到什么控制目标？应该采取什么样的控制措施？
6. 无形资产的风险控制点是什么？对无形资产进行控制要达到什么控制目标？应该采取什么样的控制措施？

**练习题**

**（一）单项选择题**

1. 审批人应当根据存货授权批准制度的规定，在授权范围内进行审批，不得超越审批权限。经办人应当在职责范围内，按照审批人的批准意见办理存货业务。这属于（  ）的控制活动。

　　A. 授权控制　　　　　　　　B. 不相容职务分离控制
　　C. 会计记录控制　　　　　　D. 资产保护控制

2. 固定资产取得与处置业务的执行与相关会计记录由不同岗位处理，这属于（  ）。

　　A. 授权控制　　　　　　　　B. 不相容职务分离控制
　　C. 会计记录控制　　　　　　D. 资产保护控制

3. 企业应当规定固定资产业务经办人的职责范围和工作要求，严禁未经授权的机构或人员办理固定资产业务。这属于（　　）。

　　A. 授权控制　　　　　　　　B. 不相容职务分离控制

　　C. 会计记录控制　　　　　　D. 资产保护控制

　4. 下列（　　）不能参与存货监盘。

　　A. 采购人员　　B. 存货实物管理人员　　C. 财务人员　　D. 销售人员

　5. 无形资产取得验收与款项支付属于（　　）行为。

　　A. 授权控制　　　　　　　　B. 不相容职务分离控制

　　C. 会计记录控制　　　　　　D. 资产保护控制

　6. 存货控制的内容不包括（　　）。

　　A. 购入前控制　　　　　　　B. 购入和使用控制

　　C. 处理控制　　　　　　　　D. 存货请购和采购

　7. 固定资产业务不相容岗位不包括（　　）。

　　A. 固定资产投资预算的编制与审批　　B. 固定资产预算的审批与执行

　　C. 固定资产验收与保管　　　　　　　D. 固定资产处置的审批与执行

　8. 对于需要安装的固定资产，（　　）应该监督安装人员的工作，之后由生产技术人员或其他人员操作、使用设备，达到既定的标准后再填写验收单，并由验收人员签章以示明确责任。

　　A. 采购部门　　B. 仓库部门　　C. 验收部门　　D. 生产部门

　9. （　　）负责在备查簿上登记固定资产的去向并在备查明细记录中记载各项固定资产所处的部门。

　　A. 采购部门　　B. 财会部门　　C. 验收部门　　D. 生产部门

　10. 对于固定资产保管的说法不正确的有（　　）。

　　A. 固定资产实行编号管理，即建立固定资产编号管理制度，按类别、级次确定划分编号体系，保证每项固定资产都有相应的编号和标识。固定资产在企业内部转移时不需要重新编号，只需改变明细登记即可

　　B. 资产保管和负责人挂钩。为了明确固定资产管理的责任和权力，提高保管效果，在对固定资产编号的同时还应该确定固定资产的管理主体，以保证固定资产发生丢失、损坏等意外情况时能够很快找到线索。同时，还要制定科学的奖惩制度，规范仓库人员的行为

　　C. 建立综合管理制度。生产、管理部门等都是固定资产的使用者，虽然固定资产管理制度明确了责任人，但是由于固定资产的使用、转移过程较为复杂，这就需要各相关部门能够协调一致，建立以责任人、责任部门为主线的综合管理制度

D. 固定资产卡片,这是全面记录其特征的明细资料,详细记录了固定资产的名称、规格、历史成本信息、折旧、修理等内容,每个固定资产都应该有对应的卡片,由固定资产的使用和管理部门分别持有

11. 以下说法正确的是（  ）。

A. 同一部门或个人不得办理固定资产业务的全过程

B. 固定资产投资预算的编制与审批是一个人

C. 固定资产投保的申请与审批是一个人

D. 固定资产采购、验收与款项支付是一个人

12. 对于固定资产来说,（  ）是事故的隐患滋生环节,也是资产控制的重中之重。

A. 预算控制　　　B. 采购控制　　　C. 验收控制　　　D. 请购控制

13. 不属于无形资产的是（  ）。

A. 商标权　　　　B. 著作权　　　　C. 商誉　　　　　D. 土地使用权

14. 对于无形资产的授权审批范围不包括（  ）。

A. 无形资产研究与开发　　　　B. 无形资产的购置

C. 无形资产转让计划　　　　　D. 无形资产的维护

15. 以下不属于无形资产使用验收制度的是（  ）。

A. 企业外购无形资产,必须取得无形资产所有权的有效证明文件,仔细审核有关合同协议等法律文件,必要时应听取专业人员或法律顾问的意见

B. 企业对于外购的无形资产应当建立请购与审批制度,明确请购部门（或人员）和审批部门（或人员）的职责权限及相应的请购与审批程序

C. 企业自行开发的无形资产,应由研发部门、无形资产管理部门、使用部门共同填制无形资产移交使用验收单,移交使用部门使用

D. 企业对投资者投入、接受捐赠、债务重组、政府补助、企业合并、非货币性资产交换、外企业无偿划拨转入以及其他方式取得的无形资产均应办理相应的验收手续

### （二）多项选择题

1. 对于固定资产盘点,以下（  ）方式是正确的。

A. 每年年末,财务部门会同资产管理部门和固定资产使用部门对固定资产进行全面清查盘点

B. 不定期进行由财务部、内审部门及相关固定资产管理部门参加的资产清查并出具清查报告或会计检查报告

C. 盘点结束后,固定资产管理部门制定的盘点负责人对盘点结果进行抽样

检查并在资产盘点清册上签字确认

  D. 对于发现的固定资产盘盈、盘亏、毁损，由使用部门填制"固定资产盘盈、盘亏、毁损报告单"，还需同时附文字说明，详细陈述处理原因

  2. 无形资产业务应关注（　　）风险。

  A. 无形资产业务未经适当审批或超越授权审批，可能因重大差错、舞弊、欺诈而导致损失

  B. 无形资产购买决策失误，可能导致不必要的成本支出

  C. 无形资产使用和管理不善，可能导致损失和浪费

  D. 无形资产处置决策和执行不当，可能导致企业权益受损

  3. 下列属于存货流程的是（　　）。

  A. 存货预算　　B. 存货采购　　C. 存货处置　　D. 存货清查

  4. 批准对存货进行处置的人员应独立于（　　）。

  A. 存货采购人员

  B. 存货账务处理人员

  C. 存货实物管理人员

  D. 存货销售人员

  5. 以下几种固定资产处置方式中正确的是（　　）。

  A. 固定资产的处置应由固定资产管理部门和使用部门的其他部门或人员办理

  B. 固定资产处置价格应报经企业授权部门或人员审批后确定

  C. 对于重大的固定资产处置，应当考虑聘请具有资质的中介机构进行资产评估

  D. 对于重大固定资产的处置，应当采取集体合议审批制度，并建立集体审批记录机制

  6. 外购存货入库前一般应经过下列（　　）验收程序。

  A. 检查订货合同协议、入库通知单、供货企业提供的材质证明、合格证、运单、提货通知单等原始单据与待检验货物之间是否相符

  B. 对拟入库存货的交货期进行检验，确定外购货物的实际交货期与订购单中的交货期是否一致

  C. 对待验货物进行数量复核和质量检验，必要时可聘请外部专家协助进行

  D. 对于存货购买时所应予的回扣是否实现

  7. 固定资产内部控制的关键环节包括（　　）。

  A. 职责分工、权限范围和审批程序应当明确规范，机构设置和人员配备应

## 第六章 资产管理

当科学合理

B. 固定资产取得依据应当充分适当，决策过程应当科学规范

C. 固定资产取得、验收、使用、维护、处置和转移等环节的控制流程应当清晰严密

D. 固定资产的确认、计量和报告应当符合国家统一的会计准则制度的规定

8. 存货业务的不相容岗位至少包括（　　）。

A. 存货的请购、审批与执行　　　B. 存货的采购、验收与付款

C. 存货发出的申请、审批与记录　　D. 存货的盘点和清查

9. 企业内部除存货管理部门及仓储人员外，其余部门和人员接触存货时，应由相关部门特别授权。这体现了（　　）活动。

A. 授权控制　　　　　　　　　　B. 会计记录控制

C. 财产保护控制　　　　　　　　D. 定期轮岗控制

10. 在存货内部控制中，以下哪些是应该重点关注的风险（　　）。

A. 存货业务未经适当审批或超越授权审批，可能因重大差错、舞弊、欺诈而导致资产损失

B. 采购依据不充分，采购批量、采购时点不合理、相关审批程序不规范、不正确，可能导致企业资产损失、资源浪费或发生舞弊

C. 验收程序不规范，可能导致资产账实不符和资产损失

D. 存货保管不善，可能导致存货损坏、变质、浪费、被盗和流失等

11. 以下对无形资产保有处理正确的是（　　）。

A. 企业应当确定无形资产分类标准和管理要求，并制定和实施无形资产目录制定

B. 企业对无形资产保全范围和政策应当足以应对无形资产因各种原因发生损失的风险

C. 对技术资料等无形资产的保管及接触应保有记录

D. 对重要的无形资产应技术申请法律保护

12. 固定资产折旧应包括以下（　　）方面。

A. 固定资产折旧范围　B. 折旧方法　C. 折旧年限　D. 净残值率

13. 外购存货入库前一般应经过以下（　　）验收程序。

A. 检查订货合同、入库通知单、供货企业提供的材料证明、合格证、运单、提货通知单等原始单据与待验货物之间是否相符

B. 对拟入库存货的交货期进行检验，确定外购货物的实际交货期与订购单中的交货期是否一致

C. 对待验货物进行数量复核和质量检验,必要时可聘请外部专家协助进行

D. 对验收后数量相符、质量合格的货物办理相关入库手续,对经验收不符合要求的货物,应及时办理退货或索赔

14. 在固定资产内部控制中,以下哪些是应该重点关注的风险( )。

A. 固定资产业务违反国家法律法规,可能遭受外部处罚、经济损失和信誉损失

B. 固定资产购买、建造决策失误,可能造成企业资产损失或资源浪费

C. 固定资产使用、维护不当和管理不善,可能造成企业资产使用效率低下或资产损失

D. 固定资产会计处理和相关信息不合法、真实、完整,可能导致企业资产账实不符或资产损失

### (三) 判断题

1. 存货处置的申请、审批与记录应该由不同的员工完成。( )

2. 公司应制定固定资产投保财产保险的有关制度,明确规定价值较大或风险较高的固定资产投保财产保险的相关政策和程序。( )

3. 企业内部除存货管理部门及仓储人员外,其余部门和人员接触存货时,应由相关部门特别授权。( )

4. 应对拟入库存货的交货期进行检验,确定外购货物的实际交货期与订购单中的交货期是否一致。( )

5. 对于重大的固定资产投资项目,应当考虑聘请独立的中介机构或专业人士进行可行性研究与评价,并由企业实行集体决策和审批。( )

6. 企业应当定期或者至少在每年年末由无形资产管理部门和财会部门对无形资产进行检查、分析,预计其给企业带来的未来经济利益的能力。( )

7. 企业应当建立无形资产预算管理制度。( )

8. 企业员工可以再未经授权的情况下,自行办理无形资产业务。( )

9. 由存货实物管理的人员根据盘点情况清查存货盘盈、盘亏产生的原因,并编制存货盘点报告。( )

10. 存货主要包括各类原材料、在产品、半成品、产成品、商品、周转材料。( )

11. 固定资产投保的申请和审批可以由一个人完成。( )

12. 固定资产的处置应由固定资产管理部门和使用部门的其他部门或人员办理。( )

13. 对于外购的存货入库前不用检查订货合同、入库通知单、供货企业提

供的材料证明、合格证、运单、提货通知单等原始单据与待验货物之间是否相符。（　）

14. 存货在领用的时须经部门负责人审批签字。（　）

15. 无论是自己生产还是购入固定资产，企业都会投入大量的资源，如果固定资产增加之后不能给企业带来经济效益，就会形成投资风险，因此企业必须对固定资产的增加进行预算管理。（　）

**（四）业务题**

1. 乙公司是一家海外出口公司，其原材料为电子元器件、贵金属及包装材料，产成品为通信电子设备。有两个车间，分别负责焊接装配和调试包装。以下是该公司在日常的业务处理：

（1）公司仓库在每年年度终了时对存货进行盘点，由仓库管理员编写存货盘点明细表，对盘点中发现的盘点差异，按照存货实存数直接调整报表。

（2）如果出现毁损、陈旧、过时以及残次存货，仓库管理员编制不良存货明细表，经仓储经理复核后，交采购经理或销售经理，他们将分析该等存货的可变现净值，如需计提存货跌价准备，由仓库管理员编制存货价值调整建议。存货价值调整建议经财务经理复核后，报董事会审批，只有经董事会批准后方可进行账务处理。

根据上述描述，回答以下问题：该公司存货管理环节的内部控制是否存在缺陷？如果存在缺陷，公司应该如何改进？

2. X 公司是一家专营空调的生产与销售型上市公司。以下是该公司的部分日常业务：

（1）生产车间接到生产通知单后，由车间主任编制日生产加工指令单，并在日生产加工指令单上签字审批。

（2）车间生产小组编制原材料领用申请单后到仓储中心领用各自生产小组所需的原材料。

根据上述描述，回答以下问题：该公司存货生产环节的内部控制是否存在缺陷？如果存在缺陷，公司应该如何改进？

3. A 公司仓库保管员负责登记存货明细账，以便对仓库中的所有存货项目的收、发、存进行永续记录。当收到验收部门送交的存货和验收单后，根据验收单登记存货领料单。平时，各车间或其他部门如果需要领取原材料，都可以填写领料单，仓库保管员根据领料单发出原材料。公司辅助材料的用量很少，因此领取辅助材料时，没有要求使用领料单。各车间经常有辅助材料剩余（根据每天特定工作购买而未消耗掉，但其实还可再为其他工作所用的），这些材料由车间自行保管,无须通知仓库。如果仓库保管员有时间,偶尔也会对存货进行实地盘点。

根据上述描述,回答以下问题:

(1)你认为上述描述的内部控制有什么弱点?并简要说明该缺陷可能导致的错弊。

(2)针对该公司存货循环上的弱点,提出改进建设。

# 第七章　销售业务

【学习目标】熟悉销售业务的主要内容和主要风险，对该业务活动的内部控制总体要求加以了解，熟悉该业务活动的业务流程，掌握关键风险点及控制措施。

> **开篇案例**
>
> ## BBC公司应收账款内控改进
>
> BBC公司是从事机电产品制造和兼营家电销售的国有中型企业，资产总额4000万元，其中，应收账款1020万元，占总资产额的25.5%，占流动资产的45%。近年来企业应收账款居高不下，营运指数连连下滑，已到了现金枯竭，举步维艰，直接影响生产经营的地步。造成上述状况除了商业竞争的日愈加剧外，企业自身内部会计控制制度不健全是主要原因。
>
> 会计师事务所2004年3月对BBC公司2003年度会计报表进行了审计，在审计过程中根据获取的不同审计证据将该公司的应收账款做了如下分类：
>
> （1）被骗损失尚未作账务处理的应收账款60万元；
>
> （2）账龄长且原销售经办人员已调离，其工作未交接，债权催收难以落实，可收回金额无法判定的应收账款300万元；
>
> （3）账龄较长回收有一定难度的应收账款440万元；
>
> （4）未发现重大异常，但期后能否收回，还要待时再定的应收账款220万元。
>
> 针对上述各类应收账款内控存在的重大缺陷，会计师事务所向BBC公司管理当局出具了管理建议书，提出了改进意见，以促进管理当局加强内部会计控制制度的建设，改善经营管理，避免或减少坏账损失以及资金被客户长期无偿占用，同时也为企业提高会计信息质量打下良好的基础。
>
> 案例来源：企业内部控制编审委员会. 企业内部控制基本规范及配套指引案例讲解（修订版）[M]. 上海：立信会计出版社，2012.

## 第一节 销售控制的内容

### 一、销售业务概述

销售是指企业销售商品以及由此引起的款项收取的业务活动。销售是企业获利的前提和必要条件,是形成一定时期经营成果的重要基础。不过,销售环节也存在着相应的风险,至少表现为五类:一是销售行为违反国家法律法规,可能遭受外部处罚、经济损失和信誉损失;二是销售未经适当审批或超越授权审批,可能因重大差错、舞弊、欺诈而导致损失;三是销售政策和信用政策管理不规范、不科学,可能导致资产损失或资产运营效率低下;四是合同协议签订未经正确授权,可能导致资产损失、舞弊和法律诉讼;五是应收账款和应收票据管理不善,账龄分析不准确,可能由于未能收回或未能及时收回欠款而导致收入流失和法律诉讼。

强化销售控制,其目标主要表现为:保证销售收入的真实性和合理性;保证产品的安全、完整;保证销售折扣的适度性;保证销售折让和退回的合理性与正确性;保证货款及时足额的收回。

### 二、销售控制的具体内容

搞好销售环节的内部控制对整个企业内部控制系统来说是至关重要的。《企业内部控制应用指引第9号——销售业务》着力解决企业销售过程中的内部控制。其主要内容包括:制定指引的必要性和依据,销售业务的核心内涵、销售过程中应关注的主要风险,以及具体的销售、收款两个环节的内部控制等,分三章共十二条。

我们认为,销售控制的内容主要包括销售预算控制的内容、接受订单控制的内容、开单发货控制的内容和收款控制的内容。

(一)销售预算控制

销售预算是全面预算系统的起点,销售预算是全面预算编制的基础。它不仅是企业的年度销售计划,同时决定着企业年度生产安排、费用支出等经营活动,是企业战略管理的一部分。销售预算内部控制的内容包括销售预测、销售预算编制和销售预算的审批。

1. 销售预测

销售预测应由销售部门根据市场状况、企业自身状况、竞争对手状况、顾客状况等方面情况编制，编制完成后需销售主管检查批准。企业应该根据以下步骤进行销售预测：

（1）市场调查分析

对现有市场状况进行分析，具体内容包括人口分析、经济因素分析、科技因素分析、政治法律因素分析、自然风俗和文化因素分析、区域发展因素分析等。对企业自身状况分析，具体包括企业营运资源分析、企业影响力分析、公共大众分析等。对竞争对手分析，具体包括竞争对手的财务实力、现行战略、发展战略、核心竞争力、竞争弱点等。对顾客状况分析，具体内容包括市场容量、顾客范围、顾客结构、顾客收入水平等。

（2）预测组织

企业可以责成销售部门或专门成立预测委员会，也可以聘请专家参与预测过程，预测绝不是某一个人或某领导凭空预见，而是一个科学的分析过程，是一个集思广益的成果。

（3）预测方法——销售预测的关键

在市场调查的基础上，企业应结合自身的特点，选择适合的预测方法进行预测。预测方法包括定量预测法和定性预测法。定量预测法包括趋势分析法和因果分析法等；定性预测法包括德尔菲分析法和情景分析法等。企业应当将定量分析法和定性分析法结合应用。

2. 销售预算的编制

以销售预测为基础，在全面预算总方针的指导下，由销售部门编制销售预算。销售预算应保持与企业发展战略以及企业的内部环境要求的一致性。销售预算的内容应包括销售的品种结构、销售的季节性、销售价格金额、销售策略等。

3. 销售预算的审批

销售预算编制完成后应交由销售部门主管进行检查批复，编制人员根据批复意见进行修改，直至通过主管审批签字，方可上交给企业预算委员会进行审批。销售预算送交董事会授权的预算委员会进行审议，预算委员会对销售预算的修改意见应形成书面意见稿，送回销售部门进行修改。预算委员会审议通过的销售预算，必须经过签字，方可生效执行。

（二）销售单证账表管理制度

企业应当在销售与发货各环节设置相关的记录，填制相应的凭证，建立完整的销售登记制度，并加强销售合同、销售计划、销售通知单、发货凭证、运货凭证、销售发票等文件和凭证的相互核对工作。

销售部门应设置销售台账，及时反映各种商品、劳务等销售的开单、发货、收款情况。销售台账应当附有客户订单、销售合同、客户签收回执等相关购货单据。

（三）应收账款管理制度

企业应当及时办理销售收款业务。对以银行转账方式办理的销售收款，应当通过企业核定的账户进行结算。企业应当将销售收入及时入账，不得账外设账，不得擅自坐支现金，应当避免销售人员直接接触销售现款。

1. 建立应收账款账龄分析制度和逾期应收账款催收制度

销售部门应当负责应收账款的催收，催收记录（包括往来函电）要妥善保存，财会部门应当督促销售部门加紧催收。对催收无效的逾期应收账款可通过法律程序予以解决。

（1）应收账款应分类管理，针对不同性质的应收款项，采取不同方法和程序。应严格区分并明确收款责任，建立科学、合理的清收奖励制度以及责任追究和处罚制度，以有利于及时清理催收欠款，保证企业营运资产的周转效率。企业应当按客户设置应收账款台账，及时登记并评估每一客户应收账款余额增减变动情况和信用额度使用情况。

（2）企业对于可能成为坏账的应收账款，应当按照国家统一的会计准则制度规定计提坏账准备，并按照权限范围和审批程序进行审批。对确定发生的各项坏账，应当查明原因明确责任，并在履行规定的审批程序后做出会计处理。企业核销的坏账应当进行备查登记，做到账销案存。已核销的坏账又收回时应当及时入账，防止形成账外款。

2. 稽核应收账款形成与风险

为确保应收账款账户数据的真实性、及时性，对于信用期内收回的款项应重点检查款项到账后是否立即对应收账款清账，同时记录客户资信情况、调整客户赊销额度；对于确实无法收回的坏账，应获取货款无法收回的确凿证据，经适当审批后再及时注销；对于会计期末未收回的款项，企业应将对客户的风险评估纳入客户管理内容，在此基础上制定针对该客户的信用政策和坏账预期。为应对坏账风险的冲击，在控制程序上应充分利用系统的信息处理能力，分别对客户制定坏账准备提取方案，提高坏账准备提取的准确性。坏账政策的制定要经过适当的授权，符合企业会计制度，并与坏账提取进行职责分离。

3. 控制销售政策和信用政策

应当加强对应收票据合法性、真实性的审查，防止购货方以虚假票据进行欺诈。应收票据的贴现必须经由保管票据以外的主管人员的书面批准，应当有专人保管应收票据，对于即将到期的应收票据，应当及时向付款人提示付款；已贴现但仍承担收款风险的票据应当在备查簿中登记，以便日后追踪管理。企业应当制定逾期票据追索监控和冲销管理制度。企业应当定期抽查、核对销售业务记录、销售收款会计记录、商品出库记录和库存商品实物记录，及时发现并处理销售与收款中存在的问题；同时，还应定期对库存商品进行盘点。企业应当定期与往来客户通过函证等方式，核对应收账款、应收票据、预收账款等往来款项。如有不符，应当查明原因，及时处理。

（四）销售折扣、折让与退回的管理制度

1. 销售折扣

对于大多数企业来说，给予客户一定的折扣是普遍的销售行为，因此企业应当制定较为详细的折扣政策或规定。例如，商业折扣规定应详细说明可以享受折扣的客户的条件，不同数量和品种的购货订单可以享受的折扣比例；现金折扣规定应详细说明适用的范围和不同的还款时间可以享受的折扣比例。

2. 销货折让

当客户提出折让要求时，企业应对其提出的理由加以记录，并派专人核实理由，最后由授权人员复核客户提出的理由和企业调查的结果，并决定在特定情况下给予客户的特定折让金额。

3. 销售退回

企业的销售退回必须经销售主管审批后方可执行。为了维护企业的良好形象，当顾客对商品不满意要求退货时，企业都应该接受，但必须经过企业销售主管审批后才能办理。

### 三、销售与收款监督检查

建立销售与收款业务内部控制制度的最后一个重要环节就是要制定监督检查制度，没有有效的监督检查，再完善的制度也必将流于形式，得不到贯彻执行。企业监督检查机构或人员应通过实施符合性测试和实质性测试检查销售与收款业务内部控制制度是否健全，各项规定是否得到有效执行。销售与收款内部控制监督检查制度应规定以下内容：

1. 销售与收款业务相关岗位及人员的设置情况

对销售与收款业务相关岗位及人员的设置情况进行检查，重点检查是否存在销售与收款业务不相容职务混岗的现象。

2. 销售与收款业务授权批准制度的执行情况

对销售与收款业务授权批准制度的执行情况进行监督检查，重点是检查授权批准手续是否健全，是否存在越权审批行为。

3. 销售的管理情况

对销售的管理情况进行检查，重点是检查企业的信用政策、价格政策的执行情况是否符合规定的程序，是否合理合法。

4. 收款的管理情况

对收款的管理情况进行检查，重点是检查企业是否按照国家制定的结算纪律和结算办法进行结算、收款，收入是否及时入账，应收账款的催收是否有效，坏账核销和应收票据的管理等是否符合规定。

5. 销售退回和折让的管理情况

对销售退回和折让的管理情况进行检查，重点是检查销售退回制度和折让政策的执行情况；退回货物的入库手续是否齐全，退回货物是否及时入库以及是否及时入账，有没有形成账外物资。

对于在监督检查过程中发现的销售与收款内部控制中的薄弱环节，企业应当采取措施，及时加以纠正和完善。

【课堂测试 7-1】

1. 销售环节存在的风险包括（    ）。
A. 销售行为违反国家法律法规
B. 销售未经适当审批或超越授权审批
C. 销售政策和信用政策管理不规范、不科学
D. 合同协议签订未经正确授权
2. 简述销售控制的具体内容。
3. 简述销售业务中销售折扣、折让与退回的区别。

## 第二节  销售控制的流程

在企业销售环节，同样需要严格遵循自身的业务流程步骤，并体现相应的销售控制点。其基本思路是，在受理订单与编制销售计划、审定销售方案和信用政策的基础上，确定生产订单，签订销售合同，组织销售与收款，销售折让或退货，盘点对账，清理、关闭合同。销售业务控制流程见图 7-1。

第七章 销售业务

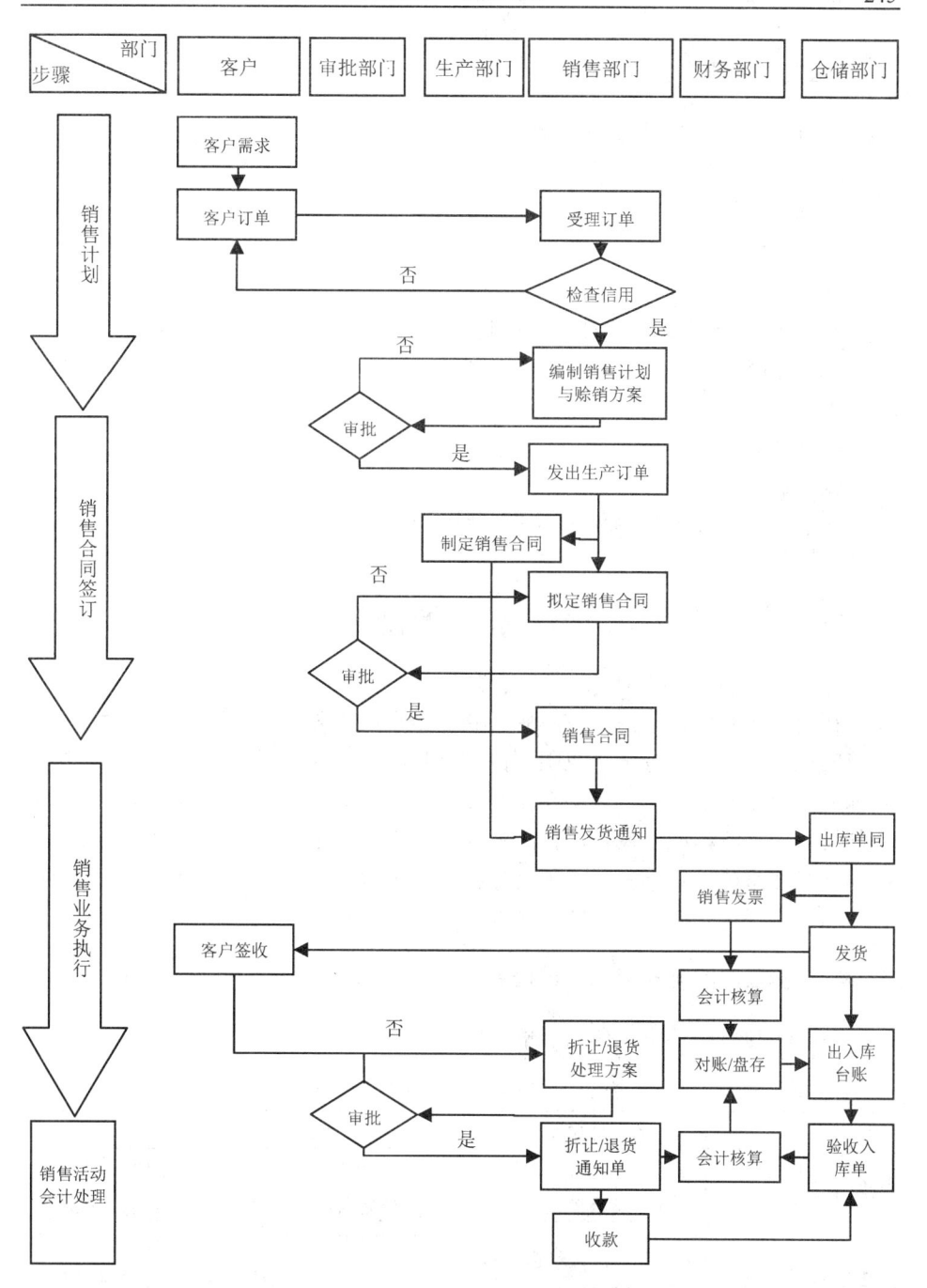

图 7-1 销售业务控制流程图

【课堂测试 7-2】

1. 销售业务流程未涉及的部门有（　　）。
A. 生产部门
B. 销售部门
C. 仓储部门
D. 采购部门

2. 销售业务流程由下列（　　）步骤构成。
A. 达成销售意向
B. 制定销售计划
C. 签订销售合同
D. 执行销售业务

3. 简述销售业务控制流程的基本思路。

## 第三节　销售控制关键点

在建立与实施销售内部控制中，企业至少应当强化对下列关键方面或关键环节的控制：在职责分工、权限范围和审批程序方面，应当明确规范，机构设置和人员配备应当科学合理；在销售政策和信用管理方面，应当科学合理，销售与发货控制流程应当规范严密；在应收账款管理上，应当优先管理，及时催收，并对往来款项定期核对，如有差错，及时改正；在销售的确认、计量和报告方面，应当符合国家统一的会计准则制度的规定。

### 一、梳理风险与对应的关键控制

对风险与对应环节规律情况的具体分析见表 7-1。

表 7-1　风险与对应的关键控制点

| 序号 | 子流程 | 应对的风险 | 控制点描述 |
| --- | --- | --- | --- |
| 1 | 定价 | 销售业务，未经适当授权和审批或职责分离不当 | 企业通过会议的形式对价格的调整进行讨论，与会人员包括财务总监、销售部经理等 |
| 2 | 资质审查 | 销售业务，未经适当授权和审批或职责分离不当 | 赊销业务应遵循规定的销售政策和信用政策。对符合赊销条件的客户，应经审批人批准后方可办理赊销业务 |

续表

| 序号 | 子流程 | 应对的风险 | 控制点描述 |
|---|---|---|---|
| 3 | 签订销售协议 | 销售业务，未经适当授权和审批或职责分离不当 | 销售协议应采用标准格式。销售协议模板草稿提交销售部经理、财务总监、法律专业人士审阅后定稿 |
| 4 | 信用管理 | 应收账款不能及时收回 | 企业给予合作时间长、信用良好的销售商一定的赊销额度，并通过会议纪要的形式进行记录，销售部经理、财务总监和主管会计参与会议 |
| 5 | 发货并取得收货确认 | 应收账款不能及时收回 | 财务部收到发货票后负责确认是否已收到销售商的预付款项，如未收到，检查该销售商是否属于允许赊销的销售商之一，且赊销额度的审批符合规定 |
| 6 | 发货并取得收货确认 | 销售业务，未经适当授权和审批或职责分离不当，应收账款不能及时收回 | 库管员检查确认发货票经过财务部的签字后方可按照发货票进行发货，然后再发货票上签字确认 |
| 7 | 确认销售收入、结转销售成本 | 预收账款、应收账款、销售收入、销售成本未能及时、准确、完整地确认，导致财务报表信息的不准确 | 对发货的，财务部编制确认销售收入的记账凭证，同时结转销售成本 |
| 8 | 应收账款的管理 | 1. 应收账款不能及时收回<br>2. 预收账款、应收账款、销售收入、销售成本未能及时、准确、完整地确认 | 财务部每月编制应收账款账龄表 |
| 9 | 应收账款的管理 | 预收账款、应收账款、销售收入、销售成本未能及时、准确、完整地确认 | 每季度末根据应收账款账龄分析表，按照账龄分析法计提坏账准备 |
| 10 | 应收账款的管理 | 1. 应收账款不能及时收回<br>2. 预收账款、应收账款、销售收入、销售成本未能及时、准确、完整地确认 | 每季度与客户进行对账。财务部会计填写对账函，加盖财务章后交销售部人员，由其负责传真或邮寄至客户，要求客户填写金额 |

## 二、职责分工与授权审批

对于销售控制来说，职责分工、权限范围和审批程序应当明确规范，机构设置和人员配备应当科学合理。企业应当建立销售与收款业务的岗位责任制，明确相关部门和岗位的职责权限，确保办理销售与收款业务的不相容岗位相互分离、制约和监督。

销售与收款不相容岗位至少应当包括：客户信用管理、与销售合同协议的审批、签订；销售合同协议的审批、签订与办理发货；销售货款的确认、回收与相关会计记录；销售退回货品的验收、处置与相关会计记录；销售业务经办与发票开具、管理；坏账准备的计提与审批、坏账的核销与审批。

## 三、接受订单控制

销售订单环节可能存在如下风险：可能在没有有效的客户承诺的情况下制造和装运产品，或履行劳务。制造订单上的产品、数量、售价、付款条件、销售或运送地址可能有误。可能根据无效订单支付销售佣金。产品或劳务可能售给未经核准或资信不足的客户，结果导致账款无法收回或可能接受、处理了管理部门不能接受的价格或条件的订单。为了防止以上风险，接受订单的控制循环见图7-2。

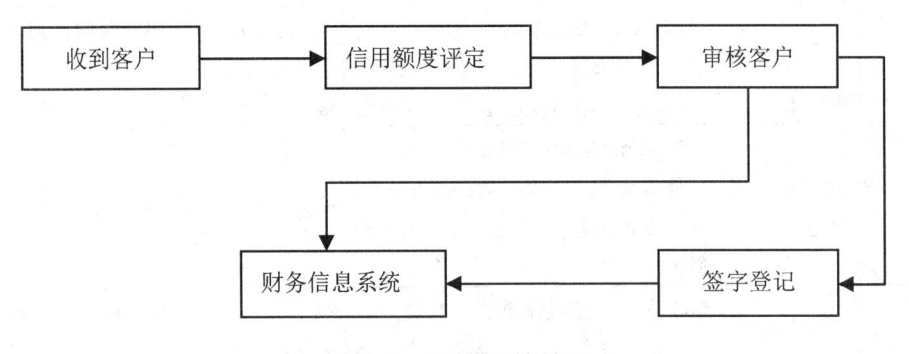

图 7-2 订单循环控制图

### （一）收取订单

销售部门人员在收取订单时，应对订单上的售价、产品要求、交货时间进行初步确定。核准订单上的售价不能超过权限，超过权限的应向主管人员报批。产品要求、交货时间必须符合企业的生产能力。订单变更时应随即处理，订单涂改应有盖章或注记。

## （二）信用额度的评定

对申请赊销的客户进行信用额度评定是有效防止坏账发生、强化责任批准的关键，是良好的内部控制制度所必备的部分之一。信用政策应当明确规定定期（或至少每年）对客户资信情况进行评估，并就不同的客户明确信用额度、回款期限、折扣标准以及违约情况下应采取的应对措施等。企业应当合理采用科学的信用管理技术，不断收集、健全客户信用资料，建立客户信用档案或者数据库。有条件的企业，可以运用计算机信息网络技术集成企业分、子公司或业务分部的销售发货信息与授信情况。

销售部门收到赊销订单后，首先应送到企业的信用部门办理批准手续。未经过信用审批的赊销订单不得执行。企业应授权给信用部门，建立完整的客户信用体系，建立客户信用资料档案，制定有效的信用审查制度。信用部门通过调查分析客户的信用状况与企业的信用标准进行综合比较，做出是否给予信用并形成书面意见稿的意见，送交信用部门经理审批。

## （三）信用额度审核登记

无论何种客户提出的赊销购货订单，都应检查是否符合企业的信用规定。信用的批准必须有经信用部门经理或其他被授权人复核审查、签字同意的书面证明，且必须送交信用部门经理审查签字后，方可执行。所有送交信用部门经理进行审批的信用文件都必须编号保存，留底备查。信用文件审批人应根据企业信用审查的相关规定逐项审查。如信用额度评定不合格应交有关审定人员进行调整。

经过信用评定、信用部门主管签字的赊销订单应送交销售部门经理或其他被授权人进行审批签字。对收到的每一份经审批的购货订单必须登记在购货订单登记簿上，成交后销售执行情况和客户支付情况也将记录在该登记簿上，保证从可以信赖的客户那里收到的订单尽快地给予满足和为日后再处理客户的购货订单积累材料。

经同意通过的销售业务订单应在财务信息系统中留底保存，也作为日后差异分析之用，与销售执行结果进行比较，进行差异分析。经过信用部门主管审批的信用额度评定的文件应编号保存，应进入财务信息系统留底备查。在财务信息系统中应对销售预算和销售业务订单进行比较，确保销售订单符合企业销售预算的要求。

### 四、开单发货控制点

企业经过信用审批，接受客户的购货请求，进入销售业务的执行环节。此环节包括：销售通知单的编制、销售通知单的证实、发货等内容。发货的控制流程见图 7-3 所示。

```
销售订单 ──→ 编制发货通知 ──→ 核对审批
   │                              │
   ↓                              ↓
财务信息系统 ←── 开具发票 ←── 存货提取发运
```

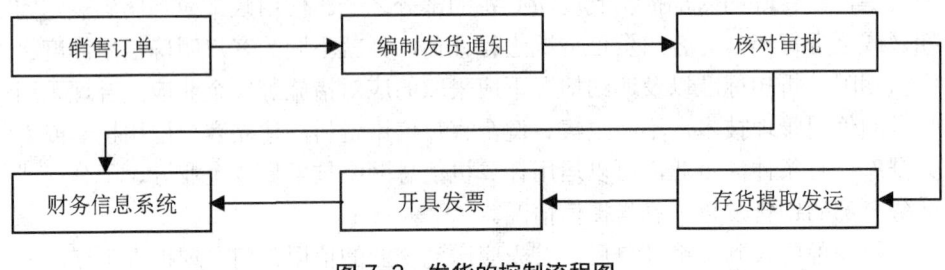

图 7-3　发货的控制流程图

（一）编制发货通知单

从客户那里收到的购货订单的格式是多种多样的，要使企业内部的销售业务得到有效的控制，应对美国客户不同格式的购货订单转录登记在企业内部统一格式的发货通知单上，并用发货通知单来控制整个销售业务的执行程序。控制重点在于：

（1）在编制发货通知单前，销售部门首先应向仓储部门询问所订货物是否有库存。如无库存，应填写暂无供应单并通知客户；如有库存，应及时编制发货通知。发货通知单应将各种不同的客户定单内容，如所定货物的货号、数量、价格等以完整和规范化的格式反映出来。

（2）销售过程中所需的各种授权和批准均应在发货通知单上得以证明。

（3）应使各与销售环节有关的部门在执行发运业务或记录有关账册时的书面依据落实在发货通知单上，并通过各环节的签字来监督每一环节中业务处理工作。

（4）发货通知单必须在事先进行连续编号，并有能反映出各销售环节控制作用的统一格式。它在执行后应归档管理，并由专门的职员对其进行定期检查。

（二）发货通知单核对签字

（1）在发货通知单正式执行前，企业应根据需要将发货通知单同客户进行证实。这样可有效避免由于执行发货通知单后，因客户改变或取消订单而发生的损失。如果销售业务处理的时间相当短的话，对发货通知单同客户的证实程序也可以省略。

（2）发货通知单核对无误后，应送交销售部门主管或相应被授权人进行审批签字。相应审批人应根据销售预算，详细审核销售订单、信用额度评定文件和发货通知单是否一致，避免人为舞弊和错漏。

(3) 只有经过审批签字的发货通知单方可进入下一操作步骤，否则视为违规操作，应追究相应责任人。

(三) 发货

在销售通知单编制完成并经过证实后，对它的执行就是存货的提取、包装和发运工作。企业仓储部门只有得到一定授权才能发货，这一授权是由销售部门编制和其负责人签字认可的销售通知单来获得的。实际发货的品种和数量应记录在有关账册和销售通知单各副联上，并将其中一联交财会部门登账，如果包装业务也由仓储部门执行，则它还应填制包装联表、记录其完成的工作量。

运输部门为了决定运输路线和安排运输日程，除需得到仓储部门转来的销售通知单外，还应有销售部门填制的装运单，以证明已得到授权来运出货物。这些授权证明和其运输部门工作量完成的记录应归档保存，以便日后检查之用。不管是仓储部门还是运输部门，发货业务执行者的行为必须受到其他独立职员（通常是门卫）的监督，它包括对所发运实物的清点及同发货通知单上列明的品种和数量的核对。发运人和清点复核人应在有关凭证上签字负责。

开单发货涉及企业资产的安全，是实现销售和履行销售合同的重要环节，必须严格按照以下程序操作：

(1) 生产部门应根据业务部门与客户签订的合约或订单安排生产日程，并呈报总经理（或厂长）核准。业务部门应根据合约或订单组织资源，以备按期交货。

(2) 业务部门按交货日期，填写"销货通知单"或"销货计划指令"给开具销货发票的部门。

(3) 企业开票和发货的职能分离，不能出现开票和发货由一个人包办到底的情况。

(4) 销货部门根据销货通知单，开具合法、合理的销货发票，其内容要与销售合同一致，并由开具发票的人员签证。同时，将发票的有关联次分别传递给财会部门。

(5) 财会部门的收款员审核货款结算合规后，发票的有关联次传递给仓储和装运部门，并据以出货。

(6) 发货前，应检查选配的商品是否与发票上注明的品种、规格、型号、牌号、款式和数量等相符；选配的商品包装是否完好。发货前必须由复核人复核后签证。发货人和复核人的职权应分离。

(7) 发出的产品应由发货人先核对（将发出的产品与发票核对），后发货。发货时，发货人和收货人在发票（发货单）上要签证验收。如客户在外地的，发运时要取得运输部门的签收；如实行送货制的，在货物送到后要取得购货方的收货签证或回执。

（8）发往外地客户的，若有客户支付代垫运费的情况，要收取代垫运费的凭证，并收回代垫款项。

（9）凡实行提货制的，要有提货单。提货单的签发部门，签发人要签证。提货时，发货人和提货人都需签证。

（10）货物出库时，仓管员应将品名、规格、数量登记库存明细账和领料单。

（11）承运货物时，当事人应在"出货单"联上签字，并将其车（船）号码登记备查。

（12）财会部门根据"记账联"登记销货收入和应收账款或现金，并根据规定将货物成本转入销货成本。

（四）开具发票

在会计上，销售发票是销售业务的正式记录。在发票和向客户开出账单方面缺乏有效的控制，会导致企业财务状况的反映不实和舞弊行为的发生。控制重点是：

（1）对开具发票的控制，是通过对开票的授权来进行的。而这一授权应以适当的凭证为依据。当得到客户的购货订单、发货通知单等后，开单人就自动地得到了授权，并可以开出发票。

（2）开票应依据发货通知单等上的连续编号，以保证所有发出货物均要开单。

（3）发票上客户的名称应同主要客户一览表或客户购货订单相对照。

（4）发票上的数量必须以发货通知单上载明的实际发运的货物数量记录或完成的劳务数量记录为依据，并应受到非记录发运数量人的检查。

（5）发票上的价格必须以信贷部门和销售部门批准的金额或价格目录表为依据，并应受到独立于销售职能的其他人员的检查。

（6）开票人算出的金额和其他内容应受到其他独立于发票编制人的复核。

（7）发票总额应加以控制，即所有发票应定期加出合计金额，以便同应收账款或销货合计数相核对。

**五、收款内部控制点**

应收账款的控制是整个销售环节中的一个控制重点。收款作业作为整个销售业务的结束，如不严加控制，将直接影响到整个流程结果的获取，同时应收账款是否可收回对企业的真实财务状况影响很大。因而，加强对应收账款及收款作业环节的内部控制，是销售与收款内部控制中极为重要的一环。图 7-4 为收款流程的控制图。

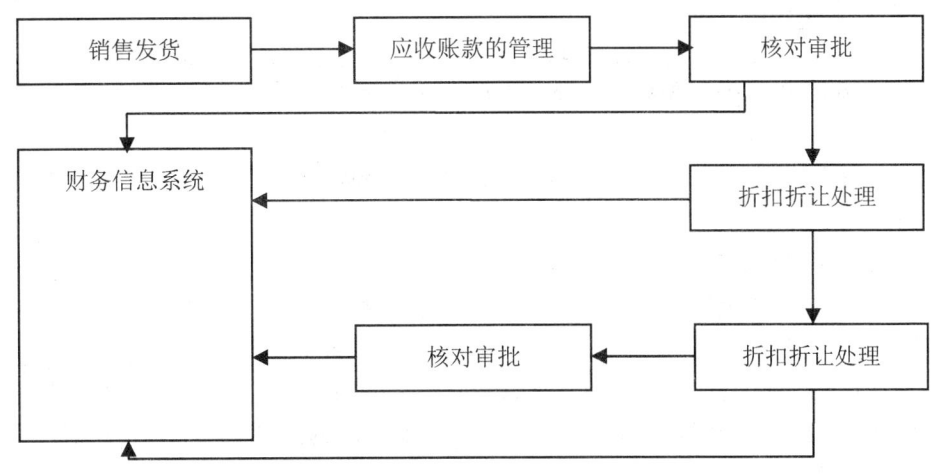

图 7-4　收款流程的控制图

（一）应收账款管理关键控制点

应收账款是企业经营中的重要项目，管理和控制的好坏直接影响到企业的经济利益和经营安全，历来受到企业经营者的重视。控制重点如下：

（1）应收账款的记录必须以经销售部门核准的销售发票和发运账单等为依据，以防止不存在的应收账款被虚列，并根据不同的应收账款授权相应的应收账款管理人员。

（2）企业应当建立应收账款账龄分析制度。信用管理部门定期对应收账款进行账龄分析，编制应收账款的账龄分析表，从中分析是否有虚列的应收账款或不能收回的应收账款，发现异常情况及时通知有关部门催收。

（3）企业应当建立逾期应收账款催收制度，指定专人对应收账款账龄较长的客户进行催收和索取货款，以保证企业的债权得以收回。对催收无效的逾期应收账款应及时追加法律保全程序。

（4）企业对于挂账时间长的应收账款应当报告管理部门，由其进行审查，确定是否应确认为坏账。

（5）单位发生的各项坏账，应查明责任，并在履行规定的审批程序后做出会计处理。单位注销的坏账应当记录于备查登记簿，做到账销案存。

（6）已注销的坏账又收回时要及时入账，严禁形成账外款。

（7）由于退货、折扣和折让的原因，在报请有关审批人员审批签字后，应收账款应予以抵扣。

（8）有关应收账款的文件应预先按顺序编号，妥善保管并定期与有关资料核对和调整。

（9）客户如欲出具应收票据，应经过专人审批，欠款客户须在票据上签章。

（10）应由出纳员和应收账款记账员以外的其他人员负责应收票据的有关处理工作。

（11）对于附有抵押物的应收票据，其抵押物应由出纳员和记账员以外的人员保管。

### （二）应收账款核查关键控制点

应收账款的核查工作是有关应收账款内部控制不可或缺的控制措施之一，其控制重点是：

（1）应定期与客户进行应收账款和应收票据的余额核对。根据应收账款的明细账户定期编制应收账款余额核对表，编制该表的职员不能同时担任记录或调整应收账款的工作。

（2）余额核对表应由独立于应收账款记账员和开单员以外的人员负责寄发，回函必须由独立的第三方（如内部审计部门或外部审计人员）收取。

（3）欠款客户回函上的金额和对账单上的金额之间的差异，由信用和收款部门进行及时报批处理，确保企业债权。

（4）账款差异发生原因必须详细分析检讨，并采取各种防范改进措施。账款差异情况及相关责任人必须记录在案，留底备查。

### （三）折扣与折让处理关键控制点

折扣和折让是销售和应收账款的减少额。严格的制定制度和审核应使这种减少额保持在合理的范围内和为企业最终的利益带来好处。控制重点是：

（1）对多数企业而言，给予客户一定的折扣是相当普遍的一种销售行为，因此企业应由相关部门制定出较为详细的折扣政策或规定，经最高管理当局批准后予以确认，作为日常操作中可依据的规定。企业可事先印制反映授权、批准、享受折扣的品种、数量和金额等内容的表格或单子。

（2）销售部门在销售业务中应严格执行折扣政策。一项给予客户的折扣应经过销售部门经理的审核签字认可。

（3）办理现金收入或记录应收账款明细账业务的人不能同时办理给予客户折扣的业务。

（4）由于销售折让通常是偶尔发生的，当客户提出折让要求时，企业应对其提出的理由加以记录，并派人核实这些理由，报请已确定的被授权人来复核客户提出的理由和企业调查的结果,并决定在特定情况下给予客户特定折让的金额。

(5)任何折让的批准文件应记录在事先连续编号的折让事项备忘录上,并由专门的职员定期检查这一备忘录。对遗缺的备忘录应通过调查来说明原因。

(四)收款作业关键控制点

(1)企业销售部门必须根据实际经营环境和企业经营能力以及不同收款政策对企业的实际影响,制定适合本企业的收款政策,并经企业经理层审批后实行。

(2)收款政策制定后,由销售部门或者企业收款部门授权专人执行该收款政策,由财会部门进行考核和监督。

(3)企业的收款应由财会部门派出的出纳收取,不论是现金还是银行存款,都必须当日存入银行或保存于保险库中。

(4)其他相关控制应参照有关货币资金内部控制规定。

(五)销售差异分析关键控制点

(1)销售结果差异分析应根据销售预算和销售订单进行分析,差异分析应由与销售业务相独立的部门执行。

(2)差异分析结果应尽快报送企业最高管理当局,最高管理当局应定期召开会议讨论本期内销售差异,寻找原因,并追究相关责任。

(3)因销售预算编制差异,应将差异分析结果送交预算委员会,及时进行调整。

**六、投诉退货控制点**

在正常情况下,企业客户投诉及退货事务在销售环节中不多,但如果对退货理赔事项处理不善,企业的信誉会受到较大的影响。

客户投诉及退货环节的内部控制流程是:企业首先应授权建立客户投诉处理中心,负责处理客户投诉及退货事务,非退货客户投诉事务由客户投诉中心处理后报主管审批,退货事务则应收取退回货物,由客户投诉中心调查退货原因并形成处理意见报相关部门审批,批复后由财会部门负责理赔付款,客户投诉处理中心应及时将处理结果及相关责任报送企业最高管理层。客户投诉及退货环节内部控制流程见图7-5。

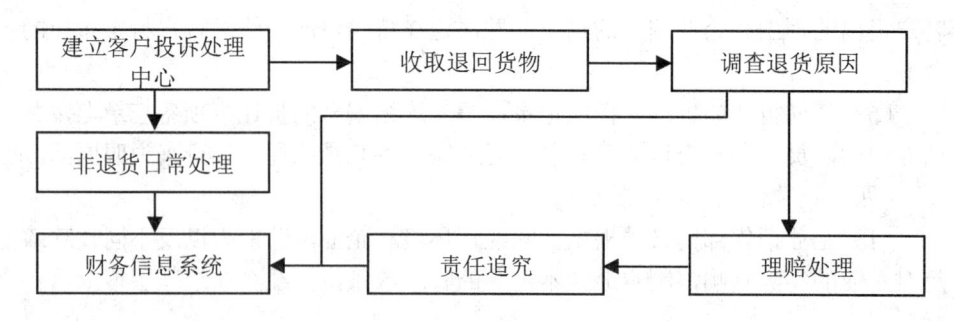

图 7-5　客户投诉及退货环节内部控制流程

（一）授权建立客户投诉服务中心关键控制点

企业销售业务运作如何，有一个窗口最能反映情况，这就是客户投诉处理中心。对它的控制重点在于：

（1）企业最高管理当局应建立客户投诉处理中心，并授权客户投诉处理中心负责客户投诉及退货的相关业务。

（2）由企业销售管理与控制委员会制定企业客户投诉处理基本规定和退货控制标准，客户投诉处理中心按照此规定和标准处理顾客投诉，决定退货与否及如何退货。

（3）客户投诉处理中心应该是一个独立行使监督职能的机构。其职责是：一方面授权处理顾客投诉，控制和监督退货行为；另一方面，独立地对企业销售活动进行评价，通过处理投诉，分清顾客责任和企业责任。如果是企业的责任还必须分清责任所在——是销售部门的责任还是生产部门或者质量部门的责任。

（二）非退货日常处理关键控制点

（1）发生客户投诉现象，客户投诉中心应及时受理并授权给专人进行处理；处理人对于客户投诉事务，应做迅速妥当的处理；对顾客质疑事项，应做适当说明；对客户所提意见，应分类统计并分析检讨。

（2）客户投诉问题发生，责任应明确归属，理赔金额力求合理，手续必须完备。

（3）对于理赔事件，必须详加检讨，并采取适当的改进措施；对于销售问题需奖惩者，也应确实执行。

（4）对于客户投诉事件的处理意见应定期报送部门主管进行审核批复，有关记录应编号保存，留底备查，作为考评奖惩的依据之一。

## 第七章 销售业务

### （三）收取退货关键控制点

客户将货物退回时，企业应制定相应控制程序来收取退回的货物。控制重点是：

（1）客户退回的货物应由收货部门来验收，其验方法与验收采购货物的方法相同。

（2）验收时应清点、检验和注明退回货物的数量和质量情况，为日后确定给予客户退回金额和确定退回货物是否需要修理或再存放提供依据。

（3）根据验收情况填制退货接收报告。填制该报告的职员不应同时从事货物发运业务。一切有关的验收资料必须记录在该报告上。填制完成的退货接收报告应受到独立于发货和收货职能的职员的检查。

### （四）调查退货原因并审批关键控制点

（1）收货部门收到和清点检验退回货物后，客户的退货要求应由客户投诉处理中心来调查。

（2）如可能，在接收退货的同时应记录客户所述退货理由，报告应该当着客户的面全部填写完毕，以保证客户所有退货理由已被全部记录，避免日后的麻烦。

（3）如不能当面记录，客户投诉处理中心应电话咨询或函证，将客户退货原因如实记录。

（4）根据客户所述退货理由，客户投诉处理中心应在企业内部进行调查，予以核实，同时确定对退回货物要求索赔的有效性，以及如索赔有效应给予客户的金额和记录报告相应处理意见。

（5）客户投诉中心调查认定确属于企业责任的应给以退货，客户投诉部门开具退货单并签署意见，如属于部分责任，可给予适当的折让；不属于企业责任的，客户投诉中心应向顾客说明，并说服客户。

（6）客户投诉处理中心将调查结果和意见记录在退货接收报告上，并交信贷、会计和销售部门做最后核准。

（7）经过相应部门核准并签字的退货接收报告方可进入下一控制环节，如无签字则视为无效处理意见。

### （五）理赔处理及责任追查关键控制点

（1）财会部门在收到经过核准签字的退货报告和相应发票方可进行理赔退款。

（2）理赔退款金额交付时，应收取收据，与退货报告粘贴存档备查。

（3）客户投诉处理中心应定期递交责任鉴定报告上缴企业最高管理当局，

以便管理当局考核部门或追究相关责任部门的职责,按规定进行奖惩。

> **篇中案例**
>
> **SQ 公司销售业务漏洞**
>
> SQ 公司为一服装生产企业,服装以出口为主。当年其他应付款——外协加工费余额 1000 万元,占公司当年利润的 65%。外协加工费当年累计发生额占销售成本的 22%。
>
> SQ 公司内控现状:
>
> (1) 由生产部经理负责是否委托、对外委托和验收;
>
> (2) 对外委托的外协加工情况财务部门一无所知,财务对委托过程失去控制;
>
> (3) 发生退货时,直接报生产部经理备案,生产部未设备查账簿,全凭生产部经理一人控制,财务部门同样失去监督。
>
> 【案例分析】
>
> 本案例中生产部经理一人控制委托加工交易的全部过程,很可能存在以下舞弊风险:
>
> (1) 生产部经理可能会利用委托价格、委托数量、退货索赔等环节的内部控制漏洞,获取不正当利益;甚至在有些情况下为获取不当利益,在本公司生产能力允许的情况下,将生产订单对外委托,从而浪费本公司生产能力。
>
> (2) 通过控制外协加工的数量、价格,甚至通过虚假的委托操纵公司利润。
>
> 在本案例中,公司应在以下环节进行改进:
>
> (1) 所有委托外协事项应由独立于生产部的部门和人员决定;
>
> (2) 委托事项应报财务部门备案;
>
> (3) 收回委托加工商品应经过独立的检验部门检验;
>
> (4) 总经理审批前应将发票、检验单、入库单一同报财务部门审核,财务部门应将上述资料与备案的委托资料进行核对;
>
> (5) 发生退货时应及时报财务部门和委托部门备案,以便及时向外协加工单位索赔。
>
> 案例来源:中国内部控制网,http://www.neikong.com/.

【课堂测试 7-3】

1. 实施销售内部控制中,应当强化控制的关键方面或关键环节有哪些?

2. 简述销售业务的风险与对应的关键控制点。
3. 简述应收账款核查关键控制点。

**本章小结**

销售活动的企业日常活动中重要的环节，是企业获利的前提和必要条件，也是企业形成一定时期经营成果的重要基础。因此，对于销售环节中存在的销售行为是否真实合理、销售是否经过适当的授权审批、销售政策和信用政策是否科学以及应收账款和应收票据是否进行了合理管理的风险，企业应当着力解决销售过程中的内部控制。为了达到销售行为真实合理、产品安全完整、销售折扣适度、销售折让合理以及货款能够足额收回的目标，企业应该进行销售预算控制，对销售单证账表和应收账款进行合理的管理，完善销售折扣、折让和退回的制度，对销售与收款进行监督检查。基于销售活动的业务流程，梳理企业在销售环节面对的风险和相应的关键控制点，并进行明确的职责分工和授权审批。在接受订单环节，企业通过在收取订单、评定信用额度以及对信用额度进行审核登记环节进行控制。在开单发货环节，企业通过在编制发货通知单，发货通知单核对，发货和开具发票环节进行控制。对于收款环节，企业应该着重对应收账款的管理、核查、折扣、折让等方面进行控制。企业面对投诉退货情况时，应该处理好非退货日常业务，对于收回的退货，调查退货的原因及审批情况，做好理赔处理工作并追查相应责任人的责任。

---

**篇后案例**

**销售主战场，内控常挂心**

本案例通过全面检视一家企业在销售与收款内部控制方面的实用制度，并分析其制度安排的合理性与严密性。

XX企业销售与收款控制制度

（一）目的。本规则用来规范企业的销售相关业务处理方式。

（二）适用范围。本规则的适用范围包括集团及分公司、控股子公司的销售业务及与销售相关的业务。

（三）连带保证制度。对于从事销售业务人员，集团分公司、控股子公司应依据本企业、本地区、产品类型等特点制定用以规范销售行为的连带保证制度、风险金抵押制度，并报集团企业备案。

（四）销售计划。销售经理应根据企业全年的销售预算拟定月（季）销售计划，销售计划不仅包括以销售额为主体的预算数值，还应包括计划的具体实施步骤。

销售计划的编制应注意的事项：

（1）配合已拟定的销售方针与政策，来制订计划。

（2）拟定销售计划时，应以企业的整体利益为最终出发点，而不能只关注部门或个人的局部利益。

（3）销售计划的拟定必须以经理为中心，全体销售人员均参与为原则。

（4）销售计划的制定应切合实际，并能在实际工作中贯彻实施。

销售计划的实施与管理：

（1）经理对于销售计划的彻底实施，必须负完全的责任。

（2）拟定计划后，要确实施行，并达到目标，计划才有意义。所以，对于销售计划的实施与管理必须贯穿于日常的业务管理控制。

（五）销售合同审批及信用管理。为控制销售风险，应在本集团范围内推行标准的合同管理审批制度与信用管理制度。各分公司、子公司应设定分级审批程序及审批权限。

第一级：销售经理；

第二级：负责销售的副总经理；

第三级：董事长；

第四级：董事会。

推行合同审批与信用管理制度应达到以下目标：

（1）强化客户资信管理，防范销售中的信用风险。

（2）控制应收账款，加快资金周转，提高企业财务管理质量。

（3）加强欠款追收，减少呆账、坏账损失，提高企业经营利润。

（4）规范赊销管理，提高企业市场竞争力。

（5）建立企业内部信用风险管理制度，全面提高企业管理素质。

所有销售业务必须按标准合同文本与客户签订销售合同，并送商务部进行统一的合同管理；销售员填写手工销售单一式四联，按审批权限由部门经理审批，超过审批额度，由总经理进行两级审批，并留一联销售单。

商务合同管理部核对销售单，信用管理也需进行信用审核，超出信用额的销售单须报信用管理总部审批。

信用管理员根据手工销售单录入网上订单，同时将销售单传真至库房。

库管员把手工销售单和网上订单进行核对，核对无误后办理出库手续；如不符，库管员须查明原因。

信用管理员确认网上订单已经库管员确认发货后，输出一张网上订单，在销售单上加盖"已出库"章,将销售单两联转财务部。

财务部以加盖出库章的销售单为凭证,更新库存明细及客户应收账款记录。

库管员根据销售单、发货明细制作"货物签收单",货到客户后要求客户签收,将签收单原件交商务部合同管理员。

信用管理员配合销售人员进行货款的催收,监督销售合同的执行,并将应收账款的管理与销售人员的业绩考核挂钩。

(六)发票管理制度流程图。(略)

(七)收款。办理和记录现金、银行存款收入。保证全部货币资金都必须如数及时地记入现金、银行存款日记账或应收账款明细账,并如数及时地将现金存入银行。财会部门要严格审核银行汇款通知单。

办理和记录销货退回、销货折扣与折让。

办理销货退回和现金折扣业务必须经过主管领导的授权审批,并保证与办理此事有关的部门和职员各司其职,负责实物接受、保管的人员与账务处理的人员职务分离。

(八)注销坏账提取坏账准备。对于赊销业务中由于债务人破产、死亡等各种原因无法支付货款的情况,企业应明确原因,积极获取充足的证据,根据合理的理由确实认为某项货款再也无法收回,应按照企业的授权权限,经主管领导审批,核销该笔货款,并及时进行正确的会计处理。

案例来源:王保平等. 企业内部控制操作实务与案例分析[M]. 北京:中国财政经济出版社,2010.

**核心概念**

销售业务(business of selling)　　应收账款(accounts receivable)
销售预算(sales budget)　　　　　订单(order)
发货(delivery)　　　　　　　　　退货(return)

**思考题**

1. 销售业务的关键风险点有哪些?如何进行控制?
2. 如何做好客户信用分析工作?
3. 销售业务控制的程序包括哪几个过程?
4. 应收账款日常管理控制应建立哪些制度?
5. 销售定价的管控措施包括哪些?

6. 在销售业务环节中会计系统控制的风险有哪些?

**练习题**

**(一) 单项选择题**

1. 企业开具销售发票由（  ）负责。
   A. 信用管理部门　B. 销售部门　　C. 仓库部门　　D. 会计部门
2. 企业应以销售预测为基础,在全面预算总方针的指导下,由（  ）编制销售预算。
   A. 销售部门　　B. 会计部门　　C. 仓库部门　　D. 信用管理部门
3. 企业应当建立逾期应收账款催收制度,（  ）应当负责应收账款的催收。
   A. 会计部门　　B. 销售部门　　C. 仓库部门　　D. 信用管理部门
4. 赊销的批准由（  ）根据赊销政策和已授权给顾客的信用额度来进行。
   A. 会计部门　　B. 仓库部门　　C. 信用管理部门　D. 销售部门
5. （  ）应定期编制并向顾客寄送应收账款对账单,与顾客核对账面记录。
   A. 会计部门　　B. 信用管理部门　C. 销售部门　　D. 仓库部门
6. 下列选项,企业销售业务应当关注的风险的是（  ）。
   A. 销售不畅,库存积压　　　B. 账款回收不力
   C. 销售过程当中的舞弊　　　D. 以上都是
7. 以下哪个选项不是企业策略和营销方式?（  ）
   A. 销售折扣和销售折让　　　B. 代销和广告宣传
   C. 信用销售　　　　　　　　D. 建立客户信用档案
8. 企业销售流程是（  ）。
   A. 销售计划管理、客户开发与信用管理、销售定价、订立销售合同、发货、收款、客户服务和会计系统控制等环节
   B. 客户开发与信用管理、销售计划管理、销售定价、订立销售合同、发货、收款、客户服务和会计系统控制等环节
   C. 销售计划管理、销售定价、客户开发与信用管理、订立销售合同、发货、收款、客户服务和会计系统控制等环节
   D. 客户服务和会计系统控制、销售计划管理、客户开发与信用管理、销售定价、订立销售合同、发货、收款等环节
9. 企业发货过程中的风险是（  ）。
   A. 未经授权发货或发货不符合合同约定
   B. 可能导致货物损失或客户与企业的销售争议

C. 销售款项不能收回

D. 以上都是

10. 企业发货过程中防范风险的管控措施中错误的是（　　）。

　　A. 销售部门应当按照经审核后的销售合同开具相关的销售通知交仓储部门和财会部门

　　B. 销售部门应当落实出库、计量、运输等环节的岗位责任，对销售通知进行审核，严格按照所列的发货品种和规格、发货数量、发货时间、发货方式、接货地点等，按规定时间组织发货，形成相应的发货单据，并应连续编号

　　C. 应当以运输合同或条款等形式明确运输方式、商品短缺、毁损或变质的责任、到货验收方式、运输费用承担、保险等内容，货物交接环节应做好装卸和检验工作，确保货物的安全发运，由客户验收确认

　　D. 应当做好发货各环节的记录，填制相应的凭证，设置销售台账，实现全过程的销售登记制度

11. 销售政策和策略不当，市场预测不准确，销售渠道管理不当等，可能导致（　　），库存积压，经营难以为继。

　　A. 销售不畅　　　　　　　　B. 货物损失

　　C. 销售款项不能收　　　　　D. 客户服务水平低

12. 需要赊销的商品，应由（　　）按照客户信用等级审核，并经具有相应权限的人员审批。

　　A. 财务部门　　　　　　　　B. 信用管理部门

　　C. 销售部门　　　　　　　　D. 仓库部门

13. 销售计划是指在进行（　　）的基础上，结合企业生产能力，设定总体目标额以及不同产品的销售目标额，进而为能实现该目标而设定具体营销方案和实施计划，以支持未来一定期间内部销售额的实现。

　　A. 市场调查　　B. 客户分析　　C. 市场分析　　D. 销售预测

14. （　　）是全面预算系统的起点，是全面预算编制的基础。

　　A. 销售预算　　B. 接受订单　　C. 开单发货　　D. 收款控制

15. 作为销售预测关键的（　　），在市场调查的基础上，企业应结合自身的特点，选择适合的预测方法进行预测。

　　A. 预测组织　　B. 预测方法　　C. 市场调查　　D. 预算审批

**（二）多项选择题**

1. 以下哪几项属于销售与收款业务的内容（　　）。

　　A. 批准赊销信用　　　　　　B. 开具销售发票

C. 审批销售退回和折让　　　　D. 发送货物

2. 企业的信用政策包括（　　）方面内容。
A. 授信方式　　B. 授信标准　　C. 销售退回管理　　D. 收账政策

3. 应收账款日常管理控制包括（　　）方面内容。
A. 应收账款账龄分析　　　　B. 应收账款催收制度
C. 应收账款追踪分析　　　　D. 应收账款坏账准备制度

4. 按内部控制要求，销售退回的货物应当由（　　）清点后方可入库。
A. 会计部门　　B. 仓储部门　　C. 销售部门　　D. 质检部门

5. 企业给予客户的授信方式一般包括（　　）。
A. 信用期限　　B. 现金折扣　　C. 批准权限　　D. 折扣期限

6. 以下能有助于实现"所有销货业务均已登记入账"的控制目标的是（　　）。
A. 发运凭证（或提货单）均经事先编号并已经登记入账
B. 销售发票均经事先编号，并已登记入账
C. 将发运凭证与相应的销售发票和主营业务收入明细账及应收账款明细账中的分录进行核对
D. 检查发运凭证连续编号的完整性

7. 企业在销售合同订立前，应当与客户进行业务洽谈、磋商或谈判，关注（　　）等相关内容。
A. 信用状况　　B. 销售定价　　C. 结算方式　　D. 权利和义务

8. 企业销售业务流程，主要包括（　　）、销售定价、订立销售合同、发货、收款、客户服务和会计系统控制等环节。
A. 销售计划管理　　　　B. 市场调查
C. 市场规划　　　　　　D. 客户开发与信用管理

9. 企业应当加强对销售、发货、收款业务的会计系统控制，详细记录（　　）、商业票据、款项收回等情况，确保会计记录、销售记录与仓储记录核对一致。
A. 销售客户　　B. 销售合同　　C. 销售通知　　D. 发运凭证

10. 销售客户服务包括产品（　　）等。
A. 维修　　B. 销售退回　　C. 维护升级　　D. 市场调查

11. 以下属于销售环节所面临的风险的是（　　）。
A. 销售行为违反国家法律法规，可能遭受外部处罚、经济损失和信誉损失
B. 销售未经适当审批或超越授权审批，可能因重大差错、舞弊、欺诈而导致损失
C. 销售政策和信用政策管理不规范、不科学，可能导致资产损失或资产运

营效率低下

D. 合同协议签订未经正确授权,可能导致资产损失、舞弊和法律诉讼

12. 属于销售业务控制流程的是( )。

A. 确定生产订单　　　　　　　B. 销售折让或退货

C. 签订销售合同　　　　　　　D. 盘点对账

13. 在发货并取得收货的流程中,其应对的风险是( )。

A. 应收账款不能及时收回

B. 销售业务,未经适当授权和审批或职责分离不当

C. 预收账款未能及时确认

D. 销售成本未能及时确认

14. 以下属于销售与收款业务不相容岗位的是( )。

A. 客户信用管理、与销售合同协议的审批、签订

B. 销售合同协议的审批、签订与办理发货

C. 销售退回货品的验收、处置与相关会计记录

D. 销售业务经办与发票开具、管理

15. 属于开单发货环节控制点的是( )。

A. 销售订单　　B. 编制发货通知　　C. 财务信息系统　　D. 开具发票

**(三)判断题**

1. 退货验收的人员与退货记录的人员可以是同一个人。( )

2. 顾客要求退货或折让,应由负责收款和记录应收账款以外的人员,根据退回货物的验收报告和入库单批准退货。( )

3. 企业应收票据的取得和贴现必须经保管票据的主管人员的书面批准。( )

4. 应收账款无法收回时,经批准后方可作为坏账注销,会计部门不需要对已注销的应收账款备查登记。( )

5. 信用管理岗位与销售业务岗位应当分设。( )

6. 重大的销售业务谈判应当吸收财会、法律等专业人员参加,不需要形成完整的书面记录。( )

7. 企业销售部门应当按照经批准的销售合同开具相关销售通知。( )

8. 企业应定期检查分析销售过程中的薄弱环节,采取有效控制措施,确保实现销售目标。( )

9. 企业应当做好销售业务各环节的记录,填制相应的凭证,设置销售台账,实行全过程的销售登记制度。( )

10. 财会部门负责应收款项的催收,催收记录(包括往来函电)应妥善保存;销售部门负责办理资金结算并监督款项回收。(  )

11. 企业应当指定专人通过函证等方式,定期与客户核对应收账款、应收票据、预收账款等往来款项。(  )

12. 企业应当关注商业票据的取得、贴现和背书,对已贴现但仍承担收款风险的票据以及逾期票据,不需进行追索监控和跟踪管理。(  )

13. 企业应当建立退货管理制度,对退货条件、退货手续、货物出库、退货货款回收等做出明确规定,及时收回退货货款。(  )

14. 在销售谈判中,谈判人员一般可由销售部门负责人指定一名销售业务员和一名销售内勤(设立法律部门的单位可由法律服务部派出一名谈判人员)参加与客户的谈判。(  )

15. 企业的销售退回必须经销售主管审批后方可执行。(  )

**(四)业务题**

1. A公司的会计为外聘的兼职会计,平时不在公司上班,日常会计事务,均由出纳费玲办理,所有票据和印章也均由费玲保管。一日,有客户持金额为2万元的购货发票要求退货,正与费玲争执时,被经理王某碰到,经查该款系2个月前的销货款,并未入账。

要求:试分析A公司在内控方面存在的缺陷。

2. 浙江景兴纸业股份有限公司地处长三角杭嘉湖平原中心地带临近上海,地理条件优越交通便利,是全国最大的三家以专业生产A级、AA级牛皮箱板纸为主的造纸企业之一。自成立以来,公司一直重视管理制度的建设和完善。公司的检查小组在对一家子公司销售业务内部控制进行检查时,发现该子公司的现有业务流程如下:在销售过程中,公司销售业务按照销售合同进行,当生产车间产品完工后,填制产成品入库单,验收合格后入库。销售部门根据销售合同编制发货通知单,分别通知仓库发货和运输部门办理托运手续。产品发出后,销售部门根据仓库签发后转来的发货通知单开具发票,并据以登记产成品明细账,运输部门将其与销售发票一并送交财务部门。财务部门将其与销售合同核对后,开具运杂费清单,通知出纳人员办理货款结算,并进行账务处理。但是,公司未设独立的客户信用调查机构,在财务部门和销售部门也没有专人负责此项工作。同时发现:①该厂厂长甲某可以处理与销售和收款有关的所有业务;②财务科根据甲某的指令开具销售发票时,甲某说多少就是多少;③仓储部门发货人员根据甲某的指令给客户发运货物;④仓库里没有库存明细账及货物进出库记录,销售成本按估算的毛利率计算;⑤从甲某担任厂长以来,销售合同、销售计划、销售通知单、发货凭证、运货凭证以及销售发票等文件和凭证从未进行核对；⑥财务科根据销售发票确认应收账款。

要求：运用销售业务有关知识，分析这一案例违背了销售业务的哪些关键风险点，应运用何种控制措施加以预防？

3. 已知 B 公司销售与收款内部控制有关业务流程如下：

（1）销售部门收到顾客的订单后，由销售经理甲对品种、规格、数量、价格、付款条件、结算方式等详细审核后签章，交仓库办理发货手续。

（2）仓库在发运商品出库时，均必须有管理员乙根据经批准的订单，填制一式四联的销售单。在各联上签章后，第一联作为发运单，由工作人员配货并随货交顾客；第二联送会计部；第三联送应收账款管理员丙；第四联由乙按编号顺序连同订单一并归档保存，作为盘存的依据。

（3）会计部收到销货单后，根据单中所列资料，开具统一的销售发票，将顾客联寄送顾客，将销售联交应收账款管理员丙，作为记账和收款的凭证。

（4）应收账款管理员丙收到发票后，将发票与销货单核对，如无错误，据以登记应收账款明细账，并将发票和销货单按顾客顺序归档保存。

要求：指出 B 公司在销售与收款内部控制中存在的缺陷。

4. SQ 公司为一服装生产企业，服装以出口为主。当年其他应付款——外协加工费余额 1000 万元，占公司当年利润的 65%。外协加工费当年累计发生额占销售成本的 22%。

SQ 公司内控现状：

（1）由生产部经理负责是否委托、对外委托和验收；

（2）对外委托的外协加工情况财务部门一无所知，财务对委托过程失去控制；

（3）发生退货时，直接报生产部经理备案，生产部未设备查账簿，全凭生产部经理一人控制，财务部门同样失去监督。

请简要分析该公司所面临的困境，并提出相应解决措施。

# 第八章　其他活动控制

【学习目标】通过本章的学习，学生应该对研究与开发活动、工程项目、担保业务与业务外包具备更深入的了解，清楚各项活动存在的风险以及如何对风险进行有效控制。

> **开篇案例**
> ### 海尔集团的研发
> 　　海尔集团是世界第四大白色家电制造商、中国最具价值品牌。海尔在全球建立了29个制造基地，8个综合研发中心，19个海外贸易公司，全球员工总数超过5万人，已发展成为大规模的跨国企业集团，2008年海尔集团实现全球营业额1220亿元。
> 　　海尔集团在首席执行官张瑞敏确立的名牌战略指导下，先后实施名牌战略、多元化战略和国际化战略，2005年底，海尔进入第四个战略阶段——全球化品牌战略阶段。创业24年的拼搏努力，使海尔品牌在世界范围的美誉度大幅提升。2008年，海尔品牌价值高达803亿元，自2002年以来，海尔品牌价值连续7年蝉联中国最有价值品牌榜首。海尔品牌旗下冰箱、空调、洗衣机、电视机、热水器、电脑、手机、家居集成等19个产品被评为中国名牌，其中海尔冰箱、洗衣机还被国家质检总局评为首批中国世界名牌。2008年3月，海尔第二次入选英国《金融时报》评选的"中国十大世界级品牌"。2008年6月，在《福布斯》"全球最具声望大企业600强"评选中，海尔排名第13位，是排名最靠前的中国企业。2008年7月，在《亚洲华尔街日报》组织评选的"亚洲企业200强"中，海尔集团连续五年荣登"中国内地企业综合领导力"排行榜榜首。海尔已跻身世界级品牌行列，其影响力正随着全球市场的扩张而快速上升。
> 　　据中国最权威市场咨询机构中怡康统计：2008年，海尔在中国家电市场的整体份额达到26.2%以上，依然保持份额第一；尤其在高端产品领域，海尔市场份额近30%，其中，海尔在白色家电市场上仍然遥遥领先。在智能家

> 居集成、网络家电、数字化、大规模集成电路、新材料等技术领域也处于世界领先水平。"创新驱动"型的海尔集团致力于向全球消费者提供满足需求的解决方案，实现企业与用户之间的双赢。
>
> 截止到 2008 年，海尔累计申请专利 8795 项，其中发明专利 2261 项；2008 年，集团申请专利 912 项，其中发明专利 525 项，平均每个工作日申请 2 项发明专利。在自主知识产权的基础上，海尔已参与 15 项国际标准的制定，其中 3 项国际标准即将发布实施，这表明海尔自主创新技术在国际标准领域得到了认可；海尔主持或参与了 192 项国家标准的编制、修订，其中 8 项获得了国家标准创新贡献奖，制定行业及其他标准 439 项。海尔是参与国际标准、国家标准、行业标准最多的家电企业。
>
> 案例来源：互联网，http://iy.uu45b.com/bp-4380ss717fds360cba/adb27-1.html。

# 第一节 其他活动及其内部控制概述

### 一、研究与开发

《企业内部控制应用指引第 10 号——研究与开发》着力解决企业应如何组织、控制企业研究和开发活动，核心是如何加强研究与开发活动方面的风险管理与控制。其主要内容包括：制定指引的必要性和依据、研发过程中应关注的主要风险、总体要求、立项和研究、开发和保护环节的控制等，分三章共十三条。

### 二、工程项目

工程项目是指企业根据需要，自行或委托他人设计、建造、安装和修护，以便形成新的固定资产或维护、提升既有固定资产性能的活动。工程项目具有金额巨大、程序繁杂、次数稀少的特点，现实经济生活中，许多企业的工程项目在形成新生产能力的同时，也往往成为各种损失浪费和腐败现象的高发区。

工程项目面临的可能风险主要包括：一是立项缺乏可行性研究或者可行性研究流于形式，决策不当，盲目上马，可能导致难以实现预期效益或项目失败；二是项目招标暗箱操作，存在商业贿赂，可能导致中标人实质上难以承担工程项目、中标价格失实及相关人员涉案；三是工程造价信息不对称，技术方案不落实，概预算脱离实际，可能导致项目投资失控；四是工程物资质次价高，工程监理不到位，项目资金不落实，可能导致工程质量低劣，进度延迟或中断；

五是竣工验收不规范，最终把关不严，可能导致工程交付使用后存在重大隐患。

《企业内部控制应用指引第 11 号——工程项目》着力解决企业工程项目领域的内部控制，核心是通过内部控制，形成健康规范有序的工程项目控制环境。其主要内容包括：制定本指引的必要性和依据，工程项目过程中应关注的主要风险，以及如何在工程立项、工程招标、工程造价、工程建设和工程验收等环节控制，分六章共二十七条。

### 三、担保

担保，是指企业依据《中华人民共和国担保法》和担保合同协议或者协议，按照公平、自愿、互利的原则向被担保人提供一定方式的担保并依法承担相应法律责任的行为，不包含担保企业的担保业务及按揭销售中涉及的担保等具有日常经营性质的担保行为。

担保也是一个"双刃剑"。在帮助他人的同时，可能对自己不利。具体来说，企业至少应当关注涉及担保业务的下列风险：一是对担保申请人的资信状况调查不深，审批不严或越权审批，可能导致企业担保决策失误或遭受欺诈。二是对被担保人出现财务困难或经营陷入困境等状况监控不力，应对措施不当，可能导致企业承担法律责任。三是担保过程中存在舞弊行为，可能导致经办审批等相关人员涉案或企业利益受损。

企业对担保实施控制，其目标包括：保证担保业务规范，防范和控制或有负债风险；保证担保业务的真实、完整和准确，满足信息披露的需要；符合国家有关担保规定和上市地监管机构的要求。

《企业内部控制应用指引第 12 号——担保业务》着力解决企业对外经济担保过程中如何实施内部控制制度，形成更加有利于企业可持续发展的控制环境。其主要内容包括：制定本指引的必要性和依据，对外担保的核心内涵、担保过程中应关注的主要风险，以及如何在调查评估与审批、执行与监控等进行内部控制，分三章共十五条。

### 四、业务外包

业务外包，是指企业利用专业化分工优势，将日常经营中的部分业务委托给本企业以外的专业服务机构或其他经济组织（以下简称承包方）完成的经营行为，即主要是指企业（以下又称发包方）为实现战略经营目标，通过合同或协议等形式将业务职能的部分或全部交由外部服务提供商（以下简称承包方）提供的一种管理行为。企业为了聚焦于核心竞争力和节约成本，可以将其包括与会计、财务和财务报告相关的业务在内的诸多功能外包给服务机构。本指引所称业务外包不涉及工程项目外包。

企业应当对业务外包实施分类管理，通常划分为重大业务外包和一般业务外包。重大业务外包是指对企业生产经营有重大影响的业务外包。业务外包通常包括：研究开发、资信调查、可行性研究、委托加工、物业管理、客户服务、IT 服务等。企业的业务外包至少应当关注下列风险：一是外包范围和价格确定不合理、承包方选择不当，可能导致企业遭受损失。二是业务外包监控不严、服务质量低劣，可能导致企业难以发展。

《企业内部控制应用指引第 13 号——业务外包》着力解决企业发展过程中如何实施业务外包，核心是通过业务外包控制，形成更加有利于企业可持续发展的控制环境。其主要内容包括：制定本指引的必要性和依据，业务外包的核心内涵、业务外包过程中应关注的主要风险，以及承包方选择、业务外包实施等控制，分三章共十六条。

【课堂测试 8-1】

1. 工程项目面临的可能风险主要包括（　　）。
  A. 立项缺乏可行性研究或者可行性研究流于形式，决策不当，盲目上马
  B. 项目招标暗箱操作，存在商业贿赂
  C. 工程造价信息不对称，技术方案不落实，概预算脱离实际
  D. 工程物资质次价高，工程监理不到位，项目资金不落实
2. 简述研究与开发活动风险管理与控制的主要内容。
3. 简述担保业务内部控制的主要内容。
4. 简述业务外包控制的主要内容。

## 第二节　研究与开发

如何使企业在激烈的竞争中保持不败，成为每个企业的首要问题。更多的企业通过竞争的洗礼，明白了"要立于不败之地，必须具备核心竞争力，而核心竞争力必须靠提高企业研究开发的自主创新能力来实现"的道理。从微观经济看，研究与开发是企业增强自身市场竞争力和实现可持续发展的迫切需要；从中观经济看，研究与开发是优化产业结构、推进产业升级的中心环节；从宏观经济看，研究与开发在提高企业核心竞争力的基础上，形成一个国家综合竞争力

的重要标志。所以，每一个企业，为了赢得市场，增强核心竞争力，必须有效控制在研究开发过程中的风险，从而为实现其发展战略确立牢固的核心竞争力。

企业开展研发活动至少应当关注下列风险：一是研究项目未经科学论证或论证不充分，可能导致创新不足或资源浪费；二是研发人员配备不合理或研发过程管理不善，可能导致研发成本过高、舞弊或研发失败；三是研究成果转化应用不足、保护措施不力，可能导致企业利益受损。

## 一、研究与开发控制的内容

### （一）研究开发的概念

通常，研究开发（Research and Development，简称为 R&D）活动是指企业为获得科学技术新知识，创造性运用科学技术新知识，或实质性改进技术、产品和服务而持续进行的具有明确目标的系统活动。研究开发活动可理解为由科学研究活动与技术开发活动两大部分构成。科学研究活动是指为获得科学技术的新知识、创造性地运用科学技术新知识、探索技术的重大改进而从事的有计划的调查、分析和实验活动；技术开发活动是指为了实质性改进技术、产品和服务，将科研成果转化为质量可靠、成本可行、具有创新性的产品、材料、装置、工艺和服务的系统性活动。基于这样的背景分析，可以说，对于企业来说，研究与开发，是指企业为获取新产品、新技术、新工艺等所开展的各种研发活动。

### （二）研究与开发的特征

1. 研究阶段的技术特征

对于企业自行进行的研究开发项目，《企业会计准则第 6 号——无形资产》要求区分研究阶段与开发阶段两个部分分别进行核算。其中，研究阶段是指为获取新的技术和知识等进行的有计划的调查；为了获取知识而进行的活动；研究成果或其他知识的应用研究、评价和最终选择；材料、设备、产品、工序、系统或服务替代品的研究；新的或经改进的材料、设备、产品、工序、系统或服务的可能替代品的配制、设计、评价和最终选择。研究阶段的特点在于：

（1）计划性

研究阶段是建立在有计划的调查基础上，即研发项目一经董事会或者相关经理层的批准，并着手收集相关资料、进行市场调查等。例如，某药品公司为研究开发某药品，经董事会或者相关经理层的批准，有计划地收集相关资料、进行市场调查、比较市场中相关药品的药性、效用等活动。

（2）探索性

研究阶段基本上是探索性的，为进一步的开发活动准备资料，在这一阶段不会形成阶段性成果。

2. 开发阶段的技术特征

开发阶段是指在进行商业性生产或使用前,将研究成果或其他知识应用于某项计划或设计,以生产出新的或具有实质性改进的材料、装置、产品等,包括:生产前或使用前的原型和模型的设计、建造和测试;含新技术的工具、夹具、模具和冲模的设计;不具有商业性生产经济规模的试生产设施的设计、建造和运营;新的或经改造的材料、设备、产品、工序、系统或服务所选定的替代品的设计、建造和测试等。开发阶段的特点在于:

(1) 具有针对性

开发阶段是建立在研究阶段基础上,因而,对项目的开发具有针对性。

(2) 形成成果的可能性较大

进入开发阶段的研发项目往往形成成果的可能性较大。

3. 研究阶段的财务特征

从研究活动的特点看,其研究是否能在未来形成成果,即通过开发后是否会形成无形资产均有很大的不确定性,企业也无法证明其研究活动一定能够形成带来未来经济利益的无形资产,因此,研究阶段的有关支出发生时应当费用化计入当期损益。

由于开发阶段相对于研究阶段更进一步,且很大程度上形成一项新产品或新技术的基本条件已经具备,此时如果企业能够证明满足无形资产的定义及相关确认条件,则所发生的开发支出可资本化,确认为无形资产的成本。而这些判断可以将有关支出资本化计入无形资产成本的条件包括:完成该无形资产以使其能够使用或出售在技术上具有可行性、具有完成该无形资产并使用或出售的意图、无形资产产生经济利益的方式、有足够的技术和财务资源和其他资源支持,已完成该无形资产的开发,并有能力使用或出售该无形资产、归属于该无形资产开发阶段的支出能够可靠地计量。

(三) 研究与开发的风险

研发活动是一种高风险的创新活动,企业开展研发活动至少应当关注下列风险:

1. 论证风险

论证风险是指研究项目未经科学论证或论证不充分,可能导致创新不足或资源浪费的风险。

2. 研发技术风险

技术风险可以定义为发展某项新设计所包含的风险,发展这项新设计、新技术的目的是要提高系统的性能水平，但却可能因为受到某些约束条件的作用而使目标难以实现。其中，许多技术风险往往是由于对新系统和新设备提出前所未有的性能要求造成的。具体风险分类如下：

（1）技术方案风险

技术方案不合理，会导致后续设计产品的质量、性能不能达到设计要求，并造成后期设计变更，影响到项目的进度。

（2）不成熟的新技术

新技术的运用，还需要周边的配套系统都能与之匹配，且其生产工艺和可靠性得到验证。项目不能过度依赖一些新的"边缘"技术，如果项目团队对技术、工艺没有足够的经验，将会给项目留下不可预估的风险。研发是一个大型工程项目，最终要求投入使用，不是纯理论的研究，要求最终产品有足够的可靠性。

（3）系统复杂性过高

系统的复杂性可能导致管理难度增大，设计反复增多，进而影响到项目的质量和进度。

（4）不成熟的工艺

采用的工艺如果不成熟会对工程项目产生不利影响，包括项目开发周期以及产品性能。在方案设计阶段以及设计细化过程中，设计人员应该充分考虑工艺可行性，尽可能采用成熟工艺。

（5）试验验证风险

不同市场都有系列强制性法规要求，必须通过相应机构的认证试验方可上市。试验的多次失败和重复，会造成进度拖延以及人力、物力等成本的增加，同时也会对新产品上市时机造成影响。

（6）设备风险

新产品设计中的新结构、新工艺往往会产生对现有设备进行调整或需要引进新设备。这需要在方案设计阶段就进行考虑，防止由于设备无法满足设计要求，达不到设计目标，或者造成新产品投入超标。

（7）产品的可靠性、可维修性设计

在设计中，要充分考虑可靠性以及可维修性，否则将会影响产品使用，引起最终用户的抱怨。

3. 研发管理风险

（1）决策延误

上级拖延批准签订合同或者项目进入下一节点等，造成项目计划进度中断，会产生进度风险。

（2）项目进度风险

计划制定过程中，对项目本身不熟悉或者为了满足客户要求盲目压缩项目周期，会在项目运行中出现进度风险，而为了赶进度，往往通过增加人员、加班等措施来补救，会额外增加费用，同时，对项目质量也是一个考验。

（3）项目变更

项目方案的不可预测的变更，可能对项目的进度、技术、费用等各个方面产生影响。

（4）沟通风险

研究与开发是一个多专业、多部门、多单位共同合作开发的项目，如果沟通不到位，信息不对称，不能及时发现和解决问题，会导致设计效率低下，并可能造成质量和进度风险。

（5）项目范围

项目范围定义不清楚，会在项目执行中造成项目组与客户对于范围理解的冲突。

（6）人力风险

项目成员的稳定性、责任心以及能力水平，直接影响到项目的进度、质量。

4. 研发系统环境风险

按照风险来源分为客户风险、供应商风险、分包商风险等。研发过程需要客户方技术人员与项目组同步开展，客户方技术人员能力、稳定性以及数量，直接影响到对于项目的支持力度以及项目试制生产阶段的消化吸收。客户方的生产试验设备、工艺水平等，会影响新产品的品质。

客户的决策能力、协调能力、组织能力、管理的规范化程度等直接影响到项目组的沟通交流，并间接影响到项目的质量、进度。客户对项目方案、进度以及质量等提出的不合理要求，直接影响到项目成败。研发项目分为多个项目节点，需要客户进行评审确认，如果客户迟迟不签字确认，就会影响项目下一节点的开展，有时客户还会在确认节点后，又推翻原有结论，会造成项目范围以及进度的变化。

客户的资质以及信誉度，影响到项目款项能否及时支付以及供应商对于项目的配合，进而影响项目质量和进度。

在设计过程中，需要供应商介入同步进行零部件的内部结构开发以及工艺分析。供应商技术能力、稳定性、数量，影响开发的进度以及设计的质量，设备情况、工艺水平等，都会影响零部件的质量。

除上述风险外，还应考虑政策法规风险、政治经济风险、自然风险等。可见，研发过程中面临着各种各样的风险，但在实际研发过程中，考虑成本费用原则，企业只需特别关注技术风险、资金风险、进度风险等重要风险，进行重点控制。

## 二、研究与开发控制的流程

企业从制定研发计划，推进立项与组织研发活动，到研发成果的开发与保护，应该全程实施科学有效的控制，其控制流程描绘见图8-1。

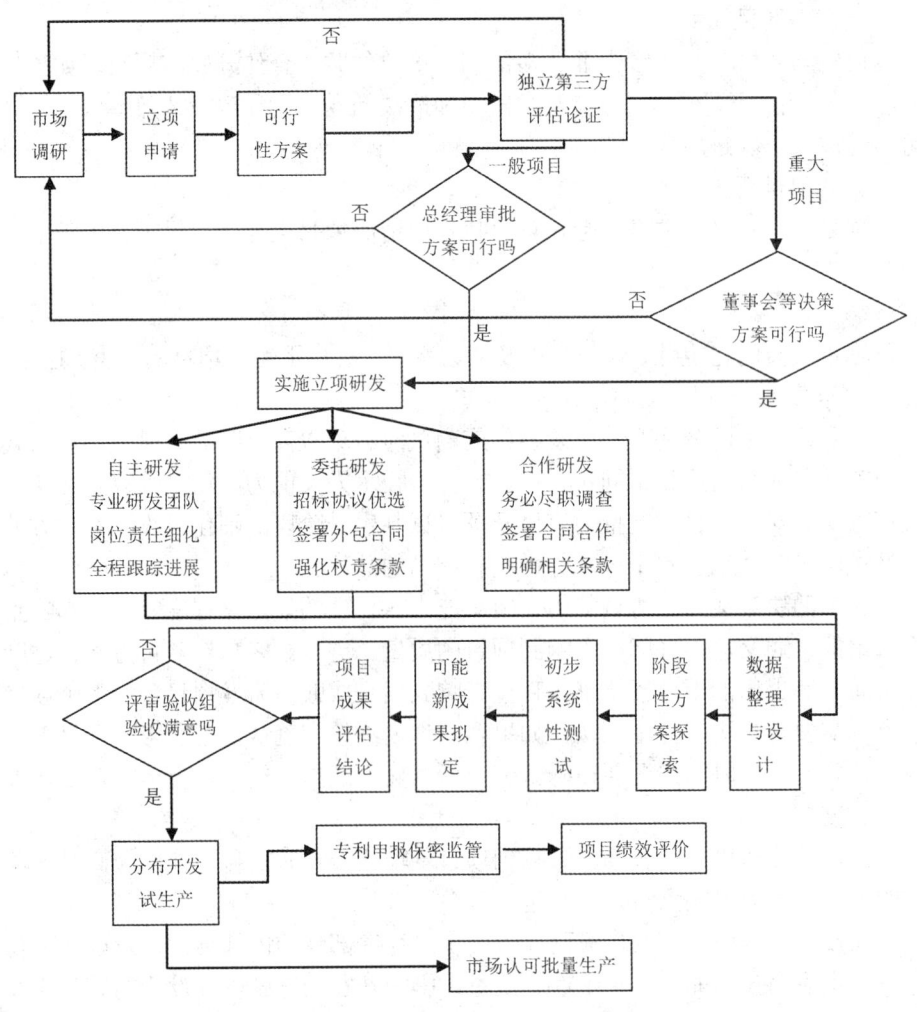

图8-1 企业研究与开发控制流程图

## 第八章 其他活动控制

### 三、研究与开发控制关键点

（一）立项阶段的控制

项目立项是否科学在很大程度上直接关系到项目的最后成败。为了加强企业应用研究与产品开发管理控制，规范项目立项管理，企业应当根据实际需要，结合研发计划，提出研究项目立项申请，开展可行性研究，编制可行性研究报告，并经过独立第三方评估论证后，按照规定权限和程序报经审查批准。因此，应该从两个方面进行控制：

1. 项目立项的一般初始程序

（1）产品总监（产品经理）根据市场调查、公司内部调查、行业研究等渠道，确定需要进行进一步调研的产品，归入企业"三新（新技术、新产品、新工艺）"调研产品池。每个研发标的都应编写"新产品、新技术、新工艺调研建议书"。

（2）研发总监根据新产品调研产品池中的产品，结合公司现状，选择相应的产品进行进一步调研。调研的方式有：从互联网上搜查相关资料、从出版物中提取信息、与用户交谈中提问、向用户群体发调查问卷、与同行专家交谈，听取他们的意见、分析已经存在的同类产品、公司内部员工调查等。

（3）研发总监根据调查报告，选择认为有市场前景的产品进行进一步可行性分析，可行性分析的主要范围有市场分析、政策分析、竞争实力分析、技术可行性分析、时间和资源可行性分析、知识产权分析等，并编写可行性分析报告。

（4）研发总监根据可行性分析报告编写"立项建议书"。"立项建议书"应包含产品介绍、市场概述、产品发展目标、产品技术方案、产品优缺点分析、项目团队、软硬件资源估计、成本估计、进度表、市场营销计划、成本效益分析等内容。

2. 项目立项的评估审核程序

（1）企业主管领导组织立项评审小组，在必要时可以组织内部相对独立或外部独立专业机构，就拟定项目进行专家评估论证，出具评估意见。对于专家评估意见确认可以立项的，在评审完成后编写"立项评审报告"，并交由评审小组成员填写评审意见并签字。

（2）实行根据项目性质与投入规模等因素划分的分级立项审定制度。一般经常性硬性项目，立项评审小组的成员一般由产品总监、产品经理、产品研发中心经理、销售部经理、总经理等组成。研发总监汇总评审小组的评审意见，经 2/3 以上评审成员同意可以正式立项，总经理拥有否决权。

对于重大研究项目应当报经董事会或类似权力机构集体审议决策。在审批过程中，应当重点关注研究项目促进企业发展的必要性、技术的先进性以及成果转化的可行性。

（二）研究阶段的控制

1. 自主研发的控制

企业应当加强对研究过程的管理，合理配备专业人员，严格落实岗位责任制，确保研究过程高效、可控。同时，企业应当跟踪检查研究项目进展情况，评估各阶段研究成果，提供足够的经费支持，确保项目按期、保质完成，有效规避研究失败风险。

通常，为控制研发过程中各种风险，实践中采取了一些能够防范风险的管理方法，这些传统研发管控方法主要包括：

（1）"双岗制"，即在研发过程的重要位置上设立两个岗，完成同样的工作，互为备份。

（2）重要的部分由多人分解承担。

（3）"记者式"的研发方法，即根据上级领导的要求立项和接受项目，自行搜寻和定义市场需求，自行归纳核定系统功能需求，独立自由完成功能的实现，自行定义测试和验收的标准。"记者式"研发管理方法容易导致知识产权落入个人控制之中。

（4）"逐级下达式"研发管理方法。

（5）"小炉匠式"研发方法，知识产权掌握在个人手中，容易造成知识产权流失。

2. 委托研发的控制

企业研究项目委托外单位承担的，应当采用招标、协议等适当方式确定受托单位，签订外包合同，约定研究成果的产权归属、研究进度和质量标准等相关内容。

3. 合作研发的控制

合作研发是指企业与科研院所、高等院校、行业基金会和政府等组织机构，为了克服研发中的高额投入和不确定性、规避风险、缩短产品的研发周期，应对紧急事件的威胁，节约交易成本而组成的伙伴关系。它以合作创新为目的，以组织成员的共同利益为基础，以优势资源互补为前提，通过契约或者隐形契约的约束联合行动而自愿形成的研发组织体。

企业与其他单位合作进行研究的，应当对合作单位进行尽职调查，签订书面合作研究合同，明确双方投资、分工、权利义务、研究成果产权归属等。合作研发的形式多种多样，既可以以资金、人才、成果形式合作，也可以以资金入股形式合作，还可以技术供方、技术中介和技术需方进行合作等。该组织体在形成之后，有明确的合作目标和合作期限，共同遵守契约规定的合作行为规则、成果分配规则、风险承担规则。

（1）通过尽职调查，夯实基本情况

尽职调查作为揭示风险的主要手段之一，其质量与效果，很大程度上决定了业务的潜在风险状况。基于这种原因，企业在签署合作合同之前，应该充分进行尽职调查。目的就在于探明合作研发可能存在的陷阱，弥补信息获知上的不对称，通过核实交易对方的各项情况，明确对方存在哪些隐蔽的风险和问题。在此基础上确定可行性，为业务交易的最终实施提供参考。尽职调查的信息管理，主要包括：从被调查对象内部人获得信息，从专业性中介机构获得信息，实地考察获得信息或其他外部信息来源。

（2）签署合作研发书面合同

合作开发合同的各方当事人，以平等主体身份参加合作开发项目的研究开发工作，在履行各自义务的同时，享有下列权利：对研究开发工作提出合理化建议的权利；依据研究开发的实际情况，要求做出有利于研究开发项目计划方案修改的权利；有权对合作开发投资资金的使用进行监督检查；有权派员参加各方代表组成的协调指导机构，对重大问题的决策、协调有建议、发言权；合作开发完成的发明创造，享有申请专利权，在他方转让权利权时有优先受让权；声明放弃共有专利申请权的当事人，在他方申请取得专利权后，有免费实施其专利的权利；共同开发研究的各方共同享有开发研究成果，并有在使用、转让中的受益权。

（三）研发成果的控制

1. 成果验收与管理的控制

（1）成果验收的控制

企业应当建立和完善研究成果验收制度，组织专业人员对研究成果进行独立评审和验收。研发成果鉴定是指按照规定的形式和程序，对成果是否完成项目任务书或合同要求进行审查和评价，并做出相应的结论。新产品、新技术、新工艺鉴定是指按照规定的形式和程序，对新产品、新技术的主要性能、技术水平、试（投）产的可行性市场前景、社会及经济效益等进行综合审查和客观评价，做出可否批量生产和推广应用等相应结论。通常的要点包括：

①进入评审验收程序

凡符合评审验收条件的项目,由项目组填写相应的企业研发成果评审验收申请表,成果主管部门进行初步形式审查,即按照鉴定内容的要求进行形式审查,确认提交的文件是否符合要求。

②评审验收阶段

企业组织内部研发管理人员并邀请外部同行专家,可从评审专家库选聘适当的单数专家组成评审委员会,其中主任委员 1 人,副主任委员 1~2 人。评审委员包括技术、管理和经济学家。召开评审验收会,听取成果完成单位和成果实施单位的汇报,专家组的专项评价与考察报告,评审鉴定专家委员会讨论评审鉴定结论等。

(2) 成果管理控制

①专利控制渠道

企业对于通过验收的研究成果,可以委托相关机构进行审查,确认是否申请专利或作为非专利技术、商业秘密等进行管理。企业对于需要申请专利的研究成果,应当及时办理有关专利申请手续。

②分级控制办法

研发科研成果的推广应用是科学技术转化为生产力的关键,凡经评审验收的研发成果,均应积极推广,按年度制订新技术推广课题计划并检查落实。

企业应当根据研发项目的事前合约,确定研发成果权利归属是企业自身独立所有权,还是与他人共同拥有研发成果。对于企业独立拥有所有权的研发成果,企业相应拥有独立应用的权利。对约定研发成果所有权由企业和合作单位共享的,企业拥有依约推广应用的权利。

2. 研发过程与成果的保密控制

(1) 强化保密措施

①企业应当建立严格的核心研究人员管理制度,明确界定核心研究人员范围和名册清单,签署符合国家有关法律法规要求的保密协议。

②企业与核心研究人员签订劳动合同时,应当特别约定研究成果归属、离职条件、离职移交程序、离职后保密义务、离职后竞业限制年限及违约责任等内容。

(2) 重视成果保护

企业应当建立研究成果保护制度,加强对专利权、非专利技术、商业秘密及研发过程中形成的各类涉密图纸、程序、资料的管理,严格按照制度规定借阅和使用,禁止无关人员接触研究成果。

（3）确保保密责任

通常，参与研发的人员承诺对其获得的资料和信息保密，并妥善保管，不泄漏项目决策中的相关机密，使各资料处于受控状态。尤其是，核心技术机密存在外泄的风险，对公司来说确实是一个很大的威胁，公司应当采取一切措施避免这种情况的发生。一方面，要防止核心技术外泄；另一方面，不能导致兼职技术人员的抵制和不满，还需要鼓励这些技术人员对公司的贡献。保密责任的确定可以综合采用以下方法：

①与所有技术人员签订技术保密协议。虽然这些协议可能很难真正起到限制核心技术外泄的作用，但也可以起到一定的防范作用。如果以后真的需要通过法律途径解决争议的话，这些协议有助于公司处于相对有利的位置。

②技术保密协议应该包含这样的条款，即技术人员掌握的技术资料只能留在公司，并且建立相应的公司制度不允许技术资料离开公司。这样，即使兼职人员掌握了大部分的核心技术，但是还有一部分重要的技术留在公司；即使部分核心资料外泄也不至于立即对公司造成威胁。

③让不同的技术人员掌握部分技术，防止出现某一位或两位技术人员掌握公司所有核心技术机密的情况。

④将这些兼职人员的利益和公司的产品（或技术）挂钩。兼职技术人员将技术外泄的动机无非是受利益的驱动，增加技术人员在公司的长期利益会降低技术人员将核心技术外泄的动机，并增加技术人员外泄核心技术的机会成本。

⑤培养技术人员对公司的忠诚度。

（四）开发阶段的控制

1. 成果评估确认

企业应当建立研发活动评估制度，加强对立项与研究、开发与保护等过程的全面评估，认真总结研发管理经验，分析存在的薄弱环节，完善相关制度和办法，不断改进和提升研发活动的管理水平。其中，需要结合企业自身研发项目特点，建立健全研发成果评价体系，包括研发成果计划和成果评价标准，以及研发成果开发项目优先级、开发进度、开发成本的评价方法。

2. 成果转化确认

企业应当加强研究成果的开发，形成科研、生产、市场一体化的自主创新机制，促进研究成果转化。研究成果的开发应当分步推进，通过试生产充分验证产品性能，在获得市场认可后方可进行批量生产。

针对研发成果转化特征，建立健全研发成果商业化应用转换率收益指数评价方法，确定研发成果商业开发事前、事后评价方法，三新（新产品、新技术、新工艺）开发业绩评价指标。

**【课堂测试 8-2】**

1. 研发活动包含哪些风险？
2. 在项目立项的评估审核程序中，研发总监汇总评审小组的评审意见，经（　）以上评审成员同意可以正式立项，总经理拥有否决权。
   A. 1/2　　　　　B. 1/3　　　　　C. 2/3　　　　　D. 3/4
3. 请判断下列表述是否正确，如错误表述，指出为什么？
   A. 对于企业来说，研究与开发，是指企业为获取新产品、新技术、新工艺等所开展的各种研发活动。
   B. 研究阶段的特点在于计划性、探索性、秘密性。
   C. 研究阶段的有关支出发生时应当费用化计入当期损益。
   D. 开发阶段如果企业能够证明满足无形资产的定义及相关确认条件，则所发生的开发支出可资本化，确认为无形资产的成本。

## 第三节　工程项目

工程项目或称投资项目。建设项目是指建设领域的项目，是一个总体设计或总预算范围内，有一个或几个互有内在联系的单项工程组成，建成后在经济上可以独立核算经营，在行政上又可以统一管理的工程单位。工程项目是通过一定数量的投资和组织实施，以形成固定资产为特定目标的一次性经济活动。对工程项目的基本要求是质量达标，工期合理，造价节省，投资有效。工程项目具有唯一性、一次性、整体性、固定性、许多因素带有不确定性、不可逆转性、建设周期长、协作要求高的特点。

### 一、工程项目控制的内容

企业加强工程项目内部控制就是为了保证工程项目业务顺利进行，实现工程项目管理目标，提高企业资金使用效益，从工程项目决策开始，经过工程项目招标、投标、定标、工程项目施工到工程项目竣工验收整个周期的控制活动。伴随着工程项目的业务推进，全程控制成为工程项目控制的基本内容。

（一）工程项目立项决策

工程项目决策控制既包括决策实施的程序性行为控制，也包括决策实施的实质性行为控制。所谓工程项目决策是指企业对拟建项目必要性、可行性进行技术经济评价,对不同建设方案进行比较选择,以及对拟建项目的技术经济指标做出判断和决定的过程。它是工程项目的起点,是工程项目管理的关键环节。为保证企业工程项目决策的成功进行,在决策时应遵循科学性、民主化、系统性和合理性等原则。工程项目决策先后经过工程项目投资机会研究与项目初选、项目建议书的编制、工程项目可行性研究设计任务书、项目的评估与决策,每一个环节必须经过审批,才能进行下一个环节。

1. 工程项目投资机会研究与项目初步可行性研究

投资项目是实现投资回报的载体,对工程项目进行投资机会研究的重点一般放在财务与经营方面,目的是在初步调查研究结果的基础上探讨该项目投资的必要性与可能性,最终形成工程项目建议书。因此,企业管理当局应高度重视工程项目投资机会研究,授权各有关部门参与,充分考虑以下一些因素:

(1) 拟建项目所生产产品的市场基本前景。

(2) 初步的市场需求调查结论,包括当前需求和潜在需求。

(3) 现有诸种经济因素的调查,主要指涉及未来产品生产的匹配要素。

(4) 相关地区或厂家从事同一或类似产品生产活动的调查。

(5) 拟建项目与上下游产业环节的关系,主要是原料来源或在未来出口的国际市场地位。

(6) 产品更新换代、多样化方向延伸的机会及潜在问题。

(7) 经济分析与财务测算的初步分析。

(8) 投资倾向和保护政策要求。

(9) 总体预测性结论。

经工程项目投资机会研究认定有前途的项目,可进入项目初步可行性研究阶段,也可称为项目初选阶段。进入这一阶段的项目通过了工程项目投资机会研究的认定,值得继续研究,但一般又不能肯定是否值得进行详细可行性研究。在这个阶段,需进一步判断项目是否有较高的经济效益,决定对项目中哪些关键性问题做进一步辅助研究。研究的结果须明确两个方面的问题:一是工程项目的概貌,包括产品方案、生产规模、原料可能的来源、可供选择的技术、比较满意的厂址、建设进度安排等;二是比较精确地估算出经济指标,从而做出经济效益评价。按照我国目前的项目管理程序,经项目初选后认为可行的工程项目,进入编写项目建议书环节。

2. 项目建议书的编制

项目建议书是拟建项目的企业用文字形式,对投资项目的轮廓进行描述,从宏观上就项目建设的必要性和可能性提出预论证，进而向政府主管部门推荐项目，供主管部门选择项目的法定文件。编制项目建议书的目的是提出拟建项目的轮廓设想，主要编制内容包括：项目名称、承办企业、项目负责人；项目提出的目的、必要性和依据；项目的产品方案、市场需求、拟建生产规模、建设地点的初步设想；资源情况、建设条件、协作关系和引进技术的可能性及引进方式；投资估算和资金筹措方案及偿还能力预计；项目建设进度的初步安排计划；项目投资的经济效益和社会效益的初步估计；等等。

项目建议书经批准，称为"立项"，项目即可纳入项目建设前期工作计划，列入前期工作计划的项目可开展详细的可行性研究。

3. 项目可行性研究

项目可行性研究是一种系统的投资决策分析研究方法，是在项目投资决策前，对拟建项目的所有方面（工程、技术、经济、财务、生产、销售、环境、法律等）进行全面的、综合的调查研究，对备选方案从技术先进性、生产可行性、建设可能性、经济合理性等方面进行比较评价，从中选出最佳方案的研究方法。

详细可行性研究既是企业投资决策最基本的依据，又是银行及其他融资机构提供贷款的依据。它是投资项目建设前期研究工作的关键环节，从宏观上可以控制投资规模和方向，改进项目管理；微观上可以减少投资决策失误，提高投资效果。

可行性研究报告是一个能够体现多方面价值的综合报告，它能够作为投资项目决策的依据，作为投资项目设计的依据，作为向银行贷款的依据，作为向当地土地、环保、消防等主管部门申请开工建设手续的依据，作为项目实施的依据，作为项目评估的依据，甚至可以作为科学试验和设备制造的依据，当然，还可以作为项目建成后，企业组织管理、机构设置、职工培训等工作的依据。

可行性研究报告的主要内容包括：总论、建设必要性分析、产品市场分析与结论、生产规模的确定、建设条件分析与结论、技术条件分析和结论、财务绩效估算、不确定性分析、环境效益分析与社会效益分析、结论与建议。

4. 工程项目的评估与决策

上述工程项目建议书和可行性报告必须提交企业最高决策机构，由决策机构聘请专家或委托有资格的咨询企业进行评估。工程项目评估就是在可行性研究的基础上，在最终决策之前，对其市场、资源、技术、经济和社会等方面的问题进行再分析、再评价，以选择最佳投资项目（或投资方案）的一种科学方法。项目评估是投资前期对工程项目进行的最后一项研究工作，也是建设项必不可少的程序之一。它是由项目的审批部门委托专门评估机构及贷款银行，从全局出发，根据国民经济的发展规划，国家的有关政策、法律，对可行性研究报告或任务设计书提出的投资项目方案，就项目建设的必要性、技术、财务、经济的可行性等，进行多目标综合分析论证，对可行性研究报告或任务设计书所提供的材料的可靠性、真实性进行全面审核，最后提出项目"可行"或"不可行"或"重新研究"的评估报告。如认为项目可行，即批准该项目。

工程项目的评估机构应遵循客观公正、实事求是的原则，认真科学地进行项目审查和评估。审查是基础，在审查的基础上才能进行科学的评估。审查分为一般审查和详细审查。评估机构和银行在收到项目的可行性研究报告之后，进行一般性审查和核实，以判断可行性研究报告的编写程序和内容是否符合要求，数据资料是否齐全，编写报告的经济、技术人员是否具备资格，可行性研究报告是否客观、科学、公正。

详细审查包括：

（1）应对编制可行性研究报告的企业的资格进行审查。

（2）应审查编写人员的任职资格及其签字盖章是否真实。

（3）应审查拟建项目是否为重复建设项目，产品有无销路。

（4）应审查技术水平是否可靠，拟建项目的原材料供应有无可靠来源。

（5）对环境保护措施进行审查，还要审查厂址的环境情况、项目施工和投产后正常生产时对环境的影响以及"三废"治理措施。

（6）要对项目的经济效益进行审查，一方面对投资、产品成本、价格、利息等经济指标和计算公式的正确性进行检查，另一方面要审核项目的财务评价和国民经济评价是否正确。

一旦项目评估对可行性研究报告予以肯定，投资决策形成，经有关部门批准，项目进入执行阶段。

本环节中，内部控制应侧重以下四点：

（1）企业应当建立工程项目决策环节的控制制度，对项目建议书和可行性报告的编制、项目决策程序等做出明确规定，确保项目决策科学、合理。

（2）企业应当组织会计、技术、工程等部门的相关专业技术人员对项目建议书和可行性报告的完整性、客观性进行技术经济分析和评审，出具评审意见。

（3）企业应当建立工程项目的集体决策制度，决策过程应有完整的书面记录。严禁任何个人单独决策工程项目或者擅自改变集体决策意见。

（4）企业应当建立工程项目决策及实施的责任制度，明确相关部门及人员的责任，定期或不定期地进行检查。

## （二）工程项目招标控制

按照惯例，工程项目应采用公开招标方式确定承包商，防止发包、承包中的舞弊行为，保证工程项目的质量。所谓招标是指项目建设企业（业主）将工程项目的内容和要求以文件形式标明，招引项目承包企业（承包商）来报价（投标），经比较，选择理想承包企业并达成协议的活动。所谓投标是指承包商向招标企业提出承包该工程项目的价格和条件，供招标企业选择以获得承包权的活动。企业应根据技术胜任能力、管理能力、资源的可利用性、收费的合理性、专业的全面性、社会信誉以及质量保证等因素来选择承包商。下面以建设工程为例说明这一过程：

1. 招标准备阶段

（1）具有招标条件的企业填写"建设工程招标申请书"，报有关部门审批。

（2）获准后，组织有关招标人员和评标委员会，编制招标文件和标底，发布招标公告，审定投标企业，发放招标文件，组织招标会议和现场勘察，接受投标文件。

2. 开标评标阶段

（1）按照招标公告规定的时间、地点，由招标投标方派代表并有公证人在场的情况下，当众开标。

（2）招标方对投标者做资格后审、询标、评标。

（3）投标方做好询标解答准备，接受询标质疑，等待评标决标。建设企业应当要求投标人提供有关资质证明文件和业绩情况，并按确定的标准和程序对潜在投标人进行资格审查。建设企业的会计机构或人员应当对潜在投标人的财务情况进行综合审查，审查内容至少包括投标人以前年度经审计的财务报表以及下一年度的财务预测报告。建设企业应依法组建评标委员会负责评标。评标委员会应由建设企业的代表和有关技术、经济等方面的专家组成，建设企业的代表应当包括会计人员。评标委员会应当按照招标文件确定的标准和方法，对投标文件进行评审和比较，并择优选择中标。

3. 决标签约阶段

（1）评标委员会提出评标意见，报送决定企业确定，依据决标内容向中标企业发出"中标通知书"。

（2）中标企业在接到通知书后，在规定的期限内与招标企业签订合同。

建设企业应当依据《合同法》的规定，分别与勘察设计企业、监理企业、施工企业及材料设备供应商订立书面合同，明确当事人各方的权利和义务。

建设企业会计机构或人员应当参与合同的签订，审核合同的金额、支付条件、结算方式、支付时间等内容。书面合同应留存会计机构一份，以便监督执行。

建设企业应监督审查合同的履行情况，运用法律的手段保证工程项目的质量、投资、工期和安全。会计机构或人员应当审核有关合同履行情况的凭证，并以此作为支付合同价款的依据。对方企业违约的情况下，会计机构或人员应当拒绝支付有关款项。

招标、投标是一种复杂的竞争性贸易方式，是一个严肃的法律行为，要求招标业务人员对招标程序、招标技巧特别精通，还要了解法律、金融、经济、外贸等知识，因此，必须由专门的人员来执行，否则容易产生法律纠纷。

（三）工程建设全过程控制

1. 工程建设控制

工程的施工期较长，而且这一阶段严重影响工程的质量好坏，企业应加强施工阶段的监督管理，保证工程质量。在这一阶段，应从以下几方面进行内部控制：

（1）企业应当指定工程项目的负责人及组织机构，或委托具有相应资质的监理企业，对项目施工全过程的质量、投资、进度和安全进行管理控制。会计机构要配备专人管理基本建设的财务与会计核算。

（2）企业应当做好开工前的准备工作，满足工程开工所必需的各项条件。会计机构或人员应对各项建设资金的筹集和到位情况进行审查，保证工程项目资金来源的合法性、可靠性，不得非法集资，不得挤占生产资金。

（3）企业应当认真审查施工企业开工报告及相关资料，符合条件才能开工。按规定必须申请领取施工许可证的工程项目，企业应当在开工前取得施工许可证。在未经批准开工前，企业的会计机构或人员不得支付工程款。

（4）建设企业应当选择工程项目质量控制的重点部位、重点工序和重点的质量因素作为控制点，进行重点控制。

（5）建设企业应当对监理工作进行不定期的检查，确保监理资料的真实性、完整性、及时性，掌握工程质量、进度、投资的实际情况。

（6）建设企业应当制定工程变更的提出、论证及决策程序，明确相关人员的职责。建设企业不得通过设计变更扩大建设规模、增加建设内容、提高建设标准。需要追加投资的重大变更，必须经过会计机构或人员的审查论证，并落实资金来源。

（7）建设企业应当建立严格的工程款、材料设备款及其他费用的支付审批程序，按照有关规定使用工程项目资金，将实际投资额控制在批准范围内。建设企业不得将项目资金用于计划外项目，不得随意列支工程管理费。

（8）建设企业会计机构或人员应当严格控制工程项目各类款项的支付：工程预付款应当在建设工程或者设备、材料采购合同已经签订、施工或者供货企业提交了经建设企业财会部门认可的履约保函和保险企业的担保书后，按照合同给定的条件支付；工程进度款项应严格按建设工程合同规定条款、实际完成的工作量及工程监理情况结算和支付；设备、材料货款按采购合同规定的条件支付；工程结束后，建设企业应按合同规定的金额或比例提留质量保证金，并在质量保证期满、经有关部门验收合格后，将其支付给施工企业。

（9）建设企业会计机构或人员应当定期清查工程物资，核实基本建设支出，及时编制准确、完整的会计报告，如实反映建设资金的来源和占用、建设成本和投资效果、概预算和年度投资计划的完成情况。

（10）建设企业应当定期或者至少于每年年度终了核定各项在建工程的成本，按可收回金额低于账面价值的部分及时提供减值准备。建设企业的会计机构或人员应该及时查明在建工程减值的原因，追究相关人员的责任并做出相应的会计处理。

2. 工程造价控制

企业应于投资准备期估算成本控制总目标，组织主要管理人员对指标进行认真分析，然后，落实成本控制目标。

企业工程项目成本控制的主要方法有：

（1）建立工程成本管理责任制

进行成本控制是整个企业各个部门和全体职工的责任。企业总负责人应当对工程项目的成本负完全责任，总会计师协助总负责人组织领导企业的成本管理工作，总工程师则负责在技术方面采取有效措施以降低成本，总经济师则在管理和决策上下功夫以求降低成本。

计划部门应当合理安排施工进度和任务，选择最佳施工方案，配合财会部门做好成本计划的编制工作。材料供应部门应当建立和健全材料制度，加强对材料采购和收、发、领、退的管理，努力降低材料的采购成本，节约仓储保管费，降低材料费支出。劳动工资部门应加强对劳动力的管理，改善劳动组织，严格控制非生产用工，运用社会心理学的方法，调动职工的积极性，提高劳动效率，节约工资支出。生产技术部门则须做好技术组织措施计划的编制和贯彻工作，以保证降低成本计划的实现。设备管理部门必须加强机械设备的调度和维修，以提高企业机械设备的完好率和利用率。行政管理部门应当在必要的范围内精简机构，紧缩开支，节约行政管理费用等。

(2)建立严格的限额领料制度和费用开支审批制度

通常,材料费约占工程成本的65%～75%,进行成本控制首先应当建立和健全材料的收、发、领、退制度。实现限额领料制度是节约材料费用支出的重要措施。其次是改进施工技术,推广使用降低料耗的各种新技术、新工艺、新材料,并在不降低工程质量的前提下,考虑廉价材料的替代;加强周转材料的管理,延长周转次数等;努力减少材料运输和储存过程中的损耗,制定损耗定额,加强材料稽核,查找短缺原因,追究责任人。

(3)人工费的控制

随着人们生活水平的提高,用工的薪资报酬也不断上升,人工费占全部工程费用的比例由过去的7%、8%涨到了15%左右,有的甚至达到了25%以上,所以人工费的控制越来越成为成本控制的重要一环。

(4)其他方法

降低项目成本的方法还有很多种,包括:高效率的项目组织机构设置;优化施工组织设计,采用新技术、新材料;按质量体系和相关规范施工,减少返工率;加强合作的研究,防止被对方索赔等几个方面措施控制。

3. 工程竣工验收控制

工程竣工是指工程项目按照批准的设计图纸和文件的内容全部建成,达到使用条件的标准。工程项目竣工验收就是由建设企业、施工企业和项目验收委员会,以批准项目的设计任务书和设计文件,以及国家(或部门)颁发的施工验收规范和质量检验标准为依据,按照一定的程序和手续,在项目建成并试生产合格后,对工程项目的总体进行检验和认证(综合评价,鉴定)的活动。

(1)明确竣工验收标准

竣工验收准备工作全部完成以后,即可按竣工验收标准和合同规定正式办理竣工验收手续,验收标准包括:

①生产性工程和辅助公用设施,已按设计要求建完并能满足生产要求。

②主要工艺设备已安装配套,经试生产合格,构成生产线,形成生产能力,能够生产出设计文件中所规定的产品。

③职工宿舍和其他必要的生活福利设施,能适应投产初期的需要。

④竣工决算已完成。

⑤工程技术档案资料(包括竣工图)在内已经准备齐全。

(2)加强竣工验收工作的组织领导

企业一般应在竣工前,根据项目性质、大小,成立竣工验收领导小组或验收委员会,来负责竣工验收工作。

(3) 竣工验收的程序

①单项工程验收

一个单项工程或一个车间，已按设计要求建完，能满足生产要求或具备使用条件，即可由企业组织验收。企业要组织施工企业和设计企业整理有关施工的技术资料和竣工图，据以进行验收和办理交接手续。验收后，由企业根据有关规定投入使用。

②全部验收

整个建设项目已符合竣工验收标准时，即应按规定进行全部验收。验收准备工作，以企业为主，组织设计、施工等企业或聘请外部专门机构进行验收。在整个项目进行全部验收时，对已验收过的单项工程，不再办理验收手续。

在工程项目竣工验收这一环节，应侧重以下内部控制：

①企业会计机构或人员在工程竣工后，应及时开展各项清理工作，主要包括各类会计资料的归集整理、账务处理、财产物资的盘点核实及债权债务的清偿，做到账账、账证、账实、账表相符。

②企业应会同监理企业、设计企业对施工企业报送的竣工材料的真实性、完整性进行审查，并依据设计与合同的要求组织竣工验收。对存在的问题，应及时要求施工企业进行整改。

③企业对符合竣工验收条件的工程项目，应及时组织竣工验收。验收合格的工程项目，会计机构或人员应建立交付使用财产明细表，并转增固定资产。未经验收或验收不合格的工程不得交付使用。对于竣工验收后留有收尾工程的项目，建设企业应按照验收中审定的收尾工程内容、数量、投资和完成期限进行扫尾工作。

4. 工程竣工决算控制

竣工决算是以货币为计量单位，以日常核算资料为主要依据，通过编制报表和文字说明书的方法，综合反映经济活动和财务成果的总结性报告文件。它综合反映工程项目从筹建到竣工的全过程的财务状况和建设成果。

竣工决算由竣工决算报表和竣工财务决算情况说明书两部分组成。竣工决算报表一般包括竣工工程概况表、竣工财务决算表、交付使用资产总表、建设成本总表、未完工项目表等。

竣工审查前应搜集有关计划、财务方面的资料，如设计文件、概（预）算文件等，竣工决算应重点审查下列内容：

(1) 准确性和完整性

一方面，审查竣工决算的文字说明书和所叙述的事实是否全面系统，是否符合实际情况，有无虚假不实，掩盖矛盾等情况，报表中各项指标是否准确真实。另一方面，要审查竣工决算各种报表是否填列齐全，有无缺报和漏报，已报的各表的栏次科目、项目填列是否正确完整。

（2）审查竣工决算表内的有关项目填列是否正确

企业应核对竣工财务决算表中工程项目投入款项、交付使用资产等项目余额是否正确。

（3）工程项目支出的审查

企业应根据批准的初步设计概算，审查工程成本中有无不属于工程范围的开支，所有工程项目是否属于计划范围内，有无计划外工程；增加的工程项目是否经企业管理部门批准；属于设计变更方面，要审查有没有设计部门的设计变更手续。结合财务制度审查各项费用支出是否符合规定，有无乱挤乱摊成本，扩大开支范围；有无乱立标准，铺张浪费等情况。

企业应审查建设成本超支或节约的原因。首先应将其实际数与概算进行。与分项目对比，考核建设成本总的和各项构成内容的节超情况，并计算节超额和节超率。然后，根据节超情况，进一步查找影响建设成本节和超的原因。

（4）竣工时间的审查

竣工时间提前或拖后，对投资效果有着直接的影响。提前竣工，不仅可以提前交付使用、提前投产，还可以减少建设过程的费用支出；相反，竣工时间拖后，上述各项经济效果就要变成经济损失，造成极大的浪费。

在工程项目竣工决算这一环节，应侧重以下内部控制：

①建设企业应当及时组织会计机构或人员对施工企业提交的竣工结算书进行审核，以审定金额作为工程款结算的依据。

②建设企业应当按照国家有关规定及时编制竣工决算，如实反映工程项目的实际造价和投资效果，不得将应计入当期经营费用的各种支出计入建设成本。

③建设企业应按有关规定及时组织决算审计，对建设成本、交付使用财产、结余资金等内容进行全面审查。会计机构或人员应当按照审定的金额确认新增固定资产的价值。

④建设企业应当建立由相关机构或人员参与的概算、预算及决算分析考评制度，在竣工决算后组织分析概算、预算执行情况及差异产生原因。对于实际投资规模超过审定的投资规模的项目，应当追究相关决策者和执行人员的责任。

⑤建设企业应当建立工程项目的后评估制度，由会计机构或人员负责对投入使用的生产性项目进行成本效益分析。如果项目实际经济效益严重低于可行性研究分析，应追究相关人员的决策责任。

## 二、工程项目控制的流程

对工程项目的全程控制，从立项决策、概算预算、价款支付、工程实施到竣工决算，是一个涉及时间长、环节多、情况复杂的系统。从前后流程看，可以分为三个阶段，即上马前决策阶段、施工中工程进程和竣工验收阶段。每一个环节都需要关注其流程控制的节点。其中，决策阶段控制流程见8-2；施工中的工程动态控制流程见图8-3；验收和竣工决算控制流程见图8-4。

## 三、工程项目控制关键点

工程项目自然是一个系统工程，需要前后多个缓解的配合，其中的控制机制也必须加强。企业工程项目内部控制中，至少应当强化对下列关键方面或者关键环节的控制：在职责分工、权限范围和审批程序上，应当明确规范，机构设置和人员配备应当科学合理；在工程项目立项决策依据上，应当充分适当，决策过程应当科学规范；概（预）算编制的依据、内容、标准在委托其他单位承担工程项目时应当明确，相关的招标程序和合同协议的签订、管理程序应当明确；在价款支付的方式、金额、时间进度上，应当明确；在竣工决算环节的控制流程上，应当科学严密，竣工清理范围、竣工决算依据、决算审计要求、竣工验收程序、资产移交手续等应当明确；在工程项目的确认、计量和报告方面，应当符合国家统一的会计准则制度的规定。

### （一）职责分工与授权控制

#### 1. 明确工程项目业务的岗位责任制

明确相关部门和岗位的职责权限，确保办理工程项目业务的不相容岗位相互分离、制约和监督。通常，工程项目业务不相容岗位一般包括：项目建议、可行性研究与项目决策；概预算编制与审核；项目决策与项目实施；项目实施与价款支付；项目实施与项目验收；竣工决算与竣工决算审计。

#### 2. 配备合格的专业人员办理工程项目相关业务

办理工程项目业务的人员应当具备良好的业务素质和职业道德。企业应当配备专门的会计人员办理工程项目会计核算业务，办理工程项目会计业务的人员应当熟悉国家法律法规及工程项目管理方面的专业知识。对于重大项目，企业应当考虑聘请具备规定资质和胜任能力的中介机构（如招标代理、工程监理、财务监理等）和专业人士（如工程造价专家、质量控制专家等），协助企业进行工程项目业务的实施和管理。企业应建立适当的程序对所聘请的中介机构和专业人士的工作进行必要的督导。

### 3. 实施严格的授权与审批制度

企业应当建立工程项目授权制度和审核批准制度，并按照规定的权限和程序办理工程项目业务。完善的授权批准制度包括：企业的资本性预算只有经过董事会等高层治理机构批准方可生效；所有工程项目的立项和建造均需经企业管理者的书面认可。

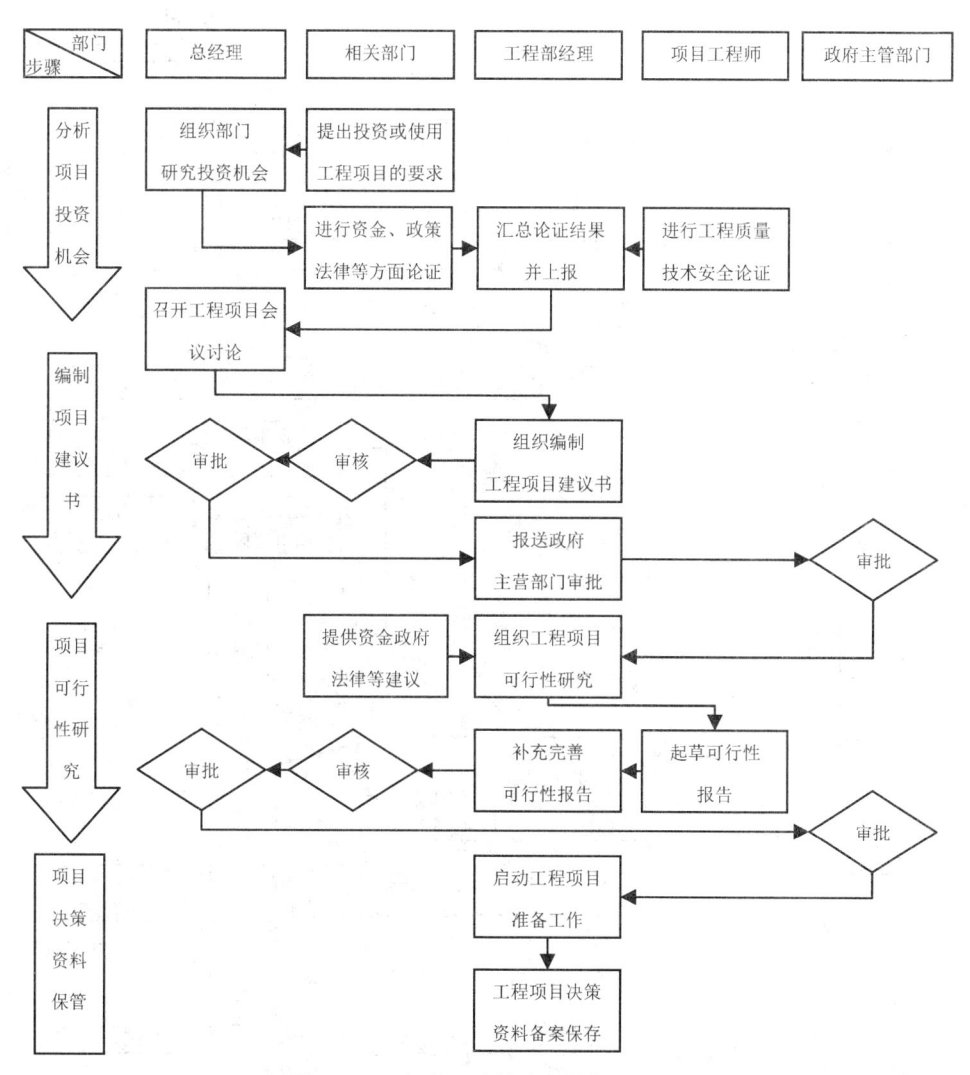

图 8-2 工程立项决策阶段控制流程图

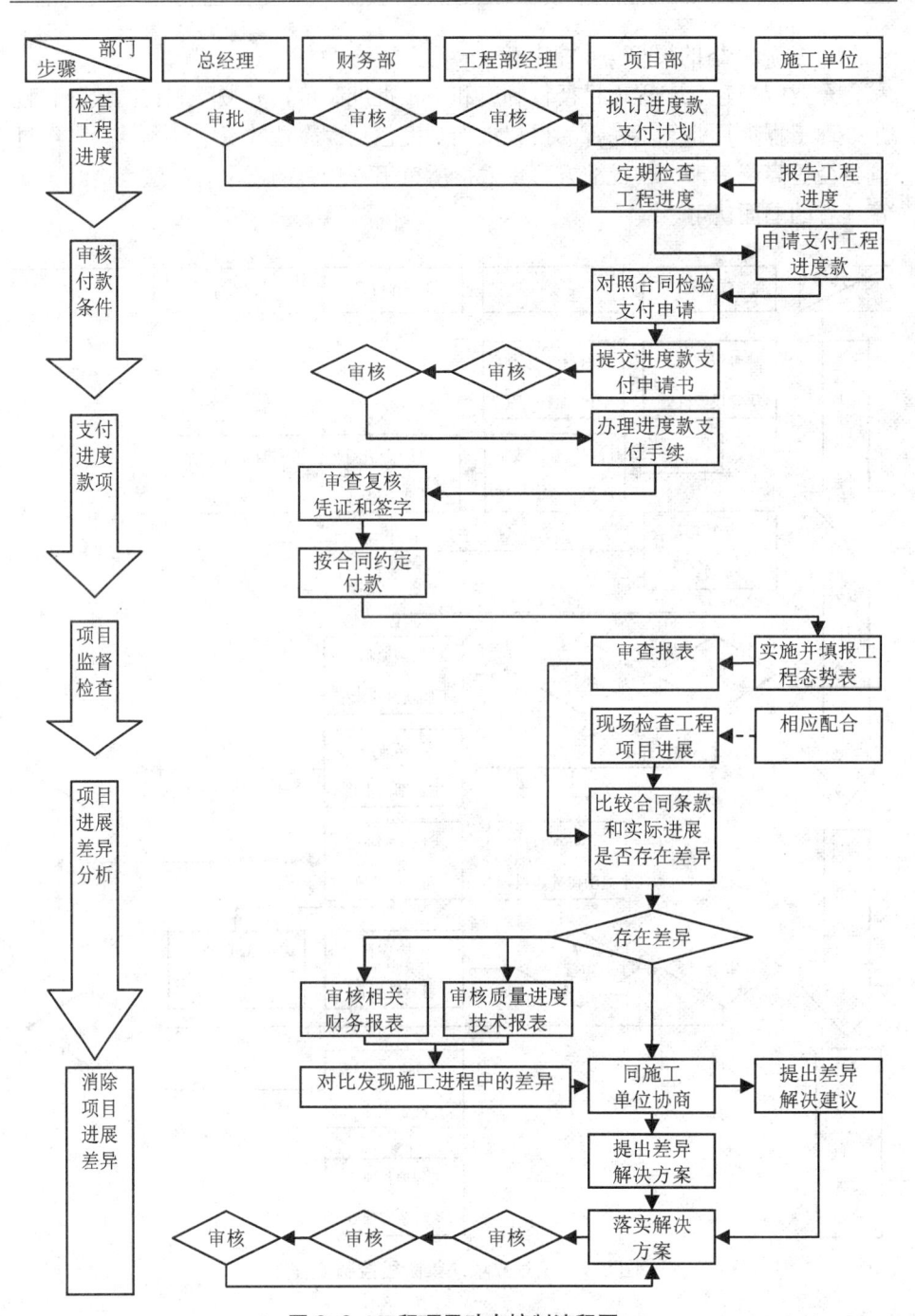

图 8-3 工程项目动态控制流程图

第八章 其他活动控制

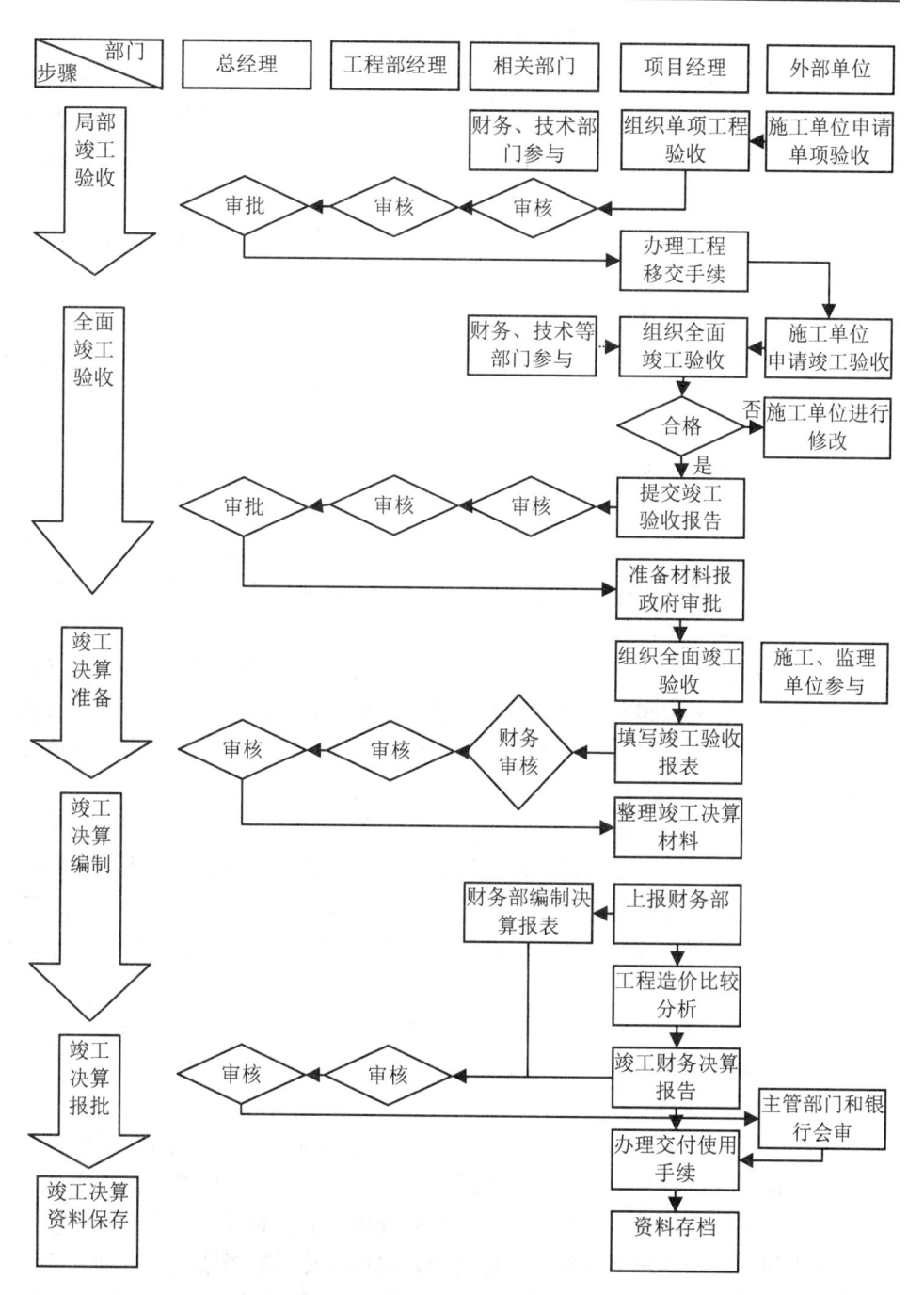

图 8-4 工程验收和竣工决算控制流程图

4. 实施科学而严格的工程资金运营的流转程序

应当制定工程项目业务流程，明确项目决策、概预算编制、价款支付、竣工决算等环节的控制要求，并设置相应的记录或凭证，如实记载工程项目各环节业务的开展情况，确保工程项目全过程得到有效控制。除在建工程总账外，企业还必须设置在建工程明细分类账和工程项目登记卡，按工程项目类别和每项工程项目进行明细分类核算。对投入工程物资等及时、正确地进行记录和核算。

(二) 项目立项控制点

1. 工程立项总体控制

工程立项环节的控制，需要从控制机构、综合把关、规范决策法定程序诸方面进行。

(1) 工程企业应当指定专门机构归口管理工程项目，根据发展战略和年度投资计划，提出项目建议书，开展可行性研究，编制可行性研究报告。

(2) 企业应当组织规划、工程、技术、财会、法律等部门的专家对项目建议书和可行性研究报告进行充分论证和评审，出具评审意见，作为项目决策的重要依据。在项目评审过程中，应当重点关注项目投资方案、投资规模、资金筹措、生产规模、投资效益、布局选址、技术、安全、设备、环境保护等方面，核实相关资料的来源和取得途径是否真实、可靠和完整。企业可以委托具有相应资质的专业机构对可行性研究报告进行评审，出具评审意见。从事项目可行性研究的专业机构不得再从事可行性研究报告的评审。

(3) 企业应当按照规定的权限和程序对工程项目进行决策，决策过程应有完整的书面记录。重大工程项目的立项，应当报经董事会或类似权力机构集体审议批准。总会计师或分管会计工作的负责人应当参与项目决策。任何个人不得单独决策或者擅自改变集体决策意见，工程项目决策失误应当实行责任追究制度。

(4) 企业应当在工程项目立项后、正式施工前，依法取得建设用地、城市规划、环境保护、安全、施工等方面的许可。

2. 工程前期论证控制

严格实施对项目建议书和可行性研究报告的编制、项目决策程序等的控制措施，确保项目决策科学、合理。组织来自于工程、技术、财务、法律等部门的相关专业人员，对项目建议书和可行性研究报告的完整性、客观性进行技术经济分析和评审，出具评审意见，作为项目决策的重要参考依据。这种论证通常从市场分析、技术分析、财务分析三个方面进行：市场研究是第一分析要素，市场现存或潜在的需求是一切投资的动因;技术分析也是重要因素,包括工程项目适用技术在一定范围的同行中的地位、具体制造与工艺技术、设备选型、土建施工、安装和经营管理技术等;财务状况和经济分析是确定项目是否可行的决定因素,阐述与分析筹资的来源、方式及成本,核算生产成本,分析该项目的预期投资回报率和预期投资回收期。

经过三个方面的统筹分析,即可形成一份工程项目可行性研究报告,提交给企业最高决策机构,必要时还需要聘请专家或委托有资格的咨询企业进行专业评估。未经这一评估程序的项目不得立项,更不能付诸招标。

3. 相互制衡控制

企业应当根据职责分工和审批权限对工程项目进行决策,决策过程应有完整的书面记录。重大的工程项目,应当报经董事会或者类似决策机构集体审议批准。严禁任何个人单独决策工程项目或者擅自改变集体决策意见。

这一环节的控制,还要求企业应当建立工程项目决策及实施的责任制度,明确相关部门及人员的责任,定期或不定期地进行检查。

(三)工程招标控制点

按规定应进行招标的,应当按照相关法律法规的规定建立健全并有效实施相应的控制程序,形成招标各环节的相互制衡,使招标工作更趋规范,既要有效杜绝"工程上马、干部下马"等现象,又要对招标代理单位进行事前备案、事中监督、事后考核,防止在招标过程中出现招标代理单位为某些投标单位"量身定做"招标文件的行为,也要坚决杜绝靠招投标信息牟取非法利益的行为,防止投标人之间的信息不对称,同时,增强了招标工作的计划性,扩大了社会的知情权、参与权、监督权。

1. 全面组织招标

(1)企业的工程项目一般应当采用公开招标的方式,择优选择具有相应资质的承包单位和监理单位。在选择承包单位时,企业可以将工程的勘察、设计、施工、设备采购一并发包给一个项目总承包单位,也可以将其中的一项或者多项发包给一个工程总承包单位,但不得违背工程施工组织设计和招标设计计划,将应由一个承包单位完成的工程肢解为若干部分发包给几个承包单位。

(2)企业应当依照国家招投标法的规定,遵循公开、公正、平等竞争的原则,发布招标公告,提供载有招标工程的主要技术要求、主要合同条款、评标的标准和方法,以及开标、评标、定标的程序等内容的招标文件。企业可以根据项目特点决定是否编制标底。需要编制标底的,标底编制过程和标底应当严格保密。

（3）在确定中标人前，企业不得与投标人就投标价格、投标方案等实质性内容进行谈判。

2. 规范公开议标

（1）企业应当依法组织工程招标的开标、评标和定标，并接受有关部门的监督。企业应当依法组建评标委员会。评标委员会由企业的代表和有关技术、经济方面的专家组成。评标委员会应当客观、公正地履行职务，遵守职业道德，对所提出的评审意见承担责任。企业应当采取必要的措施，保证评标在严格保密的情况下进行。

（2）评标委员会应当按照招标文件确定的标准和方法，对投标文件进行评审和比较，择优选择中标候选人。评标委员会成员和参与评标的有关工作人员不得透露对投标文件的评审和比较、中标候选人的推荐情况以及与评标有关的其他情况，不得私下接触投标人，不得收受投标人的财物或者其他好处。

（3）企业应当按照规定的权限和程序从中标候选人中确定中标人，及时向中标人发出中标通知书，在规定的期限内与中标人订立书面合同，明确双方的权利、义务和违约责任。企业和中标人不得再行订立背离合同实质性内容的其他协议。

（四）工程造价控制点

1. 项目概算预算控制

企业应当建立工程项目概预算环节的控制制度，对概预算的编制、审核等做出明确决定，确保概预算编制科学、合理。企业应当组织工程、技术、财会等部门的相关专业人员对编制的概预算进行审核，重点审查编报依据、项目内容、工程量的计算、定额套用等是否真实、完整、准确。概预算制度是工程项目内部控制中最重要的部分。通常，大企业都应该编制旨在预测与控制工程项目立项、建造和合理运用资金的年度预算；小企业即使没有正规的预算，工程项目的建造也要事先加以计划。工程项目的立项和建造都应依据预算，对实际支出与预算的差异以及未列入预算的特殊事项，履行特别的审批手续。企业概预算编制的依据、内容、标准应当明确规范。具体控制政策和措施包括：企业应当建立工程项目概预算环节的控制制度，对概预算的编制、审核等做出明确规定，确保概预算编制科学、合理。组织工程、技术、财会等方面的相关专业人员对编制的概预算进行审核，重点审查编制依据、工程量的估计、定额、参数、模型等的采用是否合理，项目内容是否完整，计算是否准确。此外，审核人员应出具书面审核意见，并签章确认。

2. 工程价款支付控制

企业委托其他企业承担工程项目时，相关的招标程序和合同协议的签订、管理程序应当明确。价款支付的方式、金额、时间进度应当明确。具体控制政策和措施包括：

（1）按照工程进度支付工程价款的控制制度

对价款支付的条件、方式以及会计核算程序做出明确规定，确保价款支付及时、正确。企业会计人员应当对工程合同协议约定的价款支付方式、有关部门提交的价款支付申请及凭证、审批人的批准意见等进行审查和复核。复核无误后，方可办理价款支付手续。工程进度款的支付要按工程项目进度或者合同协议约定进行，不得随意提前支付。企业会计人员在办理价款支付业务过程中发现拟支付的价款与合同协议约定的价款支付方式及金额不符，或与工程实际完工进度不符等异常情况，应当及时报告。

（2）自营建设项目的材料价款控制

对于自行建造的工程项目，以及以包工不包料方式委托其他企业承担的工程项目，企业应当建立针对材料采购、收发、保管和记录相关的控制程序。

计划部门应当合理安排施工任务和进度，选择最佳施工方案，配合财会部门做好成本计划的编制工作。材料供应部门应当建立和健全材料制度，加强对材料采购和收、发、领、退的管理，努力降低材料的采购成本、节约仓储保管费，降低材料费支出。劳动工资部门应当加强对劳动力的管理，改善劳动组织，严格控制非生产用工，调动职工的积极性，提高劳动效率，节约工资支出。生产技术部门则需做好技术组织措施计划的编制和贯彻工作，以保证降低成本计划的实现。设备管理部门必须加强机械设备的调度和维修，以保证企业机械设备的完好率和利用率。行政管理部门应当精简机构，紧缩开支，节约行政管理费用等。建立健全材料的收、发、领、退制度。实行限额领料制度是节约材料费支出的重要措施。

（3）变更项目时的控制

企业应当严格控制项目变更，对于必要的项目变更应经过相关部门或中介机构（如工程监理、财务监理等）的审核。重大的项目变更应比照项目决策和该预算控制的有关程序严格加以控制。因工程变更等原因造成价款支付方式及金额发生变动的，应当提供完整的书面文件和其他相关资料。企业会计人员应当对工程变更所涉及的价款支付进行审核。

（4）项目进程的财务控制

围绕工程实施进程中的价款结算问题，财务控制始终是一个重要环节。需要从三个方面强化其相应的控制：

① 企业应当加强对工程项目资金在筹集与运用环节的控制，加强对工程实施中物资采购与使用环节的控制，还要注意与工程实施过程中有关财产清理与变现等业务的会计核算控制。通过这些控制措施的真正兑现，真实、完整地反映工程项目成本费用发生情况、资金流入流出情况及财产物资的增减变动情况。

② 企业应当加强对在建工程项目减值情况的定期检查和归口管理，建立健全和严格执行减值准备的计提标准和审批程序。在建项目的减值迹象判断与减值价值计提，需要严格遵循《企业会计准则第8号——资产减值》的相关规定，严格履行规定的程序与手续进行。

③ 企业应当针对工程项目质量、安全、进度等方面建立健全和有效实施相应的控制程序。质量、安全与进度，实质上都与工程项目价值的保全具有必然的关系，对于工程质量来说又特别重要，因此，企业应加强施工阶段的监督管理，保证工程质量。

（五）工程建设控制点

工程项目建设是一个实质性的物质生产过程，其中的人财物消耗必须本着保证正当需求，杜绝各种浪费与不法支出，因此，工程建设进程中的控制措施必须加强。

1. 总体要求

企业应当加强对工程建设过程的监控，实行严格的概预算管理，切实做到及时备料，科学施工，保障资金，落实责任，确保工程项目达到设计要求。按照合同约定，企业自行采购工程物资的，应当按照《企业内部控制应用指引第7号——采购业务》等相关指引的规定，组织工程物资采购、验收和付款；由承包单位采购工程物资的，企业应当加强监督，确保工程物资采购符合设计标准和合同要求。严禁不合格工程物资投入工程项目建设。重大设备和大宗材料的采购应当根据有关招标采购的规定执行。

2. 工程监理

企业应当实行严格的工程监理制度，委托经过招标确定的监理单位进行监理。工程监理单位应当依照国家法律法规及相关技术标准、设计文件和工程承包合同，对承包单位在施工质量、工期、进度、安全和资金使用等方面实施监督。工程监理人员应当具备良好的职业操守，客观公正地执行监理任务，发现工程施工不符合设计要求、施工技术标准和合同约定的，应当要求承包单位改正；发现工程设计不符合建筑工程质量标准或者合同约定的质量要求的，应当报告企业要求设计单位改正。未经工程监理人员签字，工程物资不得在工程上使用或者安装，不得进行下一道工序施工，不得拨付工程价款，不得进行竣工验收。

3. 财务监督

企业财会部门应当加强与承包单位的沟通，准确掌握工程进度，根据合同约定，按照规定的审批权限和程序办理工程价款结算，不得无故拖欠。企业应当严格控制工程变更，确需变更的，应当按照规定的权限和程序进行审批。重大的项目变更应当按照项目决策和概预算控制的有关程序和要求重新履行审批手续。因工程变更等原因造成价款支付方式及金额发生变动的，应当提供完整的书面文件和其他相关资料，并对工程变更价款的支付进行严格审核。

（六）工程验收控制点

工程竣工验收是整个工程项目的最后一道防线，理应严格控制。

1. 明确竣工验收标准

竣工验收准备工作全部完成以后，即可按竣工验收标准和合同规定正式办理竣工验收手续，验收标准有：

（1）生产性工程和辅助公用设施，已按设计要求建完并能满足生产要求。

（2）主要工艺设备已安装配套，经联动负荷试生产合格，构成生产线，形成生产能力，能够生产出设计文件中所规定的产品。

（3）职工宿舍和其他必要的生活福利设施，能适应投产初期的需要。

（4）竣工决算已完成。

（5）工程技术档案资料（包括竣工图）在内已经准备齐全。

2. 加强竣工验收工作的组织领导

一般应在竣工前，根据项目性质、大小，成立竣工验收领导小组或验收委员会负责竣工验收工作。

3. 竣工验收的程序

第一阶段是单项工程验收。一个单项工程或一个车间，已按设计要求建完，能满足生产要求或具备使用条件，即可由企业组织验收。企业要组织施工单位和设计单位整理有关施工的技术资料和竣工图，据以进行验收和办理交接手续。验收后，由企业根据有关规定投入使用。第二阶段为全部验收。整个建设项目已符合竣工验收标准时，即应按规定进行全部验收。验收准备工作，以企业为主，组织设计、施工等单位或聘请外部专门机构进行验收。在整个项目进行全部验收时，对已验收过的单项工程，不再办理验收手续。

有些大型联合企业，因全部建成时间很长，对其中重要的工程，如大型铁矿等，也应按照整个项目全部验收的办法进行验收。

**篇中案例8-1**

## 以色列审判"豆腐渣工程"

以色列特拉维夫地方法院2000年4月17日对1997年7月14日晚第15届马卡比运动会开幕式上步行桥倒塌一案做出判决，裁定全部5名被告玩忽职守致人死亡和人身伤害罪名成立。

法院定于5月11日举行量刑听证会，5名被告将面临最高入狱5年的处罚。马卡比运动会被喻为世界犹太人的"奥运会"，自1932年开始，每四年举行一次。1997年，世界各地的犹太裔运动员聚集特拉维夫，参加第15届马卡比运动会。在7月14日的开幕式上，组织者要求运动员通过临时架设在亚尔肯河上的一座步行桥，进入拉马甘体育场。当首先入场的373名澳大利亚运动员和15名奥地利运动员站在桥上等候时，步行桥突然倒塌，运动员们落入有毒化学物质严重污染的亚尔肯河中，两名澳大利亚选手当场淹死，另外两名澳选手因吸入有毒物质死亡。此外还有64名澳队员受伤，其中一些人伤势较重，至今生活无法自理。惨剧发生后，除警方开展特别调查外，由桥梁建筑专家组成的委员会也对步行桥倒塌原因进行了分析。在此基础上，有关方面确认，这座步行桥是一项"豆腐渣工程"。

1997年12月，以国家检察官办公室正式对5人提起诉讼。这5名被告是：第15届马卡比运动会组委会主席埃亚尔、步行桥设计师巴尔·伊兰、主要承包商公司经理米绍里，以及分承包商公司的两名经理本·埃兹拉和卡拉戈拉。法庭对这起案件自1997年12月开始庭审，历时近两年，先后传唤控辩双方80多名证人到庭。法庭审讯结束后，由3名法官组成的特别小组又经过半年的审议，最终于4月17日拿出了长达257页的判决书。根据判决书所述，步行桥倒塌的原因主要有三个：第一，桥基不牢；第二，桥的顶部重量过大；第三，焊接工作太粗糙。对此，5名被告各有责任。组委会主席埃亚尔原准备让以色列国防军的工程兵队建造步行桥工程，但后来又嫌工程兵队28.8万谢克尔、即约合7万美元的要价太高，转而又接受不到10万谢克尔、即约合2.5万美元的报价，同意米绍里的公司作为主要承包商，却完全忽视了米绍里的公司严格来讲并不是建筑公司，它只能从事舞台布景搭设等简单工程。

按照有关法律规定，埃亚尔应聘请一位桥梁工程师，监督整个工程的建设过程并做最后验收，可是埃亚尔却没这么做，在步行桥建成后，他自己跑到桥上，蹦了几下，看看桥体是否晃动，就算通过了。米绍里作为主要承包步行桥工程的公司负责人，又将工程转包给无建造桥梁经验的本·埃兹拉和卡拉戈拉的公司。后两人在时间紧的情况下，聘用根本没设计过此类桥的设计师巴尔·伊兰,在建筑材料不足的情况下仓促开工。一座"豆腐渣"步行桥就这样建成了。法官在判决书中沉重地指出,缺乏职业精神,不尊重人的生命,是造成这起"豆腐渣工程"悲剧的主要原因。

案例来源:企业内部控制编审委员会.企业内部控制基本规范及配套指引案例讲解(修订版)[M].上海:立信会计出版社,2012.

**【课堂测试8-3】**

1. 施工质量计划的编制主体是(  )。
   A. 业主　　　　B. 设计方　　　　C. 施工承包企业　　　D. 监理单位
2. 下列关于工程项目目标的说法,正确的是(  )。
   A. 目标应是长远的抽象的　　　　B. 目标不应有时间限制
   C. 目标只能由最高决策者掌握　　D. 目标是现实的,可以达到的
3. 建设工程项目管理的核心任务是项目的(  )。
   A. 目标规划　　B. 目标比选　　C. 目标论证　　D. 目标控制
4. 下列建立项目管理组织的步骤,正确的先后顺序是(  )。
   ①确定项目工作内容　　　　②确定合理的项目目标
   ③组织结构设计　　　　　　④确定组织目标和组织工作内容
   A. ①②③④　　B. ②①③④　　C. ②①④③　　D. ①②④③

# 第四节　担保业务

担保是指企业根据《中华人民共和国担保法》和担保合同或者协议,安装公平、自愿、互利的原则向被担保人提供一定方式的担保并依法承担相应法律责任的行为。担保业务是企业的一项或有负债,它关系到企业的资金运转和生死存亡。担保的方式主要有:一般保证、连带责任担保、抵押、质押。

在担保业务各控制关键点建立一套相互牵制、相互稽查、相互监督的内部控制体系,是企业内部控制制度的重要环节,其根本目的在于规范担保行为,防范担保风险。通常企业应针对一定的对象提供担保并遵守一定的原则。

## 一、担保控制的内容

(一)担保控制的具体内容

企业为其他企业提供债务担保,如果被担保企业不能在债务到期时偿还债

务,则企业需要履行偿还债务的连带责任。因此,债务担保有可能形成企业的一项或有负债,企业承担履行担保责任的潜在风险。基于此,为了保护企业投资者和债权人的利益,企业应当加强对担保业务的会计控制,严格控制担保行为,建立担保决策程序和责任制度,明确担保原则、担保标准和条件、担保责任等相关内容,加强对担保合同订立的管理,及时了解和掌握被担保人的经营和财产状况,防范潜在风险,避免或减少可能发生的损失。

1. 担保业务的受理

(1) 被担保企业应提供的资料

在受理担保业务时,应要求被担保企业提供以下完整的资料:

①被担保企业出具的担保申请书。

②担保事项的经济合同、协议及相关文件资料。

③有关反担保的资料。

(2) 对被担保企业的资料进行审查

由于被担保企业提供的资料成为是否受理的依据,企业应当对这些材料进行严格的审查。审查的主要内容包括:

①资料的完整性。审查被担保企业提交的文件、资料的种类和内容是否完整齐全。

②资料的合法性。审查被担保企业提交的文件、资料以及申请的担保事项是否真实、合法、有效。

③被担保企业的基本条件。主要审查被担保企业是否符合企业规定的担保原则、标准和条件。

2. 对被担保方的尽职调查

(1) 担保企业调查的内容

企业可以以被担保企业经审计过的财务报表为基础,通过调查被担保企业财会部门和主要的管理者,了解和掌握被担保企业的动态情况,通过向被担保企业的商业往来客户、供货商和其他债权人,询问被担保企业资信情况,以及走访外部管理部门,了解其对被担保企业的评价,核实有关情况,借以获取第一手材料。担保企业可以重点调查以下内容:

①被担保企业的性质、所属行业、主管部门、注册实收资本、经营期限、经营范围及主营业务。

②被担保企业的资金运作如何,资金流量有多大。

③被担保企业有哪些负债,向哪些银行借款,是否发行债券,有哪些或有负债。

④被担保企业主要的产品或服务有哪些，竞争的主要方式是什么，价格、产品质量、售后服务或原材料来源是什么。

⑤被担保企业对本年销售额和利润的预测值是多少。

⑥被担保企业的一贯资信程度。

（2）撰写调查评估报告

上述工作完成后，应对比担保政策，对担保业务进行科学、合理的评估，撰写调查评估报告。其主要内容应包括：根据调查评价中对各类担保项目风险的审查要点，进行详细的担保事项风险分析；分析担保事项是否符合国家法律法规、产业政策和本企业担保制度规定；担保事项是否真实可行，是否存在欺诈疑点；被担保企业可能存在的履约的困难，及其承担的该项目的获利预测；出现违约后被担保企业拟采取补救措施的可能性等。

3. 担保业务的审批

担保业务审查人员通过对调查评估报告及相关材料的审查，分析被担保企业的履约能力、反担保情况及本企业的相关利益，对照本企业的担保责任、担保标准和条件等政策规定，决定是否办理该担保业务。企业各项经济活动担保由企业财会部门、法制部门统一办理，报企业财会部门领导审核，再由企业领导集体决策审批。企业任何个人都不能单独批准、办理对外担保事项。对越权办理的，无论该担保行为是否给企业造成经济损失，都应追究责任。必要时，担保企业应要求被担保企业提供以财产物资为抵押的反担保措施或保证书。

4. 签订担保合同

根据调查、了解的被担保企业的财务与经营情况和企业界的担保责任、担保标准和条件，经审批后，与被担保企业签订担保合同。担保合同一般一式三份，一份交受益人；一份由会计部门作表外或表内科目登记的附件；一份由经办部门存查。担保合同签订后，担保经办人员应及时登记担保业务台账。

5. 担保检查

在担保有效期内，担保业务经办人员应对被担保企业资格、经营管理和担保等事项进行检查，并了解担保事项的进展情况，促使被担保企业按时履约，或在本企业履行担保责任垫付款项后能及时得到追偿。企业可以规定检查的时限，如担保期在一年以内或风险较大的担保业务，担保业务经办人员需每月进行一次跟踪检查；担保期在一年以上的担保业务，至少每季度进行一次跟踪检查。

6. 担保合同的履行

担保合同的履行，是指担保合同签订后，企业应被担保企业和受益人要求对担保合同进行修改或应受益人要求履行担保责任，或在保证期满担保合同注销的过程。具体包括修改、展期、终止、垫款、收回垫付款项等环节。

(1) 担保合同的修改

担保期间，被担保企业和受益人因合同条款发生变更需要修改担保合同的内容，应按要求办理。经办部门应就担保合同的变更内容进行审查后形成调查报告，同时要求被担保企业提出修改合同的意向文件。经批准的，经办部门再重新与被担保企业签订担保合同。

(2) 担保合同的展期

对于担保合同的展期，应视担保业务进行审批，重新签订担保合同。

(3) 担保合同的终止和注销

当出现以下情况时，担保业务经办部门要及时通知被担保企业，担保合同终止。

①担保有效期届满。

②修改担保合同。

③被担保企业和受益人要求终止担保合同。

④本企业替被担保企业垫付款项。

企业已经承担担保责任的，在垫付款项未获得全部清偿前，经办部门不得注销担保合同，并要向被担保企业和反担保企业发送催收通知书，通知被担保企业还款。

(二) 垫付款项及其催收

1. 垫付款项

担保期间，担保业务执行部门收到担保受益人的书面索赔通知后，核对书面索赔通知是否有效签字、盖章，索赔是否在担保的有效期内，索赔的金额、索赔证据是否与担保合同的规定一致等内容。核对无误后，经有权签字人同意后对外支付垫付款项。支付垫付款项应依照以下顺序：被担保企业与本企业有往来款项的，先以往来款项支付垫付款项，没有往来款项或往来款项不足支付剩下的，由本企业替被担保企业垫付款项，并向被担保企业和反担保企业催收垫付款项。担保业务经办部门填写的垫款通知单，除向被担保企业及反担保企业索要回执外，还要将复印件送会计核算部门留存，但回执原件必须由担保业务经办部门保存。

2. 垫付款项的催收和处理

担保业务经办人员要在垫款当日或第二个工作日内，向被担保企业发出垫款通知书，向反担保企业发送"履行担保责任通知书"，并加强检查的力度，及时、全额收回垫付款项。

## 二、担保控制的流程

担保绝对不是表面上加盖一个橡皮图章的简单事情，需要从风险预警的角度，严格遵循担保业务流程步骤与控制点推进。对于担保而言，事前控制异常重要，即首先确定担保方式和担保原则。特别注意担保方式、特别强调企业不得为企业股东或个人提供担保，企业为关联公司提供的担保，应在安全、可控制的原则上谨慎进行，并应符合关联交易的有关规定。企业为子公司以外的被投资企业提供担保，原则上应获得被投资企业其他股东的反担保，为没有投资关系的外部企业提供担保应以安全及对等互保为原则。对确定被保证人资格的确定，要通过定性指标与定量指标来双重考核确定。在此基础上，确定担保审批权限及程序，提出担保申请，企业审批担保申请，签订担保合同和反担保合同。企业依照规定披露对外担保情况，管理担保档案，同时，跟踪和监督担保也是一个持续性过程，需要关注。对外担保业务控制流程见图8-5。

## 三、担保控制关键点

企业在建立与实施担保业务内部控制过程中，至少应当强化对下列关键方面或关键环节的控制：在职责分工、权限范围和审批程序方面，应当明确规范，机构设置和人员配备应当科学合理；在担保的对象、范围、条件、程序、限额和禁止担保的事项管理方面，应当明确规范；担保评估应当科学严密；担保执行环节的控制措施应当充分有效。现强调分析以下几个关键控制点：

（一）职责分工与授权批准

企业应当建立担保业务的岗位责任制，明确相关部门和岗位的职责权限，确保办理担保业务的不相容岗位相互分离、制约和监督。

1. 不相容职务分离

担保业务不相容岗位至少包括：

（1）担保业务的评估与审批。

（2）担保业务的审批与执行。

（3）担保业务的执行和核对。

（4）担保业务相关财产保管和担保业务记录。

2. 授权审批

企业应当建立担保授权制度和审核批准制度，具体要求如下：

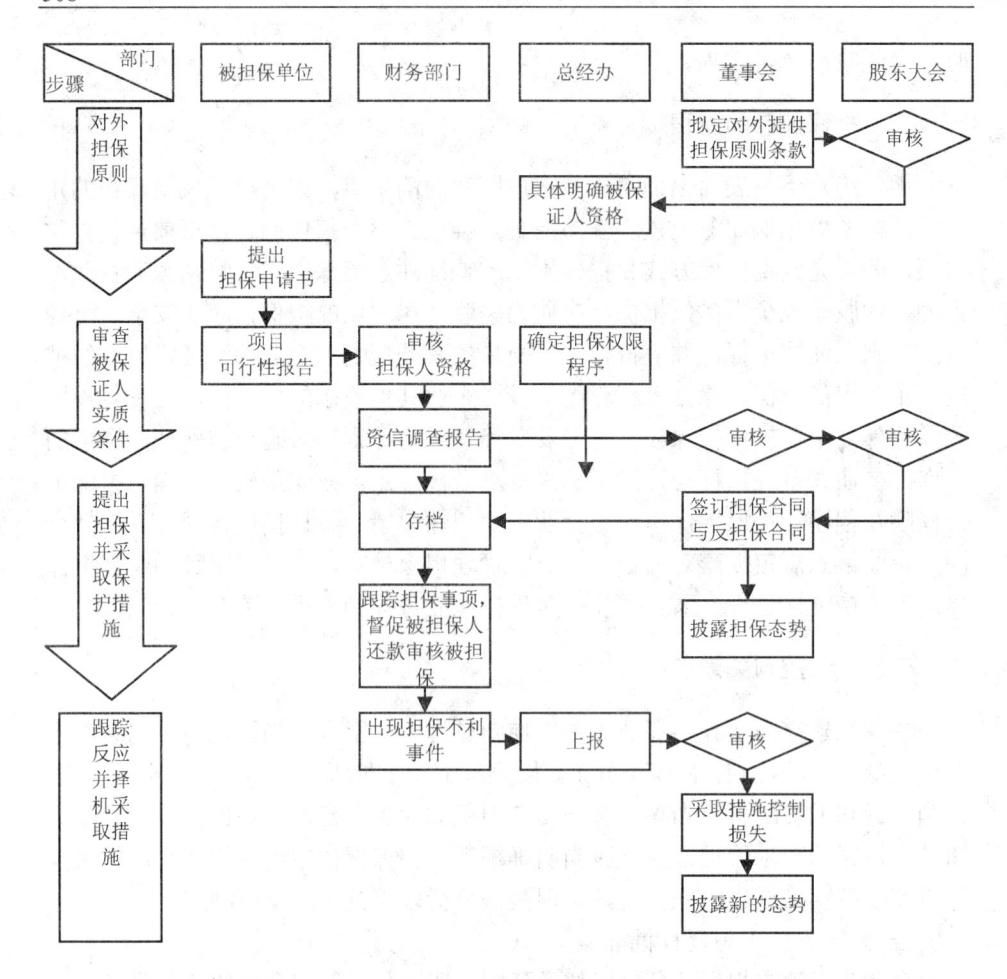

图 8-5　对外担保业务控制流程图

（1）明确审批人对担保业务的授权批准方式、权限、程序、责任和相关控制措施，规定经办人办理担保业务的职责范围和工作要求，并按照规定的权限和程序办理担保业务。企业应当明确担保业务的审批权限。审批人应当根据担保业务授权批准制度的规定，在授权范围内进行审批，不得超越权限审批。经办人应当在职责范围内，按照审批人的批准意见办理担保业务。对于审批人超越权限审批的担保业务，经办人员有权拒绝办理。严禁未经授权的机构或人员办理担保业务。

（2）企业应当制定担保政策，明确担保的对象、范围、方式、条件、程序、担保限额和禁止担保的事项，定期检查担保政策的执行情况及效果。

（3）企业应当制定担保业务流程，明确担保业务的评估、审批、执行，企业内设机构和分支机构不得对外提供担保。为了真正落实这些制度，企业应当建立担保责任追究制度，对在担保中出现重大决策失误、未履行集体审批程序或不按规定执行担保业务的部门及人员，应当严格追究责任人的责任。

（二）担保评估与审批控制

企业应对担保业务进行风险评估，确保担保业务符合国家法律法规和企业的担保政策，防范担保业务风险。提供担保业务前，应由相关部门或人员对申请担保人的资格、申请担保事项的合法性是否符合担保政策进行审查；对符合企业担保政策的申请担保人，企业可自行或委托中介机构对其资产质量、经营情况、行业前景、偿债能力、信用状况、申请担保人担保和第三方担保的不动产、动产及其权利归属等进行全面评估，形成书面评估报告；评估报告应全面反映评估人员的意见，并经评估人员的意见，并经评估人员签章。要求申请担保人提供反担保的，企业还应对与反担保有关的资产进行评估，且申请和评估应当分离。

1. 担保申请单位必须提供的资料和文件

申请单位盖章和法定代表人签字的担保申请书；申请人营业执照复印件；申请单位与债权人之间合法有效的合同或证明有债权债务关系的其他凭证；最近两年经审计的年度和近期月（季）财务报表；担保合同和其他担保资料；用作反担保抵押或质押物的有效凭证和单据；根据每项担保申请的具体情况，要求提供的其他资料和文件；属于提供借款担保，担保申请单位还必须提供以下资料和文件：申请报告、借款用途和可行性分析报告、还款计划；申请企业贷款证复印件；借款合同；申请企业董事会签署或授权签署的"声明与保证"；根据每项担保申请的具体情况，要求提供的其他资料和文件。

2. 评估人员组成

由财务部门组织，会同公司法律顾问等相关人员参加。当企业为关联方提供担保时，与关联方存在经济利益或近亲属关系的有关人员在评估与审批环节应予以回避。

3. 评估内容要素

申请担保单位主体的资格；申请担保项目的合法性；申请担保单位的资产质量、财务状况、经营情况、行业前景和信用状况；申请担保单位反担保和第三方担保的不动产、动产和权力归属；其他要素内容。

4. 重新评估

被担保人要求变更担保事项的，企业应重新履行评估和审批程序。

### 5. 审批控制

企业应按照确定的权限对担保业务进行严格审批。重大担保业务，应当报经董事会或者企业章程规定的类似决策机构批准。对于上市公司而言，须经股东大会审核批准的对外担保业务包括但不限于以下情形：

（1）上市公司及其控股子公司的对外担保总额，超过最近一期经审计净资产50%以后提供的任何担保。

（2）为资产负债率超过70%的担保对象提供的担保。

（3）单笔担保额超过最近一期经审计净资产10%的担保。

（4）对股东、实际控制人及其关联方提供的担保。

### （三）担保执行控制

担保业务经过董事会的集体决策通过后，再由担保业务部门与担保申请人签订担保合同。这就进入了担保业务的执行阶段，执行阶段主要是围绕担保合同以及担保财产的管理进行控制。

### 1. 对担保执行控制的要求

（1）企业有关部门或人员应当根据职责权限，按规定的程序订立担保合同协议。订立担保合同协议应当符合合同协议内部控制相关规定。

申请担保人同时向多方申请担保的，企业应当与其在担保合同协议中明确约定本企业的担保份额，并落实担保责任。

企业应当在担保合同协议中明确要求被担保人定期提供财务报告与有关资料，并及时报告担保事项的实施情况。

（2）在合同签订时，合同文本页码需连续编号，并加盖骑缝章；担保的金额和期限应大写；杜绝在空白担保书上签字、盖章，以避免事后产生合同纠纷。

企业应当加强对担保合同协议的管理，指定专门部门和人员妥善保管担保合同协议、与担保合同协议相关的主合同协议、反担保函或反担保合同协议，以及抵押、质押权利凭证和有关的原始资料，保证担保项目档案完整、准确，并定期进行检查。

### 2. 履行连带赔偿责任时的控制

企业对外提供担保预计很可能承担连带赔偿责任的，应当按照国家统一的会计准则制度的规定对或有事项的规定进行确认、计量、记录和报告。

当被担保企业无法偿还到期债务，由于担保企业负有连带偿还责任，担保受益企业要求担保企业偿还债务；担保业务部门把担保受益企业的求偿要求提交给部门经理或总经理；部门经理或总经理再把索赔通知和担保合同提交给董事会进行决策；董事会把经过集体决策的意见传达给担保业务部门；担保业务

第八章　其他活动控制

部门将董事会决策意见转交财会部门，财会部门再会同法律部门和担保业务部门向担保受益企业支付款项。

> **篇中案例8-2**
> 
> **左手牵着资金，右手系着地雷**
> 
> "担保链"到底是"馅饼"，还是"陷阱"，时常有刺眼的上市公司并不情愿的新闻披露让我们时不时郁闷。随手拾取几个过去几年间的零散片断来剖析一下。
> 
> （1）啤酒花"担保链"事件引发新疆板块的"地震"，让人们对"担保链"危害感觉触手可及。啤酒花担保链下，刚刚上了胡润富豪榜的企业董事长艾克拉木·艾莎由夫失踪了——当初何等风光，最后亡命天涯；大股东股份被冻结了——啤酒花第一大股东恒源企业的持股全部被冻结；啤酒花股价连续8个跌停，其封盘量仍高达6700余万股——投资者8天内市值损失大约60%；与啤酒花"担保链"相关的上市公司新疆众合、天山股份等股票也纷纷跌落马下。那么，中国上市公司担保究竟有多严重？
> 
> 在担保链下，为数不少的中国上市公司的活力正逐渐被锁住、困死，一些上市公司因此戴上ST帽子，更有甚者最终退市。除此之外，担保链正日益成为一个"毒瘤"侵蚀着中国金融业的肌体，啤酒花涉及的18亿元担保由此引出银行业的忧思，而其股价雪崩引发的新疆板块的"地震"以及市场的波动也凸显违规担保对证券市场的极大危害。在新疆啤酒花担保链中，2003年11月4日啤酒花公布与董事长艾克拉木·艾莎由夫失去联系的同时，公布了其自查结果：企业对外担保累计近18亿元，其中有近10亿元的对外担保决议未按规定履行信息披露义务。有关资料显示，在啤酒花担保圈中，共涉及天山股份、汇通水利、友好集团、新疆众和4家新疆上市公司，互保额度总计近6亿元，协议有效期1至3年不等，但协议到期日全部集中在2004年的3月份至8月份。
> 
> （2）ST长控陷入担保深渊。ST长控企业分别为中元总企业对中国华融资产管理有限企业成都办事处的债务本金12650万元、利息2904万元，长信纸业对华融成都办事处的债务本金11620万元以及在中国银行宜宾分行的借款83万美元提供了连带责任担保。2002年12月，宜宾市中级人民法院受理了中元总企业申请的破产还债一案，宜宾中院还于当天根据债权人中国银行宜宾分行的申请，受理了长信纸业破产一案。若中元总企业和长信纸业破产清算不能清偿债务，ST长控将承担连带清偿责任，并将对其2002年财务状

况产生重大影响。资料显示，中元总企业系剥离 ST 长控非经营性资产及辅助性资产而组建的国有独资企业，为 ST 长控提供水、电、运输等产品和服务。长信纸业原为 ST 长控子公司，2000 年 ST 将所持长信纸业 40%股权以 4800 万元的价格转让给当时的潜在第一大股东四川泰港，因 ST 长控对长信纸业的投资成本已全部计提损失，所以这笔股权转让收入全部计入 ST 长控当年的投资收益，并成为当年利润的主要来源。但 ST 长控在 2000 年再度亏损。继在 2002 年三季度报表中预亏后，ST 长控又刊登公告中提示，因停产时间较长，诉讼频繁，预计 2002 年将发生重大亏损。

（3）亿元担保重挫隧道股份。为 ST 国嘉提供 1 亿元担保的隧道股份，已是相当无奈。该企业有关负责人称，隧道股份会积极向债务人 ST 国嘉进行追偿，尽力减少企业蒙受的损失，但与此同时，企业也做了最坏的打算，即业绩可能会因此而抹去 1 亿元。隧道股份企业为 ST 国嘉提供担保共 1 亿元一审败诉，其中 3500 万元已终审败诉执行，其余在上诉审理过程中。根据法院终审判决，隧道股份要在 2002 年 12 月 31 日前承担国嘉实业借款本金的还款连带责任，并承担相应的利息。隧道股份有关责任人称，企业已履行了上述责任。此外，根据隧道股份的公告，中国建设银行上海市浦东分行自行将隧道股份至中国建设银行上海市第一、第二支行的存款合计 1035 万元划转用于抵充贷款本金。显然，隧道股份已深受担保拖累。据公告显示，该企业替 ST 国嘉还债导致的现金流出已超过 4751 万元。此外，该企业还须为这 1 亿元担保计提或有负债。实际上，这 1 亿元担保已影响到隧道股份 2001 年度业绩。2001 年，隧道股份为 1 亿元的担保计提了共计 4950 万元的预计负债，并计入隧道股份当期营业外支出。至于这 1 亿元担保究竟会给企业带来多少损失，隧道股份有关负责人称，这与 ST 国嘉的重组进程息息相关，从国嘉的状况来看，恐怕无力偿还这 1 亿元贷款。

其实，上述数案仅仅是上市公司近年来因担保而"跌倒"漩涡中的沧海一粟。剪不断理还乱的链中链更加普遍。比如，ST 国嘉和 ST 兴业两大担保链同时地处上海，这使得本身复杂的各自担保链因为相互牵扯而更加扑朔迷离；方正科技是 ST 国嘉担保链成员——方正科技曾为海鸟发展、申华控股提供过担保——而申华控股旗下的 ST 中西又是 ST 兴业担保链中成员；隧道股份是 ST 国嘉担保链成员——隧道股份与申华控股、中华企业均有过互保关系——中华企业是 ST 兴业成员，同时如上述申华控股也因为 ST 中西而与 ST 兴业担保链牵扯；爱使股份是 ST 国嘉担保链成员——爱使股份与方正科技、同济科技有长期互保关系——同济科技是 ST 兴业担保链成员；开开实业是 ST 国嘉担保链成员——开开实业长期和上海九百有长期互保关系——上海九百是 ST 兴业担保链成员。

事实上,这种链中链的现象并非上海所独有,深圳、福建等地的担保链同样显示了这种类似的复杂性。

尽管中国证监会 2000 年 6 月 6 日发布的《关于上市公司为他人提供担保有关问题的通知》第 2 条也明文禁止上市公司以企业资产为本企业的股东、股东的控股子公司、股东的附属企业或者个人债务提供担保。在我国经济生活中,上市公司为母企业或者大股东提供担保的问题比较突出。有的母企业无视上述规定,明目张胆地要求自己的子公司(上市公司)为其提供担保。这就把上市公司变成了自己的担保器,而上市公司的广大小股东和债权人在多数情况下对此要么被蒙在鼓里,要么虽知情却无能为力。

对于上述规定,有关方面也存在不同的意见,甚至呼吁对此做出修改。比如说商业银行,他们更愿意选择上市公司做保证人或抵押人,而不管作为担保人的上市公司是不是债务人的子公司。因为上市公司的资信比较良好,具有一定的社会信用。

对于现行的、即使担保行为无效,担保人也要与债务人对债权人的损失承担连带赔偿责任的规定,是不是有完善的必要。如果董事长、总经理超越自身的权限对外设立担保,且又不属于表见代理、表见代表的情况,是不是应当由其个人而非企业承担相应的赔偿责任,或者先由企业承担赔偿责任,再由企业向有过错的董事长、总经理行使追偿权。既然《企业法》已明确禁止企业为股东提供担保,而且这种行为极有可能损害小股东和企业自身债权人的利益,因此小股东一旦知道这种担保行为的存在,就应当起来状告涉嫌无效担保行为的董事长或总经理。但至今未曾听说过这种案例,也许是小股东还不知道这种行为损害了企业和自己的利益;或者虽然知道、却不知道怎么去告;或是有人去告了,法院不予受理,因为这是企业利益受到侵害,不是起诉股东的利益受到侵害,而且只是一种潜在的企业利益侵害,好像原告股东的主体资格有问题。

可以说,不管是董事长,还是总经理,拿着子公司的财产给母企业提供担保的行为,本身就是对企业利益的一种侵害,而且为法律所禁止。这样的无效行为一旦发生,企业就应主动对董事长、总经理提起诉讼;如果企业怠于起诉,就应当鼓励小股东提起代表诉讼,让有过错的董事长、总经理为此付出代价。

案例评述:

在我国，担保行为本身可以促进资金融通和商品流通，保障债权的实现，从而发展社会主义市场经济。但从上市公司对外担保的现状看，不乐观的一面继续存在。

从法人治理层面看，需要界定如下几条：

第一，揭示担保风险。目前出现的担保链，存在一损俱损的作用。由于一些上市公司偿债能力差，银行实际上把风险转嫁给了充任担保人的上市公司的投资者。由于上市公司治理结构不很完善，如果政策无变化，这种担保链将继续存在。但我们要不断宣传担保风险，同时依旧提倡抵押贷款和质押贷款，进一步推进信用贷款，适当降低担保贷款的比重。

第二，建立上市公司偿债能力评估体系。可以委托专业机构，对需要其他上市公司担保的上市公司偿债能力定期进行评估。评估费用由需要担保人的上市公司支付。按评估结果，评估机构给上市公司评定等级，并予以公布。上市公司如果要对其他上市公司担保，可以参考被担保方的所在等级，谨慎抉择。

第三，进一步限制董事会对外担保的权利。目前，一些上市公司往往授权董事会有处置若干金额资产的权利。从投资角度看，这是合理的。但上市公司对外担保，虽然是一种商业行为，但并不是一种投资活动。如果由规章制度或股东大会限制董事会的对外担保权利，那么，现行的担保风险可以进一步降低。当然，担保行为在贷款活动中将始终存在。我们在目前强调担保风险，并不排除担保行为合理的一面。一方面，我们要对一些上市公司的滥担保行为加以限制；另一方面，作为商业行为，担保行为的合法性也必须充分肯定。

如果进一步从企业内部控制的层面看，我们必须进行这样的思考，为了保护企业的投资者和债权人的利益，企业应当加强对担保业务的内部控制，严格控制担保行为，防范潜在风险，避免或减少可能发生的损失。担保业务的内部控制制度如下：

第一，适当的职责分离。担保业务应适当分离的职务主要包括：①受理担保业务申请的人员不能同时是负责最后核准担保业务的人员。②负责调查了解被担保企业经营与财务状况的人员必须同审批担保业务的人员分离。③拟订担保合同人员不能同时担任担保合同的复核工作。④担保责任的记账人员不能同时成为担保合同的核实人员。⑤担保合同的订立人员不能同时负责审核担保责任垫付款项的支付工作。⑥审核履行担保责任垫付款项的人员应同付款的人员分离。⑦记录垫付款项的人员不能同时担任付款业务。⑧审核履行担保责任、支付垫付款项的人员必须同负责从被担保企业收回垫付款项的人员分离。

第二，正确的授权审批。对于担保业务而言，主要存在以下四个关键的审批要点：①在担保业务发生之前，担保业务经过审批。②非经正当审批，不得签订担保合同。③担保责任、担保标准、担保条件等必须经过审核批准。④为被担保企业履行债务支付垫付项必须经过审批。前两项控制的目的在于防止企业因向虚构的或者无力支付贷款的企业提供担保而蒙受损失，第三项控制的目的则在于保证担保业务按照政策规定的标准、条件等进行。

第三，为防范风险，避免和减少因担保可能发生的损失，企业应制定有关担保的原则、标准和条件等，用来规范担保业务。

第四，充分的凭证和记录。例如，企业在收到担保申请之后，立即编制一份预先编号的担保业务受理书，分别用于调查了解被担保企业财务与经营状况、批准担保签订合同记录担保责任的控制制度，这会比企业仅仅在审批担保以后才草拟、签订担保合同效果，避免漏登担保合同的情况。企业可以通过检查预先编号的担保业务受理书来检查已审批担保业务是否全部登记入账或在报表附注中揭示。

第五，定期了解被担保企业的经营与财务状况。

第六，实施反担保制度。在可能情况下，企业可以要求被担保企业为自己提供适当的反担保。当债权人实施担保权利，企业支付垫付款造成自己的损失时，企业的损失可以从反担保中获得优先受偿。

案例来源：王保平等.企业内部控制操作实务与案例分析[M].北京：中国财政经济出版社，2010.

**【课堂测试 8-4】**

1. 担保合同的属性是（　　）。
A. 独立主合同　　　　　　　　B. 从合同
C. 不可以由当事人自由约定　　D. 不具有从属性

2. 自然人在担保活动中应遵循相关的基本原则，下列哪一个是当事人不应遵守的原则（　　）。
A. 平等原则　　　　　　　　　B. 自愿原则
C. 最大利益原则　　　　　　　D. 诚实信用原则

3. 担保期在一年以内或风险较大的担保业务，担保业务经办人员需进行（　　）一次的跟踪检查。

A. 每周　　　　B. 每半个月　　　　C. 每一个月　　　　D. 每三个月

4. 除了（　）外其他情况下，担保业务经办部门要及时通知被担保企业，担保合同终止。

　　A. 担保有效期届满
　　B. 修改担保合同
　　C. 被担保企业和受益人要求终止担保合同
　　D. 企业已经承担担保责任，但垫付款项尚未获得全部清偿

## 第五节　业务外包

20世纪90年代，关于企业竞争力的研究转移到企业核心竞争力领域。核心竞争力理论推崇的理念是，从长远看，企业竞争力优势来源于以比对手更低的成本、更快的速度去发展自己的能力；来源与能够产生更高的、具有强大竞争力的核心能力。任何企业拥有的资源都是有限的，不可能在所有的业务领域都取得竞争优势，因而必须将有限的资源集中在核心业务和发展核心能力上。对核心竞争力的注重必然要求企业将其他非核心竞争力业务外包给其他企业，这就是所谓的外包战略。外包（outsourcing）是指企业整合利用外部的专业化资源，将企业内部的某项职能或某项任务分包给其他企业或组织来完成，从而达到降低成本、提高效率、最大限度地发挥本企业的核心优势，增加对外界环境应变能力的一种管理模式。如Boeing——世界最大的飞机制造公司，却只生产座舱和翼尖；Nike——全球最大的运动鞋制造公司，却从未生产过一双鞋；等等。

### 一、业务外包控制的内容

企业在建立与实施业务外包内部控制中，经常关注的控制内容主要包括以下几个方面：

（一）外包策略

企业应当确定科学合理的业务外包策略，根据外部环境要求和中长期发展战略需要，合理确定业务外包内容，避免将核心业务外包。

所谓业务外包，是企业通过与外部其他企业签订契约，将一些传统上由企业内部员工负责的业务或职能外包给专业、高效的服务提供商的经营形式。之所以说业务外包是精明的策略并不是没有理由的，我们可以借用国际贸易理论

来对此做出合理的解释。假设生产两种商品，一国生产技术与另一国相比具有绝对优势，但若两国的相对优势不同，则各国应该分别生产其有相对优势的商品，交易的双方均能获利。企业的实际情况会与政府有一定的差距，但业务外包的策略精神与此相通。因为企业的资源是有限的，将企业的有限资源投放到企业的核心业务才能产生最大的收益，达到资源配置的最佳水平，才能维护持续的竞争优势。业务外包是一种有效的竞争手段。

表面看来，业务外包与企业一体化是截然相反的两种经营策略。一体化战略是将供应链上的其他业务包揽到企业内部来，简化了供应链的管理，使市场的交易活动变成企业内部的协调；而业务外包则是将企业内部员工负责的业务由市场交易来完成，以降低生产成本，提高生产效率，从而使自己的产品更具有竞争力。业务外包可以理解为一种经营管理的策略，简化了企业管理环节。但是细观之下我们不难发现两者相同的地方，最终目的依然是为了获取持续的竞争优势。

竞争的压力使企业永远都应该追求最佳的经济规模，其中一个备受关注的问题就是成本控制，尤其是固定成本。业务外包则可通过承包方分担企业的固定成本，并将固定成本转为可变成本，从而减少企业压力，使企业在核心业务上更加灵活和高效。

业务外包首先应该清楚什么业务是企业具有核心竞争力的业务，可以外包出去的业务必然是非核心业务。将业务外包给专业化生产的厂商，一方面可以节约生产成本，另一方面可以在核心业务上投入更多的资金和精力，这是业务外包策略的精明之处。精明的策略会有其先决的条件，可以肯定的一点是，企业应该有核心的业务，这一业务在市场上具有一定的竞争优势，是企业利润的源泉，我们有理由为这一核心竞争力投入更多的资源以维持其持续的竞争优势。另外一点就是，市场上应该存在着该项业务的外包生产服务提供商。外包生产服务提供商必须是长期进行大规模专业化生产而经验丰富的厂商，才有可能保证产品的质量，同时以更快的速度和更低的成本提供外包服务。成功的业务外包以上两点缺一不可。

（二）承包商选择

1. 承包商的基本参考条件

（1）已经办理工商营业执照。

（2）与公司有较长的合作历史，忠诚度较高，具备独立承担民事责任的经济组织或法人。

（3）对一些未与公司合作过，但经济实力雄厚的外包方可以采取交纳加盟保证金的形式进行合作，利益共享，风险共担。

（4）只合作经营公司业务，不与其他竞争对手发生合作关系的外包方。

（5）熟悉公司业务，具备丰富的社会资源和运营经验。

（6）遵守国家法律法规，遵守与公司签订的合作协议。

（7）外包方技术、人才、财务状况等满足运营要求。

2. 承包商资质审核、遴选制度和竞争机制

企业应当建立承包方资质审核和遴选制度，确保引入合格的外包合作伙伴。承包方的遴选一般应当考虑下列因素：

（1）承包方的服务能力、资格认证和信誉。

（2）承包方与本企业是否存在直接竞争或潜在竞争关系。

（3）承包方就知识产权保护方面的力度和效果。

企业应当引入承包方竞争机制。发包方可以选择多家企业作为业务承包方，以促进承包方不断改进服务能力，并降低一方服务失败可能给企业带来的损失。企业做出了外包的决定之后，接下来的工作就是找一个合适的承包商。企业一方面要充分了解承包方的情况，一方面要向承包方坦诚地提出自己的所有要求；并不是说不能尝试选择新的承包商。他们往往刚进入市场，价格比较便宜，为了树立品牌，也会注重服务品质。发包方在不是充分确信的情况下，可以先小范围地尝试一下，把业务流程的一小部分外包给他们做，如果效果好的话再逐步增加分量，以降低风险。至于外包时选择单一的承包商，还是选择几家承包商，各有利弊。

3. 外包合同协议管理制度

企业应当建立规范的外包合同协议管理制度。企业应当根据外包业务性质的不同，及时与承包方签订不同形式的合同协议文本，包括：技术协议书、外包加工协议、规划试验大纲、咨询合同协议等。外包合同协议的订立、履行流程及其控制应符合《企业内部控制应用指引第 13 号——业务外包》的有关规定。除合同协议约定的保密事项外，企业应当根据业务外包项目实施情况和外界环境的变化，不断更新、修正保密条款，必要时可与承包方补签保密协议。在价格方面，发包方要清楚自己的底价。每一年都要回顾上一年的价格，并和当前的情况相比，通过科学计算，看是否和预测的指数一致。如果不一致的话就进行相应的调整，而不是基于大概的猜测。

（三）外包合同控制

企业应当设置承包方使用本企业数据的访问权限。数据的授权和访问流程及其控制应当符合《企业内部控制应用指引第 18 号——信息系统》有关规定。

企业应当在外包合同协议中具体约定下列事项：对于涉及本企业机密的业务和事项，承包方有责任履行保密义务；企业有权获得和评估业务外包项目的实施情况和效果，获得具体的数据和信息，督促承包方改进服务流程和方法；承包方有责任按照合同协议规定的方式和频度，将外包实施的进度和现状告知企业，并对存在问题进行有效沟通。除合同协议约定的保密事项外，企业应当根据业务外包项目实施情况和外界环境的变化，不断更新、修正保密条款，必要时可与承包方补签保密协议。

在价格方面，发包方的底价和承包商的报价之间多少会有一些差距，但绝对不能是一方压倒另一方，而要寻找一个合理的平衡点。

在合同里，双方要把各自承担什么义务都规定清楚，尽量不要有模糊的地方，以免出现问题了再扯皮。除了解决方案和服务标准之外，还要考虑到保密条款、知识产权以及遇到不可抗力时如何处理等问题。这样，在履行合同的时候才好检查是否符合当初的约定，并追究相应的责任。如果外包合同牵涉资产或者人员的转移就要更谨慎。资产的转移还稍微好一些，有硬性的衡量指标，其折旧率在法律上也有明确规定。而人员的转移就更复杂，包括福利、退休政策等，需双方的人力资源部门共同协商，达成一致意见。

**二、业务外包控制的流程**

企业业务外包领域的控制流程可见图8-6。

**三、业务外包控制关键点**

企业在建立与实施合同协议管理内部控制过程中，至少应当强化对下列关键方面或者关键环节的控制：一是实行分级授权，归口管理；二是签约主体资格及合同协议订立的程序、形式、内容等应当合法合规；三是合同协议履行、变更或解除应当得到有效监控；四是合同协议违约风险应当及时识别和有效处理。现主要分析以下几个关键控制点：

**（一）职责分工与授权批准**

企业职责分工应当合理明确，授权审核制度和业务外包归口管理制度应当规范。具体控制政策和措施包括：企业应当建立业务外包的岗位责任制，明确相关部门和岗位的职责权限，确保办理业务外包的不相容岗位相互分离、制约和监督。业务外包的不相容岗位（或职责）至少包括：业务外包的申请与审批；业务外包的审批与执行；外包合同协议的订立与审核；业务外包的执行与相关会计记录；付款的申请、审批与执行。企业应当建立业务外包的授权制度和审

320　内部控制理论与实务

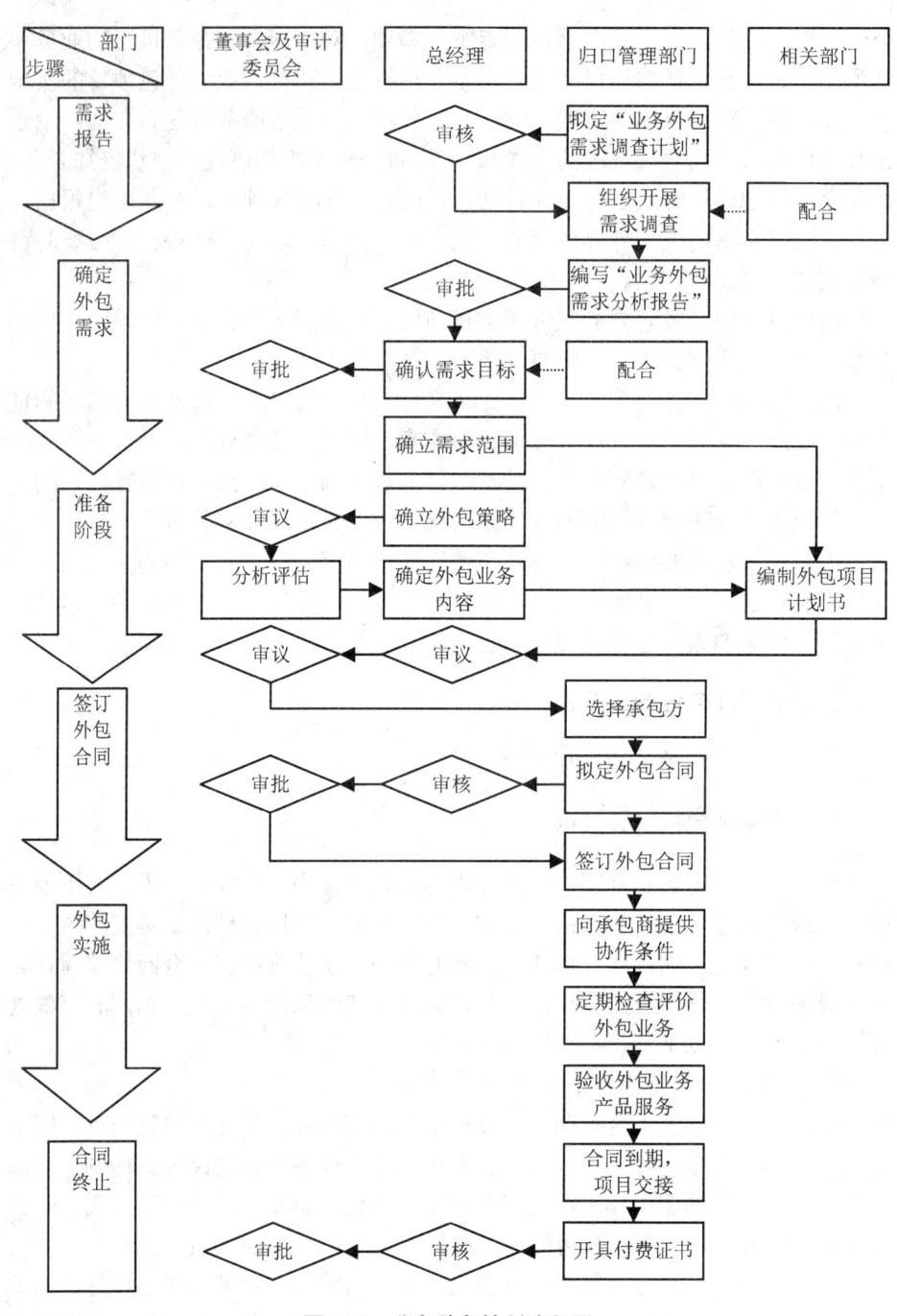

| 部门\步骤 | 董事会及审计委员会 | 总经理 | 归口管理部门 | 相关部门 |
|---|---|---|---|---|
| 需求报告 | | 审核 | 拟定"业务外包需求调查计划" | |
| | | | 组织开展需求调查 | 配合 |
| 确定外包需求 | | 审批 | 编写"业务外包需求分析报告" | |
| | 审批 | 确认需求目标 | 配合 | |
| | | 确立需求范围 | | |
| 准备阶段 | 审议 | 确立外包策略 | | |
| | 分析评估 | 确定外包业务内容 | | 编制外包项目计划书 |
| | 审议 | 审议 | | |
| 签订外包合同 | | 选择承包方 | | |
| | 审批 | 审核 | 拟定外包合同 | |
| | | | 签订外包合同 | |
| 外包实施 | | | 向承包商提供协作条件 | |
| | | | 定期检查评价外包业务 | |
| | | | 验收外包业务产品服务 | |
| 合同终止 | | | 合同到期，项目交接 | |
| | 审批 | 审核 | 开具付费证书 | |

图 8-6　业务外包控制流程图

核批准制度，明确企业内部各单位、各部门授权范围、授权内容、授权期间和被授权人条件等。企业重大或核心业务外包，应当提交董事会及其审计委员会审议通过后方可实施。非核心业务或涉及金额较小的业务外包，应当由相关部门在授权范围内提出申请，报董事长、总经理审核通过后实施。企业应当实行业务外包归口管理制度。企业应当根据业务外包职能的不同，指定业务外包归口管理部门，负责对业务外包的管理工作进行规范。

（二）外包策略及承包商选择控制

企业外包策略应当科学合理，承包方的选择依据应当充分，外包合同协议应当规范。具体控制政策和措施包括：

企业应当确定科学合理的业务外包策略，根据外部环境要求和中长期发展战略需要，合理确定业务外包内容，避免将核心业务外包。常见的业务外包包括：采购、设计、加工、销售、营销、物流、资产管理、人力资源、客户服务等。

企业应当指定相关职能部门编制外包项目计划书，具体阐述业务外包背景、外包内容、实施程序、主要风险和预期收益等信息，经本部门负责人审核后，提交董事长、总经理审议，必要时，还应提交董事会及其审计委员会讨论审议。

企业应当建立承包方资质审核和遴选制度，确保引入合格的外包合作伙伴。承包方的遴选一般应当考虑下列因素：承包方的服务能力、资格认证和信誉；承包方与本企业是否存在直接竞争或潜在竞争关系；承包方就知识产权保护方面的力度和效果。

企业应当引入承包方竞争机制。发包方可以选择多家企业作为业务承包方，以促进承包方不断改进服务能力，并降低一方服务失败可能给企业带来的损失。

企业还应当建立规范的外包合同协议管理制度，在外包合同协议中约定有关事项，特别是要对涉及本企业机密的业务和事项进行约定。除合同协议约定的保密事项外，企业应当根据业务外包项目实施情况和外界环境的变化，不断更新、修正保密条款，必要时可与承包方补签保密协议。

（三）业务外包流程控制

企业外包业务流程应有明确规定，固定资产使用应有授权，外部存货管理应当规范，外包业务会计处理应当符合有关规定。具体控制政策和措施包括：

（1）企业应当建立外包业务流程管理制度，明确外包业务流程、外包业务参与人员主要职责、资产管理政策、流程中断应急措施等内容，报业务主管部门负责人、企业总经理审批通过后执行。

（2）企业应当对所有涉及外包业务流程的员工进行培训，确保员工正确理解和掌握外包业务管理制度。外包业务归口管理部门应当指定专人跟踪监督外包业务流程管理制度的执行情况。

（3）企业应当将本单位与承包方在外包业务执行过程中有关利益冲突、商务往来等方面的政策及时以明确方式告知承包方。外包业务归口管理部门应当指定专人定期检查和评价与承包方的关系，确保外包业务流程顺利执行。

（4）企业应当建立外包业务固定资产管理制度。对于企业所有或有优先购买权的固定资产，如因业务需要交由承包方使用，企业有权要求承包方按照发包方固定资产管理制度要求使用和管理固定资产。企业应当定期审查承包方使用和管理固定资产的情况。交由承包方使用但所有权在本企业的资产，只能用于外包业务活动。未经发包方书面同意，承包方不得将固定资产用作其他用途。

（5）企业应当建立外包业务流动资产管理制度。业务外包过程中形成的原材料、产成品等流动资产，企业应当建立明确的防火、防盗、防未经授权接触和未经批准转移等政策，并有权要求承包方遵循。对承包方责任造成的流动资产损失，企业有权要求承包方赔偿。业务外包过程中形成的商业信息资料（如有关咨询材料）等，承包方有责任保密，并防止企业竞争对手获取同样信息。

（6）企业应当建立外购存货授权管理制度。对于因业务外包需要由承包方购进的存货，承包方只能接受经发包方授权批准的存货订单，并代表发包方检验存货的数量和质量。外购存货信息应当准确、及时地在企业存货系统中加以记录和反映。

（7）企业应当建立自销存货管理制度。因业务外包需要由发包方销售给承包方的存货，承包方只能将其用于外包活动，不得另作他用。存货销售收入应当按照国家统一的会计准则制度的规定加以确认和计量。

（8）企业应当加强对企业所有，交由承包方使用的存货的管理。企业应当定期对承包方处的存货进行盘点，盘点频率由企业根据实际情况确定。对于盘盈、盘亏的存货，应当经企业总会计师审批后方可进行会计处理。

（9）企业应当建立外部存货库存管理制度。对于企业所有的、在承包方（或分包方）储存的存货，承包方应当按照发包方存货库存管理制度要求对库存存货进行管理。企业应当指定专人定期对库存存货进行检查。检查中发现的次品、损坏品或过期存货，应当及时予以确认、分离和保护。

（10）企业应当建立存货补偿制度。企业应当指定专人追踪、调查外部存货的一切变动，查明原因，报存货归口管理部门审核后处理。对于承包方无正当原因过度使用存货，造成企业生产成本的上升，企业有权要求承包方进行补偿。

（11）企业应当建立外包业务产品验收制度。承包方最终提供的产品（或服务）应当与外包合同协议约定一致。业务外包归口管理部门应当对所有产品差异予以确认，并及时告知承包方进行调整。

（12）企业应当加强对外包业务的索赔管理。对于因承包方原因导致的外包合同协议未完整履行，企业有权要求承包方索赔。对于承包方认可的赔款事项，企业应当指定专人进行跟踪、报告，及时收回赔款，并追究责任人责任。对于长期未解决赔款，企业可以通过法律手段予以解决。终止对承包方的索赔，应当由业务外包归口管理部门提出申请，详细说明终止索赔理由，报企业总经理审批后执行并备案。

（13）业务外包过程中所有涉及企业资产存量和增量的变动，应当保有其书面凭证，财会部门据此做适当的会计处理。相关会计处理应当及时报财会部门负责人审核。

企业应当设置承包方使用本企业数据的访问权限。数据的授权和访问流程及其控制应当符合《企业内部控制应用指引第18号——信息系统》有关规定。

企业应当制定合理的业务可持续计划，避免外包业务失败造成企业商业活动的中断。企业应当定期对所有重要承包方的履约能力进行评估，据此确定业务可持续能力等级，并制定相应的应急方案。业务可持续计划评估报告应当及时提交企业总经理审阅。

【课题测试8-5】

1. 以下说法错误的是（　）。

A. 所谓业务外包，是企业通过与外部其他企业签订契约，将一些传统上由企业内部员工负责的业务或职能外包给专业、高效的服务提供商的经营形式

B. 企业应根据外部环境要求和中长期发展战略需要，合理确定业务外包内容，避免将核心业务外包

C. 业务外包时只能选择一家承包商

D. 因业务外包需要由发包方销售给承包方的存货，承包方只能将其用于外包活动，不得另作他用

2. （多选）业务外包中组织实施业务外包阶段风险的控制措施有（　）。

A. 落实与承包方之间的资产管理、信息资料管理、人力资源管理、安全保密管理等机制

B. 做好与承包方的对接工作

C. 与承包方建立并保持畅通的沟通协调机制

D. 梳理有关工作流程

3. 企业可以根据实际情况指定（　　）等作为合同归口管理部门，对合同实施统一规范管理。

　　A. 法律部门　　　　B. 财务部门　　　　C. 行政部门　　　　D. 档案部门

**本章小结**

　　本章主要涉及四方面内容——研究与开发控制、工程项目控制、担保业务控制和业务外包控制，是企业内部控制的重要组成部分。

　　每一个企业，为了赢得市场，增强核心竞争力，必须有效控制在研究开发过程中的风险，从而为实现其发展战略确立牢固的核心竞争力。企业在开展研发活动时应关注风险，有效加以控制。

　　企业根据需要，自行或委托他人设计、建造、安装和修护，以便形成新的固定资产或维护、提升既有固定资产性能的活动便是工程项目。工程项目具有金额巨大、程序繁杂、次数稀少的特点，现实经济生活中，许多企业的工程项目在形成新生产能力的同时，也往往成为各种损失浪费和腐败现象的高发区。

　　担保，是指企业依据《中华人民共和国担保法》和担保合同协议或者协议，按照公平、自愿、互利的原则向被担保人提供一定方式的担保并依法承担相应法律责任的行为，不包含担保企业的担保业务及按揭销售中涉及的担保等具有日常经营性质的担保行为。担保也是一个"双刃剑"。在帮助他人的同时，可能对自己不利。

　　业务外包，是指企业利用专业化分工优势，将日常经营中的部分业务委托给本企业以外的专业服务机构或其他经济组织完成的经营行为，即主要是指企业为实现战略经营目标，通过合同或协议等形式将业务职能的部分或全部交由外部服务商提供的一种管理行为。企业为了聚焦于核心竞争力和节约成本，可以将其包括与会计、财务和财务报告相关的业务在内的诸多功能外包给服务机构。

　　通过本章的学习，学生应该对研究与开发活动、工程项目、担保业务与业务外包具备更深入的了解，清楚各项活动存在的风险以及如何对风险进行有效控制。

---

**篇后案例**

**服务外包——王老吉**

　　王老吉清凉茶，一个近几年才引起全国关注的饮料品牌却在短时间内受到了消费者的热捧，正是迎合了现代人不仅要好喝更要喝得健康的饮食需求，使得王老吉药业这个百年企业再次被人们所熟知。

## 第八章　其他活动控制

广州王老吉药业股份有限公司始创于1828年,历经百多年的发展,现已成为我国中成药生产企业50强之一,曾荣获"中华老字号""全国先进集体"和中国五星级企业等众多荣誉称号。主要产品有王老吉系列、保济丸、保济口服液等,其中王老吉清凉茶、王老吉广东凉茶颗粒、保济丸等都被评为"广东省、广州市名牌产品"和"中国中药名牌产品"。2005年,香港同兴药业强势加盟王老吉,为王老吉进一步打入国际市场提供了支持,王老吉这个百年老字号企业迎来了自己的"第二春"。

随着企业的加速前进,随之而来的就是销售量的直线攀升。广州王老吉销售部在感到欢欣鼓舞的同时也开始感觉到压力逐渐明显起来。

王老吉总部与各地经销商之间的合同、订单传真非常多,每份传真都需要经过审批、盖章之后才能发送出去,收到的传真需人工分发,每天员工穿梭在各个办公室之间,传真机也从不间隙地运转个不停。这样的一个传真状态,不仅仅是造成纸张耗材的浪费,公司的整个业务也越来越不好控制与管理。俗话说"孩子大了,要换更大的鞋子",现状让王老吉的管理层意识到,如果这种现象再不进行改善,随着每天合同、订单的增多,这将会很大程度地影响到公司的办公效率。为了尽快解决这种现象,他们开始寻找最佳的传真解决方案。

在选择解决方案时,王老吉就明确提出了自己的三个"一定"需求——一定要解决传真收发管理难的问题,一定要能减轻员工的负担,一定要是可靠有保障的产品。此时国内传真软件在经过几年的发展后,呈现出品牌繁多、良莠不齐的局面。王老吉看重的不仅是现在,更需要长远的保证。经过对国内外近十个品牌的试用、比较,国内传真服务器用户群最大的头号品牌——EastFax成了王老吉的第一选择 EastFax软件操作界面简洁易懂,在经过工程师简单的培训后,员工都很快地接受了这个"新事物"并完全掌握了软件的使用。以前那种人工排队发传真,纸堆里找传真的现象从此消失的无影无踪。管理人员也说:"以前为了电子化管理,传真的文件还得扫描存档,不仅费时费力查找还不方便,现在只需要一步就全搞定了。"当然,如果缺少了签章和审批功能的传真软件也只能是鸡肋。对于销售部来说,合同和订单都需要签字盖章才能发送出去,无法有效地将盖章和审批完善到传真中来最终还是离不开打印机和传真机。而EastFax极具人性化的审批流程和签审功能,满足了王老吉多种审批方式的需求,还将签字盖章也穿插在流程之中,不仅替代了人工签审更胜于人工。所有的操作都在鼠标的一点一击中轻松完成。

现在,王老吉当初的那三个"一定"已经全部实现,并超出了大家的预期。可以说，在科技日新月异的今天，没有想不到的只有做不到！对于软件厂商而言，没有最好只有更好！

EastFax 从推出至今，历经五载，已经成为国内传真服务器的标杆，不仅仅是王老吉这个食品行业的巨头，在制造各行业、服务业、物流业等国民支柱型行业中都有着一批典型的用户。自 2003 年到 2008 年，从 EastFax 的发展来看，不仅仅是时间的变迁，也是一个个高度的不断翻越！

案例来源：2008 年. www.51callcenter.com.

**核心概念**

研究与开发（research and development） 工程项目（project item）
担保（warrant） 业务外包（outsourcing）

**思考题**

1. 研究与开发的特征有哪些？
2. 研究与开发的风险包括哪些？
3. 工程项目的评估机构进行详细审查有哪些内容？
4. 工程项目的总体要求？
5. 对外担保的大致流程？
6. 业务外包的承包商的参考条件有哪些？

**练习题**

**（一）单项选择题**

1. 下列关于工程设计与招标的说法中，不正确的是（　）。
   A. 项目立项后，能否保证工程质量，加快建设进度，节省工程投资，设计工作十分重要
   B. 建设单位可以自行完成初步设计或委托其他单位进行初步设计
   C. 投标工作开始前，建设单位应当组织开标、评标和定标
   D. 实施招投标是提高工程项目建设相关工作公开性、公平性、公正性和透明度的重要制度安排，是防范和遏制工程领域商业贿赂的有效举措

2. 企业在研究开发过程中可能遇到的风险，下列选项中不正确的是（　）。
   A. 研究项目未经科学论证或论证不充分，可能导致创新不足或资源浪费
   B. 研究过程中会计处理不当，导致企业多交所得税
   C. 研发人员配备不合理，可能导致研发成本过高、舞弊或研发失败

D. 研发成果转化应用不足、保护措施不力，可能导致企业利益受损

3. 工程结算的内容包括清单费用和清单以外的费用，属于清单费用的是（  ）。

A. 工程量清单

B. 费用索赔清单

C. 承包预付款

D. 工程变更

4. 下列选项中，属于担保业务过程可能发生的风险有（  ）。

A. 对被担保申请人的资信状况调查不深，导致企业担保决策失误或遭受欺诈

B. 监控不严、服务质量低劣，导致企业难以发挥担保的优势

C. 提供虚假财务报告，误导财务报告使用者，造成决策失误，干扰市场秩序

D. 概预算目标不合理、编制不科学，可能导致企业资源浪费或发展战略难以实现

5. 下列各项中，不适合外包的业务是（  ）。

A. 研究与开发

B. 资信调查

C. 可行性研究

D. 核心业务

6. 企业的职权和岗位分工中，不相容职务不包括（  ）。

A. 可行性研究与决策

B. 执行与监督检查

C. 决策审批与执行

D. 决策审批与报告

7. 工程项目控制的最终目标是（  ）。

A. 项目的质量

B. 项目的投资额

C. 项目的建设周期

D. 项目的经济效益和环境效益最大化

8. 项目论证的主要核心点是（  ）。

A. 项目建议书的编制

B. 可行性研究报告的编制

C. 从多种方案中优选

D. 资料搜集与分析

9. 介于机会研究与可行性研究之间的研究阶段称为（　　）。

A. 技术经济可行性研究

B. 初步可行性研究

C. 专题（辅助、功能）研究

D. 投资机会研究

10. （　　）是项目投资者和施工单位估算工程费用并据此确定工程标底的依据。

A. 设计概算

B. 预算定额

C. 施工图预算

D. 施工方案

11. 竣工决算的内容，由（　　）和决算报表两部分组成。

A. 文字说明

B. 工程项目概算

C. 工程项目预算

D. 支付使用资产明细表

12. 如果被担保企业的担保业务符合企业关于反担保规定，企业应该要申请人提供（　　）。

A. 担保

B. 保证

C. 承诺

D. 反担保

13. （　　）是担保企业决定是否提供对外担保的依据。

A. 担保项目的审批结论

B. 担保项目总体风险评价

C. 担保项目评估的结论

D. 现场观察情况

14. 担保企业应当建立（　　），详细记录担保对象、金额、期限、用于抵押和质押的物品、权利和其他有关事项。

A. 担保事项明细账

B. 担保事项台账

C. 担保事项登记簿

D. 担保事项总账

15. 担保企业应在担保合同到期前（　　）左右通知被担保企业做好还款准备。

A. 10 天

B. 15 天

C. 一个月

D. 二个月

**（二）多项选择题**

1. 签订担保合同这一程序中的主要风险包括（　　）。

A. 未经授权对外订立担保合同

B. 担保合同内容存在重大疏漏和欺诈

C. 可能导致企业诉讼失败、权利追索被动

D. 经济利益和形象信誉受损

2. 项目建议书的内容一般包括（　　）。

A. 项目的必要性和依据

B. 产品方案、拟建规模和建设地点的初步设想

C. 投资估算、资金筹措方案设想

D. 项目的进度安排

3. 企业办理担保业务的流程，一般包括（　　）。

A. 受理申请

B. 调查评估

C. 审批

D. 进行日常监控等流程

4. 验收环节的主要风险有（　　）。

A. 验收标准不明确

B. 验收程序不规范

C. 未经授权对外订立采购合同

D. 对验收中存在的异常情况不做处理

5. 信息系统部相容职务涉及的人员分为（　　）。

A. 系统开发建设人员

B. 系统管理和维护人员

C. 系统上线测试人员

D. 系统操作使用人员

6. 业务外包流程主要包括（　　）。

A. 制定业务外包实施方案

B. 签订业务外包合同

C. 组织实施业务外包活动

D. 业务外包过程管理

7. 下列与业务外包有关的风险中，属于选择承包商环节所应当关注的风险的有（　　）。

A. 承包商在合同期内因市场变化等原因不能保持履约能力，导致业务外包失败

B. 承包商缺乏应有的专业资质，导致企业遭受损失

C. 业务外包成本过高导致难以发挥业务外包的优势

D. 承包商不是合法设立的法人主体，导致企业陷入法律纠纷

8. 企业研发立项申请时，项目的可行性报告可能包括的内容有（　　）。

A. 研发项目立项的理由

B. 开发项目的技术路线

C. 市场退出机制

D. 企业基本情况

9. 下列各项中，工程项目中可能存在的风险包括（　　）。

A. 立项缺乏可行性研究或研究流于形式，决策不当，盲目上马，可能导致难以实现预期效益或项目失败

B. 项目招标暗箱操作，存在商业贿赂，可能导致中标人实质难以承担工程项目、中标价格失实及相关人员涉案

C. 工程造价信息不对称，技术方案不落实，预算脱离实际，可能导致项目投资失控

D. 工程物资质次价高，工程监理不到位，项目资金不落实，可能导致工程质量低劣，进度延迟或中断

10. 对于担保业务审批而言，主要存在四个关键点，可能的答案有（　　）。

A. 在担保业务发生之前，担保业务经过审批

B. 非经正当审批，不得签订担保合同

C. 担保责任、担保标准、担保条件等必须经过审核批准

D. 为被担保企业履行债务可以先垫付款项

11. 一般而言，企业可以选择合适的对象主动进行业务调整和外包的情形

有（　）。

A. 某项业务的贡献率较低而耗费的精力较大

B. 某项业务的贡献率较高而耗费的精力较小

C. 某项业务的投入与产出不成正比且非企业的核心业务

D. 某项业务的投入与产出不成正比且外包不会削弱企业的核心竞争力

12. 项目决策程序可分为（　）。

A. 机会研究

B. 可行性研究

C. 工程项目概预算的编制

D. 项目评估

13. 以下属于工程项目预算编制依据的是（　）。

A. 预算定额

B. 施工方案

C. 施工图

D. 预算价格

14. 竣工决算控制环节具体包括（　）。

A. 竣工清理

B. 竣工决算

C. 竣工审查

D. 竣工验收

15. 建安工程价款结算可以根据不同情况采取以下（　）方式。

A. 按月结算

B. 竣工后一次结算

C. 分段结算

D. 双方约定的其他结算方式

**（三）判断题**

1. 企业可委托具有相应资质的中介机构对供应商进行资信调查。（　）

2. 企业要按照公开、公平、公正原则实施预算考核。（　）

3. 授权审批制度不健全，导致对担保业务的审批不规范，是担保受理阶段的主要风险。（　）

4. 预算管理工作机构只需要财务人员参与。（　）

5. 企业经审核同意签订的合同，应当与对方当事人正式签署并加盖企业公章。（　）

6. 对外包承包商选择是外包决策顺利实施的重要保证，该环节的缺失是众多外包案例失败的重要原因。（   ）

7. 企业在进行工程项目招标时，在确定中标人物前，保证供求双方的充分了解，企业应同投标人就投标价格、投标方案等内容进行谈判。（   ）

8. 承包方可以将发包方法的固定资产用作其他用途。（   ）

9. 选择承包单位时，不得将应由一个承包单元完成的工程肢解为若干部分发包给几个承包单位。（   ）

10. 业务外包与企业一体化是截然相反的两种经营策略。（   ）

11. 一个工程项目顺利完工后，不需要进行项目再评估，除了工程项目实施中出现问题的情况下需要再评估。鉴于内控评价机构设置的独立性原则，评价工作组成员不可以吸收企业员工来参加。（   ）

12. "新产品"是指显著提高了产品的性能或扩大了产品的使用功能以及采用新技术原理设计构思的新产品，比如用进口元器件、零部件组装的国内尚未生产的产品。（   ）

13. 企业应当建立规范的工程项目归口管理制度，制定专门机构归口管理工程项目。（   ）

14. 担保是按照公平、自愿、互利的原则与债权人自愿达成的，它具有独立性的特征。（   ）

15. 企业应当权衡利弊，避免核心业务外包。（   ）

### （四）业务题

1. 据 2001 年 11 月媒体报道，为上市公司兴业房产（600603）提供担保的同济科技（600846）由于兴业房产未能按期归还贷款，而连带为其偿还部分贷款。为此，同济科技要兴业房产还债并将其诉诸法庭，法院裁定并执行查封了兴业房产部分资产。

据悉，1998 年 9 月 18 日，同济科技未履行审批和决策有关程序为兴业房产在浦发银行借款 3000 万元提供 3 年期担保，截止到 2001 年 8 月 21 日，兴业房产尚欠 1900 万元本金和相应利息。同济科技因履行担保义务，代兴业房产归还浦发银行 1100 万元，其余未还款项如兴业房产在 11 月 15 日前未能归还，同技科技还将承担连带责任。

同济科技因为兴业房产贷款提供担保发生的代还情况还有：2001 年 6 月 18 日兴业房产在工商银行借款的 400 万元担保，同济科技已经代为归还了 190 万元。同济科技还有部分必须代为归还的担保情况存在。

据悉，同济科技已经于 2001 年 9 月 18 日向上海市第二中级人民法院提出诉讼，要求判令兴业房产清偿还债 1100 万元和相应利息，同时提出保全申请；11 月 16 日，又提出追加其他还贷和相应利息的诉讼。同济科技还提出了相应资产保全的申请。法院已经裁定并执行查封了兴业房产的部分资产。以上问题从根本上找原因是由于同济科技内部对担保内部控制缺乏相应的控制。

请对以上担保案例进行分析。

2. 经了解 A 公司工程项目内部控制，发现以下情况，请分析其存在的问题。

（1）A 公司为加强在建工程的管理，要求审批人根据工程项目相关业务授权批准制度的规定，在授权范围内进行审批，不得超越审批权限。经办人在职责范围内，按照审批人的批准意见办理业务。对于审批人超越授权范围审批的工程项目业务，经办人虽无权拒绝办理，但在办理后，应及时向审批人的上级授权部门报告。

（2）A 公司为确保工程项目效益，对工程项目专门组织人员进行可行性研究，并出具项目评估报告，公司在对工程项目决策时，一般按照可行性研究评估报告意见进行审批。

（3）A 公司为使工程尽快竣工形成生产能力，同时考虑到公司资金比较充足，与施工单位约定，工程价款在工程开工时就支付总价款的 80%。

# 第九章　财务报告

【学习目标】通过本章的学习，学生应该学习到财务报告具体内容以及企业在编制财务报告过程中面临的风险，对企业财务报告总控制体流程有大致的了解，并掌握相关关键控制点、控制目标以及控制措施。

---

**开篇案例**

**中国石油独立编制财务报告体系建设**

中国石油天然气股份有限公司（以下简称中国石油），作为上下游一体化的综合性石油公司，中国石油是中国油气行业最大的油气生产商和销售商，也是全球最大的一体化油气公司之一。目前经营分为勘探与生产、炼油与化工、销售、天然气与管道四大业务板块，生产运营遍布全国各地及海外十几个国家和地区，直接合并报表单位 100 多家。中国石油在编制财务报告体系建设中主要采取以下做法。

（一）建立组织保障体系

独立编制财务报告体系建设是一项复杂的系统工程，为了有效开展工作，中国石油建立自上而下、自下而上的独立编制财务报告组织保障体系，由公司领导主抓，财务系统内会计专家及信息技术专家全过程参与，并在全公司范围内设置财务报告编制岗位、配备财务报告编制人员。

（二）融合不同会计准则

建立科学、统一、规范的独立编制财务报告体系，需要协同不同的准则和制度，充分考虑各个上市地的监管要求和石油行业的特殊性及特殊披露规定。为此，中国石油重点分析了中国企业会计准则与国际财务报告准则在具体规定上的差异以及对中国石油的影响，形成适用于中国石油财务报告编制的准则基础。在此基础上，编制了统一的财务报告手册，建立编制财务报告的规则体系。

（三）协同不同披露需求

由于中国石油在上海、中国香港、纽约三地上市，财务报告披露信息需要遵循不同会计准则、多个上市地的监管规则。为此，中国石油对会计准则、监管规则及信息披露要求进行了全面梳理，以客观反映、充分披露为原则，建立并固化完整的财务报告体系。该报告体系突破了单一会计报表的概念，超越了单一财务数据的范围，涵盖中国石油财务管理的重要方面，包括中国准则财务报告、国际准则财务报告以及美国准则财务报告三个子体系。

（四）优化独立编制流程

为保证独立编制财务报告工作的科学组织运行，中国石油重塑和优化全公司财务报告编制流程，设计适用于上、中、下游业务，满足总部及所有分子公司的标准数据字典，设计统一的数据析取模式，建立起独立编制财务报告流程体系，设计开发了财务报告信息系统，并对财务报告流程设计了关键控制点，提高数据收集、处理分析能力。

（五）建立控制体系

为保持独立编制后的财务报告客观公正，中国石油建立了严格的财务报告控制体系。

一是依托会计一级集中核算账务系统，实现财务报告基础数据自动生成，杜绝人为调节现象的发生。二是在企业内部控制系统内，新设了针对财务报告客观性、公允性的内控测试流程。三是建立配合外部审计师进行定期报告审计的工作机制，形成上下结合的外部审计配合团队。

中国石油独立编制财务报告体系建设获得了资本市场的高度肯定。在2009年度《投资者关系杂志》评选中，中国石油的2008年年报获得了中国区域"最佳年报/正式披露奖"提名。

案例来源：企业内部控制编审委员会. 企业内部控制基本规范及配套指引案例讲解（修订版）[M]. 上海：立信会计出版社，2012.

# 第一节　财务报告控制的内容

## 一、财务报告概述

财务报告是企业在一定时期经营业绩和某一时点财务状况的"晴雨表"，它综合反映组织经营效果和效率，是其他内部控制制度是否有效运行的综合体现。具体而言，财务报告是指反映企业某一特定日期财务状况和某一会计期间经营成果、现金流量的文件。企业应当严格执行会计法律法规和国家统一的会计准则制度,加强对财务报告编制、对外提供和分析利用全过程的管理,明确相关工作流程和要求,落实责任制,确保财务报告合法合规、真实完整和有效利用。

企业编制、对外提供和分析利用财务报告,至少应当关注下列风险:一是编制财务报告违反国家会计法律法规和国家统一的会计准则制度,可能导致企业承担法律责任和声誉受损。二是提供虚假财务报告,误导财务报告使用者,造成决策失误,干扰市场秩序。三是不能有效利用财务报告,难以及时发现企业经营管理中存在的问题,可能导致企业财务和经营风险失控。

《企业内部控制应用指引第14号——财务报告》着力解决企业财务报告编制、对外提供和分析利用过程中的内部控制,其主要内容包括:制定指引的必要性和依据,财务报告领域的主要风险,财务报告的范围、企业财务报告编制、对外提供和分析利用等控制,分四章共二十条。

## 二、财务报告编制环节的控制

(一)财务报告编制的控制

1. 会计政策控制

企业编制财务报告,应当重点关注会计政策和会计估计,对财务报告产生重大影响的交易和事项的处理应当按照规定的权限和程序进行审批。企业在编制年度财务报告前,应当进行必要的资产清查、减值测试和债权债务核实。

2. 核算基础控制

企业应当按照国家统一的会计准则制度规定,根据登记完整、核对无误的会计账簿记录和其他有关资料编制财务报告,做到内容完整、数字真实、计算准确,不得漏报或者随意进行取舍。

3. 数据可靠性控制

企业财务报告列示的资产、负债、所有者权益金额应当真实可靠。各项资产计价方法不得随意变更,如有减值,应当合理计提减值准备,严禁虚增或虚减资产。各项负债应当反映企业的现时义务,不得提前、推迟或不确认负债,严禁虚增或虚减负债。所有者权益应当反映企业资产扣除负债后由所有者享有的剩余权益,由实收资本、资本公积、留存收益等构成。企业应当做好所有者权益保值增值工作,严禁虚假出资、抽逃出资、资本不实。

4. 数据真实性控制

对于经营损益类数据,应当如实列示当期收入、费用和利润。各项收入的确认应当遵循规定的标准,不得虚列或者隐瞒收入,推迟或提前确认收入。各项费用、成本的确认应当符合规定,不得随意改变费用、成本的确认标准或计量方法，虚列、多列、不列或者少列费用、成本。利润由收入减去费用后的净额、直接计入当期利润的利得和损失等构成。不得随意调整利润的计算、分配方法，编造虚假利润。

对于各种现金流量数据，由经营活动、投资活动和筹资活动的现金流量构成，应当按照规定划清各类交易和事项的现金流量的界限。

对于报告附注，应该视作财务报告的重要组成部分，对反映企业财务状况、经营成果、现金流量的报表中需要说明的事项，做出真实、完整、清晰的说明。企业应当按照国家统一的会计准则制度编制附注。

（二）财务报告编制的稽核控制

企业应当按照国家统一的会计准则、制度规定的财务报表格式和内容，根据登记完整、核对无误的会计账簿记录和其他有关资料编制财务报表，不得漏报或者任意进行取舍。企业可以通过人工分析或利用计算机信息系统自动检查财务报表之间、财务报表各项目之间的勾稽关系是否正确，重点对下列项目进行校验：

1. 财务报表内有关项目的对应关系。
2. 财务报表中本期与上期有关数字的衔接关系。
3. 财务报表与附表之间的平衡及勾稽关系。

（三）财务报告编制的特殊关注

需要编制合并财务报表的企业集团，应当按照国家统一的会计准则制度的规定，明确合并财务报表的编制范围，不得随意调整合并报表的编制范围。财会部门应将确定合并财务报表编制范围的方法以及发生变更的情况及时提交董事会及其审计委员会审议。

企业发生合并、分立、终止营业和清算等情形的，应当全面清查资产和核实债务，应当按照国家统一的会计准则制度的规定，做出恰当会计判断，选择合理的会计处理方法，编制相应的财务报告。

二、财务报告的对外提供

企业应当建立财务报告报送与披露的管理制度，确保在规定的时间，按照规定的方式，向内部相关负责人及其外部使用者及时报送财务报告。负有履行信息披露责任的企业应当根据国家法律法规及部门规章的规定，及时披露相关信息，确保所有财务报告使用者同时、同质、公平地获取财务报告信息，确保信息披露的真实和完整。

企业应当根据国家法律法规和有关监管规定，聘请会计师事务所对企业财务报告进行审计。建立聘请会计师事务所的制度，明确选聘的标准和程序，严格执行相应的标准和程序,报董事会及其审计委员会审议,需经股东大会决议的还应报经股东大会批准。

企业总会计师和经理应与负责审计的注册会计师就其所出具的初步审计意见进行沟通。沟通的情况及意见应经企业总会计师和经理签字确认后,及时提交审计委员会(或类似机构)及其董事会审议。

### 三、财务报告的分析利用控制

（一）企业高层务必重视分析

企业应当重视财务报告分析工作,定期召开财务分析会议,充分利用财务报告反映的综合信息,全面分析企业的经营管理状况和存在的问题,不断提高经营管理水平。企业财务分析会议应吸收有关部门负责人参加。总会计师或分管会计工作的负责人应当在财务分析和利用工作中发挥主导作用。

（二）分析务必透彻系统

一要对财务态势解剖深入。企业应当分析企业的资产分布、负债水平和所有者权益结构,通过资产负债率、流动比率、资产周转率等指标分析企业的偿债能力和营运能力;分析企业净资产的增减变化,了解和掌握企业规模和净资产的不断变化过程。

二要对收支动态分析深入。企业应当分析各项收入、费用的构成及其增减变动情况,通过净资产收益率、每股收益等指标,分析企业的盈利能力和发展能力,了解和掌握当期利润增减变化的原因和未来发展趋势。

三要对资金周转解析到位。企业应当分析经营活动、投资活动、筹资活动现金流量的运转情况,重点关注现金流量能否保证生产经营过程的正常运行,防止现金短缺或闲置。

（三）充分利用财务信息的分析价值

企业定期的财务分析应当形成分析报告,构成内部报告的组成部分。财务分析报告结果应当及时传递给企业内部有关经理层级,充分发挥财务报告在企业生产经营管理中的重要作用。

### 【课堂测试 9-1】

1.《企业内部控制应用指引第 14 号——财务报告》主要内容包括（　　）。

A. 制定指引的必要性和依据

B. 财务报告领域的主要风险

C. 财务报告的范围

D. 企业财务报告编制、对外提供和分析利用等控制
2. 财务报告编制的控制包括（　　）。
A. 会计政策控制
B. 核算基础控制
C. 数据可靠性控制
D. 数据真实性控制
3. 企业编制、对外提供和分析利用财务报告，应当关注那些风险？

## 第二节　财务报告控制的流程

企业对财务报表的控制，根据其内容与特性不同，分成财务报告编制前期控制、常规财务报表编制控制流程、财务报告对外报送及披露控制流程、母企业合并报表编制流程，分别见图9-1、图9-2、图9-3和图9-4。

【课堂测试9-2】

1. 根据企业对财务报表控制的内容与特性不同，其可分为（　　）。
A. 财务报告编制前期控制
B. 常规财务报表编制控制
C. 财务报告对外报送及披露控制
D. 母企业合并报表编制控制
2. 简述常规财务报表编制控制。
3. 简述财务报告对外报送及披露控制。

## 第三节　财务报告控制关键点

企业财务报告编制、披露和分析的内部控制中，至少应当强化对下列关键方面或者关键环节的控制：在职责分工、权限范围和审批程序方面，应当明确规范，机构设置和人员配备应当科学合理；在有关对账、调账、差错更正、结账等流程方面，应当明确规范；在起草财务报告、校验、编制财务情况说明书、审核批准等方面，流程应当科学严密；在财务报告的报送与披露方面，流程应当符合有关规定。现具体分析研究以下关键控制点：

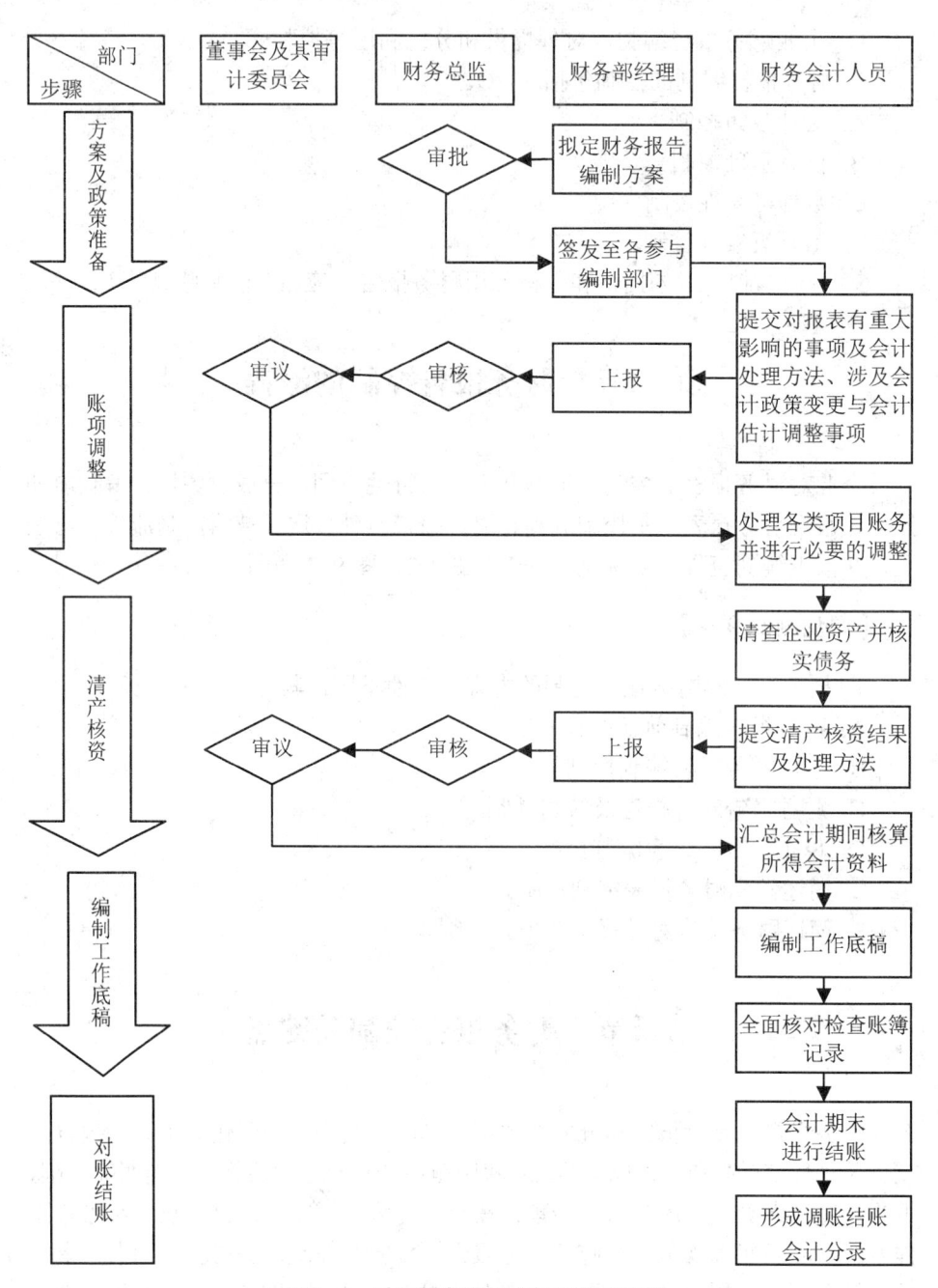

图 9-1　财务报表编制准备控制流程图

第九章 财务报告

| 步骤\部门 | 总经理 | 财务总监 | 财务部相关人员 |
|---|---|---|---|
| 编制准备 | | | 日常账务处理 → 全面清查资产核实债务 → 核对总账和明细账 |
| 编制会计报表及相关内容 | 审批 ← | 审核 ← | 编制会计报表及附注 → 确定合并会计报表编制范围的方法及变更情况 → 编制合并报表及附注 → 编制财务情况说明书 |
| 形成财务报告 | 审批 ← | 审核 ← | 形成财务报告 → 打印、复印、装订 |

图 9-2 常规财务报表编制控制流程图

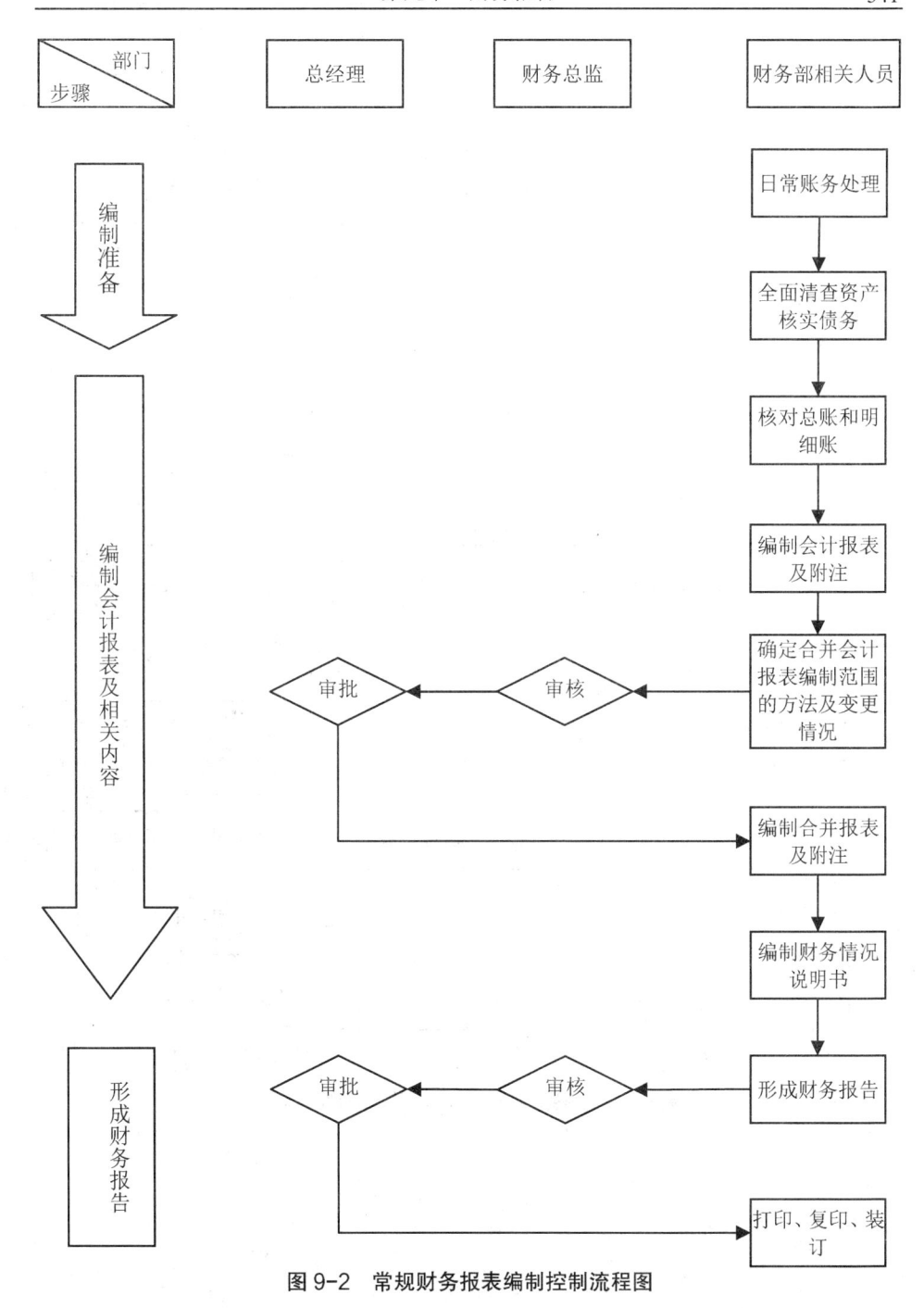

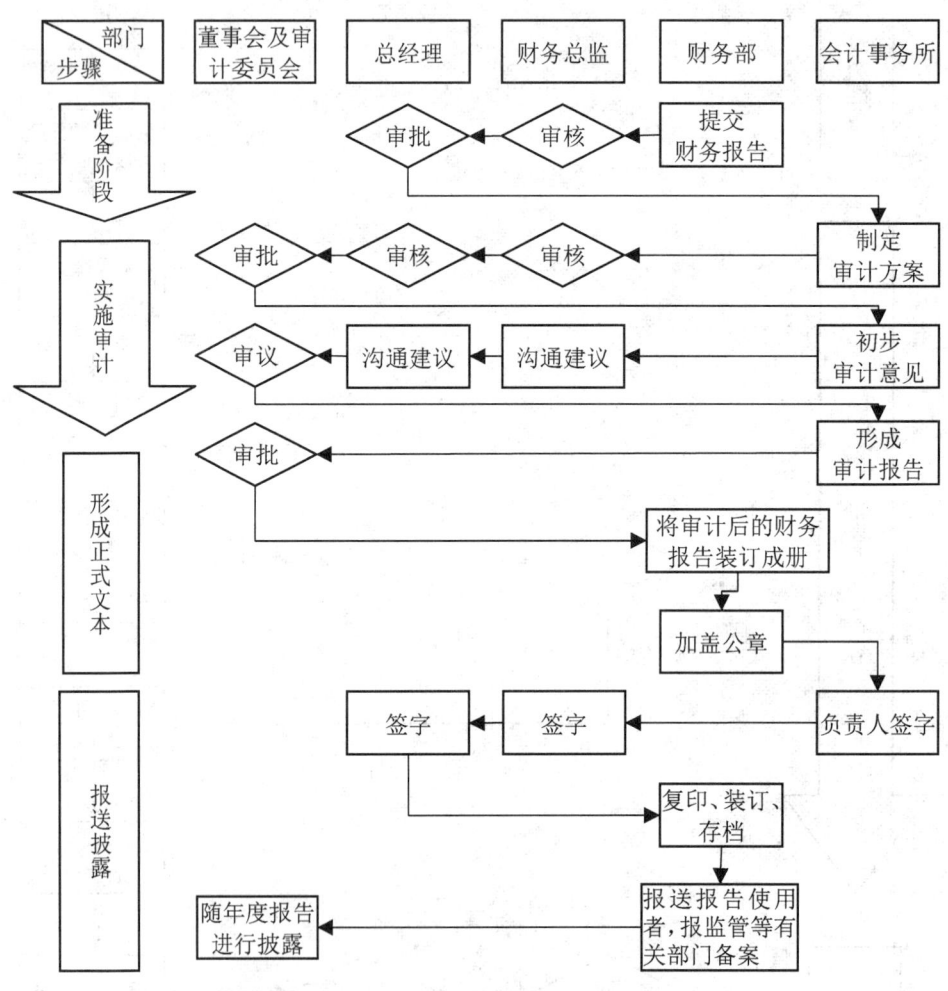

图 9-3　财务报告对外报送及披露控制流程图

# 第九章 财务报告

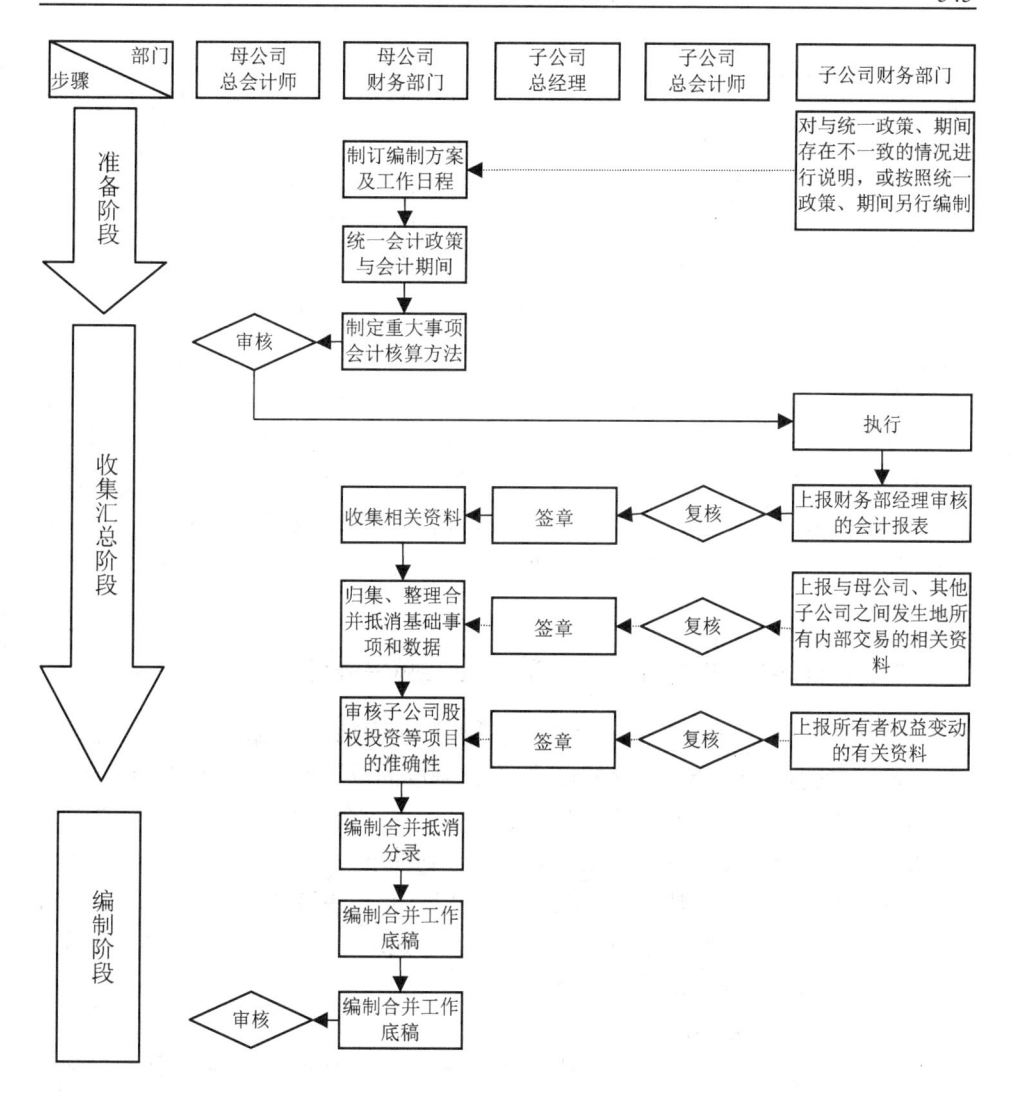

图 9-4 母企业合并财务报表编制控制流程图

## 一、职责分工与权限范围环节

企业财会部门是财务报告编制的归口管理部门，其职责一般包括：收集并汇总有关会计信息；制订年度财务报告编制方案；编制年度、半年度、季度、月度财务报告等。

合理的会计机构组织，有利于职责划分，建立岗位责任制，强化内部控制，防止工作中的失误和弊端，提高工作效率。通常，会计机构组织是指在总会计师、财会负责人领导下，由若干会计专业组、会计岗位或会计人员组成的组织体系。会计岗位是会计工作的基层分工，一般企业的会计岗位有：会计主管、出纳、财产物资核算、工资核算、成本费用核算、收入利润核算、资金核算、往来结算、总账报表、稽核等。这些岗位，可以一人一岗、一人多岗或一岗多人。企业可以根据自身特点、规模大小、业务繁简和人员多少等情况具体确定，但出纳人员不得兼管收入、费用、债权、债务等账簿的登记工作，不得负责稽核工作和会计档案保管工作。

企业内部参与财务报告编制的各企业、各部门应当及时向财会部门提供编制财务报告所需的信息，并对所提供信息的真实性和完整性负责。财会部门对于审核原始凭证，编制记账凭证，审核记账凭证，编制财务报表，审核财务报表等环节有专人负责，各岗位的财务人员对工作的结果要进行记录，以便于分清责任。最后，由全体董事、监事和高级管理人员对财务报告的真实性和完整性承担责任。

## 二、明确规范对账、调账、差错更正、结账等流程

建立一个有效的会计系统，实施会计控制是内部控制制度的关键。会计系统的建立也就是企业会计制度的设计。会计制度的设计不仅包括规定会计账户、账簿、财务报表等内容的编制说明，还包括发生在企业各部门间各类经营管理活动中会计处理程序的具体规定，把内部控制抽象性、要素性的方法和程序融化为企业会计制度中具体可操作的方法与程序。这里主要介绍会计组织的控制。为了确保会计信息的准确与可靠，应该在会计记录、方法选择、程序处理等方面建立控制制度和控制措施，具体包括：

（一）会计机构组织

会计机构组织是指在会计机构内部，根据各种财务会计业务及其相互之间的联系，进行合理的分工。会计机构的分工首先要确定会计机构和财务机构是否分设。财务工作的重点是资金的筹集和运用控制，而会计工作的重点是资金运用后的核算与监督。两者在企业中可以合并，也可以分开设置，这主要是看企业规模和内部会计组织工作的要求。

（二）会计基础控制

会计基础控制是通过基本的会计程序与方法，完整准确地记录所有经济业务的活动过程控制。会计基础控制是确保会计控制目标实现的基本条件，也是其他会计控制的基础。基础控制主要包括：

1. 完整性控制

它是为保证业务记录完整性而设置的，包括设置业务备忘录、对原始凭证进行复核、对记账凭证按业务顺序编制核算等制度。

2. 准确性控制

它是为实现财务会计数据准确性而实施的控制，包括对原始凭证与记账凭证上记录的经济业务数量、计量单位、填制日期和金额的审核，核对会计凭证的合计金额和会计账簿中的明细账与总账发生额和余额等。

3. 有效性控制

它是为实现经济业务记录及相关处理手续的有效性而实施的控制，包括对原始凭证、会计凭证登记会计账簿前的审核等。

4. 及时性控制

它是保证会计信息能够在最短的时间内记录、报告的过程控制。

（三）差错的更正和调整

在对报表账目进行审核时发现需要调整和更正的事项，要按规定的流程进行处理，要及时反馈到相关岗位和人员，对需更正的事项进行分析，由相关责任人提出更正的意见，由负责人审核确认后，财务人员进行账务处理。

### 三、明确起草财报、校验、编制说明书、审核批准、报送等流程

会计期末，会计人员在清查、结账、对账等工作完成的基础上，编制财务报告。财务报告要有专人负责审核，根据财务资料对企业的财务状况、经营成果、现金流量等情况进行分析说明，并由专人负责编制财务情况的说明书和报表的附注。企业应当按照国家法律法规的有关监管规定，将经过审计的财务报告装订成册，加盖公章，并由企业经理、总会计师、会计机构负责人签名。履行报备义务的企业，应及时将经审计的财务报告报送监管部门及有关部门备案。

### 四、财务报告的对外提供流程应当符合有关规定

财务数据的使用者主要是依据经过审计的财务报告做出判断，在财务报告中信息披露的准确、完整成为内控制度的关键。企业的经理层应当做到：

（一）内部控制信息披露的目的在于表明企业的内部控制是否有效

建立一套完善并有效执行的内部控制是经理层的职责。也正因为如此，经理层对本企业的内部控制最熟悉，最有能力对其进行评估。通过对企业内部控制的评估并将结果报告给投资者，证明自己已经尽了管理之责。

## （二）企业高层对内部控制进行评估并对外报告

企业经理层或董事会对其内部控制进行评估并对外报告，可以改善管理，减少舞弊，从而提升企业价值。

一方面，内部控制信息披露可以提高企业经理层对内部控制的意识，从而改善企业内部控制环境。另一方面，提供内部控制信息披露的前提是对内部控制的设计和运行进行了解、记录和评估。这个过程可以发现内部控制中存在的问题，并改善之。内部控制信息披露的这种作用随其涵盖范围的不同而不同，从这种意义上说，内部控制信息披露的范围越广，其对内部控制的改善作用就越大。

## （三）内部控制信息披露对信息使用者的直接效用

内部控制信息披露对信息使用者的直接效用是，告诉投资者、政府部门、合作伙伴，该企业所提供的财务报表在多大程度上可靠、企业的长期生存能力和成长性如何、是否在循规蹈矩地运作，从而为他们的决策提供依据。

财务报表附注应当按照一定的顺序披露，先披露是否遵循了国家统一的会计制度和财务报表的编制基础，然后再披露采用的会计政策和会计估计，接下来是财务报表重要项目的进一步解释，最后是未在财务报表中列示，但对理解企业财务状况、经营成果和现金流量十分有用的信息，如或有事项等。对财务报表附注的披露结构和顺序做出规定，重要的信息先披露，次要的信息后披露，便于财务报告使用者迅速清晰地掌握有关企业的重要会计信息。

财务报表附注要披露的内容包括：企业的基本情况、财务报表的编制基础、采用的会计政策和会计估计及其变更的情况。

会计政策发生变更的，应当说明会计政策变更的性质、内容、原因及其影响数，无法进行追溯调整的，应当说明原因。会计估计变更的内容、原因及其影响数，影响数不能确定的，应当说明原因。前期差错的性质及其更正金额，无法进行追溯重述的，应当说明原因。另外，企业还要披露选择对财务报表重要项目具有重大影响的会计政策时所做的判断，便于财务报告使用者了解企业选择某项会计政策的理由，有助于财务报告使用者理解企业选择和运用会计政策的背景，增加其财务报告的可理解性。

## （四）关键计量假设的披露

披露企业的资产采用哪种计量属性，便于财务报告使用者更加理解所提供的信息，提高财务报告的可理解性。

## （五）报表重要事项的披露

财务报告应当以文字和数字相结合，尽可能以列表的形式披露报表的重要项目的构成或当期增减变化情况。重要的事项至少包括：存在控制关系的关联方发生变化的情况；证券发行、回购和偿还情况；发生的非调整事项；企业结构变化情况，包括企业合并，对被投资企业具有重大影响、共同控制或者控制关系的投资的购买或者处置，终止经营情况；重大的长期资产转让及其出售情况；重大的固定资产和无形资产取得情况；重大的研究和开发支出；重大的资产减值损失情况。

> **篇中案例**
> 
> **菲尔房地产开发有限公司关联方披露**
> 
> 　　菲尔房地产开发有限公司是一家国有控股的企业，公司于2003年承建"祥瑞家园"商品房开发项目，项目正在轰轰烈烈的建设中，接到群众的举报，发现该公司多处房屋重复销售。市审计局接受该案的调查工作，经过一年的调查，该公司在项目中的利用虚假的商品房买卖合同将同一处房屋重复对外销售，最多达四次之多，销售一次，向信用社抵押贷款一次，向个人高息融资一次，对外抵债一次，累计数额达3000多万元。
> 
> 　　该公司的总经理和副经理辩称不是虚假的买卖合同，而是利用签订商品房的买卖合同融资，解决资金的短缺的问题。但经过审计发现，该公司的内部控制制度形同虚设，一片混乱，最终导致企业的资金短缺，不得不采用上述虚假的手段筹集资金。同时我们也注意到，从建委、国资委、银行等部门取得的财务报告都显示企业的财务状况良好，甚至财务报告是经过会计师事务所的审计，并出具了无保留意见报告。深入究其原因，外部政府部门的监管不到位是一方面，但是内部管理混乱，缺乏一个健全有效的内部控制体系是其根本的原因。下面主要从内控制度的几个侧面分析：
> 
> 　　（1）建筑材料的采购和付款是由一个副经理一手经办，没有执行材料采购的采购和付款相分离的内部控制制度，由该副经理个人的公司向公司供应材料的价格高于市场的售价，导致资金大量的外流，造成资金的短缺。
> 
> 　　（2）另一副经理向公司借款100万元，后用两辆价值40万元轿车抵债，套取公司的现金。这一交易在会计处理上是资产形态的转变，资产的总额没有变化，如果在报表的附注中进行披露，报表的使用者是不能了解这个信息的。
> 
> 　　案例来源：王保平等.企业内部控制操作实务与案例分析[M].北京：中国财政经济出版社，2010.

**【课堂测试 9-3】**

1. 企业财会部门的财务报告编制职责一般包括（ ）。
A. 收集并汇总有关会计信息
B. 制订年度财务报告编制方案
C. 编制年度、半年度、季度、月度财务报告
D. 财会部门无财务报告编制职责

2. 企业财务报告编制、披露和分析的内部控制中，至少应当强化哪些关键方面或者关键环节的控制？

**本章小结**

财务报告作为企业在一定时期经营业绩和某一时点财务状况的"晴雨表"，它综合反映组织经营效果和效率。因此，企业按照会计法律法规和国家统一的会计准则编制财务报告，以此来反映该企业在某一特定日期的财务状况和某一会计期间内的经营成果、现金流量情况。

企业在对财务报告进行编制、对外提供和分析利用的时候应当关注该报告的编制是否违反了国家会计法律法规和国家统一的会计准则制度，是否是虚假的财务报告，是否能够被有效的利用。企业应该在财务报告控制流程的基础上，明确职责分工和权限范围，规范对账、调账、差错更正、结账各个流程，做好财务报告在起草、校验、编制说明书、审核批准、报送等流程的工作，对外提供符合规定的财务报告。此外，企业还应该定期召开财务分析会议，对公司的财务态势、收支动态和资金周转进行深入的分析，定期的财务分析形成分析报告并及时地把财务分析报告的结果传递给企业内部有关经理层级人员，全面分析企业的经营管理状况和存在的问题，不断提高经营管理水平。

**篇后案例**

### 成也会计，败也会计

当中国企业随着各种动机而滋生出形形色色的会计造假手段之时，人们对一些表层的会计操纵技术逐渐掌握了其操纵的分寸。不过，一个更加隐蔽、更加富有创新性设计的会计造假技术同样也开始在会计领域中出现了。因此，道高一尺，魔高一丈。内部控制总是在一次次的挫折中前行的。本案例将通过曾经震惊整个全球会计界的美国安然企业利用特殊目的实体（Special Purpose Entity，SPE）实施会计造假的分析来冷观财务报告编制领域的控制

与反控制战役，期待以此给国内会计界一些分析性启示。

一、构造特殊目的实体（Special Purpose Entity，SPE）

SPE 是为了特定目的而构造的虚拟经济主体，是一种金融工具，企业可以通过它在不增加企业资产负债表中负债的情况下融入资金。安然企业为了能为它们高速地扩张筹措资金，利用 SPE 成功地进行表外筹资几十亿美元。但是在会计处理上，安然企业未将两个 SPE 的资产负债纳入合并会计报表进行合并处理，但却将其利润包括在企业的业绩之内。此前的美国会计准则曾经规定，只要非关联方持有权益价值不低于 SPE 资产公允价值的 3%，企业就可以不将其资产和负债纳入合并报表。但是，根据"实质重于形式"的原则，只要企业对 SPE 有实质的控制权和承担相应的风险，就应该将其纳入合并范围。

事后，从安然企业自愿追溯调整有关 SPE 的会计处理看，安然企业显然钻了一般公认会计准则（GAAP）的空子。仅就这两个 SPE，安然企业就通过合并报表高估利润 5 亿美元，少计负债 25 亿美元。

二、构造复杂的企业体系进行关联交易

安然企业创建子公司和合伙企业数量超过 3000 个。之所以创建这些企业主体，无非是为了通过关联交易创造利润。媒体所披露的最典型的关联交易发生在 2001 年第二季度，安然企业把北美 3 个燃气电站卖给了关联企业，市场估计此项交易比公允价值高出 3 亿至 5 亿美元。安然企业还将它的一家生产石油添加剂的工厂以 1.2 亿美元的价格卖给另一个关联企业，而该工厂早在 1999 年被列为"损毁资产"，冲销金额达 4.4 亿美元。安然企业之所以创建这么多复杂的企业体系，拉长控制链条，就是为了通过关联交易自上而下传递风险，自下而上传递报酬，在信息的披露上把水搅混。

三、将未来不确定的收益计入本期收益

安然企业所从事的业务，许多是通过与能源和宽带有关的合约及其他衍生工具获取收益，而这些收益取决于对诸多不确定因素的预期。在 IT 业及通信业持续下滑的情况下，安然只将合约对自己有利的部分计入财务报表，并且未对相关假设予以充分披露。

安然企业通过金融工具、关联企业制造交易的目的主要有两个：一是以较低的成本筹集更多的资金；二是创造收益和利润，维持高企的股价以迎合华尔街的需要。由于发行股票会稀释股权，于是借债成了筹资的主要选择。然而，借债太多会提高资产负债率，影响资信等级，从而提高借债成本，同时也会影响进一步举债。如果不将负债在资产负债表中披露，上述问题就能迎刃而解。安然企业利用会计手段达到了这个目的，但却同时给自己埋下了巨大的隐患。

20世纪90年代，安然企业大量通过资产证券化进行筹资，其手段复杂而巧妙。安然有800多个信托基金，安然将资产委托出去，以资产及资产的收入作为抵押发行债券，发行所得交由安然使用。发行的债券尽管有抵押，但为了保证发行成功，安然又常使用股票作为进一步的担保。例如，对一家负债达24亿美元的鱼鹰基金，安然所签订的合约就有下面两个担保条件：一是安然的股票价格不能低于一定的价位，否则必须购回这些债券；二是安然的债信评级必须满足要求，即如果安然的债信被评到垃圾级以下时，安然必须把这些发出的债券按发行价买回。这两个条件对安然企业是生死攸关的。由于能源市场的波动，2001年10月底，安然的股价跌到30美元以下，安然必须还债的第一个条件达到了。11月8日，其股价跌到10美元以下，美国的标准普尔企业宣布给安然降级，安然必须还债的第二个条件达到了。根据合约，安然必须拿出34亿美元还债，此时，安然已无力回天，只好宣布破产。

上述案例表明，披露虚假会计信息并不能改变企业本身存在的问题，这些问题最终是要败露的。有趣的是，安然问题的败露与虚假信息的曝光相关联。请看2001年发生的事件：2月20日，《财富》杂志称安然企业为"巨大的密不透风"的企业，其企业债务在堆积，而华尔街仍被蒙在鼓里；10月16日，安然企业宣布第三季度亏损6.18亿美元；10月26日，安然企业向美联储主席格林斯潘通报了企业的问题；11月8日，安然企业承认自1997年以来虚报盈利约6亿美元；12月2日，企业股票价格从当年最高每股90美元降至每股26美分，下降99%，安然企业只能选择申请破产。

**核心概念**

财务报告（financial statements）

财务报表附注（financial notes to financial statements）

编制报表（prepare financial statements）

对账（reconciliation）

财务报表常规审计（regular audit of financial statement）

报表分析（statement analysis）

**思考题**

1. 企业编制、对外提供和分析利用财务报告应当关注的风险有哪些？

2. 企业关于财务报告的应用指引着力解决企业财务报告编制、对外提供和分析利用过程中的内部控制，它的主要内容包括什么？

3. 在企业财务报告编制的稽核控制环节中，需重点校验的项目包括什么？

4. 财务报告对外提供前应经过哪些人员的审核？他们审核的目的分别是什么？

5. 企业在财务报表编制准备过程中的控制流程包括什么？

6. 企业在财务报告环节的关键控制点有哪些？

**练习题**

**(一) 单项选择题**

1. 财务报告是指（　　）。

   A. 资产负债表、利润表、现金流量表等财务报表

   B. 资产负债表

   C. 反映企业特定时期的财务状况和某一会计期间经营成果和现金流量的报表

   D. 反映企业特定时期的财务状况和某一会计期间经营成果和现金流量的文件

2. 负责财务报告的编制，对外提供和分析工作的是（　　）总会计师或会计工作负责人。

   A. CFO　　　B. CEO　　　　　　C. CPA　　　　　D. 公司财务顾问

3. 对财务报告的真实性、完整性负责的是（　　）。

   A. CPA　　　B. 财务报告编制人　　C. 总会计师　　D. 企业负责人

4. 企业在编制年度财务报告前，应当进行必要的资产清查、减值测试和（　　）。

   A. 关联方交易审查与核实　　　　B. 债权债务核实

   C. 可持续经营假设的成立与否评定　　D. 资产与负债形式的界定

5. 企业编制合并财务报表时，要明确合并财务报表的合并范围和（　　），如实反映企业的财务状况，经营成果和现金流量。

   A. 合并重要的细节　　　　　　　B. 合并方法

   C. 合并的关联事项　　　　　　　D. 合并过程

6. 财务报告须要由（　　）进行审计。

   A. CPA　　　　　　　　　　　　B. 审计处

   C. 财政局和税务局　　　　　　　D. 国家或地方审计署

7. 在财务分析和利用工作中发挥主导作用的是（　　）。
   A. CFO
   B. 企业广大会计财务人员
   C. 总会计师或分管会计工作负责人
   D. CPA 和 CPA 事务所
8. 企业关注现金流量，重点要关注（　　）。
   A. 保证有足够现金流支付债务和利息
   B. 保证有足够现金流支付职工薪酬与福利
   C. 保证有足够现金流维持企业正常的生产经营
   D. 保证有足够现金流支付企业正常的盈利活动
9. 需要与财务报告一同出具的是（　　）。
   A. 企业的营业执照
   B. 企业的纳税证明
   C. 财务报告的审计报告
   D. 企业重要事项的声明文件
10. 财务报告的总体要求不包括（　　）。
    A. 规范财务报告控制流程
    B. 健全各环节的授权批准制度
    C. 明确责任权限和不相容岗位分离
    D. 加强信息核对
11. （　　）是企业在一定时期经营业绩和某一时点财务状况的"晴雨表"，它综合反映组织经营效果和效率，是其他内部控制制度是否有效运行的综合体现。
    A. 销售业务　　　B. 财务报告　　　C. 资产管理　　　D. 采购业务
12. 在常规财务报表编制控制环节，不包括（　　）。
    A. 编制准备
    B. 编制会计报表及相关内容
    C. 形成财务报告
    D. 对账结账
13. （　　）确保会计控制目标实现的基本条件，也是其他会计控制的基础。
    A. 会计基础控制
    B. 会计机构组织
    C. 差错的更正
    D. 完整性控制
14. （　　）是为实现财务会计数据准确性而实施的控制，包括对原始凭证与记账凭证上记录的经济业务数量、计量单位、填制日期和金额的审核，核对会计凭证的合计金额和会计账簿中的明细账与总账发生额和余额等。
    A. 完整性控制
    B. 准确性控制
    C. 有效性控制
    D. 及时性控制
15. 下列财务指标不属于反应企业的偿债能力和营运能力的有（　　）。
    A. 资产负债率
    B. 流动比率
    C. 每股收益
    D. 资产周转率

## （二）多项选择题

1. 企业编制，对外提供和分析财务报告时，至少需要关注下列哪些风险？（　　）

   A. 编制财务报表违反国家相关的会计与财务法规，导致企业声誉受损

   B. 提供虚假报告，误导财务报告使用者，造成决策失误，干扰市场秩序

   C. 不能有效利用财务报告，难以及时发现企业经营管理中存在的问题，导致企业财务和经营风险失控

   D. 财务报告编制，对外提供和分析的管理混乱，责任不清，流程不明

   E. 财务和商业秘密的被盗

2. 企业编制财务报告时应重点关注（　　）。

   A. 会计政策　　　　B. 会计估计　　　C. 会计属性　　　D. 会计原则

3. 财务数据的使用者主要是依据经过审计的财务报告做出判断，在财务报告中信息披露的准确、完整成为内控制度的关键。因此，企业的经理层应当做到（　　）。

   A. 内部控制信息披露的目的在于表明企业的内部控制是否有效

   B. 企业经理层或董事会对其内部控制进行评估并对外报告，可以改善管理，减少舞弊，从而提升企业价值

   C. 内部控制信息披露对信息使用者的直接效用

   D. 关键计量假设的披露

4. 下列哪些是企业对外财务报告的使用者？（　　）

   A. 政府　　　　　　B. 股东　　　　　C. 投资者　　　　D. 债券与债务人

5. 企业的现金流量一般由下列哪三种活动组成？（　　）

   A. 企业的经营活动　　　　　　　B. 企业的筹资活动

   C. 企业的日常管理活动　　　　　D. 企业的销售活动

6. 下列财务指标反映企业的盈利能力和发展能力的有（　　）。

   A. 资产负债率　　B. 流动比率　　C. 每股收益　　D. 资产周转率

   E. 净资产收益率

7. 财务报告的业务流程包括（　　）。

   A. 制订财务报告编制方案　　　　B. 确定重大事项会计处理方法

   C. 查实资产和负债　　　　　　　D. 编制财务报告

8. 《企业内部控制应用指引第 14 号——财务报告》着力解决企业财务报告编制、对外提供和分析利用过程中的内部控制，其主要内容包括（　　）。

   A. 制定指引的必要性和依据　　　B. 财务报告领域的主要风险

C. 财务报告的范围　　　　　　D. 企业财务报告编制

9. 企业可以通过人工分析或利用计算机信息系统自动检查财务报表之间、财务报表各项目之间的勾稽关系是否正确，重点对下列（　　）项目进行校验。

A. 财务报表内有关项目的对应关系

B. 财务报表中本期与上期有关数字的衔接关系

C. 应收、应付款项

D. 财务报表与附表之间的平衡及勾稽关系

10. 企业总会计师和经理应与负责审计的注册会计师就其所出具的初步审计意见进行沟通，沟通的情况及意见应经企业总会计师和经理签字确认后，及时提交（　　）审议。

A. 会计师事务所　　　　　　B. 审计委员会（或类似机构）

C. CPA　　　　　　　　　　D. 董事会

11. 企业应当重视财务报告分析工作，定期召开财务分析会议，充分利用财务报告反映的综合信息进行透彻的分析，其中包括（　　）。

A. 充分利用财务信息的分析价值　　B. 财务态势解剖深入

C. 收支动态分析深入　　　　　　　D. 资金周转解析到位

12. 财务报表编制准备控制环节中所包括的流程有（　　）。

A. 方案及政策准备　　　　　　B. 账项调整

C. 清产核资　　　　　　　　　D. 编制工作底稿

13. 财务报告对外提供控制环节的流程包括（　　）。

A. 实施审计　　　　　　　　　B. 形成正式文本

C. 报送披露　　　　　　　　　D. 形成财务报告

14. 企业财会部门是财务报告编制的归口管理部门，其职责一般包括（　　）。

A. 收集并汇总有关会计信息　　B. 制订年度财务报告编制方案

C. 编制年度财务报告　　　　　D. 编制半年度财务报告

15. 会计基础控制是确保会计控制目标实现的基本条件，也是其他会计控制的基础，基础控制主要包括（　　）。

A. 完整性控制　　　　　　　　B. 准确性控制

C. 有效性控制　　　　　　　　D. 及时性控制

**（三）判断题**

1. 只有上市公司才需要对外出具财务报表。（　　）

2. 财务报表编制完成后必须加盖公章，并由企业负责人、总会计师和会计负责人、注册会计师的签名方可对外公布。（　　）

3. 上市公司的所有财务状况必须全部公布，不得遗漏和虚增。（  ）

4. 企业债务是一项现时的义务，它的确定一定要遵循权责发生制的原则，但是，要是从谨慎性原则考虑，可以对一些未来预计的负债提前确定。（  ）

5. 上市企业对外公布的财务报表必须经过 CPA 事务所的审计与证监会的批准。（  ）

6. 企业编制财务报告，应当重点关注会计政策和会计估计，对财务报告产生重大影响的交易和事项的处理应当按照规定的权限和程序进行审批。（  ）

7. 企业按照国家统一的会计准则制度规定，根据登记完整、核对无误的会计账簿记录和其他有关资料编制财务报告，不得漏报，但可以随意进行取舍。（  ）

8. 企业在编制年度财务报告前，应当进行必要的资产清查、减值测试和债权债务核实。（  ）

9. 各项资产计价方法不得随意变更，如有减值，应当合理计提减值准备，严禁虚增或虚减资产。各项负债应当反映企业的现时义务，不得提前、推迟或不确认负债，严禁虚增或虚减负债。（  ）

10. 对于报告附注，应该视作财务报告的重要组成部分，对反映企业财务状况、经营成果、现金流量的报表中需要说明的事项，做出真实、完整、清晰的说明。（  ）

11. 需要编制合并财务报表的企业集团，应当按照国家统一的会计准则制度的规定，明确合并财务报表的编制范围，可以随意调整合并报表的编制范围。（  ）

12. 企业发生合并、分立、终止营业和清算等情形的，应当全面清查资产和核实债务，应当按照国家统一的会计准则制度的规定，做出恰当会计判断，选择合理的会计处理方法，编制相应的财务报告。（  ）

13. 企业财务分析会议应吸收有关部门负责人参加，总会计师或分管会计工作的负责人应当在财务分析和利用工作中发挥主导作用。（  ）

14. 企业的内部报告中，不包括企业定期进行财务分析形成的分析报告。（  ）

15. 一般企业的会计岗位有：会计主管、出纳、财产物资核算、工资核算、成本费用核算、收入利润核算、资金核算、往来结算、总账报表、稽核等。这些岗位，可以一人一岗、一人多岗或一岗多人。（  ）

**（四）业务题**

万福生科（湖南）农业开发股份有限公司内部控制评价报告中国证券监督

管理委员会湖南监管局：

我们接受委托对万福生科（湖南）农业开发股份有限公司（以下简称"万福生科"或"公司"）2012年度的财务报表进行审计，根据贵局《关于做好2012年年报工作的通知》的规定，对该公司与财务报表编制相关的内部控制予以必要关注。我们并未与万福生科签订协议针对内部控制发表鉴证意见，而是在开展财务报表审计工作过程中，实施了了解、测试和评价相关内部控制设计的合理性和执行的有效性等我们认为必要的审计程序。内部控制评价虽然参照《中国注册会计师其他鉴证业务准则第3101号》等相关规定进行，但其提供的保证程度低于内部控制鉴证。在审计中我们发现：2012年10月26日公司发布《万福生科（湖南）农业开发股份有限公司关于重要信息披露的补充和2012年中报更正的公告》，2012年中报存在虚假记载和重大遗漏，初步自查公司在2012年半年报中虚增营业收入：187590816.61元、虚增营业成本145558495731元、虚增利润40231595.41元。2013年3月2日万福生科披露《关于重大披露及股票复牌公告》，公司经过自查2008年至2011年累计虚增收入7.4亿元左右，虚增营业利润1.8亿元左右，虚增净利润1.6亿元左右，其中2011年虚增营业收入2.8亿元，虚增营业利润6541.36万元，虚增归属上市公司股东净利润5912.69万元。该等情形表明万福生科未能按照《企业内部控制基本规范》和相关规定保持有效的财务报告内部控制。

中磊会计师事务所有限责任公司 中国注册会计师：邹宏文
中国·北京 中国注册会计师：王越
2013年4月25日

要求：说明万福生科内部控制缺陷属于哪种类型，并阐述该类型内部控制缺陷的认定标准和处理方法。

# 第十章 内部控制评价

【学习目标】通过本章学习,了解企业内部控制评价的定义,熟悉内部控制评价的内容和方法,熟悉内部控制评价责任主体和具体实施主体及其职责,掌握内部控制缺陷认定的种类和标准,掌握内部控制评价工作报告。

> **开篇案例**
> **亚新科工业技术公司内部控制评价难题**
>
> 亚新科工业技术有限公司是一家独立的、中国最大的汽车零部件制造集团之一,其总部位于中国北京,辐射全球,由一支国际化的管理团队和经验丰富的本地经理队伍共同管理。亚新科在国内拥有 13 家制造企业,36 个销售中心,并在美国拥有 2 家制造企业和 1 家销售服务公司。亚新科工业技术公司的发展战略是以中国作为其发展的中心,面向国内市场。其经营战略目标是在其所有的产品领域内被公认为世界的领导者。亚新科公司高层确定了公司独特的经营战略,即建立一个真正的全球性公司,创建世界一流的汽车零部件公司。亚新科作为一家外商投资企业,自 1993 年进入中国以来,由于不熟悉中国国情和当地文化历史背景而遇到许多挫折。1999 年,公司股东和高层根据中国实际经营环境的变化,果断决定将公司从过去的纯投资型企业转为基于技术领先的集团化经营管理型企业。公司积极采用各种现代企业管理手段,强化了对所属企业的经营管理指导和服务,公司业绩稳步上升,发展前景光明。
>
> 亚新科工业技术公司应如何进行内部控制评价?
>
> 案例来源:王保平等. 企业内部控制操作实务与案例分析[M]. 北京:中国财政经济出版社,2010.

# 第一节　内部控制评价概述

## 一、内部控制评价的定义

根据评价指引第二条规定，内部控制评价是指企业董事会或类似权力机构对内部控制的有效性进行全面评价、形成评价结论、出具评价报告的过程。企业应当根据国家有关法律法规和《企业内部控制基本规范》的要求，结合企业实际情况，对战略目标、经营管理效率和效果目标、财务报告及相关信息真实完整目标、资产安全目标、合法合规目标等单个或整体控制目标实现进行评价。

理解内部控制评价的定义应注意以下几点：

1. 该定义明确了企业内部控制建设的责任主体，即董事会（或类似权力机构）是建立健全和实施内部控制评价工作的主要责任方。

2. 该定义明确了内部控制评价的评价内容与评价要求。评价内容为内部控制的有效性，包括财务报告内部控制有效性和非财务报告内部控制有效性。内部控制评价要具有全面性，要求企业的评价工作包括内部控制的设计与运行及涵盖企业及其所属单位的业务和事项，并在此评价基础上，关注主要业务单位、重大业务事项和高风险领域。

3. 执行《基本规范》及企业内部控制配套指引的企业对内部控制的有效性进行自我评价后，必须按照规定的要求披露年度自我评价报告。

## 二、内部控制评价的内容

《企业内部控制基本规范》颁布后，企业内部控制评价有了统一的标准，企业应当针对与实现整体控制目标相关的内部环境、风险评估、控制活动、信息与沟通、内部监督等内部控制要素进行全面、系统、有针对性的评价。各个要素之间是一个多方向、反复的过程，每一个要素都能够影响其他构成要素，最终影响企业内部控制系统运行的有效性。以下列示了这五大要素及其包含的重点评价内容。

（一）内部环境

对企业内部环境的评价应注意评价的焦点是组织架构、发展战略、人力资源、企业文化、社会责任五个方面。具体评价重点包括经营活动的复杂程度、管理权限的集中程度、管理行为守则的健全性和有效性、经理层对逾越既定控制程度的态度、组织文化的内容及组织成员对此的理解与认同、法人治理结构的健全性和有效性、组织各阶层人员的知识与技能、组织架构和职责划分的合理性、重要岗位人员的权责相称程度及其胜任能力、员工聘用程序及培训制度、员工业绩考核与激励机制等。

内部环境是企业实施内部控制的基础，支配着企业全体员工的内控意识，影响着全体员工实施控制活动和履行控制责任的态度、认识和行为。内部环境类应用指引有五项，包括组织架构、发展战略、人力资源、企业文化和社会责任等指引。与以上五项应用指引相对应，控制环境评价主要关注点包括如下：

1. 诚信道德与企业价值观

（1）是否存在行为准则及商业行为、利益冲突、伦理等方面的道德标准，并有效执行；

（2）是否树立了明确的管理风格，包括明确的道德指导和在公司范围内进行沟通指导的程度；

（3）与员工、供应商、客户、投资人、债权人、保险人、竞争对象和审计师等的关系如何；

（4）针对违反政策和道德准则的情况是否采取了适当的措施，采取的措施是否在公司范围内进行了沟通；

（5）管理层对干预或逾越既定控制制度的态度；

（6）是否存在不切实际的目标压力（特别是那些短期目标压力），企业薪酬在多大程度上基于业绩目标的实现。

2. 胜任能力

（1）公司是否存在正式和非正式的工作描述或其他能说明具体工作任务和责任的方式；

（2）公司是否存在对胜任工作所需要知识和技能的分析。

3. 董事会

（1）董事会或审计委员会是否独立于管理层；

（2）必要时是否建立了董事会专门委员会，以特别关注和处理相关重要事件；

（3）董事的知识和经验如何；

（4）董事会（或审计委员会）与首席财务官、会计人员、内部审计和外部审计人员会面的频率和时间；

（5）企业为董事会或专门委员会委员提供信息的及时性和充分性；

（6）董事会如何聘用和终止高级管理人员，是否监督高级管理人员的薪酬

问题;

（7）董事会对"高级管理层基调"的态度和举措；

（8）董事会或审计委员会是否对其所发现的问题采取了相应的行动，包括特殊调查等。

4. 公司治理层的管理理念和经营风格

（1）管理层对待风险的态度，如管理层是否经常介入特别高风险的管理业务，还是在接受风险方面非常保守；

（2）公司关键职能部门（如经营、会计、数据处理、内部审计等部门的人员流动情况）；

（3）管理层对财务等重要职能的态度，以及对财务报告可靠性和资产安全性的关切程度；

（4）公司高级管理层和业务部门管理层相互交流的频率，特别是双方在不同地域时的交流频率；

（5）管理层对财务报告的态度和行动，包括对会计处理争议所持的态度和采取的行动。

5. 公司组织机构

（1）组织结构的适当性，以及其提供管理活动必要信息流的能力；

（2）关键管理者的职责定义，以及他们对自身职责的理解；

（3）关键管理者是否充分具备与履行其相关职责的知识和经验；

（4）组织内部报告关系的适当性；

（5）公司的组织结构如何随环境的变化而变化；

（6）公司员工数量的合理性，特别是管理和监督人员的数量合理性。

6. 权力和责任的分配

（1）如何根据公司目标、经营职能和监管要求分配责任和授权，包括信息系统的责任和授权的变化；

（2）公司与控制相关的标准、程序的适当性，包括员工职责描述；

（3）职员数量的适当性，特别是数据处理和会计职能，这些职员应具备与企业规模、业务活动和系统相适应的技能水平；

（4）授权和所分配的责任是否相吻合。

7. 人力资源政策及实施情况

（1）企业招聘、培训、晋升、薪酬等政策和程序的恰当性；

（2）员工是否意识到他们的工作职责和公司对他们的期望；

（3）对背离既定政策和程序的行为所采取的补救措施的适当性；

(4) 应征员工背景调查的适当性;
(5) 人力政策与相应的道德标准是否一致;
(6) 员工留任和晋升标准的适当性。

(二) 风险评估

企业组织开展风险评估机制评价,应当以《企业内部控制基本规范》有关风险评估的要求以及各项应用指引中所列主要风险为依据,结合本企业的内部控制制度,对日常经营管理过程中的风险识别、风险分析、应对策略等进行认定和评价。对企业风险评估的评价,应注意的是风险评估整体目标的制定、作业层级目标的制定、风险分析和对变化的管理等。具体评价的重点是被评价企业对抗风险的能力和风险管理的具体办法及效果。

企业组织开展风险评估机制评价,应从公司层面目标的制定、业务活动层次目标的制定、风险分析及系统应对变化的能力三方面展开,具体评价的主要关注点如下。

1. 公司层面目标

(1) 公司总体目标设置的合理性、充分性、与公司愿景和期望的相关性;
(2) 公司总体目标沟通与传递方式的有效性;
(3) 公司总体目标与战略计划的关联性和一致性;
(4) 商业计划、预算与公司目标、战略计划及当前情况的一致性。

2. 业务活动层次目标

(1) 业务活动层次的目标与公司目标及战略计划的一致性;
(2) 业务活动层次的目标与其他活动的一致性;
(3) 业务流程与业务活动层次目标的相关性;
(4) 业务活动层次目标的具体性;
(5) 资源充足性;
(6) 是否明确企业整体目标实现的关键成功因素;
(7) 管理层参与制定企业目标以及他们对目标负责的程度。

3. 风险分析及系统应对变化的能力

(1) 企业识别外部风险的机制是否健全;
(2) 企业识别内部风险的机制是否健全;
(3) 是否为业务活动层次的每一个重要目标实现识别相关的重要风险;
(4) 风险分析程序的全面性和相关性,包括估计风险因素的重要程度、评估风险发生的可能性以及决定应采取的行动;
(5) 对于那些影响企业或业务活动目标实现的事件和活动,企业是否存在

一种预见和识别机制,并及时做出适当的反应;

(6)是否存在一种机制识别和处理那些对企业有深远影响的变革,高级管理层是否高度关注。

(三)控制活动

企业组织开展控制活动评价,应当以《企业内部控制基本规范》和各项应用指引中的控制措施为依据,结合本企业的内部控制制度,对相关控制措施的设计和运行情况进行认定和评价。关注对企业的每个作业环节是否都定有适当的必要政策和程序,现有的已确认的控制活动均被适当执行。具体评价的重点是控制活动建立的适当性、控制活动对风险的识别和规避、控制活动对组织目标实现的作用、控制活动执行的有效性。

控制活动是企业为保障管理层的指令有效实施和实现企业目标而建立的政策和程序。各控制活动的评价标准依不同的业务类型而不尽相同,但评价企业控制活动一般应考虑以下因素:控制活动的类型,包括人工控制和自动控制、预防性控制和发现性控制等;控制活动的复杂性,通常与企业的组织机构、市场环境、经营规模、员工素质等相关;实施控制活动需要的职业判断程度;控制活动所针对的风险事项及其重要性;该控制活动对其他控制活动有效性的依赖程度。评价控制活动的主要关注点如下:

(1)企业针对每一项业务活动是否都制定了恰当的控制政策和程序;

(2)已确定的控制政策和程序是否得到持续、恰当的执行。

(四)信息与沟通

企业组织开展信息与沟通评价,应当以内部信息传递、财务报告、信息系统等相关应用指引为依据,结合本企业内部控制制度,对信息收集、处理和传递的及时性、反舞弊机制的健全性、财务报告的真实性、信息系统的安全性,以及利用信息系统实施内部控制的有效性等进行认定和评价。主要关注点包括:就员工的任务和控制责任进行沟通的有效性;建立可用来报告不当、可疑行为的沟通渠道;经理层对员工提出的提高生产力和质量及其他类似的改进建议的接受程度;组织内沟通(如采购活动和生产活动之间的沟通)的适当性,以及信息能使员工有效履行其责任的完整性、及时性和充分性;是否建立了与供应商、销售商及其他外界人士畅通沟通的渠道;外界对本企业的了解程度;经理层从顾客、供应商、管理机构或其他外界团体处获取信息后,所采取的追查行动的及时性和适当性。具体评价的要点:获取财务信息、非财务信息的能力,信息处理的及时性和适当性,信息传递渠道的便捷与畅通,管理信息系统的安全可靠性。

信息与沟通是及时、准确、完整地收集与企业经营管理相关的各种信息，并使这些信息以适当的方式在企业有关层级之间进行及时传递、有效沟通和正确应用的过程，是实施内部控制的重要条件。信息与沟通的评价工作主要集中在信息收集处理和传递的及时性、反舞弊机制的健全性、财务报告的真实性、信息系统的安全性，以及利用信息系统实施内部控制的有效性等方面。评价工作的主要关注点如下：

1. 信息系统

（1）企业是否有效地获取内部和外部信息以向管理层报告企业既定目标的实现情况；

（2）是否及时向适当的人员汇报足够的信息以便他们有效地履行其职责；

（3）信息系统的建立或修改是否基于对信息系统的战略规划并着眼于实现企业各个层次的目标；

（4）管理层是否通过承诺适当的资源，表现出对发展必要的信息系统的支持态度。

2. 沟通

（1）向员工传达其职责和控制责任的有效性；

（2）是否建立了适当的沟通渠道供员工反映他们注意到的可疑问题；

（3）管理层对于员工提出的提高生产效率、质量的建议或其他改进建议的接受能力；

（4）整个企业内部是否充分交流、信息是否完整和及时、信息是否足够满足相关人员有效地履行职责的需要；

（5）是否存在开放、有效的渠道与客户、供应商和外部其他方面经常交流不断变化的客户需求；

（6）外部相关方了解企业道德标准的程度；

（7）在收到客户、供应商、监管者和其他外部人员反映的情况后，管理层是否采取了及时、适当的应对措施。

（五）内部监督

对内部监督的评价包括：日常监督评价、专项监督评价和缺陷报告评价。日常监督是指企业对建立与实施内部控制的情况进行常规、持续的监督检查；专项监督是指在企业发展战略、组织结构、经营活动、业务流程、关键岗位员工等发生较大调整或变化的情况下，对内部控制的某一或者某些方面进行有针对性的监督检查。监督要素还应包括向相关管理人员和董事会上报内控缺陷并采取相关的改进措施。与此相应地，监督评价主要的关注点如下。

1. 日常监督

（1）员工在从事日常活动时，在多大程度上能获知有关内控系统是否正常运作的信息；

（2）外部反映的情况证实内部信息或揭露问题的程度；

（3）企业是否定期将会计系统的记录结果与实物进行核对；

（4）企业是否对内部和外部审计师提出的加强内控措施方面的建议做出响应；

（5）公司培训、筹备会议和其他会议向管理层就内控有效性进行反馈的程度；

（6）是否要求员工定期声明他们是否理解并遵守了企业的行为准则，并且定期执行了重要的控制活动；

（7）公司内部审计活动的有效性。

2. 专项监督

（1）企业对内控系统进行独立评估的范围和频率；

（2）用于评估自身内部控制系统的方法是否合理、恰当；

（3）文档记录的水平的适当性。

3. 缺陷报告

（1）企业是否存在适当的机制汇集并报告发现的内控缺陷；

（2）汇报程序是否恰当；

（3）跟踪追查行动是否适当。

---

**篇中案例 10-1**

**亚新科内控审计评价范围和内容**

在进行内控审计时，亚新科根据本单位及下属企业实际的业务内容并结合内控管理对经营风险防范的相关要求，确定内控审计的评价范围是企业构建的全套内控制度，并将上文提及的88个内控项目按照大类划分为13个业务循环，即综合项目、环保与职工健康安全、内部控制、信用管理、财务报告、销售收款、采购付款、生产物流、法律事务、IT安全、安全保卫、投资管理、人力资源。

内控审计评价的内容是对内控制度的执行有效性进行评价。针对这一目标，对每一个项目首先按照内部控制的5要素（即控制环境、风险评估、控制活动、信息与交流、监督检查）进行分解，然后再将每一个要素分解为具体的评分内容，采用具体的内控审计方法对其进行评价。具体而言，对一个

> 内控项目的审计评价内容主要包括该项管理业务的管理程序建设、人员培训、风险评估、实际风险控制活动的开展情况、文档资料的收集保管、与其他部门的交流等方面,力争全面涵盖该项业务中可能存在的主要风险控制点。
>
> 案例来源:王保平等.企业内部控制操作实务与案例分析[M].北京:中国财政经济出版社,2010.

### 三、内部控制评价的原则与方法

(一)内部控制评价的原则

为确保企业内部控制评价能够定位准确、客观,《企业内部控制评价指引》中规定,企业实施内部控制评价,应当遵循下列原则:

1. 全面性原则

评价工作应当包括内部控制的设计与运行,涵盖企业及其所属单位的各种业务和事项。

2. 重要性原则

评价工作应当在全面评价的基础上,关注重要业务单位、重大业务事项和高风险领域。

3. 客观性原则

评价工作应当准确地揭示经营管理的风险状况,如实反映内部控制设计与运行的有效性。

此外,内部控制评价还应坚持以风险为基础的原则,来促进企业构建以风险为基础的内部控制体系。要求内部控制评价应当以风险评估为基础,根据风险发生的可能性和对企业单个或整体控制目标造成的影响程度来确定需要评价的重点业务企业、重要业务领域或流程环节。

(二)内部控制评价的方法(如图10-1所示)

1. 个别访谈法

它是指企业根据检查评价需要,对被检查企业员工进行单独访谈,以获取有关信息。通过找有关人员谈话,可以调查了解内部控制制度,还可以针对可疑账项或异常情况等向有关人员提出询问。具体的运用流程是:

(1)设计访谈提纲。无论是哪一种形式的访谈,一般在访谈之前都要设计一个访谈提纲,明确访谈的目的和所要获得的信息,列出所要访谈的内容和提问的主要问题。

(2)恰当进行提问。要想通过访谈获取所需资料,对提问有特殊的要求。在表述上要求简单、清楚、明了、准确,并尽可能地适合受访者;在类型上可以有开放型与封闭型、具体型与抽象型、清晰型与混合型之分。另外，适时、适度地追问也十分重要。

（3）准确捕捉信息，及时收集有关资料。访谈法收集资料的主要形式是倾听。倾听可以在不同的层面上进行：在态度上，访谈者应该是"积极关注地听"，而不应该是"表面的或消极地听"；在情感层面上，访谈者要"有感情地听"和"同情地听"，避免"无感情地听"；在认知层面，要随时将受访者所说的话或信息迅速地纳入自己的认知结构中加以理解和同化，必要时还要与对方进行对话，与对方进行平等的交流，共同建构新的认识和意义。

另外，"倾听"还需要特别遵循两个原则：不要轻易地打断对方和容忍沉默。

①适当地做出回应。访谈者不只是提问和倾听，还需要将自己的态度、意向和想法及时地传递给对方。回应的方式多种多样，可以是诸如"对""是吗？""很好"等言语行为，也可以是点头、微笑等非言语行为，还可以是重复、重组和总结。

②及时做好访谈记录，一般还要录音或录像。

2. 调查问卷法

它是指通过对某一控制活动全过程通过设计调查问卷的方法来评估其执行情况。

3. 专题讨论会法

它是指通过召集与业务流程相关的管理人员就业务流程的特定项目或具体问题进行讨论及评估的一种方法。

4. 穿行测试法

它是指通过抽取一份全过程的文件，来了解整个业务流程执行情况的评估评价方法。

5. 实地查验法

它是指企业对财产进行盘点、清查，以及对存货出、入库等控制环节进行现场查验。

进行实地查验首先要有计划、明确目的，一般情况下，实地查验要和纳税评估结合起来进行的，在实地查验过程中要尽量取得企业生产经营的第一手资料，资料要详细、准确。

6. 抽样法

它是指企业针对具体的内部控制业务流程，按照业务发生频率及固有风险的高低，从确定的抽样总体中抽取一定比例的业务样本，对业务样本的符合性进行判断，进而对业务流程控制运行的有效性做出评价。

7. 比较分析法

它是指通过分析、比较数据间的关系、趋势或比率来取得评价证据的方法。常用的计算及比较包括下列各类：

（1）绝对额比较。例如，将本期金额（如某账户余额）和预期金额进行简单比较等。

（2）共同比财务报表，也称垂直分析。它是指先计算出某财务报表的各组成要素占有关总额的百分比（例如，现金占总资产的百分比、毛利占销售收入的百分比），再将此比例与预期数比较。

（3）比率分析。它是注册会计师和财务分析人员常用的分析方法。此方法要求先计算出各种比率，再将其与预期比率进行比较。对计算出来的比率可单独分析，也可归类（如偿债能力、效率及获利比率等）分析。

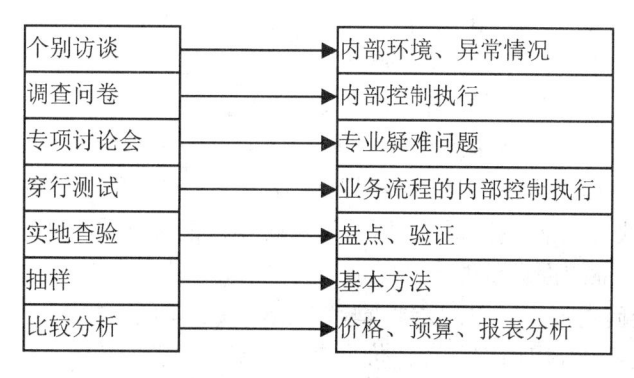

| 方法 | 内容 |
| --- | --- |
| 个别访谈 | 内部环境、异常情况 |
| 调查问卷 | 内部控制执行 |
| 专项讨论会 | 专业疑难问题 |
| 穿行测试 | 业务流程的内部控制执行 |
| 实地查验 | 盘点、验证 |
| 抽样 | 基本方法 |
| 比较分析 | 价格、预算、报表分析 |

图 10-1　企业内部控制评价方法

---

**篇中案例 10-2**

**亚新科内控评价标准和方法**

在对内控制度进行评价时，确定适当的评价标准非常重要。实务中有几种内控评价标准模式被采用。一种是 COSO 报告中的 5 个要素标准，即将内控项目按 COSO 五个要素进行细分，再按照 COSO 中每一要素的必要条款确定评价标准；第二种是采用一般标准和具体标准作为评价标准，其中的一般标准主要指内控制度的完整、合理和有效性，而具体标准又可以划分为要素标准和作业标准；第三种模式是结果评价标准和过程评价标准，其中结果评价标准主要是考核内控目标的达到程度，而过程评价标准主要指内控执行过程中的有效程度如何。

亚新科在选用内控评价标准时，采用的是以 COSO 报告的 5 个要素所要求具备的基本条款作为评价标准。在对内控项目进行评价时，以现场抽样调查为主，辅以访谈、计算核实、观察、检查等手段，实际工作时将根据具体的评价项目和内容确定。

案例来源：王保平等. 企业内部控制操作实务与案例分析[M]. 北京：中国财政经济出版社，2010.

【课堂练习10-1】

1. 根据评价指引的要求，下列属于内部控制评价应遵循的原则有（　　）。
   A. 全面性原则　　B. 重要性原则　　C. 客观性原则　　D. 适宜性原则
2. 评价工作组科综合运用（　　）等评价方法，收集被评价单位内部控制设计与运行是否有效的证据。
   A. 专题讨论　　B. 穿行测试　　C. 抽样　　D. 比较分析
3. （　　）是企业对内部控制建立与实施情况进行监督检查，评价内部控制的有效性，发现内部控制缺陷，应当及时加以改进。
   A. 内部环境　　B. 控制活动　　C. 信息与沟通　　D. 内部监督
4. 评价工作组可综合运用不同评价方法收集被评价单位内部控制设计与运行是否有效的证据，按要求填写工作底稿、记录有关测试结果。下列选项中，多用于企业层面评价的方法是（　　）。
   A. 调查问卷　　B. 实地查验　　C. 审阅与检查　　D. 个别访谈
5. 企业组织开展内部环境评价，应当以相关指引为依据，结合本企业的内部控制制度，对内部环境的设计与实际运行情况进行认定和评价。下列属于内部环境评价依据的是（　　）。
   A. 组织架构　　B. 发展战略　　C. 财务报告　　D. 企业文化

## 第二节　内部控制评价的组织与实施

企业内部控制评价是一项难度非常大的工作，需要强有力的组织保障。显然，这应该是企业最高级次的组织和人员进行总体负责。所以，《企业内部控制评价指引》第四条规定"企业董事会应当对内部控制评价报告的真实性负责"。

在具体执行过程中，企业应该成立专门的内部评价机构对内部控制进行评价。如果成立专门机构的条件不够，也可以将内部控制评价的工作授权给内部监督部门，即内部审计部门进行。

## 一、内部控制评价的责任主体及其职责

评价指引第一条规定,本指引所称内部控制评价,是指企业董事会或类似权力机构对内部控制的有效性进行全面评价、形成评价结论、出具评价报告的过程。内部控制评价的主体是董事会或类似的权力机构,是指董事会或类似的权力机构是内部控制设计和运行的责任主体。董事会可指定审计委员会来承担对内部控制评价的组织、领导、监督职责,并通过授权内部审计部门或独立的内部控制评价机构执行内部控制评价的具体工作,但董事会仍对内部控制评价承担最终的责任,对内部控制评价报告的真实性负责。对内部控制的设计和运行的有效性进行自我评价并对外披露是管理层解除受托责任的一种方式,董事会可以聘请会计师事务所对其内部控制的有效性进行审计,但其承担的责任不能因此减轻或消除。

## 二、内部控制评价的具体组织实施主体及其职责

评价指引第十二条规定,企业可以授权内部审计部门或专门机构(以下简称内部控制评价部门)负责内部控制评价的具体组织实施工作。

评价指引第十四条规定,企业内部控制评价部门应当根据经批准的评价方案,组成内部控制评价工作组,具体实施内部控制评价工作。评价工作组应当吸收企业内部相关机构熟悉情况的业务骨干参加。评价工作组成员对本部门的内部控制评价工作应当实行回避制度。企业也可以委托中介机构实施内部控制评价。为企业提供内部控制审计服务的会计师事务所,不得同时为同一企业提供内部控制评价服务。

从以上规定中可以总结出企业实行内部控制评价的组织架构,即实行董事会(或类似权力机构)领导负责、内部审计部门组织实施、评价工作组(可以是委托中介机构)具体执行的内部控制评价组织制度。

依据评价指引,企业可以授权内部控制评价部门负责内部控制评价的具体组织实施工作。为了确保内部控制评价机构职能的有效发挥,内部控制评价机构的设置必须具备一定的条件:

(1)能够独立行使对内部控制系统建立与运行过程及结果进行监督的权力;

(2)具备与监督和评价内部控制系统相适应的专业胜任能力和职业道德素养;

(3)与企业其他职能机构就监督与评价内部控制系统方面应当保持协调一

致，在工作中相互配合、相互制约，在效率上满足企业对内部控制系统进行监督与评价所提出的有关要求；

（4）能够得到企业董事会和经理层的支持，通常直接接受董事会及其审计委员会的领导和监事会的监督，有足够的权威性来保证内部控制评价工作的顺利开展。

内部控制评价部门或机构应根据内部监督情况和要求，制定评价工作方案，明确评价范围、工作任务、人员组织、进度安排和费用预算等相关内容，报董事会其他授权审批后实施。这是一个进行内部控制评估前的全面计划，提供内部控制评价的效率和效果。

评价工作组具体承担执行内部控制评价工作，接受内部控制评价机构的领导。内部控制评价机构根据评价方案的内容与性质设置评价工作组。评价工作组一般由具备独立性、业务胜任能力、职业道德素养的业务骨干组成。评价工作组成员对本部门的内部控制评价工作应当实行回避制度。企业也可以委托中介机构作为评价工作组实施内部控制评价，但为企业提供内部控制审计服务的会计师事务所，不得同时为同一企业提供内部控制评价服务。

### 三、其他相关部门及其职责

企业财务部门、业务部门、法律部门等在内的所有职能部门是进行内部控制自我评价的具体执行者，对各项业务内部控制的执行情况进行检查和评价，写出检查报告，对各项业务提出内部控制建议，对违反内部控制的部门和人员提出处理意见。

一是发现了一些风险源，及时堵漏，防范了风险。由于内控评价突出风险控制这个核心，关注内控的充分性和有效性，因此发现了一些以往易被忽视的风险环节，对这些风险点，认真分析了可能引发的后果，并积极与被评价部门沟通，提出了改进建议。

二是职能部门内控制度进一步完善。内控评价以后，被评价的职能部门都对照内控制度"有效性、审慎性、全面性、及时性"的要求清理完善了现有的各项内控制度，使得业务处理进一步规范，制度的激励约束作用进一步显现。

三是推动了内控建设内控评价工作使得全体各级员工对内部控制的必要性和重要性的认识有了进一步提高，对内控的目的、原则、要求和框架有了更深刻的理解，也明确了自身在内部控制中所承担的责任，初步建立相关部门相互制约、内审再监督的内控防线。

四是提高了内审工作的有效性。内审的主要职能是识别风险并确保风险得到有效的控制，较好地体现了"风险导向审计"这一现代国际内审发展趋势在内控评价中，应用科学的审计方法，分析管理的过程能否为控制目标的实现提供合理的保证，注重对内控的健全性评价和符合性测试，提高了审计质量，也极大地提高了审计效率。

【课堂练习 10-2】

1. 企业（　　）应当对内部控制评价报告的真实性负责。
   A. 总经理　　　B. 董事会　　　C. 评价部门或机构　　　D. 评价工作组
2. 属于内部控制评价部门或机构应具备的条件有（　　）。
   A. 能够独立行使对内部控制系统建立与运行过程及结果进行监督的权力
   B. 具备与监督和评价内部控制系统相适应的专业胜任能力和职业道德素养
   C. 与企业其他职能机构就监督与评价内部控制系统方面应当保持协调一致
   D. 能够得到企业董事会和经理层的支持

## 第三节　内部控制缺陷的认定

### 一、内部控制缺陷的定义和种类

内部控制缺陷，是指当内部控制的设计或运行不允许管理层或雇员实施他们的职能来及时防止错误与舞弊的发生，从而发生了内部控制缺陷。内部控制缺陷一般可分为设计缺陷和运行缺陷。设计缺陷是指缺少为实现控制目标所必需的控制，或现存控制设计不适当、即使正常运行也难以实现控制目标。运行缺陷是指现存设计完好的控制没有按设计意图运行，或执行者没有获得必要授权或缺乏胜任能力以有效地实施控制。

（一）设计缺陷

设计缺陷是指缺少为实现控制目标所必需的控制，或现存控制设计不适当，即使正常运行也难以实现控制目标。内部控制不健全是指缺少实现内控目标必需的控制，即在企业生产经营活动过程中的某些环节、某些方面无章可循。这种情况长期下去，势必会导致经营秩序混乱、账目不清、决策失误，降低企业的抗风险能力，甚至使企业最终破产倒闭。内部控制制度不适当是指现有内控设计不合理，以致于即使按设计运行，通常也无法实现内控目标。企业建立的内部控制制度不符合企业生产经营活动的实际情况，或生搬硬套其他企业的内部控制制度，或内部控制度陈旧过时，不能适应变化了的内控环境的需要，都属于内部控制不适当。

（二）运行缺陷

运行缺陷是指现存设计完好的控制没有按设计意图运行，或执行者没有获得必要授权或缺乏胜任能力以有效地实施控制。有些企业表面上似乎建立健全了企业内部控制制度，但往往只是写在纸上、挂在墙上，形同虚设，这种现象在相当一部分企业中存在。此外，企业内部普遍存在授权不明、权责不清的情况，这也是内部控制不能有效运行的重要原因。内部控制在我国的发展比较快，但是人员素质还没跟上，员工必要的胜任能力不够，这在中小型企业中还是比较普遍的现象。

## 二、内部控制缺陷的认定标准

企业在日常监督、专项监督和年度评价工作中，应当充分发挥内部控制评价工作组的作用。内部控制评价工作组应当根据现场测试获取的证据，对内部控制缺陷进行初步认定。

企业对内部控制评价过程中发现的问题，应当从定性和定量等方面进行衡量，判断是否构成内部控制缺陷，以及缺陷是属于一般缺陷、重要缺陷还是重大缺陷（或称实质性漏洞）。美国上市公司会计监管委员会（PCAOB）审计准则第2号指出审计师必须评估已发现的控制缺陷，并且决定这些缺陷单独或累加之后，是否是重要缺陷或实质性漏洞。根据缺陷对企业影响的严重程度可以分为三类：

（一）重大缺陷

重大缺陷是指一个或多个控制缺陷的组合，可能导致企业严重偏离控制目标，进而导致企业无法及时防范或发现严重偏离整体控制目标的情形。例如，有关漏洞为企业带来重大的损失或造成企业财务报表重大的错报、漏报。

（二）重要缺陷

重要缺陷是指一个或多个控制缺陷的组合，其严重程度和经济后果低于重大缺陷，但仍有可能导致企业偏离控制目标，需引起管理层关注。例如，有关缺陷造成的负面影响在部分区域流传，为公司声誉带来损害。

（三）一般缺陷

一般缺陷是指除重大缺陷、重要缺陷之外的其他缺陷。

内部控制评价部门或机构和管理层应当合理确定相关目标发生偏差的可容忍水平，从而对严重偏离的情形予以确认。

表 10-1 控制缺陷类型

| 缺陷的分类 | 错报的可能性 | 错报的影响程度 |
|---|---|---|
| 一般缺陷 | 极小可能 | 一般 |
| 重要缺陷 | 可能或很可能 | 介于重大缺陷与一般缺陷之间 |
| 重大缺陷 | 可能或很可能 | 严重影响 |

对缺陷的严重性进行评估应当包括定量和定性两个方面。

企业判断和认定内部控制缺陷是否构成重大缺陷，应当考虑下列因素：①影响整体控制目标实现的多个一般缺陷的组合是否构成重大缺陷。②针对同一细化控制目标所采取的不同控制活动之间的相互作用。③针对同一细化控制目标是否存在其他补偿性控制活动。

定量分析是指对事物进行数量测定和量化处理。定量方面的考虑与财务报表审计中的考虑基本相同，即对于财务报告内部控制未能防止或发现的单独或累加后的错报，是否对财务报表定量方面产生了重大影响。也就是说，定量分析要求评估人员从问题可能引起的年报以及中报的潜在错报、漏报入手，从数量方面对缺陷进行界定。

在实际操作中，企业可以参考企业会计准则和审计准则的相关规定。我国在《企业会计准则第13号——或有事项》应用指南中规定："基本确定"为大于95%但小于100%；"很可能"为大于50%但小于或等于95%；"可能"为大于5%但小于或等于50%；"极小可能"为大于0但小于或等于5%。

《中国注册会计师审计准则第1221号——重要性》指南对重要性做出了一般性的规定，达到以下指标的具有重要性：①对以营利为目的的企业，来自经常性业务的税前利润或税后净利润的5%，或总收入的0.5%。②对非营利组织，费用总额或总收入的0.5%。③对共同基金公司，净资产的0.5%。

此外，审计实务中用来判定重要性水平的一些参考数据主要有：税前净利润的5%～10%；资产总额的0.5%～1%；净资产的1%；营业收入的0.5%～1%。从数量上看，对报表的影响达到以上指标且可能或很可能发生的缺陷属于重要缺陷或重大缺陷。在重要缺陷和重大缺陷的区分上，企业可以根据自身的情况和风险承受能力来确定。没有达到以上指标的缺陷属于一般性缺陷。

### 三、内部控制缺陷的认定步骤

根据评价指引第四章内部控制缺陷的认定的有关规定，可以总结得出企业内部控制缺陷的认定流程，具体如下：

## （一）评价工作组初步认定阶段

该阶段，内部控制评价工作组根据现场测试获取的证据，对内部控制缺陷进行初步认定，并按其影响程度分为重大缺陷、重要缺陷和一般缺陷。

## （二）工作组负责人审核阶段

一方面，企业内部控制评价工作组依据评价质量交叉复核制度对评价结果进行复核；另一方面，评价工作组负责人对评价工作底稿进行严格审核，并对所认定的评价结果签字确认后，提交企业内部控制评价部门。

## （三）内部控制评价部门综合分析全面复核阶段

该阶段，企业内部控制评价部门应当编制内部控制缺陷认定汇总表，结合日常监督和专项监督发现的内部控制缺陷及其持续改进情况，对内部控制缺陷及其成因、表现形式和影响程度进行综合分析和全面复核，提出认定意见，并以适当的形式向董事会、监事会或者经理层报告。重大缺陷应当由董事会予以最终认定。企业对于认定的重大缺陷，应当及时采取应对策略，切实将风险控制在可承受度之内，并追究有关部门或相关人员的责任。

【课堂练习 10-3】

1. 按照内部控制缺陷的本质分类，可以把内部控制缺陷分为（　　）。
A. 设计缺陷　　　B. 运行缺陷　　　C. 重大缺陷　　　D. 重要缺陷

2. 内部控制的设计缺陷是指（　　）。
A. 缺少为实现控制目标所必须的控制
B. 现有控制设计不恰当，即使正常运行也难以实现控制目标
C. 设计恰当的控制没有按设计意图运行
D. 执行人员缺乏必要授权或专业胜任能力，无法有效实施控制

3. 甲公司在内部控制自评中发现，多项业务流程和控制手段存在缺陷或风险隐患。有些属于设计缺陷，有些属于运行缺陷，下面情况中，属于运行缺陷的是（　　）。
A. 规定更换库房保管员时盘点核实库存，但没有规定要交接双方一同进行
B. 规定使用清澈的酒精溶液清洗容器，但未提供酒精溶液清澈的判断标准
C. 规定要对大宗物料供应商实地考察，但对必须考察生产现场则缺少核实办法
D. 规定审核研发产品的技术先进性，但研发人员并不提供技术先进性的证据及证明

4. 下列有关内部控制评价说法错误的是（  ）。

A. 企业应当按照制定评价方案、实施评价活动、编制评价报告等程序开展内部控制评价

B. 内部控制有效性是企业建立与实施内部控制能够为控制目标的实现提供合理保证

C. 内部控制缺陷按其本质可分为设计缺陷和运行缺陷

D. 企业实施内部控制评价，仅包括对内部控制有效性的评价，不包括对运行有效性的评价

## 第四节  内部控制评价工作底稿与报告

### 一、内部控制评价底稿

在实际工作中，评价底稿一般是通过一系列的评价表格来实现的。一般来说，评价底稿包括业务流程评价表、控制要素评价表、内部控制评价汇总表三个层次，其中，业务流程评价表形成控制要素评价表的"控制活动要素评价"部分，控制要素评价表连同内部控制缺陷汇总表一起构成内部控制评价汇总表，内部控制评价汇总表是形成内部控制报告的直接依据。

（一）业务流程评价表

企业的经营活动涉及多个业务流程，包括采购业务流程、销售业务流程、工程项目流程、担保业务流程等。企业应根据其自身业务特点，设计合理的业务流程模块，由相对独立的评价小组对每个业务流程进行测试与评价，形成业务流程评价表。各类业务流程评价应包括设计有效性和运行有效性。各业务流程评价表应包括评价指标（对控制点的描述）、评价标准（检查是否符合控制要求）、评价证据（如××规定或实施办法或抽取的样本对应的凭证号等）、评价结果（评价得分）、未有效执行的原因等。

（二）控制要素评价表

控制要素评价表包括内部环境评价表、风险评估评价表、控制活动评价表、信息与沟通评价表、内部监控评价表。其中，内部环境评价表、风险评估评价表、信息与沟通评价表、内部监控评价表都是根据现场评价结果直接形成的，而控制活动评价表是在对各业务流程评价表的基础上汇总而成的。内部控制要素评价表的内容包括评价指标、评价标准、评价结果、评价得分等。

### （三）内部控制评价汇总表

内部控制汇总表包括以下几个部分：内部环境评价及其评分；风险评估评价及其评分；控制活动评价及其评分；信息与沟通评价及其评分；内部监控评价及其评分；缺陷的认定；综合评价得分。内部控制评价汇总表是在内部控制五大要素评价表的基础上汇总形成的，并将缺陷的认定单列项目，作为最后评价得分的减项。为了更清楚地了解缺陷的基本情况，应分类反映缺陷数量、等级等项目。

## 二、内部控制评价报告

### （一）内部控制评价报告的质量特征

为了更好地发挥内部控制评价报告的作用，有效揭示和防范企业风险，内部控制评价报告应具备一些基本的质量特征。这些质量特征主要从内容质量和表述质量等方面对评价报告做出了规定与要求。主要质量特征如下：

#### 1. 相关性

信息的价值在于与决策相关，满足不同信息使用者的决策使用。相关的内部控制信息不仅应该反映公司内部控制的建立和执行情况，而且还要针对公司内部控制的缺陷提出可行的改进建议，以发挥其对提高内部控制、改善经营管理、提高经济效益的作用，促进组织目标的实现。如果内部控制信息提供以后，没有满足外部信息使用者的需要，对投资者的决策没有什么作用，就不具有相关性。

#### 2. 可靠性

内部控制评价报告应该实事求是，既不夸大，也不缩小，客观公正地反映公司内部控制的情况。报告所描述的内容都应该以充分的事实为依据，根据内部控制评价的标准做出；报告所做出的意见都应该是符合客观实际的，没有出于个人的好恶而做出有失公正的结论；报告应对评价过程中所发现的业绩如实地加以反映，所发现的问题要揭示其真相，分析其原因。当信息没有重要错误或偏向，并且能够如实反映其拟反映或该反映的情况供使用者做依据时，信息就具备了可靠性。

#### 3. 可比性

公司提供的内部控制报告应当按照国家相关部门制定的内部控制评价标准进行评价，并按照规定的统一格式进行披露，以便于不同公司之间信息的可比和同一公司在不同时期信息的可比。

4. 清晰性

它要求内部控制报告易于理解和富有逻辑性。报告中，力求语言清晰观点清楚，尽量避免使用不必要的技术术语，各段内容要层次分明，有逻辑联系。报告既要简明扼要、文字简练，又要完整地表达公司管理当局的观点，防止空泛的议论和对琐事进行阐述，力避行文冗长费解。

5. 完整性

要求管理当局不得在内部控制报告中故意隐瞒或有重大遗漏的事项：公司不仅要按照规定的格式编制内部控制报告，做到要素齐全、格式规范。而且披露的信息不应遗漏按照规定必须列报的所有项目，尽可能披露对信息使用者决策有用的、并非法定披露的其他事项和情况，充分评价公司内部控制的完整性、合理性和有效性。

6. 重要性

重要性是指当一项信息被遗漏或错误地表达时，可能影响依赖该信息的人所做出的判断。如果该项内部控制信息的重要性大到足以影响投资者决策，那么公司应当要对其进行披露。内部控制报告披露的内容应当充分考虑对公司内部控制的重要性和风险水平。

（二）内部控制评价报告披露内容

内部控制评价报告是内部控制评价工作的重要组成部分。内部控制评价报告就是企业董事会或类似权力机构以报告的形式对内部控制评价状况出具评价意见，并提供给相关信息使用者的一种书面文件。

《企业内部控制评价指引》要求董事会应根据内部控制检查监督工作报告及相关信息，评价公司内部控制的建立和实施情况，形成内部控制自我评估报告，并分别对内容做出了规定。美国2002年颁布的《萨班斯-奥克斯利法案》强制要求公众公司年度报告中应包含内部控制报告及其评价，并要求会计师事务所对公司经理层做出的评价出具鉴证报告。但是，国内外对内部控制自我评估报告的格式并没有统一，只是对必要的内容做了规定。内部控制评价报告至少应当披露下列内容：

（1）董事会对内部控制报告真实性的声明。实质就是董事会全体成员对内部控制有效性负责。

（2）内部控制评价工作的总体情况，即概要说明。

（3）内部控制评价的依据，一般至《内控规范》《评价指引》及企业在此基础上制定的评价办法。

（4）内部控制评价的范围，描述内部控制评价所涵盖的被评价单位，以及纳入评价范围的业务事项。

（5）内部控制评价的程序和方法。

（6）内部控制缺陷及其认定情况，主要描述适用于企业的内部控制缺陷具体认定标准，并声明与以前年度保持一致，同时，根据内部控制缺陷认定标准，确定评价期末存在的重大缺陷、重要缺陷和一般缺陷。

（7）内部控制缺陷的整改情况及重大缺陷拟采取的整改措施。

（8）内部控制有效性的结论，对不存在重大缺陷的情形，出具评价期末内部控制有效结论，对存在重大缺陷的情形，不得做出内部控制有效的结论，并需描述该重大缺陷的成因、表现形式及其对实现相关控制目标的重要程度。

（三）内部控制评价报告对外披露注意的重要事项

按照《评价指引》规定，企业应根据年度内部控制评价结果，结合内部控制评价工作的底稿和内部控制缺陷汇总表等资料，及时编制内部控制评价报告。内部控制评价报告应当报董事会或类似权利机构批准后对外披露或报送相关部门。企业应当以12月31日作为年度内部控制评价报告的基准日，并于基准日后4个月内报出内部控制评价报告。

对于基准日至内部控制评价报告发出日之间发生的影响内部控制有效性的因素，企业应当根据其性质和影响程度对评价结论进行相应调整。

【课堂练习10-4】

1. 下列关于企业内部控制评价报告的披露或报送的说法中正确的是（　　）。

A. 企业董事会或类似权利机构应当对内部控制评价报告的真实性负责

B. 企业应当以12月31日作为年度内部控制评价报告的基准日

C. 企业应当于评价报告的基准日后4个月内报出内部控制评价报告

D. 对于评价报告的基准日至内部控制评价报告发出日之间发生的事情，企业应当对评价结论进行调整

2. 内部控制评价报告一般应当包括（　　）。

A. 评价范围和程序的说明

B. 发现的内部控制缺陷及原因分析

C. 对重大缺陷的说明及其不利影响的分析

D. 针对内部控制缺陷提出的补救措施

3. 内部控制评价报告的主要内容不包括（　　）。

A. 评价范围和程序

B. 重大缺陷拟采取的整改措施

C. 财务报表审计意见
D. 内部控制缺陷及其认定情况

**本章小结**

内部控制自我评价是由企业董事会和管理层实施的。进行评价的具体内容应围绕《基本规范》提及的内部控制五要素，即内部环境、风险评估、控制活动、信息与沟通、内部监督，以及《基本规范》及《应用指引》中的内容。内部控制评价应遵循全面性、重要性、客观性的原则，运用个别访谈、调查问卷、专题讨论、穿行测试、实地查验、抽样和比较分析等评价方法，收集被评价单位内部控制设计与运行是否有效的证据，按照要求填写工作底稿、记录有关测试结果。如果发现内部控制出现缺陷，则需与管理层沟通，对有关缺陷进行认定并进行记录。

内部控制缺陷按其本质的不同可以分为设计缺陷和运行缺陷。企业在日常监督、专项监督和年度评价工作中，应当充分发挥内部控制评价工作组的作用。内部控制评价工作组应当根据现场测试获取的证据，对内部控制缺陷进行初步认定，并按其影响程度分为重大缺陷、重要缺陷和一般缺陷。按照《评价指引》规定，企业应当根据年度内部控制评价结果，结合内部控制评价工作的底稿和内部控制缺陷汇总表等资料，及时编制内部控制评价报告。

---

**篇后案例**

**内部控制评价在 TL 石油公司的应用**

一、背景介绍

TL 石油服务公司，是我国一家大型石油企业的下属子公司，成立于 1997 年，经过 10 多年的不断努力，已发展成为一家具有丰富作业经验的石油服务公司。公司的服务涉及石油及天然气勘探、开发及生产的各个阶段，从最初的主要为集团内其他石油公司提供设备租赁及技术服务业务，发展到与国内其他石油服务企业竞标项目，独立经营、自负盈亏，其业务分为钻井服务、油井技术服务、船舶服务、物探勘察服务四大板块，业务范围遍及全国各地。

目前公司具有一套内部质量控制制度，其内部控制制度为公司成立之初，参照集团公司的内部控制制度制定，其操作规程都较为粗放，缺乏详尽的、具有很强操作性的岗位操作流程。在进行此次内部控制自我评价之前，公司的内部控制是由集团公司的内审人员与本公司内审人员于每年末评价一次。

随着公司的业务开展，公司规模不断地发展壮大，负责的项目也越来多。公司管理层逐渐认识到，提高管理水平，发现内部控制中的不足，改善内部控制制度是公司发展和治理的需要。

TL石油服务公司由于其业务的特殊性，面临的经营风险和操作风险也比较大，企业的风险意识并没有提到应有的高度，缺乏有效的风险管理机制，因此，对风险进行管理和控制是至关重要的。公司管理层决定在2008年3月份，对内部控制进行一次全面系统的自我评价。

二、实施过程

首先，由公司的高层管理人员同外部审计顾问共同研究，设计了一份内部控制调查问卷。问卷的第一部分问题主要围绕公司的控制环境、风险评估、控制活动、信息与沟通、监督这五个方面，第二部分是有针对性地提出问题。在公司的各个部门下发，问卷的问题较为简单，要求员工按自己的观察和了解回答"是""否""有""无"即可，公司有将近70%人员完成并提交了问卷。

注册会计师对公司的财务记账流程、资产管理流程、人员服务流程等进行了穿行测试，公司管理层和审计人员根据收集到的问卷和穿行测试的结果确定了本次需重点评价的部门——工程服务部、财务部和人力资源部。

评价小组由审计顾问、公司高层管理人员、关键控制点的工作人员组成。工作人员中有半数以上来自本次需要重点评价的三个部门。考虑到初次实施内部控制自我评价，再召开研讨会前，审计顾问对评价小组的其他成员召开了一次培训会议，主要讲解了内部控制评价方法的理念、实施过程、需要注意的问题及在实施过程中各成员积极参与的重要作用，管理人员在会议上明确表示，希望大家能够积极配合，各抒己见，切实发挥本次自我评价的作用，及时的发现问题，并找到解决问题的方案。

研讨会由审计顾问担当引导，在每次召开研讨会前，都会向参加人员提供本次讨论需要关注的重要问题，同时审计顾问和管理人员根据本次会议讨论发现的问题，对下次的讨论计划做适当调整。会议安排专人进行记录，首先由审计顾问发言，介绍本次会议的讨论方向和关注点，引导小组成员进行讨论，讨论后每位成员就讨论的问题进行一次总结发言，为避免某些敏感问题小组成员不敢提出或发现问题的成员没有机会参加研讨会，公司在会议室外设了一个意见箱，员工可以用匿名的方式反映所发现的问题。

本次研讨会中重点关注两个层次的问题，一个是控制层面的，一个是业务流程层面的，大家针对高风险区域及控制的薄弱环节展开讨论，讨论过程中，小组成员就自己所熟悉的业务、发现的问题进行了相互交流，并对某些问题提出了看法和解决方案，这不仅是一个发现问题、解决问题的过程，也是一个大家学习的过程，通过讨论，小组成员对企业的控制及业务流程方面更加熟悉，也有利于管理者对以后改进措施推广实施。企业在实施内部控制自我评价的过程中，充分尊重员工的意见，调动了大家的积极性，员工的归属感大大增强。

研讨会结束后，评价小组根据讨论的情况出具了内部控制自我评价报告，将风险分为"A""B""C""D""E"五个等级，"A"为最高风险等级，"E"为最低风险等级，评价小组针对讨论的几个方面分别划分的适当的风险等级，并将讨论的改进措施落实到具体的责任人及整改时间。

整改措施的落实是企业实行内部控制自我评价的最终意义所在，为促进整改措施的落实，审计人员会对以后的落实情况进行追踪调查，同时企业也保留了意见箱，鼓励公司员工积极反映工作中发现的问题，并为完善企业的制度措施献计献策。

三、工作成果

企业通过实施内部控制自我评价，确实发现了很多内控的不足，经过讨论，评价小组修改和健全了企业内部控制制度，并针对发现的问题提出了解决方案。如公司目前没有独立的审计部门，内审人员隶属财务部，甚至兼任财务工作，内部审计人员的独立性较差，随着企业的壮大，迫切需要建立一个独立的内部审计部门，内部审计部门独立于管理层，归公司董事会直接领导。财务部门从企业成立之初，除人员变动外，没有实行过轮岗制度，目前公司在保证岗位牵制和不相容岗位分离的前提下，在财务部有计划地实行轮岗制度并安排好财务人员的培训。工程服务部的人员也提出了不少问题，如在交接岗位时，后接班的人员对工作进展情况缺少了解，进展情况一般是工作人员之间的口头传达，仪器设备的调整变更情况不能及时传达给全部的工作人员，这会导致操作风险加大，解决方案是取消口头传达，工作人员在交接时要填写操作情况报告，仪器设备的调整要记录在案并及时更新，变动要通知到所有有关的工作人员。人力资源部与工程部合作，派有经验的工程师参与新入职工人员的培训工作，同时为了确保安全，工作经验不满两年的新人佩戴橙色安全帽，区别与工程师的红色安全帽。

案例来源：企业内部控制编审委员会.企业内部控制基本规范及配套指引案例讲解（修订版）[M].上海：立信会计出版社，2012

**核心概念**

内部控制评价（internal control evaluation）　　设计缺陷（design flaws）
运行缺陷（run defects）　　重大缺陷（significant deficiencies）
一般缺陷（general defects）　　评价报告（evaluation report）

**思考题**

1. 什么是内部控制评价？评价的内容是什么？
2. 内部控制评价应遵循什么原则？
3. 内部控制评价的方法有哪些？
4. 内部控制评价的责任主体有哪些，其职责什么？
5. 内部控制评价的具体实施主体有哪些，其职责什么？
6. 内部控制缺陷如何分类？
7. 内部控制缺陷有哪些认定标准，如何认定？
8. 内部控制评价报告应披露哪些内容？

**练习题**

**（一）单选题**

1. 企业内部控制评价的主体是（　　）。
A. 政府机关
B. 会计师事务所
C. 董事会或类似权力机构
D. 财务部门

2. 企业内部控制评价的对象是（　　）。
A. 内部控制规章制度
B. 内部控制有效性
C. 财务报告的公允性
D. 内部控制环境

3. 对内部控制评价承担最终责任的内部控制评价责任主体是（　　）。
A. 董事会
B. 经理层
C. 监事会
D. 审计委员会

4. 企业内部控制评价工作的起点是（   ）。

A. 明确内部控制目标

B. 制定内部控制评价方案

C. 组成评价工作组

D. 确定评价方法

5. 内部控制评价工作的最终表现为（   ）。

A. 财务报告

B. 审计报告

C. 内部控制评价工作底稿

D. 内部控制评价报告

6. 企业年度内部控制评价报告报出的时限是基准日后（   ）。

A. 一个月

B. 二个月

C. 三个月

D. 四个月

7. 审议内部控制评价报告，对董事会建立与实施内部控制进行监督的机构是（   ）。

A. 经理层

B. 各专业部门

C. 监事会

D. 企业所属单位

8. 适当分离内部控制设计部门与内部控制评价部门是为了保证内部控制评价工作的（   ）。

A. 全面性

B. 重要性

C. 客观性

D. 独立性

9. 一般而言，如果一项内部控制缺陷单独或连同其他缺陷具备合理可能性导致不能及时防止或发现并纠正财务报告中的重大错报，就应将该缺陷认定为（   ）。

A. 重大缺陷

B. 重要缺陷

C. 一般缺陷

D. 严重缺陷

10. 下列有关内部控制评价的说法中错误的是（  ）。

A. 内部控制评价应紧紧围绕内部环境、风险评估、控制活动、信息与沟通、内部监督五要素进行

B. 内部控制的有效性是指企业建立与实施内部控制对实现控制目标提供合理保证的程度

C. 企业实施内部控制评价，仅包括对内部控制设计有效性的评价，不包括运行有效性的评价

D. 董事会可以通过审计委员会来承担对内部控制评价的组织、领导、监督职责

11. 如果某企业更正已公布的财务报告通常表明该企业内部控制可能存在（  ）。

A. 重大缺陷

B. 重要缺陷

C. 一般缺陷

D. 严重缺陷

12. 通常表明企业财务报告内部控制可能存在重大缺陷的是（  ）。

A. 企业决策失误，导致并购不成功

B. 董事、监事和高级管理人员舞弊

C. 管理人员或技术人员纷纷流失

D. 媒体负面新闻频现

13. 通过数据分析，识别评价关注点的内部控制评价方法是（  ）。

A. 个别访问法

B. 穿行测试法

C. 比较分析法

D. 实地查验法

14. 会计师事务所等中介机构受托为企业实施内部控制评价是一种（  ）。

A. 合理保证服务

B. 非保证服务

C. 绝对保证服务

D. 基本保证服务

15. 从控制目标的角度来看，相关的内部控制能够防止、发现并纠正财务报告的重大错报指的是（  ）。

A. 合规目标内部控制的有效性
B. 资产目标内部控制的有效性
C. 报告目标内部控制的有效性
D. 经营目标内部控制的有效性

**(二) 多选题**

1. 从控制目标的角度来看，内部控制的有效性可分为（   ）。

A. 合规目标内部控制的有效性
B. 资产目标内部控制的有效性
C. 报告目标内部控制的有效性
D. 经营目标内部控制的有效性
E. 战略目标内部控制的有效性

2. 企业对内部控制评价至少应当遵循的原则包括（   ）。

A. 面性原则
B. 重要性原则
C. 客观性原则
D. 有效性原则
E. 时效性原则

3. 《企业内部控制评价指引》第十五条规定，内部控制评价工作组对被评价单位进行现场测试时，可以单独或者综合运用的方法有（   ）。

A. 个别访问
B. 调查问卷
C. 专题讨论
D. 穿行测试
E. 实地查验

4. 按照内部控制缺陷的性质即影响内部控制目标实现的严重程度分类，内部控制缺陷分为（   ）。

A. 重大缺陷
B. 重要缺陷
C. 一般缺陷
D. 设计缺陷
E. 运行缺陷

5. 可认定为内部控制存在运行缺陷的情况有（   ）。

A. 由不恰当的人执行

B. 未按设计的方式运行
C. 运行的时间或频率不当
D. 没有得到一贯有效运行
E. 制度设计存在漏洞

6. 内部控制评价方法包括（　　）。
A. 个别访问
B. 调查问卷
C. 观察
D. 抽样
E. 实地查验

7. 个别访谈具体的运用流程包括（　　）。
A. 集合有关专业人员
B. 形成访谈提纲
C. 撰写访问纪要
D. 记录访问的内容
E. 任意选取一笔交易作为样本

8. 内部控制评价的内容主要包括（　　）。
A. 内部环境评价
B. 风险评估评价
C. 控制活动评价
D. 信息与沟通评价
E. 内部监督评价

9. 内部控制缺陷的分类，内部控制缺陷按其成因分为（　　）。
A. 重大缺陷
B. 重要缺陷
C. 一般缺陷
D. 设计缺陷
E. 运行缺陷

10. 企业在内部控制评价报告中披露的内容包括（　　）。
A. 董事会声明
B. 内部控制评价工作的总体情况
C. 内部控制评价的依据
D. 内部控制缺陷及其认定

E. 内部控制缺陷的整改情况

11. 出现（　　）迹象之一则通常表明财务报告内部控制可能存在重大缺陷。

A. 企业决策失误，导致并购不成功

B. 董事、监事和高级管理人员舞弊

C. 管理人员或技术人员纷纷流失

D. 媒体负面新闻频现

E. 企业更正已公布的财务报告

12. 考察内部控制运行的有效性包括（　　）。

A. 相关控制在评价期内是如何运行的

B. 相关控制是否覆盖了所有关键的业务与环节

C. 相关控制是否得到了持续一致的运行

D. 实施控制的人员是否具备必要的权限和能力

E. 相关控制是否与企业自身经营特点、业务模式以及风险管理要求相匹配

13.《企业内部控制规范体系实施中相关问题解释第2号》指出，集团性企业在对集团总部及下属企业的内部控制活动进行全面、客观评价的基础上，应重点关注（　　）。

A. 重要业务单位　　　　B. 重大决策　　　　C. 重大事项

D. 重要人事任免　　　　E. 高风险业务

14. 关于《企业内部控制规范体系实施中相关问题解释第1号》文件，下列说法正确的是（　　）。

A. 查找并纠正企业内部控制缺陷，是开展企业内部控制评价的一项重要工作

B. 关于内部控制缺陷的认定标准已经出台了统一规定

C. 企业在确定的内部控制缺陷的具体认定标准时，应当从定性和定量的角度综合考虑

D. 只有重大缺陷需要向董事会、监事会或管理层报告，其他类的缺陷不需要汇报

E. 内部控制却缺陷一经发现，应立即整改，纠正之后无须对外披露

15. 内部控制系统按工作范围分类，可以分为（　　）。

A. 内部管理控制系统　　B. 内部经营控制系统　　C. 内部生产控制系统

D. 内部销售控制系统　　E. 内部会计控制系统

**（三）判断题**

1. 董事会可以聘请会计师事务所对其内部控制的有效性进行审计，但其承

担的责任不能因此减轻或消除。（　）

2. 内部控制评价能为内部控制目标的实现提供绝对保证。（　）

3. 为节省成本，为企业提供内部控制审计的会计师事务所，可以同时为同一家企业提供内部控制评价服务。（　）

4. 内部控制缺陷一经认定为重大缺陷，内部控制评价报告将会被出具"否定意见"。（　）

5. 对于有下属单位的集团公司，如果下属单位存在重大缺陷，并不能表明集团公司存在重大缺陷。（　）

6. 内部控制缺陷的严重程度并不取决于该控制不能及时防止或发现并纠正潜在缺陷的可能性，而是取决于是否实际发生了错报。（　）

7. 内部控制评价报告可分为对内报告和对外报告，对外报告一般采用定期的方式，内部报告一般采用不定期的方式。（　）

8. 对于自内部控制评价报告基准日至内部控制评价报告报出日之间发生的影响内部控制有效性的因素，内部控制评价部门可以不予关注。（　）

9. 企业内部控制缺陷认定一般可采用绝对金额法或者相对比例法确定重要性水平和一般水平，以此作为判断缺陷类型的临界值。（　）

10. 如果对一项缺陷应属于财务报告缺陷还是非财务报告缺陷难以区分，制定标准时应本着是否影响财务报告目标的原则来区分。（　）

11. 内部控制的设计应覆盖所有关键业务与环节，但是对董事会、监事会、经理层和员工不具有普遍的约束力。（　）

12. 在内部控制建立与实施初期，企业应更多地采用重点评价或专项评价，以提高内部控制评价的效率和效果。（　）

13. 建立内部控制系统，必须对某些不相容职务进行分离，应分别由两人以上担任，以便相互核对、相互牵制、防止舞弊。（　）

14. 当内部控制系统健全时，即使执行无效，会计信息的可靠程度仍然很高。（　）

15. 在对被审计单位的内部控制系统进行控制测试的基础上，应进一步对被审计事项进行实质性测试。（　）

**（四）业务题**

凌辉重工创立于1990年，是一家主要从事建筑工程、能源工程、环境工程、交通工程等基础设施建设的工程公司，凌辉重工成立20多年来，销售额年均增长率超过45%，是国内增长最为迅速的企业之一，国际业务也蒸蒸日上，但是，凌辉重工承接的业务已经超越了公司人力资源承受能力，最近，公司管理是花了很大精力与C国政府达成协议,将已中标承接的C国政府一项环保建设工程进行外包,凌辉重工由负责工程建设改为管理工程项目的质量和监督外包商的施工及竣工,并提供项目建设的咨询服务。

凌辉重工的行政总裁陈文峰预计,如果这个项目可行,未来公司可以采用同样的运营模式,承接和开拓更多的业务,陈文峰相信这类业务将使公司在有限的人力资源条件下,增加另一收入来源。

为有效管理C国的环保建设工程,陈文峰建议董事会利用密封投标方式进行招标,他已预先向几个承包商朋友发出投标邀请书,并告知有关投标程序和要求:

（1）投标者应于7月31日前把密封投标文件提交到工程部;

（2）标书中应包含投标的项目细节;

（3）收到密封投标文件信封后,凌辉重工工程部主管在信封口签名,并将投标文件放入保险箱;

（4）8月5日,陈文峰将负责打开所有密封的投标文件,以最低价为标准选出中标者,并于稍后向董事会汇报。

陈文峰根据以上程序,在8月5日选出中标者,并一周内向公司董事会汇报,获得董事会审批。

要求:

（1）简述内部控制评价的内容。

（2）简述内部控制缺陷的认定程序。

（3）简述凌辉重工的内控评价工作组评价公司招标管理流程是否完善。

# 参考文献

[1] 中华人民共和国财政部等. 企业内部控制规范 2010[M]. 北京：中国财政经济出版社，2010.

[2] 中华人民共和国财政部会计司. 企业内部控制规范讲解 2010[M]. 北京：经济科学出版社，2010.

[3] 企业内部控制配套指引编写组，中华人民共和国财政部等. 企业内部控制配套指引培训指定教材·企业内部控制配套指引[M]. 上海：立信会计出版社，2010.

[4] COSO，方红星译. 内部控制——整合框架[M]. 大连：东北财经大学出版社，2008 年.

[5] COSO，方红星、王宏译. 企业风险管理——整合框架[M]. 大连：东北财经大学出版社，2005.

[6] 方红星，池国华. 内部控制[M]. 大连：东北财经大学出版社，2011.

[7] 方红星，池国华. 内部控制（第二版）[M]. 大连：东北财经大学出版社，2014.

[8] 池国华，樊子君. 内部控制习题与案例（第二版）[M]. 大连：东北财经大学出版社，2011.

[9] 池国华，樊子君. 内部控制习题与案例（第二版）[M]. 大连：东北财经大学出版社，2014.

[10] 刘永泽，池国华. 企业内部控制制度设计操作指南[M]. 大连：大连出版社，2011.

[11] 龚杰，方时雄. 企业内部控制——理论、方法与案例[M]. 杭州：浙江大学出版社，2005.

[12] 王保平等. 企业内部控制操作实务与案例分析[M]. 北京：中国财政经济出版社，2010.

[13] 蒋占华. 企业内部控制配套指引讲解及案例精析[M]. 北京：中国商业出版社，2011.

［14］企业内部控制编审委员会.企业内部控制基本规范及配套指引案例讲解（修订版）[M].上海：立信会计出版社，2012.

［15］美国管理会计师协会著，张先治等译.财务报告内部控制与风险管理[M].大连：东北财经大学出版社，2005.

［16］国际内部控制协会著，邱健庭、徐莉莉译.国际注册内部控制师通用知识与技能指南[M].北京：中国财政经济出版社，2009.

［17］中国注册会计师协会.注册会计师全国统一考试辅导教材：公司战略与风险管理[M].北京：经济科学出版社，2014.

［18］李晓慧，何玉润.内部控制与风险管理：理论、实务与案例[M].北京：中国人民大学出版社，2012.

［19］许国才.企业内部控制流程手册（第 2 版）[M].北京：人民邮电出版社，2012.

［20］普华永道内部控制基本规范专业团队.《企业内部控制基本规范》管理层实务操作指南[M].北京：中国财政经济出版社，2012.

南开大学出版社网址：http://www.nkup.com.cn

投稿电话及邮箱： 022-23504636　　QQ：1760493289
　　　　　　　　　　　　　　　　　QQ：2046170045(对外合作)
邮购部：　　　　022-23507092
发行部：　　　　022-23508339　　Fax：022-23508542

南开教育云：http://www.nkcloud.net

App：南开书店 app

　　南开教育云由南开大学出版社、国家数字出版基地、天津市多媒体教育技术研究会共同开发，主要包括数字出版、数字书店、数字图书馆、数字课堂及数字虚拟校园等内容平台。数字书店提供图书、电子音像产品的在线销售；虚拟校园提供 360 校园实景；数字课堂提供网络多媒体课程及课件、远程双向互动教室和网络会议系统。在线购书可免费使用学习平台，视频教室等扩展功能。